Le Siècle.

❖

ÉLIE BERTHET.

LE

GENTILHOMME VERRIER

PARIS

BUREAUX DU SIÈCLE

RUE DU CROISSANT, 16.

A. VIALON DEL.   J. GUILLAUME SC.

Elie Berthet

LE

GENTILHOMME VERRIER

PREMIÈRE PARTIE.

I

LES RESSOURCES DU CHEVALIER DE BRIQUEVILLE.

Vers le milieu de la presqu'île de Normandie existait, il y a deux siècles environ, un manoir féodal qu'on appelait le château de Briqueville. Entouré de vastes landes et de marécages malsains, dont l'agriculture moderne a su du reste tirer un excellent parti, il paraissait avoir eu quelque importance au temps où la province, sous les ducs puissans successeurs de Rollon, avait formé un État presque indépendant. Il était construit sur un mamelon, au centre d'une vallée, et à ses pieds coulait un ruisseau qui se perdait dans les hautes herbes avant d'avoir atteint la mer voisine. Toutefois, en certaines saisons, la marée remontait jusqu'à Briqueville ; alors le ruisseau, si humble habituellement, s'enflait tout à coup et inondait la vallée, de sorte que le château se trouvait pendant quelques heures comme au milieu d'un lac.

Cette particularité n'avait pas dû être indifférente quand il était habité par des seigneurs turbulens, toujours en querelle avec leurs voisins ; et en effet les traditions locales rapportaient que, au temps des guerres contre l'Anglais, une bande de ces partisans dont la Normandie était alors infestée ayant voulu *écheller* le manoir, le ruisseau s'était mis à s'enfler avec tant de rapidité que la plupart des assiégeans avaient été noyés, ce qu'on n'avait pas manqué d'attribuer à miracle. Malheureusement, la protection divine ne s'était pas toujours manifestée d'une manière aussi éclatante pour le château de Briqueville : en partie démantelé pendant les troubles du seizième siècle, il n'avait jamais été restauré, et, à l'époque où nous nous trouvons, c'est-à-dire vers le milieu du règne de Louis XIV, il se trouvait depuis longtemps dans un état de délabrement pitoyable.

Les débris des remparts comblaient les fossés ; le pont-levis et la herse avaient disparu ; la plupart des tours étaient éventrées, croulantes. La chapelle, belle et vaste construction gothique, avait servi longtemps de grenier à fourrages, alors que les seigneurs de Briqueville avaient encore des fourrages à serrer. Seule, la grosse tour du centre ou donjon conservait sa solidité ; mais l'intérieur en était si noir, si humide, en un mot si peu habitable, que le seigneur actuel avait préféré occuper une petite construction située dans la cour, au pied du donjon, et de là il pouvait comparer à chaque heure l'humilité de sa condition présente à la splendeur de ses ancêtres.

Les sires de Briqueville cependant avaient été une forte et vaillante race ; pendant plusieurs siècles, ils avaient pris part à tous les événemens importans accomplis dans la province, et ils avaient contribué à répandre au loin la gloire des *chevaliers normands*. Un Briqueville avait accompagné Guillaume le Bâtard à la conquête de l'Angleterre ; un autre avait suivi Robert Courte-Heuse à la croisade. Sur tous les champs de bataille de l'Europe, ils avaient bravement versé leur sang pour toutes sortes de causes. Mais, par une fatalité qui s'attache souvent aux familles comme aux individus, leur puissance n'avait fait que décroître de génération en génération, malgré tant d'exploits. Cette décadence, depuis Guillaume le Fort, la souche de leur arbre généalogique, jusqu'au chevalier Adhémar de Briqueville, chef actuel de la famille, avait été plus ou moins lente mais continuelle.

Nous n'exposerons pas en détail les causes de cet abaissement graduel ; ces causes furent, pour les sires de Briqueville, à peu près les mêmes que pour le reste de la noblesse française, c'est-à-dire les guerres incessantes, le luxe, les dissipations, et surtout l'ambition qui faisait quitter aux gentilshommes leur pays natal pour aller chercher auprès du trône la fortune et les honneurs qu'ils n'y trouvaient pas toujours. Cependant, à l'époque où l'anarchie avaient ses coudées franches dans le monde féo-

18*

dal, les sires de Briqueville ne s'étaient pas montrés fort scrupuleux sur les moyens d'accroître leur richesse et leur influence. On avait, dans l'occasion, un peu rançonné les voyageurs, pressuré les vassaux, empiété çà et là sur les droits d'autrui ; mais, en vertu du proverbe « Bien mal acquis ne profite pas, » toujours, après une courte période, les avantages ainsi obtenus s'étaient trouvés réduits à néant, et la famille était retombée dans ses embarras et sa détresse.

Au moment où commence cette histoire, cette détresse était au comble. Les habitans du petit village de Briqueville, situé à un quart de lieue du château, s'étaient rachetés depuis longtemps ; les terres du fief avaient été vendues ou saisies par les créanciers, et la solitude s'était faite peu à peu autour du manoir en ruines.

Cependant le vieux chevalier de Briqueville, le chef de la famille, ne manquait ni d'énergie ni d'intelligence, et il avait passé une partie de sa vie à chercher les moyens de retarder la chute inévitable. Non pas qu'enfermé dans sa forteresse il eût bravé les gens de justice et pendu ses créanciers, comme avaient pu faire au bon temps plusieurs de ses ancêtres ; de pareilles gentillesses n'étaient plus de saison depuis Richelieu et sous le règne de Louis XIV. Le chevalier au contraire mettait en usage des procédés beaucoup plus en harmonie avec les mœurs du son temps, avec ses goûts particuliers et avec sa qualité de gentillâtre normand : il plaidait. Il plaidait contre celui-ci, contre celui-là, contre tous. Il ne cédait pas la plus mince portion de son héritage, il n'acquittait pas la moindre dette, si légitime qu'elle fût, sans s'y être fait contraindre par voie légale, sans avoir épuisé toutes les juridictions compétentes. Il ne se mouvait que par exploit d'huissier : il ne parlait que par cédules et sentences de juges ; il n'employait d'autre intermédiaire avec ses connaissances que les sergens à verge ou bon, à cheval ou à pied ; les sergens lui tenaient lieu de laquais qu'il n'avait plus. Enfin les choses en étaient venues à ce point que, vers la fin de sa vie, lorsqu'on l'apercevait parfois rôdant dans la campagne, appuyé sur sa béquille, les gens du pays se disaient tout bas : « Voici le vieux Briqueville ! Sauvons-nous, où il va nous faire un procès ! » et chacun s'enfuyait de son côté.

Réellement le chevalier, par une pratique constante de la chicane, avait acquis une finesse extraordinaire ; il découvrait dans la coustume de Normandie, un vieux livre dont il ne se séparait guère et qui formait son unique lecture, des ressources inconnues pour se soustraire aux obligations les plus nettes, pour aux revendications les plus incontestables. Plus d'un de ses créanciers, rebuté par les ennuis d'un procès, par les interminables lenteurs que Briqueville savait lui opposer, avait renoncé de guerre lasse à faire valoir ses droits. Mais où le chevalier avait montré une adresse qui touchait au génie, c'était en trouvant le secret d'intéresser les gens de lois eux-mêmes à ses affaires, en les décidant à instrumenter pour lui sans bourse délier, et, même, chose plus merveilleuse ! à lui prêter de l'argent.

Ainsi, un vieux procureur de Caën, nommé Gricourt, avait été pendant trente ans son conseiller, son homme d'affaires et son bailleur de fonds. Or, Gricourt passait à bon droit pour le légiste le plus madré, le plus retors et aussi pour le plus avide, le plus dur à la détente que la basse Normandie eût produit depuis deux siècles. L'influence que le chevalier avait su prendre sur cette nature rêveche, âpre au gain, défiante, était tout à fait inconcevable, à moins de supposer que le procureur se fût incliné devant un esprit encore plus rusé et plus défiant que le sien. Toujours est-il que Gricourt était mort peu de temps auparavant, et que Briqueville, en apprenant cette nouvelle, avait dit par forme d'oraison funèbre : « Pauvre Gricourt ! c'est un bon ami que je perds là. Je lui dois beaucoup, car il n'a jamais vu la couleur de mon argent. »

Donc, tous les juges, avocats et jusqu'aux derniers sergens ou huissiers de bailliage figuraient parmi ses créan-

ciers ; il n'avait même plus guère pour créanciers que des gens de lois, les autres, comme nous l'avons dit, ayant renoncé depuis longtemps à lutter contre ce redoutable chicaneur. Son habileté à duper la gent judiciaire de la province était vraiment étonnante, et on contait à cet égard des faits les plus incroyables. Une fois entre autres, un sergent de Coutances, homme dur, grossier, impitoyable dans l'exercice de ses fonctions, était parti pour Briqueville afin de signifier au chevalier un exploit relatif au recouvrement de je ne sais quelle ancienne dette. Il était bien armé, et il avait annoncé hautement qu'il n'échangerait avec le débiteur d'autres paroles que celles rigoureusement nécessaires pour remplir son mandat. Mais il avait compté sans son hôte : quand il arriva au château, il était fatigué, il avait soif, il avait faim.

Le chevalier l'accueillit gracieusement, le fit asseoir à sa table, le régala de son mieux, le grisa peut-être ; toujours est-il que le sergent, qui avait des économies, paya pour le chevalier la somme exigée, et ne réclama pas ses frais de procédure et de déplacement. Plus tard, le pauvre homme racontait d'un air penaud qu'il ignorait lui-même comment la chose s'était passée ; il fallait, selon lui, que « monsieur de Briqueville lui eût jeté un sort, » assertion qui du reste trouvait peu d'incrédules dans cette contrée si éminemment superstitieuse.

Mais, nous le répétons, l'activité du chevalier, son adresse, ses efforts inouïs et parfois assez peu délicats pour retarder la chute de sa maison, n'avaient pas eu de résultats favorables ; la ruine était à peu près complète. Il n'avait plus pour domestique dans son manoir effondré qu'une gouvernante et un page, c'est-à-dire une pauvre vieille et un garnement effronté, pillard, menteur, que l'on redoutait comme la peste à plusieurs lieues à la ronde. Encore assurait-on que la gouvernante et le page étaient exposés à de rudes jeûnes, et que le chevalier lui-même faisait souvent fort maigre chère. Aussi, soit privations, soit résultat de luttes incessantes qu'il supportait depuis tant d'années contre la mauvaise fortune, monsieur de Briqueville était si faible, si voûté, si souffrant, qu'il semblait toucher au terme de ses misères et de ses procès ; il ne sortait presque plus, et lui, qui n'avait jamais payé se dettes à personne, ne pouvait manquer de payer bientôt sa dette à la nature.

Le chevalier avait perdu depuis longtemps sa femme, qui appartenait à une bonne famille normande, quoique à peu près dénuée de fortune ; mais il lui restait deux fils, dont l'un était maintenant âgé d'une trentaine d'années, l'autre de vingt ans à peine. L'aîné, capitaine au régiment de Royal-Normandie, venait très rarement au manoir. Non-seulement, il s'inquiétait peu des privations que son père et son frère avaient à supporter au pays, mais encore il adressait au vieillard des demandes incessantes d'argent ; il avait été la cause principale de la ruine de la maison. D'abord il avait fallu lui acheter sa compagnie, puis l'équiper convenablement, puis enfin lui fournir l'argent nécessaire « pour soutenir son rang, » comme disait l'officier, mais en réalité pour mener joyeuse vie, pour courir les brelans et les ruelles et jouer un jeu effréné. Dans le but de suffire à ces dépenses écrasantes, le vieux Briqueville avait achevé de s'obérer, empruntant à quiconque avait voulu lui prêter, engageant ou vendant les terres qui lui restaient. Néanmoins il ne se plaignait pas, et la conduite de son fils aîné lui semblait toute simple. Quand, à force d'astuce et, disons-le, de rapines, il était parvenu à mettre l'un sur l'autre quelques écus, il s'empressait de les envoyer au capitaine, qui gaspillait le tout dans une soirée et ne songeait même pas à remercier pour si peu.

Cependant Robert de Briqueville, ou plutôt le cadet de Briqueville, comme on l'appelait son second fils, eût bien eu quelques droits aussi à son intérêt. Robert était un beau et brave jeune homme, instruit, intelligent, loyal, tel enfin que pourrait le souhaiter le père le plus difficile ; mais dans son enfance il eût devenu un bandit à moitié sauvage que le chevalier, absorbé par ses innombrables procès, n'eût pas daigné s'en apercevoir. Heureusement il y avait dans le voisinage un monastère dont le supérieur était parent des Briqueville; ce bon moine, prenant en pitié l'état d'abandon où l'on laissait le jeune Robert, l'avait fait venir auprès de lui et lui avait donné une instruction assez complète eu égard au temps et au pays. Robert était resté au couvent jusqu'à dix-huit ans, et c'était seulement à cet âge qu'il était revenu à la maison paternelle. Le vieux Briqueville l'avait accueilli avec une profonde indifférence, et l'avait laissé entièrement libre d'agir comme il l'entendrait. Robert, au château, passait le temps à chasser et à pêcher; son père l'employait aussi, depuis que sa vue était fatiguée et sa main tremblante, à transcrire ou à feuilleter des actes de procédure, et le cadet de Briqueville s'acquittait de cette tâche ingrate avec autant de sagacité que de soumission. Néanmoins jamais le chevalier ne lui avait adressé un compliment flatteur, un mot affectueux; sans le rudoyer toutefois, il ne semblait le considérer que comme un scribe ou un secrétaire qui n'avait pas de gages à réclamer.

C'est qu'en effet le chevalier, suivant des idées qui avaient cours parmi les gentilshommes de son temps, se gardait bien de mettre ses deux fils sur la même ligne. Le capitaine était l'héritier du nom et du domaine, le chef futur de la famille; Robert, au contraire, n'était qu'un cadet, et encore *un cadet de Normandie*, c'est-à-dire un pauvre hère qui, d'après les coutumes locales, n'avait pas droit à la plus mince part de l'héritage paternel, quand le père laissait un héritage. Il était considéré par tout le monde comme le très humble valet de son frère aîné, et il était destiné dès son enfance à devenir moine dans le couvent de son oncle, à moins qu'il n'aimât mieux se faire soldat et porter le mousquet pour vivre.

La position de Robert eût été intolérable au château, s'il n'eût possédé certaines ressources secrètes. Le chevalier ne s'inquiétait jamais si son fils avait des vêtemens portables, s'il ne manquait pas des mille choses indispensables à un jeune homme modeste mais ayant le respect de lui-même; jamais il ne lui avait donné la moindre pièce d'argent pour ses plaisirs ou pour ses besoins. Il avait l'air de croire que les pourpoints et les hauts-de-chausses de drap poussaient sur le jeune cadet comme la plume sur le corps des oiseaux des champs. Robert trouvait un gîte au manoir et sa nourriture, quand il y avait quelque chose à manger; on ne croyait pas lui devoir davantage. Il fallait donc que quelqu'un suppléât à l'indifférence paternelle, et ce protecteur c'était le prieur de Roquencourt, le parent généreux qui avait élevé Robert et lui avait conservé la plus tendre affection. Le prieur n'était pas riche; cadet de famille lui-même et moine par nécessité, il aurait eu scrupule de toucher aux deniers du couvent; mais, sachant la pénurie où le chevalier laissait son plus jeune fils, il économisait sur ses dépenses personnelles, afin de mettre Robert en état de se montrer sans rougir aux gens du pays. De son côté, le vieux Briqueville ne s'était jamais informé d'où venait le peu d'argent que possédait Robert; mais aussitôt qu'il lui soupçonnait quelques écus, il ne manquait pas de prétextes pour les lui arracher, et, chose plus odieuse encore, c'était pour les joindre aux sommes parfois assez rondes qu'il envoyait sans relâche au débauché et prodigue capitaine.

Telle était la situation respective du père et des deux fils, quand un jour éclata une grande nouvelle à Briqueville. Le capitaine, sur les instances pressantes de son père, après avoir mille fois éludé ses promesses, venait d'écrire qu'il arriverait prochainement au manoir pour y passer quelques jours. Cette certitude avait causé au vieillard une joie immodérée; la force et la santé semblaient lui être revenues par enchantement. Robert lui-même, bien qu'il n'eût jamais reçu de preuves d'affection de ce frère beaucoup plus âgé que lui, et qu'il le connût à peine, partageait la joie du chevalier. Habitué à considérer son aîné comme une espèce de dieu terrestre, il comptait ne rien négliger pour plaire à cet être d'essence

supérieure, et il ne voulait même pas soupçonner les nouveaux chagrins dont l'arrivée du capitaine pourrait être la cause pour lui-même.

L'avant-veille de ce grand jour, le chevalier avait réuni tout son monde afin d'aviser aux moyens de recevoir son fils bien-aimé avec toute la splendeur possible. Le conseil se tenait dans une salle basse, sombre et voûtée, qui servait de cuisine et en même temps de salon de compagnie à la famille. C'était le soir; le ciel était chargé de nuages et le vent de mer sifflait à travers les fenêtres des vieilles tours. Un froid humide, pénétrant par les fentes de la porte, faisait craquer les meubles. Une petite lampe suspendue à la muraille éclairait la salle d'une lumière insuffisante; mais un tronc d'arbre entier, qui brûlait dans l'âtre aux énormes landiers de fer, donnait une flamme claire et sautillante qui suppléait à ce lugubre luminaire.

La réunion se composait du chevalier, de son fils, de Madelon la gouvernante, et du neveu de la gouvernante, Nicolas dit le *rousseau*, le page du logis, avec les rats qui habitaient les trous, les corbeaux et les chouettes qui habitaient les crevasses, avec un chat noir à demi sauvage qui se nourrissait à peu près exclusivement de rats, de corbeaux et de chouettes, tous les habitans du manoir. Madelon, vieille à tête branlante, était vêtue d'un casaquin tout passé et d'un gros jupon à larges raies; elle avait pour chaussures une antique paire de bottes qu'elle avait découvertes dans une chambre abandonnée et dont elle avait coupé les tiges; elle était coiffée d'un gigantesque bonnet de coton, selon la hideuse mode encore répandue parmi les femmes de la basse Normandie.

Pour occuper en ce moment ses loisirs, elle raccommodait un vêtement de son maître, vêtement tout chargé déjà de reprises et de pièces. Comme elle avait la vue basse, comme elle ignorait l'usage des lunettes, elle travaillait fort au hasard, et l'on peut juger de la valeur des reprises qu'elle opérait à tâtons avec du fil de toutes couleurs. A côté d'elle, accroupi sur un billot dans l'angle du foyer, Nicolas croquait des pommes volées. Le soir même dans un enclos. Il était impossible de voir une figure de garnement plus impudente. Son habillement consistait en une chemise de grosse toile bise et en une culotte de même étoffe qui laissait ses jambes nues. Sa tête était nue aussi, et sur ses épaules flottait la chevelure rousse, épaisse et en désordre d'où lui venait son surnom.

Le chevalier de Briqueville lui-même ne faisait pas trop disparate avec cette domesticité sordide et déguenillée. Sa petite figure jaune, ratatinée, sillonnée d'innombrables rides, son nez rouge recourbé en bec d'oiseau de proie, ses yeux vifs au regard oblique, formaient un ensemble fort peu digne d'un gentilhomme. Il portait un pourpoint non moins rapiécé que celui qui se trouvait entre les mains de sa gouvernante, une culotte de velours passé, de gros bas de laine qui s'enroulaient au-dessus du genou, et une perruque qui depuis vingt ans abritait son crâne chauve. Il était assis dans un fauteuil de chêne sculpté, contre le bras duquel il avait appuyé sa béquille. Devant lui, sur une table sans nappe, étaient épars les restes du souper, un peu de pain noir, un morceau de lard rance et quelques noix; le pot de terre posé en regard des gobelets d'étain eût dû contenir du cidre, mais depuis plusieurs mois, et pour cause, il ne contenait plus que de l'eau. Le chevalier dans son intérieur semblait être une vivante personnification de la vieillesse, de la pauvreté et de la faim.

En revanche, rien ne contrastait mieux avec cette salle nue et misérable, avec le maître souffreteux et la gouvernante poussive, avec ce garnement à face de démon, que le jeune Robert de Briqueville. Il avait une taille haute, vigoureuse, bien proportionnée, une belle et noble tête, au front large et pur, aux yeux bleus à la fois doux et intelligens. Une moustache naissante ombrageait sa bouche spirituelle et bien faite. Il ne portait pas perruque, en dépit de la mode alors générale; mais ses cheveux bruns

19

étaient longs et admirablement bouclés par la nature. Son costume, des plus simples, consistait en un pourpoint et en un haut-de-chausses de drap gris, à peine relevés çà et là par quelques passementeries ou par un mince galon d'argent. Mais ces vêtemens, d'une exquise propreté, empruntaient à sa personne une grâce et une distinction particulières. Une épée à poignée d'acier rappelait qu'il tenait aux privilèges de la noblesse. Malgré tout cela, le cadet de Briqueville avait dans son attitude, dans sa physionomie, dans le son de sa voix quand il parlait, quelque chose de triste et de contenu qui inspirait la pitié. On devinait combien cette âme généreuse devait être froissée chaque jour, à chaque heure, par des volontés et des idées qu'il lui fallait subir en silence.

Donc, comme nous l'avons dit, le chevalier, à l'issue de son maigre repas, tenait conseil avec son monde, et, les pieds étendus vers le foyer, il disait en patois du pays :

— Ah çà ! *mon fils* doit arriver dans deux jours, et chacun de vous, je l'espère, fera ses efforts pour qu'il soit reçu convenablement dans ses domaines. J'entends que nul ne soit assez hardi pour le contrarier ; aussi bien Briqueville a la main leste et il saurait châtier quiconque lui manquerait de respect. Qu'on se tienne donc pour averti... Mais voyons : il n'y a pas à songer à lui faire une réception bruyante et solennelle : nous n'avons plus de paysans, nous n'avons plus d'amis, et le vieux fauconneau qui est encore là-haut sur la terrasse de la grande tour ne pourrait manquer d'éclater au premier coup ; Briqueville sera donc reçu chez lui tout bourgeoisement et sans apparat ; nous suppléerons à ce qui nous manque par de l'affection et des égards... Cependant, Madelon, car c'est toi que ce soin regarde, où coucherons-nous notre cher voyageur ? La chambre du donjon est-elle décidément inhabitable ?

— Certainement elle est inhabitable, — répliqua Madelon d'un ton d'humeur ; — elle l'était déjà du temps de ce sergent qu'on y mit il y a une dizaine d'années, et qui fut si cruellement mordu par les rats. Depuis, ces bêtes ont si bien travaillé que tapisseries, rideaux et literie ont été dévorés jusqu'au dernier fil.

— Sans compter, — dit Nicolas, — que c'est dans la chambre du donjon qu'un marchand fut assassiné ; à preuve que l'on voit encore du sang sur le plancher, et que le mort, qui n'a pas été enterré en terre sainte, revient la nuit pour demander des messes ; n'est-il pas vrai, tante Madelon ?

Nicolas, fort superstitieux comme tous les paysans bas-Normands, était particulièrement au courant des lugubres légendes qui se rattachaient au manoir ; mais, dans cette grave circonstance, on ne daigna pas relever ses paroles.

— Eh bien ! — reprit le chevalier, — n'y a-t-il pas aussi, dans la tour du Nord, une chambre encore habitable ? Je n'y suis pas monté depuis longtemps, car l'escalier est si raide et si noir...

— Oui, oui, la chambre y est sans aucun doute, — répliqua Madelon ; — seulement, comme la tour s'est fendue du haut en bas, le plancher de cette chambre penche d'un côté, et aucun meuble n'y saurait demeurer en place ; aussi ne s'y trouve-t-il plus de meubles d'aucune sorte.

— De plus, — dit Nicolas, — c'est cette chambre qu'habite le *goublin*, le méchant démon qui la nuit court tout le château en secouant les portes, en cognant les cloisons et en faisant des plaintes... Mais je ne veux pas en parler davantage, car la nuit prochaine il viendrait tirer ma couverture quand je serais endormi.

Et le rousseau ébaucha un signe de croix.

— Finiras-tu, imbécile ? — dit le chevalier en frappant du pied ; — alors, Madelon, — poursuivit-il, — je ne vois plus que ma chambre ou celle de Robert digne d'être offerte à mon fils, car le taudis où tu couches à côté de ton neveu ne saurait lui convenir.

— Avec votre permission, monsieur, — répliqua le cadet de Briqueville modestement, — il ne serait pas prudent, à votre âge, de changer la moindre chose à vos habitudes.

Si quelqu'un ici doit se déranger, c'est moi. Je pourrai chaque soir aller coucher au couvent de Roquencourt, chez notre parent le bon prieur, et je reviendrai chaque matin pour tenir compagnie à monsieur de Briqueville, si toutefois il veut bien de ma compagnie. Une lieue le matin et une lieue le soir ne sont pas une affaire pour un chasseur ; vous pouvez donc disposer de ma chambre, et je regrette qu'elle ne soit pas mieux fournie de ce qui pourrait être nécessaire à un capitaine.

— Elle est déjà hantée, — dit Nicolas, — par le spectre blanc, cette femme qu'on y garda prisonnière et qui s'y laissa mourir de faim et ne bougea plus.

Un coup de pied lancé par le chevalier interrompit la légende que maître Nicolas allait raconter ; le polisson se blottit dans son coin et ne bougea plus.

— Morbleu ! Robert, — reprit le chevalier, — tu n'auras pas besoin d'aller chercher si loin un gîte. Pourquoi ne coucherais-tu pas, par exemple, dans ce grand cabinet qui précède ta chambre actuelle, et où plusieurs fois on a établi le valet de nos hôtes ? on verrait à t'y dresser un lit, et la nuit se passerait là comme ailleurs.

— Un lit ! un lit ! et où voulez-vous que je le prenne ? — s'écria la gouvernante ; il n'y a plus ici ni couvertures, ni matelas, ni rien... Cependant, — ajouta-t-elle avec réflexion, — comme Robert n'est pas difficile, je lui arrangerai, avec les plumes des oiseaux qu'il a tués à la chasse, une couche qui en vaudra bien une autre. Il me manque seulement...

— Allons ! voilà qui est entendu, — interrompit le chevalier avec satisfaction ; — ah çà ! maintenant que mon fils est logé, comment le nourrirons-nous ? car il ne saurait s'accommoder de notre pauvre ordinaire.

— Cela vous regarde, monsieur notre maître ; il n'y a plus ici aucune provision, et l'on a mangé le sec et le vert.

Le chevalier s'agita de nouveau d'un air de malaise.

— Quoi donc ! — demanda-t-il, — ne reste-t-il pas quelque volaille dans le poulailler, quelques pigeons dans le colombier ?

— Si vous n'aviez pas toujours le nez dans les paperasses et l'esprit occupé de vos procès, — répliqua sèchement la vieille, — vous sauriez que depuis bien longtemps le poulailler tombe en ruines, et que le pigeonnier est désert.... Il n'y a rien ici, vous dis-je, et vous ne trouveriez pas dans la maison autre chose à manger que ce que vous voyez là sur votre table. Si donc vous tenez à régaler votre fils, il faut lui donner de l'argent pour acheter des provisions.

— De l'argent ! — répéta le chevalier, — et où diable veux-tu que j'en prenne ? Briqueville va m'en demander certainement, et je n'en aurai pas assez pour le satisfaire... Ensuite, peut-être, — ajouta-t-il avec un sourire moqueur, — le *père aux écus* nous tirera-t-il d'embarras. Hein ! Robert, ton escarcelle est-elle toujours vide ?

— Je possède deux écus de six livres que le prieur m'avait remis pour... enfin, n'importe ; les voici, monsieur, et je regrette de n'avoir pas davantage.

En même temps, le cadet de Briqueville tira de sa poche les deux écus annoncés et les posa sur la table. Madelon avança la main pour s'en emparer, mais les doigts crochus du chevalier furent encore plus lestes que ceux de la vieille. Il saisit l'argent avec avidité :

— Un moment ! — fit-il ; — nous devons ménager nos ressources ; l'argent est si rare ! D'ailleurs n'est-ce pas une honte que, sur mes propres terres, je sois obligé de dépenser de l'argent pour la nourriture ? Il sera toujours temps de recourir à cette dure extrémité. En attendant, n'y aurait-il pas un autre moyen de regarnir notre gardemanger ? D'abord Robert, qui est si habile tireur, pourra se mettre en chasse, et il parviendra bien à tuer quelque lièvre ou quelques perdrix dans la lande, quelques canards sauvages dans le marais.

— Je partirai demain aux premières lueurs du jour, monsieur, — répondit Robert.

— Et tu n'as pas oublié non plus, je pense, de tendre tes nasses et tes filets dans le ruisseau ?

— Je l'ai fait, monsieur, et la marée de la nuit amènera peut-être quelques beaux poissons dans les nasses.

— A merveille ! je connais ton habileté et je gage que Briqueville ne manquera ni de gibier ni de poisson tant qu'il voudra bien résider chez lui... Mais cela ne suffit pas... Comment aurons-nous du pain ? — Il posa un doigt sur son front ridé ; après avoir réfléchi, il dit en clignant des yeux : — Madelon, tu connais maître Robin, le fermier de la Blanchelande ?

— Oui, oui, monsieur notre maître, je le connais ; il est assez gros et assez insolent pour qu'on le remarque.

— Eh bien ! demain, en faisant ta tournée, tu lui diras que j'ai trouvé des papiers le concernant ; que les siens et lui sont toujours vassaux de la seigneurie de Briqueville, car ils ne se sont jamais rachetés, et que je suis sûr de le faire condamner au bailliage... Robin jouera l'incrédulité, mais il aura peur, et, quand tu le verras bien effrayé, tu lui diras, comme de toi-même, que j'aurais besoin immédiatement de trente setiers de farine de froment et de quelques miches de pain tendre... Je gagerais que, si tu sais t'y prendre, avant la fin de la journée les miches et le froment seront ici.

— Monsieur, — demanda Robert, — avez-vous en effet découvert dans vos dossiers quelques pièces relatives à ce pauvre homme ?

Le chevalier n'eut pas l'air d'avoir entendu.

— Maintenant, — poursuivit-il, — il s'agit de nous procurer du vin. Mon fils aime le vin, et le bon, et le vieux, et il en boit beaucoup... Mais le vin n'est pas commun par ici ; on en trouve seulement dans certaines caves de gentilshommes. Eh ! parbleu ! j'y songe, mon voisin le baron d'Helmières nous tirera de peine. Je le salue quand je le rencontre, et je ne lui ai pas encore intenté de procès. Je lui tournerai une jolie lettre, afin de lui exposer mon embarras, et je le crois trop galant homme pour ne pas m'envoyer sans retard un quarteau de son meilleur vin... Toi, le rousseau, — dit-il en s'adressant à Nicolas, — tu prendras une chemise blanche demain, et tu iras porter ma lettre à Helmières.

— J'irai, monsieur le chevalier, — répondit Nicolas, — et tante Madelon me donnera mes sabots neufs... Seulement il faudra partir de bonne heure ; j'ai entendu dire que monsieur le baron devait courre un sanglier demain dans la forêt.

— La lettre sera prête aussitôt que tu voudras... Je suis sur pied au petit jour, car ma maudite toux m'empêche de dormir.

En entendant prononcer le nom du baron, Robert avait rougi subitement.

— Avez-vous bien pensé, monsieur, — dit-il en baissant les yeux, — à la démarche que vous allez tenter auprès de monsieur d'Helmières ? Vous le voyez si rarement ! il pourrait trouver votre demande importune. D'ailleurs ne craignez-vous pas de trahir la gêne de cette maison en adressant à vos voisins de semblables requêtes ?

— Ce sont là de ces bons offices que les gentilshommes campagnards se rendent volontiers entre eux, — répliqua le chevalier ; — les d'Helmières ont reçu des Briquevilles bien d'autres services au temps passé... Mais je devine où le bât te blesse, Robert, mon garçon, — ajouta-t-il en ricanant ; — tu rencontres souvent la petite d'Helmières en courant le pays, et je sais qu'elle ne te déplaît pas. Or, tu as honte de lui laisser deviner l'état de pénurie où nous vivons ici... comme si tu devais t'inquiéter de pareilles choses, toi cadet de famille et qui n'as pas d'autres ressources que de prendre le froc au plus tôt !

Robert paraissait fort déconcerté ; sa voix tremblait quand il répondit :

— Vous êtes dans une grande erreur, monsieur, en ce qui regarde mademoiselle d'Helmières. J'ai si rarement l'occasion de lui parler ! Et puis je n'oserais aspirer.. Quant à votre désir de me voir prononcer des vœux, je vous ai déjà représenté humblement que je n'avais pas la vocation religieuse. Notre excellent parent, le prieur de Roquencourt, est lui-même d'avis que j'aurais tort de quitter le monde...

— Allons ! nous causerons sur ce chapitre avec Briqueville ; ce sera lui qui décidera de ce qui te convient le mieux... Mais revenons à nos affaires du moment !... Ainsi donc, Madelon, nous aurons du poisson, du gibier, du pain et du vin. C'est beaucoup ; mais est-ce assez pour recevoir convenablement mon fils ?

— Sainte Vierge ! vous n'y êtes pas ! — répliqua la gouvernante ; — croyez-vous qu'on fasse marcher une maison avec cela seulement ? Et encore il est bien heureux que monsieur de Briqueville n'ait pas eu l'idée d'amener avec lui un grand pendard de laquais pour bouleverser la maison, comme il le fit il y a quatre ans. Néanmoins il me manquera bien des choses encore ; par exemple, du cidre, des œufs, des légumes, du beurre... et comment pourrai-je m'en procurer si vous ne me donnez pas d'argent ?

— De l'argent ! de l'argent ! —répéta le chevalier, moitié riant moitié fâché ; — cette bonne femme est diantrement têtue ! Je gagerais que le rousseau, qui nous écoute là en ricanant, ne serait pas embarrassé, lui, pour nous procurer sans bourse délier toutes ces bagatelles !

— Oui bien, monsieur le chevalier, — répliqua délibérément Nicolas.

— Et comment t'y prendrais-tu ?

— Bon ! ce n'est pas difficile. Des légumes on en trouve dans tous les jardins, ainsi que des fruits ; il faut seulement attendre le moment où la ménagère n'y est pas et passer par le trou de la haie... Des œufs, il y en a dans tous les poulaillers ; si la poule crie, on lui tord le cou, on la met dans le sac avec le reste ; la vieille croit que sa poule a été enlevée par le milan. Quant au beurre et au fromage, il suffit d'enjôler un peu la fille de la laiterie, de lui dire qu'on est amoureux d'elle, de lui conter des histoires pour la faire rire ou pleurer, et elle vous donne volontiers de quoi garnir votre pain ; voilà ! Quant à du cidre, dame ! c'est une autre affaire ; on vous en offre un pot de temps à autre, mais on ne vous en laisse pas emporter... à moins qu'il ne se présente des occasions comme chez le fermier Guinard : le vieux coquin a tant récolté de pommes cette année, qu'il a rempli de cidre toutes ses futailles ; le cellier est comble, et on a été obligé de laisser plusieurs tonneaux dans la cour... J'en bois avec une paille chaque fois que je passe par là, et le chien n'aboie plus parce qu'il me connaît.

Le chevalier poussa un éclat de rire qui ne tarda pas à dégénérer en toux opiniâtre et douloureuse. Enfin, pourtant, il dit avec gaieté :

— J'étais sûr que Nicolas ne souffrirait point qu'on se mît en dépense pour de semblables niaiseries... Sambleu ! il faut le mettre pourvoyeur... Tu entends, maître Nicolas ? tu seras chargé désormais de fournir la maison de toutes les denrées dont tu parlais tout à l'heure, et, si tu y manques, tu auras affaire à ma béquille.

— Comptez sur moi, monsieur le chevalier, — répliqua naïvement le rousseau ; — mais voilà tante Madelon qui va dire encore que c'est mal, et que le goublin du château viendra en punition me tourmenter la nuit.

— Je voudrais bien voir cela ! — dit le chevalier en enflant sa voix ; — est-ce que le goublin oserait souffler quand moi, le seigneur du manoir, je le lui défends ?

Le garnement, qui craignait tant le goublin et les revenants, paraissait convaincu que le lutin familier du château n'oserait enfreindre l'ordre tout puissant de monsieur de Briqueville. Sa conscience étant rassurée sur ce point, il répéta d'un air fanfaron qu'il se chargeait de fournir le château de fruits, de légumes et du reste pendant le séjour du capitaine, et on le savait fort capable de tenir sa promesse.

Pendant cette conversation, Robert souffrit visiblement. Enfin, n'y tenant plus, il dit à son père :

— Quoi ! monsieur, voulez-vous encourager les mauvais penchans et les pernicieuses habitudes de ce jeune drôle ? Il serait indigne de vous...

— Bah ! — interrompit le chevalier, — nos ancêtres, qui nous valaient bien, en ont fait bien d'autres. Ces niches innocentes du rousseau ont pour victimes des paysans de notre fief, taillables et corvéables à merci. Si j'avais le temps de leur intenter des procès à tous, je leur prouverais... Mais en quoi ceci peut-il vous toucher, maître Robert ? Attendez au moins, pour prêcher, d'avoir endossé le froc, et gardez-vous de faire la leçon à ceux qui, malgré vos livres et votre latin, en savent plus long que vous. — Robert n'osa répliquer et baissa la tête. — Allons, — reprit le chevalier après un moment de silence, — nous avons pourvu à tout, et mon fils se trouvera bien de son logis... Ensuite Madelon, — poursuivit-il en soupirant, — s'il était des objets que tu ne pourrais absolument te procurer d'une autre manière, il faudrait me demander une livre tournois ou deux... Mais tu seras gentille et tu ne me demanderas rien. — En même temps il se leva péniblement de son fauteuil pour se retirer. Madelon alluma une chandelle ; Robert s'approcha et offrit le bras au vieillard, mais celui-ci le repoussa. — Bonsoir, monsieur, — lui dit il sèchement ; — songez à être plus respectueux envers mon fils qu'envers moi, car il n'est pas endurant, je vous en avertis.

Et il sortit, précédé de Madelon qui portait la lumière ; on entendit le bruit de sa béquille et de sa petite toux sèche un moment encore après qu'il eut disparu.

Robert, à son tour, s'empressa de regagner sa chambre.

— *Son fils !* — murmura-t-il ; — et moi, que suis-je donc ?... Oh ! que cette horrible existence m'attriste et me pèse !... Mais patience ! Briqueville arrive dans deux jours et tout s'arrangera.

II

DANS LA FORÊT.

Le lendemain matin, à l'heure où le soleil commençait à dorer la cime des vieilles tours de Briqueville, Robert, un fusil sous le bras, partait pour la chasse, comme il l'avait annoncé. Sa mise était un peu plus recherchée qu'il ne semblait nécessaire pour parcourir la campagne déserte. A la vérité, il avait les grandes guêtres de cuir, le carnier, la poudrière et le sac à dragée de rigueur ; mais, par-dessous ce harnois de Nemrod, il avait mis son habit le mieux galonné et un rabat blanc ; il était fraîchement rasé, et, son air cavalier. Peut-être cette modeste toilette avait-elle été faite en prévision d'une rencontre possible ; c'est ce que nous saurons bientôt.

Comme il gravissait une des collines dominant la vallée, il vit Nicolas qui allait porter au château d'Helmières la lettre du chevalier. Le jeune page de Briqueville était lui-même dans ses plus beaux atours ; gros bas montant au-dessus du genou et retenus par des jarretières de laine rouge, sarrau de toile, sabots et bonnet de coton. De plus, il avait jeté sur son épaule une sorte de bissac évidemment destiné à contenir ce qu'il pourrait picorer en chemin. Il passait à quelque distance de Robert en sifflotant un air du pays, quand il aperçut à son tour son jeune maître ; aussitôt il se tut, et une sorte de confusion se peignit sur son visage espiègle ; puis, après avoir salué, il doubla le pas comme s'il eût craint une semonce. Robert, en effet, fut sur le point de le rappeler ; mais qu'eût-il pu dire au vaurien qui ne fût en opposition avec les

ordres exprès du chevalier ? Il laissa donc Nicolas aller à ses affaires, et poursuivit sa route.

Bientôt il atteignit une vaste lande toute couverte de genêts, d'ajoncs et de bruyères, entrecoupée de buissons touffus. Quoique ce terrain eût été saisi et vendu depuis longtemps, le cadet de Briqueville avait conservé l'habitude d'y chasser, et il était impossible d'en trouver de plus giboyeux dans toute la contrée.

La lande en effet formait une espèce de plateau et s'élevait en pente douce jusqu'aux falaises qui surplombaient au-dessus de la mer. A gauche s'étendait une immense forêt dépendant de la seigneurie d'Helmières ; à droite, on apercevait des marécages, où se perdait le ruisseau de Briqueville, et où d'innombrables oiseaux aquatiques pullulaient en toutes saisons. Dans la vallée et sur le penchant de certains coteaux, il y avait des champs bien cultivés où les perdrix devaient trouver une pâture abondante, tandis que les buissons et les touffes de bruyère leur présentaient des retraites sûres. Mais ce qui contribuait le plus à la multiplication du gibier dans ces parages, c'était que, sauf le cadet de Briqueville, nul ne lui faisait la guerre. On était encore à cette époque où le vilain n'avait pas le droit de chasser sur ses propres terres, et où il était aussi dangereux pour lui « de tuer un lièvre que de tuer un homme. » Or comme, à l'exemple des autres gentilshommes du voisinage, monsieur d'Helmières ne chassait guère qu'aux cerfs et aux sangliers, Robert avait à peu près le monopole de la destruction des proies plus chétives, perdrix, lièvres et lapins.

Aussi le gibier, si rare aujourd'hui dans cette partie de la Normandie, était-il fort abondant dans la lande de Briqueville, et Robert n'avait pas trop à regretter l'absence d'un chien, cet auxiliaire obligé de tout bon chasseur ; mais, en dépit de ses instances, ni son père, ni Madelon n'avaient voulu souffrir, par mesure d'économie, qu'il élevât un chien d'arrêt au manoir. Heureusement il avait acquis par la pratique une habileté si grande, il avait une vue si perçante, les localités lui étaient si familières, qu'il n'accomplissait pas moins de prouesses, et il trouvait du charme dans la difficulté même du succès.

Ce matin-là, Robert, malgré les préoccupations pénibles qui l'assaillaient parfois, paraissait aussi bien disposé que jamais à goûter son plaisir favori. La nature extérieure, qui exerce tant d'influence sur les êtres humains, souvent à leur insu, était joyeuse et tout en fête autour de lui. Le vent du large avait nettoyé l'atmosphère ; le soleil resplendissait dans le ciel d'un bleu argenté. La campagne avait déjà les teintes foncées de l'automne, mais elle conservait sa verdure, mélangée de quelques fleurs retardataires d'un jaune d'or ou d'un pourpre éclatant. Au loin la mer paraissait calme, quoique des flocons d'écume blanche apparussent à sa surface d'un vert d'émeraude, et elle n'envoyait plus à la terre que de rares bouffées d'une brise fraîche et vivifiante. Les canards sauvages, les bécasseaux, les hérons, les courlis voltigeaient en criant au-dessus du marais, les rouges-gorges et les fauvettes chantaient dans les buissons. Çà et là on voyait le lièvre bondir tout à coup et filer droit en dressant ses longues oreilles, tandis que le lapin, moins fort et plus rusé, fuyait avec mille capricieux détours. Que pouvait faire dans cette brillante arène ouverte à son activité un jeune homme, un chasseur, sinon oublier ses chagrins, se saturer de soleil et d'air pur, se livrer avec naïveté aux impressions du moment ?

Aussi Robert ne tarda-t-il pas à troubler des explosions réitérées de son fusil le calme de cette solitude. Moins de deux heures après son entrée en chasse, il avait déjà tué deux lièvres et plusieurs lapins. Il avait été moins heureux à l'égard des volées de perdrix qui partaient fréquemment sous ses pas. Les armes à feu étant alors très imparfaites, on avait encore l'habitude de prendre la perdrix au moyen d'un faucon, et les meilleurs chasseurs ne se piquaient pas d'une grande habileté à tirer au vol. Néanmoins Robert, qui, nous devons l'avouer, n'avait rien de chevaleresque dans ses procédés, était parvenu à tuer par terre deux de ces pauvres volatiles, que sa vue perçante avait découverts derrière une touffe de bruyère où ils se croyaient bien en sûreté. Son carnier se trouva bientôt tellement bourré de gibier, qu'il fallut aviser aux moyens de se débarrasser de cet énorme poids. Il descendit donc vers une maisonnette de paysan située derrière un pli de terrain, non loin du ruisseau. Là, quelques braves gens, alléchés par l'offre d'un lapin (Robert n'offrait pas d'argent, et pour cause !) se chargèrent de transporter ces provisions au château.

Après la chasse de plaine vint la chasse au marais. Le cadet de Briqueville entra dans les herbes marines, cristes, aurônes, pavots, cornus, qui couvraient un espace considérable, et son fusil se remit à tonner sur nouveaux frais. Il avait déjà abattu un canard et deux sarcelles, quand un bruit lointain vint attirer son attention : des fanfares de cor et des clapissemens de meute partant de la forêt se prolongeaient d'échos en échos le long des falaises. Aussitôt Robert parut juger qu'il avait suffisamment approvisionné le garde-manger de Madelon ; il retourna chez le paysan joindre son nouveau gibier à celui qui s'y trouvait déjà ; puis, après avoir réparé autant qu'il le pouvait le désordre de sa toilette, il jeta son fusil sur son épaule et se mit à traverser la lande à grands pas.

Parvenu sur la lisière de la forêt d'Helmières, il s'arrêta pour écouter, et quand il se fut assuré autant que possible de la direction que suivait la chasse, il reprit sa course précipitée. Au bout de dix minutes il atteignait une large et longue avenue où les aboiemens des chiens, le son des trompes devenaient plus distincts, et il s'arrêta de nouveau tout hors d'haleine.

Cette avenue n'était pas seulement l'allée principale de la forêt, qu'elle partageait en deux parties à peu près égales, mais encore une grande route d'une certaine importance, assez mal pavée et mal entretenue, comme la plupart des routes de ce temps-là ; elle paraissait pourtant très fréquentée : on apercevait au loin des piétons, des cavaliers, des chariots qui la suivaient en sens divers. Mais Robert ne s'en inquiéta pas ; appuyé sur son fusil, il attendait, les yeux tournés vers la partie des bois où se trouvait la chasse.

Il n'attendit pas longtemps; tout à coup un animal d'assez forte taille traversa la route avec la rapidité de l'éclair et disparut dans le fourré de l'autre côté ; mais Robert avait eu le temps de voir distinctement un superbe sanglier, aux soies hérissées, aux longues défenses blanches comme de l'ivoire. Quelques minutes plus tard, les chiens, qui continuaient de hurler sur tous les tons, traversèrent la route au même endroit, d'abord un à un, puis en troupe tumultueuse et assourdissante ; puis vinrent les piqueurs et les valets, tous à cheval et revêtus d'éclatantes livrées, sonnant de la trompe par intervalle. Enfin apparut monsieur d'Helmières lui-même, le chef de l'équipage ; c'était un bel homme de cinquante ans, robuste, à figure douce et bienveillante ; il se tenait ferme sur la selle de son cheval normand, un peu lourd peut-être, mais infatigable. Tout cela passa comme une avalanche : chiens, chevaux et veneurs se montrèrent un moment au soleil, puis se replongèrent dans les sombres taillis qui s'étendaient à droite et à gauche de l'avenue.

Néanmoins Robert ne se retirait pas ; il n'avait accordé qu'une attention distraite à ce pittoresque tableau : immobile, il regardait toujours dans la direction opposée à celle que la chasse avait prise.

Sa constance ne tarda pas à être récompensée. Il vit déboucher d'une route latérale une dame à cheval, suivie d'un vieux domestique à cheval comme elle. Cette dame portait une amazone galonnée d'or, à la mode du temps ; elle avait pour coiffure un petit chapeau surmonté d'une plume. Son visage était caché sous un de ces masques légers de velours noir dont se servaient alors les femmes de qualité en voyage pour préserver du hâle la fraîcheur

de leur teint; cependant, à l'élégance de sa taille, à la vivacité de ses mouvemens, à ce *je ne sais quoi* qui est comme le rayonnement de la beauté, on devinait qu'elle était jeune et charmante.

Peut-être Robert n'avait-il aucun doute à cet égard, car en apercevant la fringante amazone il rougit subitement. L'inconnue se trouvait encore à plus de cinquante pas de lui qu'il avait déjà ôté son feutre, et qu'un sourire de bonheur s'était épanoui sur ses lèvres. La dame, de son côté, parut éprouver en le reconnaissant un vif sentiment de joie, sinon de surprise, et elle hâta le pas de sa monture. Aussi rejoignit-elle bientôt le cadet de Briqueville qui, debout au bord du chemin, la salua respectueusement.

— Je bénis le hasard, — dit-il avec un mélange d'émotion et de hardiesse, — qui m'a fait rencontrer mademoiselle d'Helmières dans cet endroit écarté.

— Le hasard ! — répéta une voix argentine avec l'accent de la raillerie. En même temps l'amazone ôta son masque et laissa voir une ravissante figure de jeune fille, ou plutôt d'enfant, car mademoiselle d'Helmières paraissait avoir dix-sept ans à peine. Elle était brune, et une vivacité extraordinaire pétillait dans ses yeux noirs. Son teint avait la fraîcheur rosée des femmes de son pays, et sa physionomie mutine une constante expression de gaieté. Cependant on découvrait tant de candeur, de véritable innocence dans les allures de cette jolie petite campagnarde, qu'il était impossible d'interpréter contre elle sa pétulance et sa bonne humeur. Mademoiselle Mathilde d'Helmières était le troisième enfant du gentilhomme qui chassait en ce moment le sanglier dans la forêt. Elle avait deux frères plus âgés, dont l'un suivait la carrière des armes, tandis que l'autre occupait une charge de conseiller au parlement de Rouen. Le baron, demeuré veuf depuis plusieurs années, adorait sa fille ; aussi Mathilde était-elle excessivement gâtée par tous ceux qui l'approchaient, et son éducation avait eu beaucoup à souffrir de cette fâcheuse indulgence. Ainsi s'expliquaient les manières indépendantes, le ton hardi de mademoiselle d'Helmières. Mais ces légers défauts, que l'âge et la fréquentation du monde ne pouvaient manquer de corriger plus tard, ne nuisaient en rien, comme nous l'avons dit, à l'excellence de son cœur, à la pureté et à la noblesse de ses sentiments, si même ils ne contribuaient pas à les développer et à les mettre en relief. Aucune relation bien suivie n'existait entre le vieux chevalier de Briqueville et son voisin d'Helmières, quoique le chevalier ne fût pas en état d'hostilité flagrante avec lui comme avec les autres gentilshommes du canton. Aussi n'était-ce pas à Helmières que le cadet de Briqueville avait pu former l'espèce d'intimité établie entre lui et Mathilde. Cette intimité remontait à l'époque où il faisait son éducation à Roquencourt. Le baron, qui aimait beaucoup le prieur, venait souvent dîner au couvent avec sa charmante fille, alors enfant, et Robert, fort jeune lui-même, s'était trouvé tout naturellement le compagnon de jeu de Mathilde. Depuis ce temps, ils avaient grandi l'un et l'autre, et ils n'avaient pas cessé de se voir, soit au prieuré, soit dans les assemblées de la noblesse du pays. Bien qu'en prenant de l'âge l'affection de Robert pour son amie d'enfance fût devenue sérieuse et réfléchie, Mathilde lui témoignait la même confiance, la même familiarité naïve qu'au temps où ils jouaient bruyamment tous les deux dans le salon du prieur, sous les yeux de leurs parens. Donc elle était arrêtée en cheval en face du cadet de Briqueville et elle lui disait d'un ton moqueur : — Le hasard ! mon pauvre Robert, c'est vraiment un singulier hasard qui vous fait vous trouver sur mon chemin chaque fois que nous chassons dans la forêt ! Cependant vous n'êtes pas un veneur, j'imagine; mon père dit même que vous ne valez guère mieux qu'un braconnier, avec votre éternel fusil qui assourdit les gens à dix lieues à la ronde... Néanmoins, Robert, — ajouta-t-elle amicalement, — hasard ou non, je suis contente de vous voir.

Et elle lui tendit la main; Robert prit cette main et la
pressa contre ses lèvres.

— Eh bien! mademoiselle, — dit-il à demi-voix, — puisque vous êtes si bonne, ne voulez-vous pas descendre un
moment pour causer avec moi?

— Volontiers, — répliqua Mathilde; — André, — ajouta-
t-elle en patois du pays, en se tournant vers le domestique;
— tiens la bride de mon cheval... je vais me reposer un
instant ici. — André fronça le sourcil et fit quelques représentations à la volontaire demoiselle, qui ne les écouta
pas : — Allons! vieux grondeur, — reprit-elle, — je suis
lasse de courir aux trousses de ce malheureux sanglier, et
j'éprouve le besoin de reprendre haleine... Mon père ne dira
rien, pourvu que nous nous trouvions à l'hallali... D'ailleurs je veux demander à monsieur de Briqueville des nouvelles de mon vieil ami et confesseur le prieur de Roquencourt... Tiens mon cheval, te dis-je! — Force fut à André
d'obéir en bougonnant et de prendre la bride qu'on lui
présentait; aussitôt Mathilde sauta lestement à terre. La
gentille petite campagnarde n'y mettait pas plus de façons
que cela. Une fois à terre, elle releva d'une main la longue
jupe de sa robe, tandis que de l'autre elle tenait son
masque et son fouet; puis elle s'avança vers un tronc
d'arbre renversé qui se trouvait à quelque distance, en in-
vitant Robert à la suivre. Ils s'assirent côte à côte, sans
s'inquiéter du valet, qui était resté à cheval et qui les regardait d'un air de mécontentement. — Voyons, Robert,
qu'y a-t-il? — demanda Mathilde en français, que le bas
Normand André ne pouvait comprendre.

Cette question parut causer une certaine perplexité au
cadet de Briqueville; on eût dit qu'il ne savait comment
expliquer le calme d'esprit de Mathilde en ce moment.

— Mademoiselle, — balbutia-t-il, — est-ce que vous
n'avez pas reçu hier... une... une lettre?

Les traits de Mathilde reprirent leur expression mo-
queuse.

— Quelle lettre? — demanda-t-elle; — ce n'est pas
hier, mais ce matin, que mon père a reçu une lettre du
chevalier de Briqueville qui lui demandait à emprunter
quelques provisions. Ah çà! Robert, votre frère aîné va
donc arriver? êtes-vous bien content? Moi je suis toujours
heureuse quand un de mes frères nous arrive à Helmières,
et ce sont des fêtes. Vous allez fêter aussi le capitaine.
Mon père, qui sait que vous êtes habituellement assez
mal munis là-bas au château (un ménage de garçons!) vous a envoyé non-seulement ce que demandait le
chevalier, mais encore certaines autres provisions indispensables pour recevoir convenablement votre voyageur.
Un palefrenier est parti ce matin avec une charrette pour
« avitailler la place, » comme on eût dit du temps des anciennes guerres.

Malgré le ton léger de Mathilde, le malaise du cadet de
Briqueville ne cessait pas.

— Monsieur d'Helmières, — reprit-il avec embarras, —
a sans doute entendu parler de notre gêne, et vous, mademoiselle, toujours généreuse et délicate, vous avez in-
sisté auprès de lui pour le décider...

— Bah! je n'ai pas eu besoin d'insister; l'ordre était
donné avant que je fusse debout. Écoutez donc, Robert;
mon père prétend qu'il n'y a pas au monde de meilleure
noblesse que la vôtre et la nôtre. D'ailleurs il assure que,
de temps immémorial, il existe un échange de bons procédés entre Briqueville et Helmières; et, même au temps
où nous vivons, n'est-ce rien que ce que demandait le
chevalier, mais encore certaines autres provisions indis-
jamais attaqué en justice comme tous ses autres voisins?
En même temps l'espiègle enfant partit d'un éclat de
rire.

— Si tels sont les sentiments de monsieur d'Helmières
pour ma famille, — répliqua Robert, — je m'en réjouis,
car ils rendront plus facile l'accomplissement de certaines
espérances ambitieuses que j'ai conçues. Mais véritablement, — ajouta-t-il en baissant encore la voix, — vous
mademoiselle, n'avez-vous pas reçu une autre lettre de
moi?

— De vous? — répéta Mathilde en riant toujours; —
eh! mais, ce chiffon de papier que l'on m'a remis hier si
mystérieusement venait donc de votre part? Ma foi! je
m'en étais doutée, et c'est pour cela que je n'ai pas voulu
la montrer à mon père ou à sa révérence le prieur, comme
j'aurais dû le faire peut-être. Tenez, — ajouta-t-elle en
tirant de sa poche une lettre toute froissée mais dont le
cachet était intact.

Un vif sentiment d'humiliation se peignit sur les traits
de Robert.

— Ainsi donc, mademoiselle, — balbutia-t-il, — vous
n'avez pas daigné jeter un coup d'œil sur...

— Eh! bon Dieu! que pouvez-vous avoir à m'écrire
quand nous nous voyons si souvent... par hasard? D'ailleurs, — continua-t-elle, — vous oubliez certaine circonstance... Je n'étais pas fort bonne écolière au temps où
nous nous rencontrions parfois au couvent de Roquencourt, et je ne me gênais pas pour faire des cocottes avec
mes livres... aussi, mon cher Robert, moquez-vous de moi
si vous voulez, mais... je ne sais pas lire l'écriture.

Cet aveu, qui de nos jours ne serait pas facilement arraché à la plus humble bourgeoise, sortait sans honte des
lèvres de la noble demoiselle. En effet, bien que l'instruction commençât alors à se répandre dans la noblesse, il
n'était pas rare de rencontrer, surtout en province, des
gentilshommes et des filles de fort grande maison qui ne
savaient ni lire ni écrire.

— Ainsi donc, Mathilde, — dit le cadet de Briqueville
en tortillant entre ses doigts le papier qu'on venait de lui
rendre, — vous ne savez pas encore... vous ne soupçonnez
pas...

— Eh! qui vous empêche, — interrompit résolument
mademoiselle d'Helmières, — de m'apprendre de vive
voix ce qu'il y avait dans cette lettre? Nous voilà seuls,
bien tranquilles dans ce bois, dites-moi vite de quoi il
s'agit. — Et elle s'arrangeait pour écouter; mais sa bonne
volonté ne faisait qu'ajouter à l'embarras de Robert. Il la
regardait en silence, puis baissait les yeux, et de grosses
larmes de sueur perlaient sur son front. — Quoi! — dit
Mathilde avec impatience, — vous n'osez plus me dire ce
que vous avez osé m'écrire?

Peut-être le cadet allait-il surmonter enfin sa timidité,
quand André, que cette conversation semblait contrarier
beaucoup, s'approcha de sa jeune maîtresse et lui dit en
patois :

— Mademoiselle, ne partons-nous pas? Les chevaux
s'impatientent et je ne peux les tenir... D'ailleurs entendez-vous les trompes? Elles sonnent l'hallali.

Mathilde prêta l'oreille.

— Mais non, — dit-elle; — on sonne encore le bien-aller...
promène les chevaux et laisse-moi tranquille. — Le valet
se tut; cependant il ne s'éloigna pas et continua d'observer d'un air sournois les deux jeunes gens. — Allons!
Robert, reprit Mathilde d'un ton mutin, — qu'y avait-
il dans cette fameuse lettre? Je veux le savoir.

— Il y avait, mademoiselle, il y avait... que je vous
aime...

— Bon! voilà une jolie découverte!... Et moi donc, est-
ce que je ne vous aime pas?

— Vous ne me comprenez pas sans doute, Mathilde, —
reprit le jeune homme de plus en plus intimidé; — je veux
dire que je vous aime... d'amour, et que je serais au comble de mes désirs si vous pouviez devenir ma femme.

Mademoiselle d'Helmières ne s'effaroucha nullement de
cette déclaration à brûle-pourpoint.

— Tiens, tiens, — dit-elle, — je n'avais jamais pensé à
cela... Mais, mon pauvre Robert, n'a-t-il pas été arrêté
déjà entre votre père et le prieur que vous seriez moine
au couvent de Roquencourt?

— Mon père, en effet, chère Mathilde, a pu concevoir
ce projet; mais mon digne oncle, n'ayant pas trouvé en
moi la vocation religieuse, ne voudrait pas me voir renoncer au monde. Quant à moi, je n'ai jamais songé sé-

rieusement à entrer en religion, à cause... à cause de vous, Mathilde.

Cette fois, mademoiselle d'Helmières, malgré son adorable naïveté, parut sentir quelle gravité les circonstances exigeaient d'elle.

— Comme vous me dites cela! — fit-elle en détournant la tête; — mais, si je ne me trompe, votre refus irritera fort contre vous les messieurs de Briqueville.

— C'est possible, Mathilde, et j'ai désiré avoir aujourd'hui même un instant de conversation avec vous, afin de remettre mon sort entre vos mains. Écoutez-moi. Vous n'ignorez pas que notre famille est complétement ruinée; mais, eût-elle conservé tous ses biens, je n'aurais aucun droit sur eux, moi déshérité par les lois elles-mêmes. On va donc sans doute m'intimer l'ordre de prendre l'habit de novice au couvent des dominicains de Roquencourt, et, malgré ma répugnance, je pourrais encore obéir à cet ordre de mon père et de mon frère; cela va dépendre de vous seule.

— De moi? Mais, bon Dieu! Robert, que puis-je à cela?

— Ne vous ai-je pas dit que je vous aimais? Si vous, Mathilde, vous ne m'aimez pas, si vous pensiez ne pouvoir jamais me rendre la tendresse que j'éprouve pour vous, je n'aurais en effet qu'à m'enfermer dans un couvent, où le chagrin, le désespoir ne tarderaient pas à me tuer.

— Mais c'est fort triste cela, mon bon Robert, — répliqua la petite personne en faisant la moue; — et dans le cas contraire?

— Dans ce cas, Mathilde, je me laisserais couper en morceaux plutôt que prononcer des vœux. Mais je ne puis croire... je n'ose espérer...

— Ne vous hâtez pas de croire et n'espérez rien encore... Si vous renonciez à entrer en religion, que feriez-vous donc?

— Hélas! je l'ignore, — répliqua Robert avec accablement; — j'avais songé à m'engager dans le corps des cadets ou dans la marine, et à servir le roi. Par cette voie il semble que j'arriverais promptement à conquérir un grade élevé, ou bien je périrais à la peine...

— Et ce serait là une perspective des plus séduisantes pour la pauvre créature qui vous aurait donné sa tendresse, — dit Mathilde avec ironie; — pensez-vous, Robert, et faut-il donc que ce soit moi qui vous parle raison? Ce n'est pourtant guère mon habitude... Réfléchissez un peu, de grâce; vous êtes pauvre et je ne suis pas riche; je n'aurai de mon côté qu'une dot misérable que mon père, paraît-il, est en train de former sur ses économies particulières, car les filles de condition ne sont pas mieux traitées par la loi que les cadets de famille; si j'étais assez folle pour vous écouter, voyez quelle opulente maison nous formerions à nous deux! Quelle belle figure nous ferions dans la noblesse du pays! A la vérité nous trouverions bien quelque part un coin pour nous bâtir une chaumière; vous laboureriez la terre, moi je filerais de la laine et je garderais les moutons.

La jeune demoiselle éclata de rire.

— Ne plaisantez pas, Mathilde, je vous en conjure, — répliqua le cadet de Briqueville les larmes aux yeux; — ne riez pas de ce qui me désole et me tue... Si j'étais assuré de votre affection, si je vous voyais comme but et comme récompense de mes efforts, aucun obstacle ne pourrait m'arrêter. Pour vous mériter j'accomplirais des miracles; j'arriverais, j'en suis sûr, aux honneurs et à la fortune. Ah! Mathilde, quelle force et quel courage je trouverais dans un seul mot de votre bouche!

Comme il s'animait beaucoup, et comme mademoiselle d'Helmières devenait de plus en plus attentive, André s'empressa d'intervenir.

— Mademoiselle, — dit-il, — les trompes sonnent toujours, et cette fois c'est bien l'hallali.

— Mais non, — répliqua la jeune fille avec colère, — ce n'est qu'un *défaut*; la meute aura pris le change... Rien ne presse.

Et elle se tourna de nouveau vers Robert, comme pour l'engager à continuer son propos.

Robert se hâta de profiter de la permission. Il se remit à parler avec chaleur, mais cette fois à voix basse. Il était vivement ému, et cette émotion gagna peu à peu mademoiselle d'Helmières elle-même. Bientôt l'un et l'autre éprouvèrent un léger tremblement; leurs mains se cherchèrent, leurs yeux devinrent humides. Que se disaient-ils? peu importe, ils s'entendaient. Que se disaient les oiseaux qui gazouillaient dans le feuillage, les insectes qui bourdonnaient dans la prairie?

La conversation se prolongeait, bien qu'elle parût aux deux jeunes gens avoir duré seulement quelques minutes. André, n'y tenant plus, s'écria encore:

— C'est l'hallali! mademoiselle, oh! pour le coup, c'est bien l'hallali.

Mathilde se leva et fit ses préparatifs pour remonter à cheval; toute trace de sa folle gaieté avait disparu. Robert se leva comme elle.

— Mathilde, — murmura-t-il, — Mathilde, que dois-je faire?

— Vous ne serez ni moine, ni mousquetaire; c'est bien entendu.

— Ainsi donc, il m'est permis d'espérer...

Mathilde parut prendre son parti tout à coup.

— Robert, — dit-elle d'une voix pénétrante, — je ne puis dire que je serai jamais à vous, mais je puis vous promettre que je ne serai jamais à un autre. Vos discours m'ont éclairée sur l'état de mon cœur; j'ai senti, quand vous avez parlé de mourir, que moi aussi je ne saurais supporter la vie sans vous... Ayez donc courage; luttez contre la mauvaise fortune. Dieu vous aidera... et moi je vous attendrai.

En même temps elle tendit de nouveau sa main au cadet de Briqueville, qui la couvrit de baisers convulsifs. Il essaya de parler, il ne put prononcer un mot intelligible. Mathilde, de son côté, n'était pas moins troublée; des larmes coulaient de ses yeux en dépit d'elle-même. Enfin elle dégagea sa main brusquement; puis, montant sur le tronc d'arbre qui lui avait servi de siége, elle sauta en selle avec autant de légèreté qu'elle en était descendue, et partit au galop pour rejoindre la chasse.

Alors seulement le pauvre Robert recouvra la voix; il mit un genou en terre sur le gazon, et, étendant le bras vers la jeune fille qui s'éloignait, il dit avec un enthousiasme qui tenait du délire:

— Mathilde, chère Mathilde, je te mériterai et je t'obtiendrai, je te le jure!

La belle amazone ne l'entendit pas; mais, se retournant une dernière fois, elle vit Robert dans cette posture et lui envoya de la main un signe affectueux. Peu de minutes après elle avait disparu, toujours suivie de son écuyer André, qui, pour aiguillonner sa course, répétait sans relâche:

— C'est l'hallali! c'est l'hallali.

III

LE GRAND CHEMIN.

Demeuré seul, Robert de Briqueville éprouvait une joie, un ravissement qu'il n'avait jamais ressenti depuis qu'il était au monde. Ces mots de Mathilde: « Je vous attendrai, » résonnaient à ses oreilles comme un chant d'allégresse et de triomphe. La certitude d'être aimé l'avait, pour ainsi dire, transfiguré; il se sentait plus fier et plus hardi; la nature elle-même, la forêt, la campagne, le ciel, lui semblaient plus riants ou plus purs. En ce moment de félicité absolue, félicité que la jeunesse seule peut goûter, il n'avait plus de doutes, plus d'irrésolutions, plus d'inquiétudes; le monde entier lui appartenait; les difficultés, il était sûr de les vaincre; les obstacles, il était sûr de les renverser. Il n'avait qu'à étendre la main pour saisir la gloire et la richesse; pouvait-il faillir quand il était aimé de Mathilde? pouvait-il craindre quand Mathilde devait être la récompense de ses efforts?

Il n'y avait pourtant rien de changé dans la position de Robert; il était encore, comme le matin, pauvre et sans avenir. L'amour d'une jeune fille à peine moins pauvre que lui ne paraissait pas devoir modifier beaucoup les rigueurs de sa destinée. Mais il avait désormais un but à sa vie: il sentait en lui le courage qui donne l'initiative, la ferme volonté qui produit le succès; et de quoi n'est pas capable un homme jeune, qui a l'intelligence, la force et la volonté?

Tel était l'enivrement du cadet de Briqueville qu'il ne pouvait se décider à quitter la place trois fois bénie où s'étaient échangés ces doux aveux. Il croyait toujours voir Mathilde à ses côtés, entendre sa voix, sentir la petite main de mademoiselle d'Helmières dans la sienne. Il lui parlait encore, il lui adressait les protestations les plus ardentes. Cette exaltation finit cependant par se calmer peu à peu: il cessa de parler tout haut, de gesticuler comme un fou. Ses sentimens, sans rien perdre de leur vivacité, se renfermèrent en lui-même; et, assis sur le tronc d'arbre renversé que Mathilde venait de quitter, il tomba dans une rêverie pleine de charmes.

Plusieurs heures s'écoulèrent ainsi; la journée s'avançait, il était temps pour Robert de retourner au manoir. Les fanfares de cor ne se faisaient plus entendre dans la forêt; sans doute la chasse était terminée et les chasseurs étaient rentrés à Helmières. Qu'attendait donc le cadet de Briqueville? Certainement ne le savait pas lui-même. Caché sous la feuillée, il savourait son bonheur et oubliait tout le reste.

Comme nous l'avons dit, l'avenue sur le bord de laquelle il se trouvait était une route royale, et, bien qu'à l'époque dont nous parlons cette portion de la Normandie ne fût pas peuplée comme aujourd'hui, à chaque instant des cavaliers, des voyageurs passaient devant Robert, invisible pour eux. Mais que lui importait dans son égoïste béatitude! Les yeux fixés sur la longue ligne poudreuse du chemin, il ne songeait nullement aux gens qui allaient en divers sens, et le bruit de leurs pas ne pouvait l'arracher à ses méditations. Cependant, en dépit de lui-même, il dut enfin donner toute son attention aux événemens de la voie publique.

Depuis quelques instans il regardait machinalement un petit groupe de voyageurs encore éloignés, mais remarquables par leur isolement même au milieu de la route. Ce groupe, qui se dirigeait vers le cadet de Briqueville, se composait d'un homme à pied, conduisant par la bride un cheval sur lequel était une femme. Les voyageurs avançaient lentement et avec une sécurité parfaite en apparence, quand un point noir se montra derrière eux, à l'autre extrémité de la route; ce point noir grossit rapidement, et bientôt il fut facile de reconnaître un cavalier bien monté, suivant la même direction, et qui ne devait pas tarder à les rejoindre. Alors les autres commencèrent à manifester de l'agitation; ils retournaient fréquemment la tête, et, sans aucun doute, ce voisinage ne leur causait pas un mince souci. Le piéton surtout ne pouvait cacher une grande inquiétude, et il regardait autour de lui comme s'il eût cherché du secours ou comme s'il eût songé à se réfugier dans le bois.

A mesure que les voyageurs s'approchaient, Robert éprouvait à leur égard une sorte de curiosité ou d'intérêt dont il ne se rendait pas bien compte; et quand ils se trouvèrent à une petite distance de lui, il se mit à les observer avec soin.

Le costume de la femme qui était à cheval trahissait une étrangère. Elle était belle, de cette beauté pleine et forte que Paul Véronèse donne à ses madones; et, bien qu'elle eût à peine vingt ans, on eût pu la croire de cinq ou six ans plus âgée. Elle avait le teint brun, les yeux noirs et pleins de feu; sa figure régulière ne manquait pas d'énergie, et, en ce moment qu'une rencontre alarmante semblait la préoccuper, elle ne montrait pas une crainte pusillanime. Elle était coiffée d'un petit chapeau en feutre noir et une mante légère couvrait ses épaules. Elle n'allait pas à cheval selon la mode des femmes, ou, comme l'on disait alors, à la planchette; de volumineux paquets, attachés à droite et à gauche de sa monture, l'en eussent empêchée. Elle montait à la manière des hommes, et un de ces amples tabliers appelés tabliers de cheval, encore en usage dans certaines provinces, corrigeait ce que ce mode d'équitation pouvait avoir de trop hardi.

En regard de cette belle personne, le voyageur à pied présentait une assez chétive apparence. Il était petit, grêle, déjà vieux, et couvert de vêtemens délabrés d'une coupe inconnue dans le pays. Son visage, absolument dénué de barbe, aux teintes d'ivoire jauni qui ressortaient avec vigueur sur sa fraise blanche. Il parlait fréquemment à sa compagne, comme pour lui communiquer ses craintes, et celle-ci à son tour paraissait faire tous les efforts pour le rassurer. Il devenait de plus en plus évident que l'objet de leurs inquiétudes était le cavalier qui les poursuivait.

Celui-ci semblait être encore un étranger, et toute sa personne avait un caractère sinistre. Un ample chapeau était enfoncé sur ses yeux; il portait une espèce de surtout à larges manches, un ceinturon de buffle, et des bottes montant au-dessus du genou. Il cherchait à cacher ses traits derrière le collet de son surtout; mais, quand ce vêtement s'entr'ouvrait, on voyait une figure bronzée, barbue, avec des yeux étincelans. Une longue épée battait les flancs de son cheval, bête vigoureuse qui ne devait pas avoir de peine à dépasser la pauvre rosse fatiguée des autres voyageurs.

Quand le cavalier ne fut plus qu'à vingt ou trente pas d'eux, il poussa une exclamation rauque et impérieuse, en étendant le bras, comme pour leur ordonner de s'arrêter et de l'attendre. Ils retournèrent la tête encore une fois; en le voyant si proche, leurs angoisses redoublèrent; on eût dit de deux pauvres oiseaux des champs sur lesquels fond le sanguinaire épervier. Du reste, aucun secours ne leur semblait possible; Robert se tenait caché dans le feuillage, et, aussi loin que la vue pouvait s'étendre, la route était devenue déserte; ils avaient donc lieu de se croire entièrement à la merci du personnage suspect.

Le voyageur à pied, pâle et défaillant, semblait vouloir obéir à l'ordre donné, mais la jeune fille lui dit rapidement quelques mots à voix basse, et, attaquant à la fois sa monture avec son fouet et avec ses talons désarmés, elle essaya de lui faire prendre une allure plus rapide. Elle n'y réussit pas, et sa tentative eut seulement pour résultat d'aiguillonner l'ardeur du cavalier. En quelques secondes il atteignit les pauvres gens; puis, mettant son cheval en travers de la route, il s'arrêta et força les autres à s'arrêter de même.

La jeune fille parut lui adresser des représentations chaleureuses, mais le piéton était tellement frappé d'effroi qu'il osait à peine respirer. Leur ennemi les envisagea l'un et l'autre, comme pour s'assurer qu'il ne se trompait pas, et enfin il dit d'une voix menaçante, en employant la langue italienne:

— Voilà donc Marco Vicenti et sa fille?

— Je suis ce poveretto, — répliqua le malheureux en joignant les mains et en tombant à genoux dans la poussière; — pardon, signor, pardon, au nom de la sainte Vierge.

— Grâce pour mon père! — s'écria la jeune fille à son tour en essayant de sauter à bas de son cheval.

Mais l'homme auquel s'adressaient ces prières ne paraissait pas habitué à les écouter.

— Brigand ! traître ! — dit-il, — voici ce que t'envoie la seigneurie de Venise !

En même temps un long poignard brilla dans ses mains, et, sans descendre de cheval, il en porta un coup violent au pauvre diable prosterné. Mais il avait compté sans l'agilité extraordinaire de Marco Vicenti. Celui-ci, par un mouvement instinctif, s'étant jeté le nez dans la poussière, la lame acérée n'avait rencontré que le vide. Alors, Vicenti se glissa sous le ventre du cheval de sa fille, reparut de l'autre côté, et, se servant du corps de l'animal comme d'un rempart, il appela au secours de toute la force de sa voix.

Mais l'autre ne renonça pas si facilement à son projet. Furieux d'avoir manqué son coup, et convaincu sans doute que ces appels étaient inutiles, il fit tourner son cheval, qu'il maniait avec dextérité, de manière à forcer le pauvre homme dans son dernier retranchement, et il continuait à brandir son poignard d'un air implacable.

De son côté, la jeune Italienne ne demeurait pas inactive ; elle était parvenue à sauter à bas de sa monture, et, malgré ses grandes jupes traînantes qui embarrassaient ses mouvemens, elle se plaça devant le cavalier pour protéger Vicenti. Elle criait, elle suppliait, et, les bras étendus, elle s'exposait courageusement elle-même à la mort qui menaçait son père.

Il était grand temps d'intervenir pour le cadet de Briqueville. Croyant enfin apprendre de quoi il s'agissait, Robert saisit son fusil de chasse, et s'élança de sa cachette en s'écriant :

— Misérable voleur de grandes routes ! crois-tu donc que je te laisserai assassiner ainsi les voyageurs ? Si tu bouges, je te tue comme un chien. — Mais, ou ces paroles prononcées en français ne furent pas comprises, ou, ce qui est plus probable, les acteurs de cette scène, assourdis par leurs propres cris, n'entendirent pas. Quoi qu'il en fût, la lutte continua et parut bientôt toucher à son terme fatal. La voyageuse s'efforçait toujours de protéger son père ; mais quelle résistance pouvait-elle opposer à une espèce de coupe-jarret robuste, déterminé, et sans doute habitué de longue date à de semblables rencontres ? D'un coup du poitrail de son cheval il renversa la frêle enfant dans la poussière ; puis, prenant la bride entre ses dents, il saisit d'une main Vicenti par le collet, tandis qu'il levait l'autre, armée d'un poignard, pour le frapper. C'en était fait de l'Italien si Robert, qui continuait vainement ses injonctions et ses menaces, n'eût pris tout à coup une résolution énergique ; jugeant qu'il n'avait pas d'autre moyen d'empêcher ce lâche assassinat, il épaula rapidement son fusil et fit feu. Le cavalier reçut toute la charge de gros plomb, ou, comme on disait alors, de *dragée*, dans la poitrine et dans le visage. Il poussa un cri farouche et laissa tomber son poignard. Le cadet de Briqueville, après avoir tiré, s'avançait résolument en tenant son fusil par le canon. Cette attitude ne parut pas effrayer beaucoup le sombre cavalier ; il porta la main aux fontes de sa selle, où se trouvaient des pistolets, mais la force lui manqua. Un de ses yeux avait été gravement atteint par un grain de plomb ; le sang l'aveuglait. Incapable de soutenir plus longtemps le combat, il fit faire volte-face à son cheval et s'enfuit. Le cadet de Briqueville essaya de le poursuivre, et tel était la rapidité de sa course qu'il ne restait pas trop en arrière. Alors le cavalier, qui avait réussi à étancher le sang dont son visage était inondé, s'arma d'un de ses pistolets, sans s'arrêter, et le déchargea sur Robert. Celui-ci ne fut pas atteint et une pareille tentative n'eût pas été de nature à l'intimider, mais comprenant la folie d'essayer de poursuivre à pied un coquin si bien monté, il le laissa continuer sa route et revint à l'endroit où se trouvaient le père et la fille. Ils étaient l'un et l'autre dans un désordre que l'on comprendra facilement. Mademoiselle Vicenti, toute meurtrie de sa chute, se soutenait à peine sur ses jambes ; le père demeurait comme anéanti ; cependant ils s'étaient jetés dans les bras l'un de l'autre et pleuraient sans pouvoir parler. Robert vint interrompre ces transports silencieux : — Mes braves gens, — leur dit-il, — aidez-moi à décharger votre cheval de tous ces paquets, afin que je poursuive ce scélérat ; je n'aurai de repos que lorsque je l'aurai vu pendre.

Vicenti ne comprit pas ces paroles, mais il devina l'intention et s'écria chaleureusement en italien :

— Non, non, mon bon signor, que Votre Excellence reste avec nous... ne nous quittez pas... Il va peut-être revenir... et d'ailleurs *ils sont deux !*... Que la madone de Lorette ait pitié de nous !

Il s'était mis à genoux devant Robert, fort surpris de ces démonstrations exagérées.

La belle Italienne dit à son tour en français :

— Il est inutile de poursuivre l'homme ; il ne saurait être bien redoutable maintenant, car il m'a paru grièvement blessé.

— Morbleu ! s'il en est quitte pour un œil crevé, sa punition aura été douce, — dit Briqueville ; — enfin laissez-le aller au diable, puisque vous croyez que c'est ce que nous avons de mieux à faire... Mais on dirait que vous connaissez ce malfaiteur. Qui est-il ?... et vous-mêmes mes braves gens, qui êtes-vous ?

La jeune fille allait répondre quand son père, qui venait de ramasser le poignard échappé à l'assassin, le lui montra en poussant toutes sortes d'exclamations bizarres.

Ce poignard, en effet, avait une forme particulière ; le manche en cuivre était orné d'une tête de lion ciselée ; la lame, très longue et très mince, portait plusieurs inscriptions en italien gravées dans l'acier, ainsi que certains caractères hiéroglyphiques qui devaient avoir une signification terrible.

— Oui, père, — répondit mademoiselle Vicenti en français avec émotion, — c'est bien un sbire de la seigneurie de Venise qui t'a poursuivi en France ; c'est bien une sentence du conseil des Dix qu'il allait exécuter contre toi, si ce bon et généreux jeune homme n'avait pris notre défense !

Marco Vicenti parlait difficilement le français, mais il paraissait le comprendre très bien, et il trouva une grande imprudence dans les aveux de sa fille. Il se hâta donc de cacher le poignard dont il s'était emparé, et dit en italien :

— Paola, ma chère, à quoi penses-tu donc ? avouer de semblables choses à un inconnu ! — Aujourd'hui que le drame moderne a popularisé parmi nous l'histoire de l'ancienne Venise, sa seigneurie puissante, son inquisition d'Etat, son conseil des Dix et les poignards de ses *bravi*, leur nom seul éveille une série d'idées lugubres et sanglantes ; mais à l'époque dont nous parlons, au moment même où le conseil des Dix et ses sbires étaient dans toute leur puissance, on ne s'inquiétait guère d'eux au delà des frontières de la république de Saint-Marc, et la noblesse française connaissait notamment mieux Venise par son brillant et joyeux carnaval que par ses impitoyables institutions politiques. Aussi les craintes de Vicenti étaient-elles vaines ; et Robert, élevé à la campagne, n'avait pas une idée bien nette du gouvernement de Venise, de ses monopoles obstinés, de ses inexorables vengeances. Pauvre ville déchue ! Elle a bien expié, elle expie encore sous un joug de fer les fautes de son passé et les grandeurs de sa tyrannie ! Mais l'Italien, ne soupçonnant pas l'ignorance du cadet de Briqueville, crut devoir rectifier les assertions de Paola. — La *poveretta* se trompe, mon bon *signor* ! — reprit-il ; — comment la seigneurie enverrait-elle un sbire contre un simple ouvrier tel que moi ? L'homme que vous avez vu est tout au plus, avec lequel je me suis brouillé, et qui m'a suivi en France pour se venger de moi... *Corpo !* si vous ne m'aviez secouru, il m'eût infailliblement tué ! Mais ce n'est pas fini, j'en ai peur ; ils étaient deux qui ont débarqué en même temps que nous à Honfleur, et ils me retrouveront.... *Santa madona*, je me mets sous votre protection !

Robert ne tenait pas plus à la version de la fille qu'à celle du père ; il répondit avec sa rondeur habituelle :

— Eh bien ! l'ami, si des coquins vous menacent, il faut vous placer promptement sous la sauvegarde de la justice. En France, il n'est pas permis de jouer ainsi du poignard sur les grands chemins, et les archers de la prévôté savent y mettre bon ordre... Mais voyons, mes braves gens, il se fait tard, et je désire rentrer chez moi... quel service pourrais-je vous rendre encore ?

En apprenant que leur libérateur allait les quitter, Vicenti et Paola elle-même furent repris d'une extrême frayeur. Leur ennemi n'était pourtant plus à redouter, car on le voyait maintenant à une distance considérable, et il s'éloignait toujours. Paola dit à Robert :

— Nous sommes récemment arrivés en France, monsieur, et nous ne connaissons personne dans ce pays. Pourriez-vous mettre le comble à vos bontés en nous indiquant dans le voisinage un endroit où nous trouverions un gîte ?

— Très volontiers, ma belle enfant. En continuant d'avancer, vous trouverez, à une lieue d'ici environ, sur la droite, le bourg de Roquencourt, où il vous sera facile de vous loger.

— C'est précisément à Roquencourt que nous allions quand nous avons été attaqués... Ne s'y trouve-t-il pas une verrerie ?

— Oui, — dit Robert avec étonnement, — la verrerie de maître Michaud, une des plus belles de la Normandie... Mais, si vous êtes étrangers au pays, comment savez-vous cela, ma jolie fille ?

— C'est que mon père est verrier, monsieur, et il vient en France pour y chercher de l'ouvrage.

— Verrier !... Ah çà ! il est donc gentilhomme ?

Nous verrons plus tard pourquoi Robert faisait cette question. Paola répondit modestement :

— Non, non, monsieur, il est simple ouvrier, mais il passait pour fort habile à Venise, d'où nous venons... Tenez, mon bon seigneur, — poursuivit-elle, — ne nous abandonnez pas ; daignez nous accompagner jusqu'à Roquencourt. Je ne pense pas que l'on ose nous attaquer de nouveau ; mais voyez comme mon père est tremblant ! Votre présence le rassurera, et vous accomplirez une bonne action.

En effet, Vicenti, dont le lecteur a pu déjà reconnaître l'excessive pusillanimité, ne cessait de regarder autour de lui ; le moindre murmure du feuillage le faisait tressaillir ; dans tous les paisibles voyageurs qui se montraient sur la route, il croyait reconnaître un sbire armé d'un poignard et prêt à fondre sur lui. Il dit d'une voix grelottante, quoique son front basané ruisselât de sueur :

— Sì, sì, caro signore, accompagnez-nous au moins jusqu'au bout de la forêt... Le bravo en tient, c'est vrai ; mais ils étaient deux... ambo, ambo... L'autre est caché peut-être à quelques pas d'ici, et, si vous nous quittez, il me tuera sans me laisser le temps de dire mes prières.

Briqueville, ne soupçonnant pas à quelles vengeances l'Italien pouvait être exposé, éprouvait une sorte de mépris pour ces puériles terreurs. Cependant il réfléchit qu'en l'accompagnant à Roquencourt il aurait l'occasion de rendre visite à son oncle le prieur. D'ailleurs la joie qui remplissait son âme le disposait en ce moment à toutes les complaisances, et peut-être aussi les yeux en pleurs de la belle Italienne ne furent-ils pas sans influence sur sa détermination. Il consentit donc à escorter ses nouveaux amis jusqu'au bourg, ce qui leur causa une vive satisfaction.

Paola s'empressa de remonter à cheval avec l'aide de Vicenti ; néanmoins, avant que l'on se remît en marche, le père supplia Robert de recharger son fusil, afin d'être en état de défense à tout événement ; et le cadet de Briqueville céda encore à son désir. Cette précaution prise, on se dirigea vers Roquencourt.

Chemin faisant, Robert, autant par désœuvrement que par curiosité réelle, continua de questionner les voyageurs sur leur position et sur leurs projets. L'Italien, soit que la frayeur paralysât encore ses facultés, soit qu'il éprouvât de la difficulté à s'exprimer en français, répondait d'une manière vague et embarrassée ; mais Paola se montra plus communicative, et voici à peu près ce qu'apprit Robert :

Ces gens étaient du village de Murano, situé à une demi-lieue de Venise. Vicenti, comme l'avait dit sa fille, était ouvrier verrier à la fabrique renommée de Murano, et il paraissait avoir acquis une certaine aisance dans l'exercice de sa profession. Il avait épousé autrefois une Française attachée au service de l'ambassadrice de France à Venise, et pendant longtemps rien n'était venu troubler le bonheur de cette union. Paola, née de ce mariage, avait été élevée par sa mère, qui lui parlait souvent de son pays natal ; aussi madame Vicenti, étant morte deux ans auparavant, avait cessé de tourmenter son père, sur lequel elle exerçait un grand empire, pour l'engager à se rendre dans cette France où il lui semblait qu'elle retrouverait des souvenirs de sa mère défunte. Vicenti avait fini par céder à ces instances ; mais n'avait-il pas eu d'autres motifs pour abandonner l'Italie et la profession lucrative à laquelle il avait dû jusque-là une douce tranquillité ? Voilà ce qu'il était permis de soupçonner, et le père et la fille laissaient entrevoir qu'en émigrant ils avaient cru pouvoir réaliser des espérances de la nature la plus séduisante.

Pour des raisons qu'ils n'expliquaient pas, ils avaient dû aussi cacher leur départ, et ils s'étaient embarqués furtivement dans un petit port de la Vénétie. Toutefois ils avaient été épiés au moment de l'embarquement par deux hommes, dont l'un venait précisément d'attenter aux jours de Vicenti. Ils avaient employé la ruse pour dérober leurs démarches à ces individus suspects, et ils croyaient avoir réussi. Qu'on juge donc de leur étonnement quand, en arrivant à Honfleur après une traversée longue et périlleuse, ils avaient rencontré au port les deux hommes dont ils redoutaient tant la présence et qui les avaient précédés, soit par la voie de terre, soit par la voie de mer.

Cette circonstance avait considérablement alarmé Vicenti et l'avait fait renoncer à certains projets mystérieux. A Honfleur comme en Italie, l'ouvrier et Paola avaient tenté de dépister leurs persécuteurs acharnés ; et, au lieu de continuer leur route sur Paris, comme ils en avaient eu d'abord le dessein, ils avaient résolu de prendre une autre direction. Sachant qu'il y avait à Roquencourt une importante verrerie où Vicenti ne pouvait manquer de trouver de l'ouvrage, ils avaient passé secrètement à Caen ; là ils avaient acheté un cheval pour porter leurs bagages et servir de monture à Paola, puis ils s'étaient mis en route, convaincus encore une fois qu'ils avaient échappé aux embûches de leurs ennemis. L'événement qui venait d'avoir lieu avait détrompé. Sans doute les deux sbires (car, malgré les dénégations du verrier, c'étaient bien deux sbires de la police de Venise) s'étaient divisés pour les atteindre plus sûrement ; et, tandis que l'un les cherchait sur un point, celui qui nous connaissons les avait découverts, suivis à la trace, et ne l'eût infailliblement accompli son crime sans l'intervention de Robert.

— Nous aurions pu à la rigueur, — disait Paola, — invoquer en France des protections puissantes, mais mon père renonce décidément à ses idées ambitieuses, et ne songe plus qu'à se cacher dans une profonde obscurité. Ah ! pourquoi avons-nous quitté Venise ? Mais ces regrets sont superflus maintenant ; heureux ou malheureux, il nous faudra vivre et mourir en France.

Le cadet de Briqueville ne remarqua pas les nombreuses lacunes et les obscurités que contenait ce récit ; il éprouvait seulement pour ces étrangers l'intérêt banal qu'inspire au bienfaiteur un premier service rendu ; aussi n'insista-t-il pas sur les circonstances qui ne lui paraissaient pas suffisamment claires. Il se contenta d'exprimer l'espoir que les tribulations du père et de la fille étaient terminées, et il offrit poliment de leur rendre service en tout ce qui dépendrait de lui.

Depuis quelques instants on se trouvait hors de la forêt

d'Holmières ; la campagne était maintenant découverte et bien cultivée; on voyait çà et là quelques habitations; enfin la route devenait plus fréquentée, comme il arrive aux approches d'un centre de population. Aussi le verrier commençait-il à reprendre courage, et un peu de rougeur reparaissait sur ses joues blêmes. Il s'enhardit jusqu'à questionner Robert à son tour.

— Votre Excellence, — dit-il dans son mauvais français, — habile sans doute le voisinage, *perche* elle va à la chasse?

— Je suis gentilhomme, — répondit Briqueville avec quelque fierté; — les propriétés de ma famille ne sont pas loin d'ici.

Cette qualité de gentilhomme parut inspirer un égal respect à la fille et au père.

— *Signor* gentilhomme, — reprit Vicenti, — vous pouvez en effet nous rendre un grand service.

— De quoi s'agit-il, mon cher?

— Connaissez-vous le *padrone*, je veux dire le maître de la verrerie de Roquencourt, et pourriez-vous me recommander à lui afin qu'il me donnât de l'ouvrage dans sa fabrique?

— Si je connais maître Michaud! Oui, certainement, et je vous recommanderai, je vous le promets. Seulement il ne vous sera pas permis, je crois, d'être maître-ouvrier à Roquencourt si vous n'appartenez pas à la noblesse, car tous les maîtres-ouvriers y sont gentilshommes.

— J'accepterai les plus humbles fonctions, mon bon signor, pourvu que je gagne de quoi vivre et faire vivre *la mia cara* Paola... Pourriez-vous parler à ce signor Michaud aujourd'hui même?

— Quel motif avez-vous donc, l'ami, d'être si pressé? Attendez au moins un jour ou deux, que j'aie le loisir d'aller voir le chef de la fabrique.

— J'en demande humblement pardon à Votre Excellence, mais nous sommes ici sans secours, sans appui, et vous voyez quels dangers me menacent. Tant que nous demeurerons isolés, sans lien d'aucune sorte, dans ce pays nouveau pour nous, nous serons exposés à toutes sortes de vexations et d'avanies; au contraire, une fois que je ferai partie d'une grande association d'ouvriers, je trouverai protection pour ma fille et pour moi.

Ce raisonnement était juste; d'autre part, Robert songea que le lendemain son frère arrivait à Briqueville, et que ce jour-là peut-être même les jours suivans, il n'aurait pas le loisir de revenir au bourg. Il répondit donc à Vicenti que, aussitôt après les avoir installés, lui et sa fille, à l'auberge de Roquencourt, il se rendrait à la fabrique pour obtenir son admission parmi les ouvriers de Michaud.

Le verrier se répandit en remercîmens empreints de l'exagération méridionale, et invoqua tous les saints du paradis en faveur de son jeune bienfaiteur. Quant à Paola, elle se montra plus réservée; mais son grand œil noir et humide, qu'elle tourna vers le cadet de Briqueville, exprimait plus de reconnaissance encore que les protestations épileptiques de son père.

On approchait du bourg, dont les maisons, largement espacées, se cachaient sous les pommiers et les noyers qui remplissaient les enclos; à peine entrevoyait-on leurs toits de chaume couverts de mousses et de vermiculaires à travers les touffes de gui dont les arbres étaient surchargés. Cependant, au milieu de ces modestes demeures, deux groupes de bâtimens attiraient d'abord l'attention par leur grandeur et leur importance: l'un, d'architecture gothique, noir, majestueux, sévère, était surmonté d'un clocher à flèche élancée où sonnait à cette heure l'*Angelus* du soir; c'était le couvent de Sainte-Marie de Roquencourt. En face, de l'autre côté d'un ruisseau que la route traversait sur un pont de pierre, s'élevaient des bâtimens modernes, blancs, simples, flanqués de vastes hangars dont les toits étaient hérissés de cheminées vomissant des flammes et de la fumée; c'était la verrerie de maître Michaud. Les deux édifices, l'usine et le monastère, se regardaient d'un

air de défi, comme s'ils eussent attendu le moment où l'un pourrait dévorer l'autre : la révolution donna plus tard la victoire à l'usine.

A quelque distance de l'entrée du bourg se trouvait, suivant l'usage communément établi en Normandie, une croix ou calvaire qui marquait la limite de la paroisse. Quand la cloche avait sonné au clocher du couvent, un moine, qui se promenait sur la route en lisant son bréviaire, s'était prosterné devant le calvaire pour réciter l'*Angelus*. Robert et l'Italien, en passant auprès de lui, se découvrirent respectueusement, tandis que Paola se signait avec dévotion. Au même instant, le moine, qui portait le vêtement blanc et noir des dominicains, et qui se distinguait par une croix d'argent suspendue à son cou, termina sa prière et se releva. Robert le reconnut alors et courut à lui.

— Cher oncle et révérend père, — lui dit-il avec joie, — donnez-moi votre bénédiction.

— *Benedicat tibi Dominus*, mon enfant! — dit le moine avec affection en lui tendant la main.

C'était en effet le révérend père Ambroise, prieur des dominicains de Roquencourt.

IV

LA VERRERIE.

Le prieur, que Robert de Briqueville aimait et vénérait comme un père, était un beau vieillard à physionomie douce et intelligente. Il avait le crâne chauve, le front ridé, et en dépit de son apparente sérénité, ce n'était pas l'âge seul qui avait fait tomber ses cheveux, creusé des sillons sur son visage. On assurait que la vocation religieuse du père Ambroise s'était manifestée assez tard, et qu'avant d'entrer dans ce couvent, dont il était devenu le principal dignitaire, il avait longtemps vécu dans le monde. Cadet de famille, comme Robert, il avait eu des fortunes diverses; il avait éprouvé les agitations, les tempêtes de l'existence commune, avant de se réfugier au monastère de Roquencourt comme dans un port. De là venait cette indulgence pour les passions et les imperfections humaines, cette bienveillance, cette charité qui faisaient chérir le digne moine de tous ceux qui l'approchaient.

Il parut fort surpris de rencontrer son neveu en compagnie d'un homme et d'une femme inconnus, de tournure aussi singulière. Vincenti et Paola s'étaient arrêtés, et pendant qu'avec le respect traditionnel des Italiens pour les gens d'église, ils se confondaient en salutations devant lui, il demanda bas à Robert l'explication de cette espèce d'intimité. Robert raconta rapidement quel service il venait de rendre aux voyageurs, et le prieur, à qui la beauté de la jeune Italienne avait fait d'abord froncer le sourcil, reprit son aménité habituelle :

— Vous avez bien agi, mon enfant, — dit-il en souriant, — et vous vous êtes conduit en vrai chrétien. Si je pouvais de même être utile à vos protégés, ils seraient en droit de compter sur moi; qu'ils ne l'oublient pas. — Comme le père et la fille remerciaient avec humilité, le père Ambroise les interrompit : — Allons! mes braves gens, — reprit-il, — vous êtes sans doute fatigués, et je ne veux pas vous retenir plus longtemps sur le grand chemin. Continuez donc d'avancer; Robert et moi nous vous suivrons tout en causant, car j'ai quelques mots à lui dire. — L'Italien s'inclina profondément; puis il prit par la bride le cheval de sa fille et poursuivit sa route pendant que le père Ambroise et le cadet de Briqueville marchaient derrière eux. — Robert, — dit le prieur après un moment de silence, — je vois avec plaisir que vos ennuis et vos préoccupations présentes ne vous empêchent pas d'être charitable. J'étais inquiet à votre sujet ; l'événement qui se prépare a tant d'importance pour vous...

— Que dites-vous, mon oncle ? — répliqua Robert entraîné par ses pensées ; — jamais de si belles espérance n'ont brillé à mes yeux, jamais mon cœur n'a ressenti tant de joie.

— Et pourquoi donc, mon enfant ? — Alors seulement le cadet de Briqueville s'aperçut que son bonheur n'était pas de nature à être confié au prieur, et il rougit. — Est-ce donc l'arrivée prochaine de votre frère aîné, — reprit le père Ambroise, — qui vous donne cette joie et ces espérances ? Je crains bien, Robert, que vous ne vous fassiez des illusions fâcheuses à cet égard. Je ne voudrais pas exprimer une opinion trop sévère contre des personnes que vous devez chérir et respecter ; mais je n'attends rien de bon pour vous de cette réunion de famille. Je n'approuve pas tous les actes, toutes les paroles du chevalier, votre père, et voilà pourquoi je m'abstiens de le fréquenter ; quant à votre frère, je le connais à peine, mais je doute que nous puissions nous entendre. Du reste, mon grief le plus sérieux contre l'un et contre l'autre est leur indifférence envers vous. Je ne saurais leur pardonner le peu de cas qu'ils font d'un jeune homme si honnête, si franc, si digne d'être aimé...

— Vous les jugez mal, mon cher oncle, vous les jugez mal, je vous assure. Mon père, il est vrai, a été un peu aigri par les désastres de notre maison, par ses luttes continuelles contre la mauvaise fortune ; mais il n'est ni dur ni injuste, et ma vie au château est fort supportable. D'autre part le capitaine de Briqueville...

— Pauvre enfant ! vous n'osez même pas l'appeler votre frère !

— Eh bien ! *mon frère*, puisque vous le voulez, ne m'a donné encore aucun sujet de redouter sa présence. A la vérité, lors de son dernier voyage en Normandie, il y a quelques années, il ne parut pas me remarquer beaucoup. Mais je résidais alors auprès de vous à Roquencourt, et je le voyais rarement ; d'ailleurs j'étais si jeune, presque enfant, qu'eût-il pu me dire ? Aujourd'hui que je suis homme, je trouverai certainement en lui un ami et un protecteur.

— Dieu veuille que votre espoir se réalise ! — répliqua le père Ambroise en soupirant ; — dans tous les cas, Robert, j'étais impatient de vous voir, afin de vous dire que, si les choses ne tournaient pas à votre gré pendant le séjour du capitaine à Briqueville, vous auriez toujours une retraite assurée près de moi.

— Je le sais, mon bon oncle, mon second père, — répliqua Robert avec émotion ; — j'ai déjà eu tant de preuves de votre affection, de votre dévouement ! Je vous dois tout ; sans vos soins généreux et persévérans, que serais-je devenu ? Privé d'éducation, abandonné aux mauvais instincts de l'enfance, au hasard des événemens... Mais vous n'aimez pas que je vous exprime ma vive et profonde gratitude ; il me faut donc la renfermer dans mon cœur. Permettez-moi seulement une question : d'où vous vient cette pensée que l'arrivée de mon frère aîné au château pourrait être pour moi une cause de chagrin ?

— Qu'importe, Robert, il suffit que je vous aie prévenu contre certaines éventualités... Maintenant me voici plus tranquille, et je veux croire comme vous que messieurs de Briqueville vous montreront tout l'intérêt que vous méritez.

— Eh bien, mon révérend père, — dit Robert d'un ton suppliant, — ne leur rendrez-vous pas visite au château ? Il y a si longtemps qu'on ne vous y a vu ! Mon père est vieux, infirme, peu ingambe, et il est excusable de ne pas venir lui-même à Roquencourt.

— Depuis bien des années, Robert, les voies du chevalier et les miennes sont très différentes, et quoique je n'aie pas voulu que vous fussiez victime d'anciennes mésintelligences, il ne saurait exister entre lui et moi une grande

intimité. Quant au capitaine Briqueville, je suis tout prêt à lui accorder ma bienveillance s'il sait la mériter.

Pendant cette conversation, on avait continué d'avancer, et bientôt on atteignit les premières maisons du village. Vicenti et sa fille s'étaient arrêtés, attendant quelque indication de leur protecteur ; Robert leur montra du doigt une maison d'assez bonne apparence, qui était l'unique auberge du lieu, et l'on se dirigea de ce côté.

La grande rue de Roquencourt était remplie de gens qui rentraient de leurs travaux ; et sur le seuil des portes, à toutes les fenêtres, apparaissaient des curieux, attirés par le passage du prieur et de son neveu, surtout par l'aspect insolite de l'Italien et de sa fille. Hommes et femmes saluaient le père Ambroise et Robert ; plusieurs passans eurent même la hardiesse de leur adresser quelques paroles amicales. Quant aux voyageurs, on ne se fût pas gêné peut-être pour exprimer tout haut des observations assez peu charitables sur leur figure, leur attitude et leur costume ; mais comme ils étaient visiblement sous la protection du cadet de Briqueville et du prieur, on se contenta de les suivre des yeux avec cette ténacité ordinaire aux campagnards.

L'auberge de Roquencourt ressemblait à une ferme, car, alors comme aujourd'hui, les aubergistes bas normands cumulaient volontiers les bénéfices de l'agriculture avec ceux que procure l'hospitalité non gratuite. Les voyageurs pénétrèrent dans une vaste cour remplie de volaille, entourée de bâtimens qui pouvaient être aussi bien des étables que des écuries. L'hôte et l'hôtesse, tous deux rouges comme des pommes d'api, tous deux coiffés de gigantesques bonnets de coton, accoururent au-devant d'eux, et tandis que Paola descendait de cheval, le prieur, qui n'osait avancer de peur de souiller sa chaussure dans les détritus de la basse-cour, cria d'un ton de bonne humeur :

— Ah çà ! maître Gorju, et vous, maîtresse Gorju, voici de pauvres gens auxquels mon neveu a rendu tout à l'heure un grand service en les délivrant d'une attaque à main armée dans la forêt d'Helmières... Vous aurez grand soin d'eux et vous ne les écorcherez pas trop... vous m'entendez ? Vous surtout, maîtresse Gorju, vous avez l'habitude d'enfler démesurément les écots, et cela n'est pas bien.

Comme l'hôtesse protestait d'un ton doucereux, Robert ajouta :

— Et vous prendrez soin aussi qu'on ne les malmène pas, comme on a l'habitude de le faire par ici à l'égard des étrangers. S'ils recevaient la moindre avanie, ce serait à moi qu'on en rendrait compte.

Gorju et sa femme s'empressèrent d'affirmer que les nouveaux venus seraient traités avec bienveillance. Fort curieux l'un et l'autre, ils grillaient d'envie d'interroger le prieur sur l'événement qui avait nécessité l'intervention de Robert ; mais ils ne l'osèrent pas, d'autant moins qu'ils se proposaient d'interroger les voyageurs eux-mêmes.

Le père Ambroise et Robert allaient se retirer, quand Vicenti se tourna vers le jeune gentilhomme :

— Mon bon signor, — lui dit-il, — souvenez-vous de votre promesse... Parlez au maître de la verrerie, *per la santa madona !*

— C'est juste, — reprit le cadet de Briqueville ; — aussi bien, à pareille heure, Michaud doit se trouver à la fabrique.

Il confia son fusil et son carnier à l'aubergiste, en annonçant qu'il les reprendrait quelques instans plus tard.

— Où donc allez-vous encore, Robert ? — demanda le père Ambroise avec étonnement. Son neveu lui expliqua comment il avait promis à l'ouvrier italien de le recommander, le jour même, au maître de la verrerie de Roquencourt. — Allons, mon enfant, — dit le prieur, — vous ne voulez pas que votre bonne action demeure incomplète, et je vous approuve, car vos protégés me paraissent dignes d'intérêt. Pour moi, je vous laisse; voici l'heure de rentrer au couvent... Que Dieu vous bénisse, mon fils, et qu'il vous donne le courage et la résignation dont, malgré vos naïves espérances, je persiste à croire que vous aurez besoin !

Il tendit la main à son jeune parent, puis il se dirigea vers le monastère, tandis que Robert prenait le chemin de l'usine.

La verrerie de maître Michaud se composait, comme nous l'avons dit, d'un grand nombre de bâtimens dont la plupart n'étaient, à proprement parler, que des hangars renfermant les fours et les ateliers. Les constructions s'élevaient autour d'une cour encombrée de matériaux, de creusets, de chariots et de ces paniers à compartimens destinés au transport des marchandises de verre; la porte en demeurait constamment ouverte afin que les nombreux employés de la maison pussent entrer et sortir librement. Robert traversa cette cour sans même attirer l'attention des hommes de peine occupés à emballer les fragiles produits de la fabrique; puis, laissant à droite les magasins et le logis particulier du chef de l'usine, il pénétra dans un atelier à l'extrémité duquel il était sûr de rencontrer à cette heure maître Michaud lui-même.

Cet atelier consistait en une *halle* de soixante-dix pieds de longueur environ sur soixante de large. Au centre s'élevait le four, qui répandait dans toute la halle une chaleur presque insupportable, et dont les *ouvreaux* produisaient une lumière d'autant plus éblouissante qu'en ce moment le jour était sur son déclin. Une grande quantité d'ouvriers divisés par groupes travaillaient activement, à cette température infernale. Armés d'un long tube de fer appelé *canne*, les uns *cueillaient* le verre en fusion dans les creusets placés au centre de la fournaise; d'autres unissaient la fonte encore rouge sur une plaque de fer placée près du fourneau; enfin les maîtres-ouvriers soufflaient dans la canne pour donner au verre la forme de vase ou même de vitre exigée par la commande. Des apprentis venaient et venaient tour à tour servir plusieurs groupes et leur fournir sans retard les divers objets dont l'absence eût pu faire manquer ces opérations compliquées et rapides.

La plupart des verriers avaient un costume spécial et caractéristique. Par-dessus leurs autres vêtemens, ils portaient la *demi-chemise*, large blouse ouverte d'un côté et n'ayant qu'une seule manche. Ils avaient la tête nue; mais leur visage était en partie caché par une sorte de masque appelé *écran*. C'était un léger cercle de bois attaché à quelques pouces du front; il soutenait un chiffon de toile ou même de soie destiné à garantir l'œil et la joue du côté exposé le verrier à la chaleur ardente de l'ouvreau. Les maîtres-ouvriers surtout affectaient en travaillant un air de dignité qui témoignait d'un grand respect pour eux-mêmes et pour leurs fonctions.

Mais le cadet de Briqueville n'avait plus à s'étonner de ces détails, qui semblaient lui être familiers depuis longtemps. Comme il approchait de la porte vitrée donnant dans le cabinet du manufacturier, il s'entendit appeler à demi-voix d'un ton amical, et il vit un maître-ouvrier qui venait à lui.

C'était un grand et beau jeune homme, à figure joviale, à moustache fine et bien cirée; il tenait d'une main la canne de fer de sa profession, tandis que de l'autre il soulevait le chiffon de soie de son écran.

— Ah! monsieur le vicomte de la Briche, — dit Robert en lui tendant la main, — est-ce vous?

— Bonjour, monsieur de Briqueville, — répliqua le verrier en le regardant d'un air narquois, — quel bon ou plutôt quel mauvais vent vous amène? Est-ce que, par hasard, vous aussi...

— Je viens, — répliqua Robert avec empressement, — causer avec maître Michaud d'un pauvre diable auquel je m'intéresse.

— Un pauvre diable... *des nôtres*? — demanda le vicomte.

— Non, un étranger que j'ai rencontré par hasard sur la route.

— Tant pis. Morbleu! que voulez-vous que nous fassions de ces *espèces*? Vous trouverez Michaud là, dans son réduit; vous tombez mal en ce moment, car il va faire la paye, et il doit être bien affairé... Mais pardon si je ne vous retiens pas; le vieux coquin me guette peut-être par le judas qui donne dans l'atelier, et il serait capable de me rogner le prix de ma journée.

Le vicomte de la Briche salua de la main et retourna prestement à son travail. De son côté, Robert poursuivit sa marche, et bientôt il pénétra dans la petite pièce obscure et étouffante qui servait de cabinet au chef de la verrerie.

Cette pièce n'avait pour mobilier que des tables, des siéges de bois, des registres et des casiers. Outre le maître verrier, il s'y trouvait deux ou trois commis qui faisaient des comptes et griffonnaient des correspondances. Michaud était assis devant un comptoir couvert de petites piles d'argent et avait l'air fort occupé, si occupé qu'il ne vit pas entrer Briqueville et que celui-ci put l'examiner un moment sans être remarqué.

Mais pour faire comprendre au lecteur le caractère du maître verrier de Roquencourt, il est indispensable que nous entrions dans quelques détails historiques sur l'industrie verrière à cette époque.

Les rois de France, dans le but d'encourager cette industrie, que de temps immémorial on considérait comme excellente et précieuse, avaient rendu des ordonnances en vertu desquelles les gentilshommes pouvaient l'exercer sans déroger de la noblesse. Les plus anciennes ordonnances de ce genre paraissaient remonter à Philippe le Bel; mais elles avaient été confirmées par presque tous les rois ses successeurs. Or, un semblable privilège était d'une grande importance en Normandie, où les cadets de famille, privés d'une part dans l'héritage paternel, eussent été souvent réduits à l'indigence. Beaucoup de gentilshommes, comme Robert de Briqueville, n'avaient aucun goût pour le froc du moine ou pour la casaque du mousquetaire, et le travail dans les verreries leur fournissait un moyen de vivre *noblement*, en attendant que la mort d'un frère aîné, d'un parent éloigné ou l'amour d'une héritière amenât un changement favorable dans leur fortune. D'autres, plus âgés, après avoir dissipé leur patrimoine en plaisirs et en débauches, venaient chercher dans ce métier des ressources contre la misère et la faim. Aussi la verrerie de Roquencourt, comme toutes les verreries normandes, était-elle à peu près exclusivement remplie de gentilshommes; du moins seuls ils avaient le privilège de *souffler* le verre et d'être maîtres-ouvriers; les roturiers, si habiles qu'ils fussent dans leur art, ne pouvaient être admis à la manufacture qu'en qualité d'ouvriers en sous-œuvre, et pour servir les gentilshommes (1).

Or, Michaud, directeur de la fabrique, était roturier d'origine, ainsi que l'indique son nom; mais, en vertu d'une clause particulière du privilège de sa verrerie, il prétendait avoir droit à la noblesse, comme propriétaire de cette usine, et il citait à l'appui de ses prétentions des textes soi-disant clairs et indiscutables. Les verriers nobles de Roquencourt n'admettaient pas cette doctrine; mais comment auraient-ils risqué de se brouiller avec leur chef tout-puissant en contredisant ses assertions? Il y allait de leur pain, et si fiers qu'ils fussent dans leur pauvreté, ils aimaient mieux ne pas protester trop haut! seulement, au lieu de lui donner le titre de *chevalier*, auquel il soutenait avoir droit, ils ne l'appelaient en toutes circonstances que « maître Michaud. »

(1) « Ce privilège, que les rois ont bien voulu accorder pour » faire subsister la pauvre noblesse, » dit l'*Encyclopédie mé-* » *thodique*, « n'a point souffert jusqu'ici d'altération, et il serait à » souhaiter qu'il y eût encore plusieurs autres manufactures » qui eussent cette prérogative. »

Malgré cela le manufacturier affectait les habitudes, les façons, le langage des gentilshommes. C'était en réalité un gros bourgeois d'une cinquantaine d'années, au ventre proéminent, à la figure rougeaude. Tout son costume, chausses, haut-de-chausses et pourpoint, était noir, et un rabat de dentelles se jouait sur sa poitrine. Il était coiffé de la plus volumineuse perruque qu'on eût jamais vue, et il portait une longue rapière à poignée d'acier, qui s'embarrassait incessamment dans ses jambes. De plus il avait des manières graves, compassées, une démarche lente, une voix d'un timbre imposant, et il singeait de son mieux la politesse pointilleuse alors en usage parmi les gens de qualité.

Cet important personnage, de grosses lunettes sur le nez, compulsait un registre ouvert devant lui, puis alignait avec soin, comme nous l'avons dit, des piles d'argent de différentes dimensions. Cette tâche touchait à sa fin quand une vieille pendule placée dans un angle du bureau, se mit à sonner. Aussitôt maître Michaud se redressa, et, sans se retourner, dit à l'un de ses commis :

— Voilà l'heure de la paye des gentilshommes... Blondin, mets la cloche en branle pour annoncer que la journée est finie.

— Oui, monsieur le chevalier, — répliqua Blondin.

Toutefois il achevait une ligne commencée, quand le patron reprit avec impatience :

— Morbleu ! coquin, ne m'as-tu pas entendu ?... Veux-tu donc faire attendre les gentilshommes ? — Le pauvre scribe s'élança de son tabouret en marmottant quelques excuses, sortit par une seconde porte qui donnait dans la cour, et bientôt l'on entendit la cloche de la verrerie sonner à toute volée. A ce signal, un grand brouhaha s'éleva dans les ateliers : évidemment les ouvriers, nobles ou non, ne se croyaient plus obligés au silence et à la réserve. Michaud, de son côté, fit ses dispositions en homme qui va jouer un rôle, et qui veut le jouer avec toute la dignité possible. Il arrangea les boucles interminables de sa perruque, chiffonna son rabat, redressa sa taille courte, et prit sur son siège l'attitude d'un roi sur son trône. Comme il était occupé de sa petite mise en scène, il leva les yeux par hasard et aperçut à trois pas de lui Robert, qui le regardait d'un air de malice. Sans se déconcerter, le verrier se leva et vint au-devant du visiteur : — Monsieur de Briqueville ! — dit-il en saluant cérémonieusement, — le fils de notre cher et aimé voisin !

— Le chevalier, quelques mois auparavant, avait tenté de lui faire un procès. — Eh bien ! mon gentilhomme, je gagerais que je devine ce qui vous amène chez moi.., Je savais bien que vous nous viendriez tôt ou tard !

— Vous vous trompez, maître Michaud, — répliqua Robert froidement ; — ce n'est pas de moi qu'il s'agit.

— Voyez-vous ça ? J'aurais cru pourtant... Enfin, — poursuivit-il en clignant des yeux, — si cela n'est pas encore, cela ne saurait tarder... Et ne vous en plaignez pas trop, monsieur de Briqueville ; les registres de la verrerie de Roquencourt sont comme le livre d'or de la noblesse normande, et vous vous trouveriez ici dans la meilleure compagnie. D'autre part, ce n'est pas l'ouvrage qui manque ; monseigneur Colbert, contrôleur général des finances, vient de dégrever nos produits des impôts onéreux que nous payions sous les règnes précédens ; à peine pouvons-nous suffire aux demandes. Aussi les gentilshommes qui désirent apprendre le noble art de la verrerie sont-ils toujours sûrs d'être accueillis chez moi avec empressement, surtout quand ils portent comme monsieur le cadet de Briqueville un nom si ancien, si respectable...

— Encore une fois, maître Michaud, — interrompit Robert avec un peu d'impatience, — je n'ai rien à voir dans tout ceci... Je voulais seulement vous présenter une requête au sujet d'un pauvre ouvrier...

Le cadet de Briqueville n'eut pas le temps d'exposer sa demande ; les verriers entraient en tumulte dans le bureau, et force lui fut d'attendre que la paye fut terminée.

Les gentilshommes s'étaient débarrassés de leur costume d'atelier ; ils avaient repris leurs perruques, leurs chapeaux, leurs épées, et l'on ne pouvait plus les confondre avec la plèbe roturière qui occupait les rangs inférieurs à la manufacture. Il y en avait de jeunes et de vieux. Les uns paraissaient tristes, humiliés de leur condition présente ; les autres, au contraire, affectaient la fierté et la turbulence, comme pour se prouver à eux-mêmes qu'ils n'avaient pas oublié les défauts habituels de leur caste. Quelques-uns portaient sur leur visage des signes d'intempérance, et peut-être l'inconduite n'était-elle pas étrangère à leur ruine. Cependant le plus grand nombre manifestait cette douce gaieté, ce contentement de soi-même qui résultent de la conscience d'un devoir accompli.

Robert, qui en connaissait plusieurs, échangea des complimens et des salutations avec eux. Ils ne se montrèrent nullement surpris de le voir à la verrerie, et, comme la Briche, comme Michaud lui-même, ils paraissaient croire que le désir de s'enrôler parmi eux l'y avait amené. Le cadet de Briqueville n'eut pas le loisir de les détromper, car le manufacturier, en les appelant chacun à son tour, réclamait toute leur attention.

Un des premiers appelés fut un personnage d'un âge encore peu avancé, mais dont le visage ridé décelait une vieillesse précoce. Il se nommait le marquis de Loustel, et il avait possédé une grande fortune qu'il avait gaspillée en folies de toutes sortes. Néanmoins on assurait que le brillant marquis, en dépit de ses torts, avait le bonheur rare de conserver son honneur intact ; et ruiné, sans ressources, renié par d'anciens amis de plaisir, il était venu se cacher dans son pays natal, où il travaillait courageusement pour vivre. Sa physionomie avait une expression railleuse, misanthropique, parfois même un peu dure ; néanmoins son costume décent, ses manières graves, annonçaient qu'il ne sentait nullement ravalé par l'humilité de sa condition actuelle. Michaud l'accueillit avec une déférence marquée.

— Monsieur le marquis, — dit-il en le saluant, — nous avons six journées à deux livres cinq sous l'une, au total treize livres dix sous tournois... Et il présenta l'argent au verrier, qui le glissa dans la poche de sa veste après s'être légèrement incliné. — Je dois, — reprit Michaud de son air le plus gracieux, — adresser à monsieur le marquis de Loustel, en présence de tous les gentilshommes, des félicitations pour ses progrès et la perfection de son travail. Rien n'est comparable aux gobelets qu'il a soufflés ces derniers temps ; la forme en est si pure qu'ils seraient dignes de figurer sur le buffet de Sa Majesté elle-même.

Le marquis ne parut nullement insensible à ce compliment ; cependant il se contenta de répondre avec une sorte d'ironie :

— Vous me réjouissez fort, maître Michaud.

Puis il salua ses compagnons et s'éloigna tranquillement.

— Le sire d'Hercourt ! — appela le maître verrier. Un gentilhomme d'une soixantaine d'années, au visage rouge et bourgeois, et dont les vêtemens délabrés ressemblaient un peu trop à ceux de don César de Bazan, s'avança d'un pas majestueux, la main posée sur la garde de sa vieille rapière. — Messire d'Hercourt, — reprit Michaud, — il vous serait dû six journées à deux livres cinq sous chaque ; mais, en raison de deux séances extrêmement prolongées que vous avez faites au cabaret de Gorju, nous ne mettrons que cinq journées... Mon Dieu ! je ne vous blâme pas d'aller au cabaret, c'est un plaisir de gentilhomme ; mais vous comprenez que je ne dois pas en souffrir.

D'Hercourt parut disposé à se révolter ;

— Cependant, maître Michaud, — dit-il d'un ton rogue, — je n'entends pas...

— N'ai-je pas raison ? J'en appelle à tous ces messieurs. — Une rumeur légère qui s'éleva parmi ses camarades avertit d'Hercourt qu'il avait tort ; aussi, jugeant qu'il ne serait pas soutenu, se décida-t-il à prendre son dû sans contestation nouvelle et il s'éclipsa... peut-être pour retourner au cabaret. — Quant à vous, monsieur le vicomte de la Briche, — poursuivit Michaud en s'adressant au jeune verrier qui avait échangé précédemment quelques mots avec Robert, — je suis aussi dans la pénible obligation de vous retenir une journée.

— Et pourquoi cela, monsieur de Michaud ? — dit la Briche d'un air moqueur en appuyant sur la particule.

— Ce n'est pas, — reprit le verrier, — parce que vos vitres, cette semaine, se sont trouvées toutes gauchies, marquées de stries et de bulles ; ce n'est pas parce que vos flacons ont presque tous la forme de cornues d'alchimiste...

— Sambleu ! si ce n'est pas cela, — répliqua la Briche, — veuillez me dire ce que c'est.

— Eh bien ! le voici : Vous êtes jeune et galant ; vous cherchez à plaire aux femmes, et il ne m'appartient pas de le trouver mauvais ; c'est encore un travers de vrai gentilhomme. Seulement, deux fois, cette semaine, vous avez quitté le travail pour courir après de jolies filles qui passaient, et je ne peux raisonnablement pas reconnaître comme employé à la verrerie le temps que vous employez à courtiser les belles.

— Quoi ! vous savez cela ? — dit la Briche un peu penaud.

— A telles enseignes que, hier encore, vous avez traversé la cour revêtu de votre demi-chemise, pour rejoindre une donzelle à nez retroussé qui passait dans la rue.

— Eh ! morbleu ! c'était plus convenable que de courir dans la rue en chemise entière !

Ce lazzi, tout de profession, eut le plus brillant succès parmi les verriers, qui rirent aux éclats. Michaud lui-même ne put s'empêcher de sourire.

— C'est on ne peut plus spirituel, — répliqua-t-il, — mais je vous payerai seulement cinq journées.

— Allons ! monsieur de Michaud, — reprit le vicomte, vous êtes aussi gentilhomme ; ne sauriez-vous montrer de l'indulgence pour la galanterie ?

— Je suis indulgent pour la galanterie des autres, monsieur le vicomte ; quant à moi, je suis un homme rangé, je vis en bon chrétien, et, malgré ma noblesse... Mais brisons là, je vous prie... il s'agit d'autre chose... J'ai dit cinq journées et c'est cinq journées que vous sont dues. Vous le savez, et je ne reviens jamais sur ma parole. — Et force fut à la Briche de se contenter des onze livres tournois que lui présentait le despotique maître verrier. Le reste de la paye s'accomplit sans incident nouveau. Michaud continua de dispenser aux gentilshommes l'éloge et le blâme, en employant toutefois les précautions convenables. Plusieurs de ceux à qui il avait adressé des reproches parurent tentés de riposter avec aigreur ; mais le patron savait les calmer à propos par quelques paroles adroites, et de leur côté les nobles verriers, certains qu'ils seraient dupes finalement de leur fierté, cédaient, sans trop de mauvaise humeur apparente, sur les points en litige. Bientôt ils se retirèrent, et le cadet de Briqueville resta seul dans le bureau avec Michaud et ses employés. Cependant tout n'était pas fini, et le commis Blondin demanda s'il fallait sonner de nouveau pour appeler les ouvriers d'ordre inférieur, qui attendaient dans la cour ; Michaud ne se montra pas très pressé. — Un moment donc ! — répliqua-t-il avec humeur ; — ne saurait-on respirer un peu ?... les autres peuvent attendre. Ne voyez-vous pas que monsieur de Briqueville désire me parler ? — Robert en effet commençait à s'impatienter de tous ces retards, la nuit approchait, il était épuisé de fatigue et de faim ; il avait hâte de rentrer au château. Aussi ne se le fit-il pas dire deux fois, et, s'approchant de Michaud, il lui présenta sa requête au sujet de Vicenti. Michaud voulut savoir qui était l'ouvrier dont on lui proposait l'admission à la fabrique, et il adressa quelques questions à Robert. Ce-

lui-ci fut donc encore obligé de répéter comment il avait rencontré dans la forêt d'Helmières Vicenti et sa fille, et comment il avait eu l'occasion de les protéger contre un assassin. Le maître verrier avait écouté ce récit avec attention, et son visage exprimait une certaine défiance : — Hum ! — dit-il en branlant la tête, — voilà qui est très singulier ! Des voyageurs que l'on arrête en plein jour sur une grande route, cela ne s'était pas vu depuis bien des années !... Mais, ne m'avez-vous pas dit, monsieur, que ce verrier était Italien ?

— En effet, il est des environs de Venise.

— De Venise ! — répéta Michaud avec vivacité, — diable ! ceci mérite réflexion... Et vous à-t-il dit aussi dans quelle verrerie il aurait appris le noble et excellent art du verrier ?

— Je crois me souvenir qu'il m'a parlé de la fabrique de... Mura... Mora...

— La fabrique de Murano, peut-être ?

— Oui, oui, Murano... C'est certainement le nom qu'a prononcé Vicenti.

Maître Michaud fit un bond sur son siège ; sa large face s'était empourprée, sa perruque s'était ébouriffée et son rabat avait sauté sur son épaule.

— Ne vous trompez-vous pas ? — s'écria-t-il, — êtes-vous bien sûr...

— Oui, c'est Murano, je vous le répète... Mais, bon Dieu ! maître Michaud, d'où vous vient cet émoi ?

— Comment ! ne savez-vous pas que cette fabrique de Murano est la plus ancienne, la plus vaste, la plus renommée de toutes les verreries de l'Europe ? De là sortent ces inimitables miroirs de Venise qui sont en usage dans tout le monde civilisé, et dont la perfection est désespérante ; de là sortent encore ces délicieux ouvrages en verre coloré que nous appelons *marguerites de Venise*, et que l'on dirait être un assemblage de rubis, de perles et d'émeraudes. Mais si cet ouvrier avait travaillé à Murano, s'il connaissait les secrets de fabrication de cette manufacture, s'il pouvait nous révéler ces précieux procédés que nous cherchons depuis tant d'années inutilement, il serait pour nous un trésor inestimable !... Je lui donnerais cent livres, deux cents livres par journée... Et encore je ferais rapidement ma fortune, je ferais la fortune de tous mes gentilshommes, et je les remettrais en état d'avoir un carrosse, comme je sais que plusieurs d'entre eux en ont eu autrefois !

Le bonhomme paraissait vraiment hors de lui ; il s'était levé et se promenait dans le bureau avec une vivacité fiévreuse.

— Ma foi ! maître Michaud, — dit Robert en souriant, — je comptais vous demander une faveur, et il paraît que c'est moi qui vous en accorde une. Je vais donc annoncer à Vicenti que vous êtes disposé à le recevoir dans votre verrerie.

— S'il est en effet de la fabrique de Murano... — Le maître verrier s'interrompit ; il venait de s'apercevoir que Blondin et l'autre commis, bien qu'ils parussent fort occupés de leur besogne, écoutaient sournoisement cette conversation. Il courut à eux, saisit l'un par le collet, l'autre par une oreille, et les jeta tous les deux à la porte. — Je n'ai pas besoin d'espions ici, — dit-il avec autorité. Il poursuivit après une pause : — Plus j'y pense, mon gentilhomme, plus je suis convaincu qu'il y a là une erreur de nom. Ce n'est pas de Murano que vient cet ouvrier ; ou si vraiment il a travaillé à cette illustre fabrique, c'était sans doute simple manœuvre. Oui, oui, ce doit être cela... quelque pauvre diable qu'on employait à faire la *fritte*, ou seulement à jeter le bois dans les fours. Il aura même dire là-bas que nous autres verriers français, malgré notre qualité de gentilshommes, nous en étions encore aux éléments de l'art, et il a cru devoir se donner ici comme un ouvrier habile ; cette suffisance est le propre des gens de sa condition. Il y a, dit-on, plus de trois mille ouvriers à Murano, et pourtant

on n'a jamais pu décider un seul d'entre eux à venir en France.

— Pourquoi cela, maître Michaud ? — demanda Robert, qui commençait à éprouver une certaine curiosité.

— Pourquoi ! c'est qu'ils ont un gouvernement jaloux, ombrageux, cruel, qui craint beaucoup qu'ils n'aillent porter à l'étranger les précieux secrets de leur industrie. Ils sont surveillés avec un soin extrême ; on épie leurs démarches, on ne leur permet pas de s'absenter du lieu de leur résidence. Au moindre soupçon qu'ils veulent quitter l'État de Venise, on les emprisonne, et, lorsque ces soupçons se trouvent fondés, leur noblesse, qu'ils appellent la *seigneurie*, les fait impitoyablement poignarder. Monseigneur Colbert a tenté d'obtenir que le gouvernement vénitien permît à quelques-uns de ces ouvriers de se rendre en France, et le bruit s'est répandu un moment qu'il avait réussi, mais il n'en est rien sans doute, car on n'en parle plus. Ainsi donc, monsieur de Briqueville, Vicenti ne peut être ouvrier de Murano, car il eût été assassiné dix fois avant d'arriver jusqu'à Roquencourt, et... — Michaud se frappa le front. — Mais, — reprit-il,— cet homme n'a-t-il pas failli être assassiné aujourd'hui dans la forêt d'Helmières ?

— Certainement, maître Michaud : et, si je n'avais pas lâché un coup de fusil à dragée dans la figure de l'agresseur, Vicenti serait mort à présent.

— Cet agresseur était-il Italien ?

— Sans aucun doute, car avant de frapper je l'ai entendu adresser quelques paroles à Vicenti en cette langue.

— Et l'avait-il suivi longtemps ?

— Depuis le port vénitien où le père et la fille s'étaient embarqués ; ils étaient deux, à ce que croit Vicenti, qui s'attend à quelque nouvel attentat sur sa personne.

— Alors, plus de doute... La seigneurie l'a fait suivre en France et, selon sa politique ordinaire, elle veut se défaire de lui. Mais, si j'ai deviné juste, pourquoi ne s'adresse-t-il pas à monseigneur le contrôleur général, pourquoi ne se met-il pas sous sa protection ? Moi qui, lors de mon dernier voyage à Paris, ai eu l'honneur insigne d'être reçu en audience particulière par monseigneur Colbert, je sais qu'il ferait garder, s'il le fallait, un ouvrier de Murano tel que ce Vicenti par un régiment de la maison du roi ou par une compagnie de mousquetaires ; car, aux yeux de monsieur Colbert, un pareil homme serait cent fois plus précieux qu'un duc ou un prince.

— Par malheur pour monseigneur, pour vous et pour lui, — dit Robert d'un ton un peu moqueur, — Vicenti ne se donne pas une telle importance. Vicenti assure que le scélérat qui a tenté de l'assassiner était son ennemi personnel, qu'il le connaissait parfaitement, quoique, à vrai dire, j'aie conçu des doutes à cet égard.

— Quoi ! n'était-ce pas un agent de la police vénitienne ? — demanda Michaud, dont la figure s'allongea.

— Vicenti l'affirme... Mais allons, — poursuivit le cadet de Briqueville en se levant,—vous traiterez cette question avec Vicenti lui-même. Pour moi, il me suffit d'avoir dégagé ma parole à son égard... Ainsi il est entendu que vous le recevrez parmi les ouvriers de la verrerie.

— Dites-lui de venir aujourd'hui... à l'instant même. J'ai tant d'impatience de le voir !

— Réfléchissez donc ; les malheureux voyageurs sont épuisés de fatigue ; d'ailleurs, le père a l'esprit encore troublé par la grande frayeur qu'il vient d'éprouver ; ne vaudrait-il pas mieux attendre à demain ?

— Soit ! aussi bien j'ai moi-même de la besogne ici... Mais un ouvrier de Murano ! je n'en dormirai pas de la nuit !... A demain pourtant !... Dites-lui, mon gentilhomme, de venir me trouver de bon matin.

Briqueville s'empressa de sortir, afin d'échapper aux nouvelles questions dont maître Michaud semblait tout prêt à l'accabler, et, après avoir traversé rapidement les ateliers, il se rendit à l'auberge de Gorju.

Il trouva Vicenti et Paola assis dans la cuisine devant un modeste souper. Malgré les invitations de l'hôtesse, qui tenait à prouver le cas qu'elle faisait des recommandations de Robert et du prieur, les voyageurs ne mangeaient que du bout des dents.

— Votre Excellence, — demanda Vicenti avec inquiétude, — a-t-elle vu le maître verrier ?

— Oui, mon ami, — répliqua Robert,— et si vous avez réellement travaillé à la fabrique de Murano, je puis vous promettre un bon accueil de la part de maître Michaud.

— Murano ! — répéta Vicenti ; — Votre Excellence a-t-elle parlé de Murano? Je n'ai pas dit positivement... je ne voudrais pas qu'on sût...

— Vous avez travaillé à Murano, cher père, — dit Paola avec fermeté, — il vous est impossible de le nier. — A son tour elle questionna Robert, qui lui apprit en peu de mots le résultat de sa visite à la verrerie. Vicenti écoutait avec attention, et, bien qu'il comprît assez mal la langue française, il paraissait être retombé dans ses transes mortelles. Quelques mots de sa fille le rassurèrent pourtant un peu, et il promit de se rendre le lendemain matin à la fabrique, comme le maître verrier le désirait. Lorsque Robert prit congé, le père et la fille lui adressèrent de nouveaux remercîmens pour tous ses bons offices. Vicenti, avec son exagération italienne, lui faisait des protestations à peu près inintelligibles; mais Paola, les yeux baissés et les mains jointes, lui disait d'une voix pénétrante : — Vous seul, monsieur, depuis que nous avons touché cette terre étrangère, nous avez témoigné de la bonté, de la compassion ; vous avez sauvé ce soir la vie à mon père; nous vous devrons peut-être une position modeste et tranquille dans ce pays... Croyez-moi, votre généreuse action vous portera bonheur.

Robert ne fit que sourire de cette espèce de prophétie et s'éloigna. Cependant, en retournant à Briqueville, il se sentait alerte et dispos, malgré les fatigues de la journée ; il éprouvait un indicible contentement de lui-même; et, tout en se demandant si la vieille Madelon aurait eu la complaisance de lui réserver un morceau de pain et un verre de cidre pour souper, il lui semblait que sa journée avait été heureuse et bien remplie.

V

L'INTRUS.

Le lendemain devait être un grand jour pour la famille Briqueville ; le capitaine allait arriver, et, dès le matin, le château avait pris un air de fête, autant que les airs de fête pouvaient s'allier au délabrement, à la vétusté lugubre de ces ruines.

Grâce aux procédés assez peu scrupuleux du chevalier, grâce aux manœuvres secrètes de Nicolas, grâce aussi à l'adresse de Robert, la maison avait été amplement approvisionnée ; on n'avait plus à craindre, pour le moment du moins, ces périodes de privations, presque de famine, qui revenaient trop souvent au manoir des héritiers de Guillaume le Fort. Mais ces ressources eussent encore été insuffisantes, comme nous le savons, si le baron d'Helmières n'avait eu l'obligeance d'expédier à Briqueville un chariot entier chargé de vin et de vivres de toutes sortes. A cet envoi était jointe une lettre très polie du baron à « son cher voisin, » monsieur le chevalier de Briqueville. Le « cher voisin » tout joyeux, ne laissa pas cependant d'examiner minutieusement la lettre qu'il venait de recevoir, et, après l'avoir relue plusieurs fois, il la serra avec soin en murmurant :

— On pourrait trouver là un commencement de preuves par écrit, et si jamais l'occasion se présentait... qui sait ?

Le vieux chicaneur méditait peut-être déjà un procès contre le baron.

Quoi qu'il en fût, Robert savait bien à qui attribuer la libéralité extraordinaire de monsieur d'Helmières, dont les rapports avec sa famille avaient été assez froids jusqu'à ce jour; et il trouva l'occasion de faire remettre secrètement à Mathilde une petite bague d'or, le seul objet qui lui restât de sa mère; c'était le signe de l'engagement mutuel qu'ils avaient pris la veille dans la forêt; c'était l'anneau de fiançailles.

Aussi le cadet de Briqueville paraissait-il partager toute la joie de son père dans ce jour mémorable. Il avait donné de grands soins à sa toilette, il avait mis un rabat blanc, fourbi la poignée de son épée, remplacé la plume de son chapeau par une nouvelle. De son côté, le chevalier avait tiré d'une vieille armoire un costume complet, peut-être le costume qu'il avait porté à ses noces, quelque trente-cinq ans auparavant. Le haut-de-chausse et le justaucorps étaient couverts à profusion de roses en rubans toutes passées, d'aiguillettes rouillées, de galons flétris. Une vieille fraise jaunie et un manteau de velours jeté sur l'épaule gauche complétaient ce costume, qui faisait ressortir encore la maigreur du chevalier et son teint de momie.

Les autres personnes du château s'étaient aussi parées de leur mieux. La vieille Madelon, qui s'escrimait dans la cuisine au milieu des broches et des casseroles, avait endossé un casaquin à grands ramages et posé sur sa tête une coiffe de linon de deux pieds de haut. La digne gouvernante s'était adjointe pour aide et servante, dans cette grave circonstance, une petite péronnelle d'une douzaine d'années, la propre sœur de Nicolas, comme on pouvait en juger à la ressemblance de leurs laides figures et à la nuance de leurs cheveux. En attendant qu'elle pût rendre quelques services, Rosette, c'était son nom, ne songeait qu'à échanger des tapes avec son frère ou à tremper furtivement son pain dans les marmites, ce qui lui valait force remontrances de la part de sa tante. Quant à Nicolas, par-dessus sa culotte de toile à sac, il avait endossé une vieille mandille de laquais qu'on avait déterrée parmi des chiffons rongés des rats; et, drapé dans ce vêtement troué, beaucoup trop long et beaucoup trop large pour sa chétive personne, il avait l'air le plus plaisant du monde.

Tout était donc prêt pour recevoir le voyageur; mais quoiqu'une partie de la journée fût déjà passée, le voyageur n'arrivait pas. Le chevalier avait consulté plus de vingt fois la grosse montre d'argent qu'il portait à sa ceinture; vingt fois il avait envoyé Nicolas à la découverte sur la route de Roquencourt; rien n'annonçait encore l'arrivée du capitaine.

— Ce retard est extraordinaire, — dit le chevalier; — mon fils m'avait pourtant annoncé qu'il serait ici à l'heure du dîner de midi.

— Il aura peut-être trouvé les postes rompues, — répliqua Robert; — il lui aura fallu attendre des chevaux.

— Tu ne connais pas mon fils, — répliqua le chevalier.

— Morbleu! si les chevaux manquaient, il serait capable de sauter sur les épaules du maître de poste... Aucun obstacle ne saurait arrêter Briqueville. Il va venir, je te l'affirme... Et tiens, pourquoi n'irions-nous pas nous-mêmes au-devant de lui? J'ai tant d'impatience de le voir, et puis cette promenade me fera du bien.

Il prit l'espèce de béquille sur laquelle il appuyait d'ordinaire sa marche chancelante.

— Monsieur, — lui dit Robert d'un ton affectueux, — vous me paraissez faible et souffrant; vous vous fatiguériez, je le crains... Restez donc, tandis que j'irai seul au-devant de Briqueville.

— Bah! — répliqua le chevalier, — je ne me suis jamais si bien porté; l'espoir de voir mon fils m'a tout ragaillardi. Sambleu! je veux aller au-devant de l'héritier de mon nom! — Il sortit donc avec Robert, tandis que Nicolas, en sa qualité de page, les suivait à quinze pas en arrière, honteux et fier à la fois de sa casaque déchirée.

Le cadet de Briqueville offrit le bras à son père, mais celui-ci le repoussa, et tint à honneur de marcher seul. Cependant, quand il eut fait une centaine de pas et ressenti l'influence du grand air, il s'aperçut qu'il avait trop présumé de ses forces. Sa marche devint chancelante, une toux douloureuse secoua sa poitrine; il consentit enfin à s'appuyer sur son jeune fils, mais, en arrivant au pied du mamelon qui servait de base au manoir, il fut obligé de s'asseoir à quelque distance d'un petit pont de planches jeté sur le ruisseau. — Décidément, — reprit-il sans cesser de tousser, — mon fils a raison de venir, car, je le crois, mon procès ne tardera pas à être appelé devant le juge de la juridiction supérieure... Eh bien! demeurons à cette place : nous dominons ici tout le chemin, et, aussitôt que le voyageur apparaîtra, nous ne pouvons manquer de le voir. — Le cadet de Briqueville considérait son père d'un air de tendresse et de douleur; le chevalier, malgré ses oripeaux, ses rubans et son panache, conservait à peine un souffle de vie, et il était facile de comprendre ce que ce moment combien sa fin était prochaine. Rob rt était absorbé par ces tristes pensées, quand une exclamation de Nicolas attira son attention; un homme à cheval venait de se montrer sur le chemin qui conduisait de Roquencourt à Briqueville. Le vieillard se leva brusquement. — Enfin! serait-ce mon fils? — demanda-t-il, tandis qu'un sourire de bonheur éclairait sa figure osseuse.

— Je ne crois pas, monsieur, — répliqua Robert; — ce voyageur est tout vêtu de noir et il est monté sur une chétive rosse de louage; ce ne peut être le capitaine Briqueville.

— Il vient pourtant de ce côté : le connais-tu, Robert?

— Non, monsieur.

— Mais je le connais, moi, — dit Nicolas en se rapprochant tout effaré de ses maîtres, — et monsieur le chevalier le connaît aussi; c'est Poirot, le sergent à verge du bailliage de Bayeux.

— Poirot! — répéta le chevalier avec épouvante; — Poirot! le plus fin, le plus tenace, le plus intraitable des sergens!... Je sais ce qu'il me veut et ce qu'il vient faire ici... Il compte saisir le château, ce dernier débris de ma fortune que j'ai disputé avec tant d'acharnement à mes créanciers afin de le conserver à mon fils... Il ne faut pas qu'il me voie; Robert, charge-toi de le renvoyer. Dis-lui que je suis en voyage; dis-lui...

— C'est inutile, monsieur; on vous a déjà reconnu, et vous ne pourriez plus vous cacher sans compromettre inutilement votre dignité.

— Que le diable emporte le coquin! comment nous tirer de là?

— Monsieur le chevalier, — dit Nicolas avec vivacité, — une pierre du pont est descellée, voulez-vous que j'enlève cette pierre? Quand Poirot essayera de passer sur les planches, elles basculeront et il tombera dans le ruisseau... Ou bien aimez-vous mieux que j'attache un paquet d'épines à la queue du cheval, pendant que vous amuserez le maître? Le cheval prendra le mors aux dents et cassera le cou à Poirot. Ensuite peut-être préféreriez-vous...

Le vaurien fut interrompu dans l'énumération de ses moyens de défense par un regard de colère et de mépris que lui lança Robert. Quoique le cadet de Briqueville n'eût aucune autorité au logis et qu'il manifestât habituellement sa désapprobation par sa contenance plutôt que par des paroles, Nicolas, qui paraissait craindre beaucoup son mécontentement, garda tout à coup le silence.

— Allons! — reprit le chevalier après avoir réfléchi, — le mieux est de chercher à amadouer Poirot comme j'en ai amadoué tant d'autres... Pourvu maintenant que mon fils ne vienne pas se jeter à la traverse de mes projets! Briqueville est emporté, si peu endurant!... Toi, Robert, qui as de bons yeux, ne vois-tu rien sur la route?

— Aussi loin que la vue peut s'étendre, monsieur, il n'y a personne que ce maudit huissier.

— C'est bon... J'aurai peut-être le temps de l'enjôler et de le renvoyer comme il est venu, avant l'arrivée de Bri-

24

queville. Laissez-moi faire; Poirot est malin et obstiné, mais je ne suis pas manchot non plus.—Et il se mit à tous-soter en clignant des yeux. En ce moment l'huissier tra-versait le pont de bois et ne se trouvait plus qu'à une pe-tite distance du chevalier et de Robert. Sa mine futée était empreinte d'une méfiance qui n'excluait pas l'énergie et la résolution. Il était coiffé, selon l'usage, d'un grand cha-peau et d'une perruque à boudins, un peu défrisée par le mouvement du cheval. Sa robe noire entr'ouverte laissait voir à sa ceinture une écritoire de corne et la petite verge d'ébène à tête d'argent qui était le signe officiel de ses fonc-tions. Le sergent Poirot avait reconnu aussi monsieur de Bri-queville, et il se dirigea vers lui sans hésiter. En s'appro-chant, il salua froidement et avec réserve; le chevalier s'était levé d'un air de satisfaction très bien joué : — Pal-ambleu! — s'écria-t-il, — n'est-ce pas mon ami maître Poirot? Enchanté de vous voir, Poirot... Est-ce que vous vous rendez au château, par hasard?

— Précisément, monsieur le chevalier; mais, puisque je vous rencontre ici, je peux me dispenser d'aller plus li in, et...

— Du diable si le le souffre, Poirot, mon compère! Vous entrerez chez moi et vous tâterez de mon vin, ou que je meure!... Descendez donc, et nous marcherons côte à côte comme de bons amis... Or çà, le rousseau, — cria-t-il à Nicolas, — viens prendre le cheval de maître Poirot.

Nicolas s'approcha en traînant la jambe.

— C'est inutile, monsieur le chevalier, — répliqua l'huissier; — j'ai seulement quelques papiers à vous re-mettre et un mot à vous dire, puis je continuerai ma tournée, car je suis fort pressé.

— Je n'écouterai rien et je ne recevrai rien tant que vous n'aurez pas accepté dans mon logis une petite col-lation que je vous offre de bon cœur. — Poirot avait sans doute ses raisons pour se tenir en garde contre les cares-ses et l'hospitalité du chevalier; néanmoins il consentit à mettre pied à terre et à confier son cheval au méchant Nicolas, qui avait pris l'air le plus innocent du monde. Alors monsieur de Briqueville glissa son bras sous celui du sergent, et se mit à remonter avec lui le chemin assez raide qui conduisait au manoir, tandis que Robert et Ni-colas marchaient un peu en arrière. — Je gage, maître Poirot, — disait gaiement le vieux Briqueville, — que vous vous défiez de ma réception, et que vous avez encore sur le cœur le pain noir et les pommes cuites que je vous of-fris lors de votre dernière visite?... Les temps sont chan-gés, ami Poirot; vous allez nous trouver mieux munis, et je veux vous régaler comme il faut... Dame! vous arrivez à merveille; j'attends d'un instant à l'autre mon fils, qui vient de Paris, et qui va nous faire nager dans la ri-chesse.

— Cela tombe fort à propos, monsieur de Briqueville, — répliqua le sergent, qui ne perdait pas de vue l'objet de sa mission; — j'ai justement à vous parler de la créance du feu procureur Gricourt...

— Gricourt!—répéta le chevalier en poussant un grand soupir, — quel bon avez-vous prononcé là, Poirot? Quel incomparable ami j'avais dans cet excellent homme! Il connaissait le véritable état de mes affaires, lui, et je pou-vais puiser dans sa bourse à ma fantaisie... Aussi ses hé-ritiers n'auront-ils pas à se plaindre de moi. Je les rem-bourserai de leurs sept mille et tant de livres tournoi savant que nous soyons plus vieux d'une semaine.

— Et avec quoi, monsieur le chevalier?

— Avec les vingt mille écus que mon fils rapporte de Paris afin de purger toutes les hypothèques dont sa terre est grevée, — répliqua le vieux gentilhomme en affectant un superbe sang-froid.

— Vingt mille écus? le croyais le capitaine Briqueville lui-même fort gêné d'argent.

— Il a gagné cette somme au jeu.

— Encore une fois, cela tombe bien, monsieur le che-valier, car j'ai là, dans la bougette suspendue à l'arçon

de ma selle, une liasse d'exploits et de jugemens que je suis chargé de vous signifier en personne.

— Nous causerons de cela tout à l'heure, — reprit le chevalier en se tournant à demi vers Nicolas et en lui adressant un signe furtif; — mais, dites-moi, maître Poi-rot; les héritiers de ce pauvre Gricourt ont-ils déjà vendu sa charge de procureur?

— Non pas que je sache, monsieur; c'est la meilleure de tout le bailliage, et elle me conviendrait fort, mais... je suis trop pauvre pour en faire la finance.

— Vraiment; eh bien! Poirot, que diriez-vous si, moi qui connais à fond les affaires de Gricourt, moi que le cher homme consultait souvent, comme vous savez, je vous donnais un moyen d'avoir sa charge pour rien?

— Pour rien? — répéta le sergent stupéfait; — ah! monsieur de Briqueville, vous êtes un légiste diablement malin; mais, quant à obtenir la charge du procureur sans bourse délier...

— Quelques fonds pourraient être nécessaires, — répli-qua le chevalier, — mais ce serait si peu de chose!... oui, Poirot, j'ai trouvé ce moyen, mais vous sentez bien que je ne le révélerai pas ainsi au premier venu. Il faut être mon ami, mon ami dévoué, pour que je consente à com-muniquer un secret qui est le résultat de mes longues méditations, de ma connaissance parfaite des affaires de Gricourt. Or, vous, Poirot, vous avez avec moi une ru-desse, une âpreté, un acharnement qui ne sont pas de nature à vous mériter mes préférences.

Cette fois le chevalier frappait juste. Poirot, qui avait un ardent désir d'obtenir la charge du procureur défunt, et qui croyait le vieux chicaneur fort capable de réaliser sa promesse, perdit toute sa raideur et toute sa méfiance. Il lui adressait des protestations de respect, il essayait de lui arracher quelques révélations de nature à le mettre sur la voie des découvertes. Le chevalier raillait, tergi-versait, se défendait en riant. Toutefois il ne paraissait pas compter beaucoup sur l'efficacité de son secret pour désarmer son adversaire, car il se retournait fréquemment vers Nicolas et continuait de cligner des yeux en indiquant la bougette dans laquelle se trouvaient les exploits et les papiers de procédure.

De son côté, Nicolas, fort intelligent en pareille affaire, avait plusieurs fois étendu les mains vers le petit sac de cuir; mais il avait toujours été arrêté par le regard de menace que Robert attachait sur lui, et le courage lui avait manqué pour exécuter l'ordre tacite de son vieux maître. D'autre part, son anxiété était grande, car, s'il n'obéissait pas, il se voyait sûr de sentir plus tard le poids de la bé-quille du chevalier. Or le temps pressait; on approchait du château; le sergent en arrivant ne manquerait pas sans doute de reprendre ses papiers et d'en faire le fâcheux usage que l'on semblait redouter, si l'on n'était parvenu à les lui soustraire auparavant.

Toutefois la compagnie atteignit le vieux manoir sans que le méchant page eût pu exécuter l'ordre muet de son seigneur. Elle pénétra dans la cour, et Nicolas attacha le cheval par la bride à un anneau de fer fixé dans la mu-raille. Le sergent, tout occupé d'attaquer le vieux gentil-homme, se disposait à entrer avec lui dans la maison, et ne songeait plus à ses papiers quand Robert, lui touchant l'épaule, lui dit :

— Eh! monsieur le sergent, vous oubliez votre bou-gette.

Poirot remercia d'un signe, détacha le sac et le garda sous son bras.

Le chevalier frappa du pied avec colère, tandis que Ni-colas demeurait consterné. Robert impassible allait entrer à son tour dans la maison, mais son père lui dit avec im-patience :

— Que nous veux-tu? Ne dois-tu pas aller au-devant de Briqueville, qui ne saurait tarder maintenant? Attends-le sur le chemin, et, aussitôt qu'il paraîtra, hâte-toi de m'a-vertir.

Robert ne pouvait décliner un ordre si précis; il se mit

donc en devoir de revenir sur ses pas. En passant devant Nicolas, il leva le doigt d'un air de menace, mais le rousseau ne parut pas s'en apercevoir et suivit le vieux Briqueville.

Le maître du logis introduisit son hôte dans cette pièce du rez-de-chaussée qui servait à la fois de cuisine et de salon à la famille. Les fourneaux allumés sur lesquels fumaient un régiment de casseroles, la cheminée ardente devant laquelle tournait une broche chargée de volaille et de gibier, lui donnaient un aspect réjouissant pour un voyageur affamé. Madelon et Rosette avaient cru d'abord, en le voyant entrer, que l'étranger était le personnage attendu, et elles étaient venues au-devant de lui. Madelon éprouva un vif désappointement dès qu'elle eut reconnu l'huissier; mais chez le chevalier de Briqueville tout le monde était élevé dans « la crainte de Dieu et des sergens. » Aussi la gouvernante se garda-t-elle de laisser voir du dépit quand son maître lui commanda d'un ton péremptoire de servir le meilleur morceau et la plus vieille bouteille de vin « à son cher ami le sergent Poirot. »

L'huissier était ébahi de l'abondance, de la profusion même qui régnaient dans ce logis habituellement si mal pourvu et si misérable; et il commençait à croire que les vingt mille écus gagnés au jeu par le capitaine Briqueville pouvaient bien être une réalité. Cette pensée le rendait encore plus attentif aux hâbleries du chevalier, et il ne cessait de presser le vieux chicaneur de lui révéler son fameux secret relativement à la charge du défunt procureur Gricourt. Le chevalier se refusait nes absolument, mais « il ne savait pas s'il était juste de causer une perte aussi considérable aux héritiers de son ami; il verrait plus tard; il voulait s'assurer avant tout si Poirot méritait réellement une pareille faveur, etc. A tout cela le sergent répondait par des assurances de dévouement; mais le rusé Briqueville gardait sa bienheureuse recette, et la discussion continuait.

Bientôt Poirot s'assit à table. Devant lui on servit un poulet cuit à point et une bouteille de vieux bourgogne. Le sergent crut qu'il ne plaiderait pas moins bien sa cause la bouche pleine, et fit gaillardement honneur à la bonne chère. Cependant, ayant peut-être entendu dire que les prévenances du chevalier avaient eu souvent un mauvais résultat pour ses confrères, il ne se relâchait pas de certaines précautions: il avait posé à côté de lui, sur le banc, le sac de cuir contenant ses pièces de procédure; le sac était retenu à son bras par un cordon, et nul n'eût pu y toucher sans éveiller ses soupçons.

Le chevalier avait pris place en face de son hôte, et affectait de ne jamais regarder du côté de la bougette; mais, du bout de son doigt crochu, il ne cessait de désigner l'important au maudit sac. Nicolas avait fort bien compris; mais comment faire? Après avoir longtemps cherché dans sa cervelle inventive, il s'avisa d'un expédient.

La bougette de cuir s'était un peu entr'ouverte, quoique l'ouverture ne fût pas assez large pour permettre de dérober les papiers; Nicolas, qui se montrait très empressé à servir le sergent, et qui allait et venait sans cesse autour de lui, avait remarqué cette circonstance. Il commença par s'emparer de l'énorme écritoire que Poirot avait déposée sur la table afin d'être plus à l'aise, et la déboucha, et, pendant que monsieur de Briqueville occupait ailleurs l'attention de l'huissier, le coquin de rousseau en vida tout le contenu dans le sac, puis il la referma et la remit à la place où il l'avait prise.

Les papiers devaient être affreusement maculés et rendus tout à fait illisibles; mais cela ne suffit pas encore au jeune vaurien, excité par le désir de plaire à son maître. Sur le fourneau bouillonnait je ne sais quelle sauce grasse, épaisse, gluante, rehaussée du caramel le plus foncé. Nicolas, après avoir dit quelques mots bas à sa tante, remplit de cette sauce un grand pot ébréché, et s'avança d'un air officieux vers l'hôte de la maison pour lui offrir cet assaisonnement exquis. Or, en ce moment,

soit par hasard, soit à dessein, monsieur de Briqueville faisait à Poirot une confidente qui avait obligé Poirot à se pencher vers lui. Nicolas, profitant de l'occasion favorable, vida encore le contenu du pot dans le malheureux sac de cuir, et bientôt les papiers se trouvèrent à la nage dans un bain d'encre et de sauce qui compléta leur destruction.

Comme le rousseau terminait cette opération, sa sœur, qui de l'autre extrémité de la salle le voyait à l'œuvre, s'écria naïvement en patois du pays:

— Tiens! mon frère qui vide les plats dans la sacoche.

Nicolas se redressa aussitôt, comme s'il eût fait un tour pas par maladresse, et prit une mine confuse. Heureusement, ou le sergent ne comprenait pas le patois, ou il n'avait pas entendu cet avertissement; le chevalier avait troublé la cervelle au pauvre diable avec ses promesses captieuses et ses réticences calculées. Poirot fut puni de s'être laissé prendre à ce leurre; bientôt le vieux Briqueville se redressa, et dit d'un ton sec:

— Mon cher Poirot, tout bien considéré, je ne peux vous donner les indications que vous me demandez. J'attendrai que les héritiers de Gricourt m'aient montré du mauvais vouloir, et alors...

— Du mauvais vouloir! — s'écria le sergent, — ce n'est pas ce qui leur manque, monsieur le chevalier, et vous allez en avoir la preuve... Ne vous ai-je pas dit que j'étais chargé d'instrumenter contre vous?

Il s'empressa d'achever son aile de poulet et d'avaler un dernier gobelet de vin avant d'accomplir une mission qui pouvait interrompre la bonne harmonie établie entre lui et son hôte; il portait déjà la main à sa bougette quand Robert rentra tout essoufflé.

— Monsieur, — s'écria-t-il, — c'est lui... c'est bien lui, cette fois! Briqueville nous arrive en poste... Il monte la côte au galop... Tenez, entendez-vous?

En effet, un bruit de grelots et de claquemens de fouet retentissait au dehors et se rapprochait avec rapidité.

— Mon fils! mon cher Briqueville! — s'écria le chevalier transporté et se levant.

Et il courut au-devant du voyageur, tandis que Robert, non moins content et non moins troublé, lui prenait le bras pour le soutenir. Mais ils n'eurent pas le temps d'aller bien loin. A peine avaient-ils franchi le seuil de la porte que deux cavaliers entrèrent à grand bruit dans la cour, et vinrent faire halte devant la maison. C'étaient le capitaine Briqueville et un postillon, qui l'accompagnait selon l'usage.

Le fils aîné du chevalier avait alors une trentaine d'années, mais ses traits étaient déjà flétris par les excès de tout genre. Il était grand et maigre; il y avait dans son extérieur quelque chose de don Quichotte et du capitaine Fracasse. Sa figure longue, rouge, bourgeonnée, exprimait l'irascibilité et l'insolence. Son épaisse moustache était relevée en croc, et une cicatrice, résultat d'une blessure reçue non à la guerre, mais dans une querelle de cabaret, sillonnait une de ses joues. L'ensemble de ses traits n'était donc ni beau ni avenant. Son costume consistait en bottes éperonnées, en un pourpoint d'ordonnance dont le collet de buffle était usé par le contact habituel d'un hausse-col d'acier; il était coiffé d'un feutre à plume rouge, et une énorme épée se balançait à son côté, soutenue par un baudrier brodé.

Il ne manifesta aucune espèce d'émotion en revoyant, après une longue absence, la vieille demeure où il était né, son père malade et se soutenant à peine, son jeune frère qu'il avait quitté enfant et qu'il retrouvait homme. Il se contenta de pousser entre ses dents un gros juron pour témoigner sa satisfaction d'être arrivé, puis il descendit de cheval et jeta la bride au postillon.

— Bonjour, mon père, bonjour, — dit-il d'une voix dure et éraillée; — mordieu! quels maudits chemins! Eh! toi, le grand laquais, débarrasse-moi de ceci.

Et il remit son manteau à son frère, qu'il prenait pour « le grand laquais » de la maison.

Cependant le chevalier avait couru vers lui, les bras ouverts, et s'était jeté à son cou. Si égoïste, si peu estimable que fût le vieux gentilhomme sous d'autres rapports, il adorait ce fils, son orgueil et sa joie.

— Te voilà donc enfin ! — dit-il en versant quelques larmes; — ah ! Briqueville, que tu m'as fait attendre longtemps cette heureuse journée.

— Bon, bon, nous aurons le temps de causer de cela, — dit le capitaine avec impatience en se dégageant; — le plus pressé, mon père, est de payer ce maraud de postillon, à qui je dois toutes les postes depuis Caen jusques ici, et de le congédier avec un verre de cidre et une bourrade.

— Quoi ! Briqueville, — dit le chevalier avec étonnement, — as-tu dépensé déjà l'argent que je t'avais envoyé pour le voyage ?

— Parbleu ! il y en avait lourd... D'ailleurs, avant-hier au soir, en soupant dans une auberge, à Caen, j'ai eu la mauvaise chance de jouer contre un aigrefin qui m'a raflé mon reste, et, si les maîtres des relais n'avaient pas jugé à propos de me faire crédit... Coquin, — ajouta-t-il en s'adressant au postillon, — n'est-ce pas trois pistoles qu'on te doit ? — Le postillon, sans s'offenser d'être appelé coquin, répondit affirmativement. — Mon père, — dit le capitaine, — donnez trois pistoles à ce drôle, et ajoutez-y un écu de six livres afin qu'il boive à ma santé. — Le chevalier fit une grimace; cependant il avait prévu sans doute quelque accident de ce genre, et il tira sa bourse et remit en soupirant au postillon l'argent demandé. — Maintenant le verre de cidre ! — reprit impérieusement Briqueville; — ce que je promets, je ne manque jamais de le donner.., Eh ! toi, le grand laquais, — ajouta-t-il en s'adressant à Robert, — va chercher à boire à ce faquin, afin qu'il nous débarrasse au plus vite de sa présence.

Robert, déjà chargé du manteau de Briqueville, ne bougea pas. Confus et navré de la méprise de son frère, il ne pouvait parler, et ses yeux étaient humides de larmes. Le chevalier s'en aperçut, et, quoiqu'il ne fût pas suspect de tendresse pour le plus jeune de ses fils, il dit à l'aîné :

— A quoi penses-tu donc, Briqueville? Celui-là n'est pas un laquais, c'est Robert.

En entendant ce nom, le capitaine se retourna et toisa distraitement son frère.

— Tiens, c'est vrai, — dit-il. — Ventre de loup ! il a diablement grandi. — Et ce fut tout, Le cadet de Briqueville eut cependant la force de balbutier quelques complimens qu'on n'écouta pas, et auxquels on ne daigna pas répondre. Le rousseau Nicolas avait couru chercher le verre de cidre, qu'il présenta au postillon. Celui-ci l'avala lestement et se remit en selle; quelques secondes après, il repartait avec les deux chevaux sans attendre la bourrade annoncée. — Je te revaudrai cela, de par le diable ! — cria le capitaine en lui montrant le poing. Sa distraction avait pour cause une contestation qui venait de s'élever entre son père et lui. — Sambleu ! monsieur, — disait-il avec humeur, — n'est-ce pas une honte que vous m'envoyiez toujours si peu d'argent? Comment voulez-vous que je soutienne mon rang si vous serrez si fort les cordons de votre escarcelle?

— Ah ! Briqueville, — répliqua le vieillard blessé de cette injustice, — tu ne sais guère au prix de quelles privations et de quels efforts je peux de temps en temps t'envoyer quelques écus !

— Chansons que tout cela !... En vérité, monsieur, vous devriez rougir de me voir revenir ainsi comme un *petit saint Jean*, sans un sou pour payer le postillon qui m'a conduit !

Il disait cela tout haut, pendant qu'il entrait dans la salle commune, le chapeau sur la tête et en faisant sonner ses éperons. Le sergent Poirot, qui n'avait voulu rien laisser de son poulet et de sa bouteille, avait donc entendu ces dernières paroles; il s'approcha du chevalier et lui demanda d'un ton narquois :

— Quoi donc ! monsieur, est-ce que les vingt mille écus ne seraient pas encore arrivés ?

— On les avait gagnés, on a pu les perdre, — répliqua le vieux gentilhomme avec aplomb.

— En ce cas, j'en suis fâché, car je me trouve dans la nécessité de vous signifier une sentence de juge...

— Holà ! qui diable est celui-ci?—demanda le capitaine en fronçant le sourcil.

—Maître Gaspard-Jérôme Poirot, huissier à verge, pour vous servir, —répliqua le sergent, qui exhiba les insignes de ses fonctions.

— Un huissier ! — s'écria Briqueville en fureur; — quoi ! mon père, vous recevez des gens de cette sorte ; vous les accueillez à votre table, et cela quand je suis attendu?... Sors d'ici, drôle ! sors d'ici bien vite, ou tu vas avoir les os brisés.

— Je sortirai, monsieur,—répliqua le sergent intimidé; —mais auparavant mon devoir est de signifier à monsieur le chevalier certains actes dont je suis porteur.—Il ouvrit alors sa bougette de cuir; il s'en échappa un liquide épais, noir et nauséabond, qui se répandit sur ses vêtemens. Les papiers étaient perdus, illisibles, réduits en pâte dans ce brouet infernal. Le pauvre sergent, en constatant le désastre, se contenta de dire avec désespoir : — Ah ! monsieur de Briqueville, c'est là un de vos tours.

— Bon ! — répliqua le chevalier, — vous verrez que, en mangeant à ma table, mon pauvre Poirot, vous aurez laissé tomber dans votre sac un peu de sauce de ma cuisine.

— Il eût mieux valu être en garde contre vos sauces et votre cuisine. Allons ! je suis battu, monsieur, mais je me vengerai !

— Battu ! pas encore, — s'écria le capitaine, — mais je vais te frotter rudement si tu m'échauffes la bile davantage.

— Ne lui parle pas ainsi, Briqueville, — répliqua le vieillard avec vivacité; — c'est un officier de justice, et tu dois des égards à sa robe noire... Voyons, Poirot, vous pouvez maintenant me dire sans inconvénient ce que c'était que ces papiers si malheureusement gâtés ?

— Vous le saurez à vos dépens, monsieur ; je vais faire diligence, et je vous promets que je reviendrai bientôt...

— Partiras-tu? coquin !—s'écria le capitaine d'une voix tonnante.

Le malencontreux sergent n'osa plus souffler; il sortit en courant, remonta sur son cheval, et s'éloigna, poursuivi par les menaces du capitaine et par les moqueries du rousseau, qui se tordait de rire dans un coin de la cuisine.

VI

LE FILS AÎNÉ.

Le chevalier de Briqueville était bien un peu inquiet des suites que pouvait avoir la retraite forcée de l'huissier Poirot, mais son fils ne lui laissa pas le temps de songer aux conséquences de cette affaire.

— Çà ! mangeons ! — reprit-il. — Corbleu ! je vois avec plaisir que ce vilain n'a pas complétement affamé le logis, et cela tombe à merveille, car je meurs de besoin. — Madelon et sa nièce s'avancèrent pour disposer le couvert.

— Eh ! bonne femme, — reprit Briqueville en regardant la gouvernante, Gothon... Jeanneton... ou quel que soit le nom dont on t'appelle, est-ce encore toi ? Je te croyais morte depuis longtemps. Au fait, tu as joliment vieilli, ma chère ! Et cette petite pécore qui est là, où diable l'a-t-on ramassée ? Ne pouvait-on la choisir moins laide ? Et ce singe habillé en petit laquais, d'où sort-il ? Mordieu ! monsieur mon père, votre maison a l'air d'une ménagerie, et la maison elle-même, — ajouta-t-il en promenant autour de lui un regard de mépris, — me semble encore plus noire, plus vermoulue, plus branlante encore qu'à ma dernière visite. — Chose étrange ! ces insolences et ces dénigremens ne semblaient offenser personne ; les boutades du grossier soudard étaient accueillies avec une sorte de respect. Le chevalier, aveuglé par son affection pour ce fils, le chef de la famille après lui, riait complaisamment de ses sarcasmes. Robert, bien qu'il ne pût se défendre d'un grand serrement de cœur en écoutant le capitaine, n'osait permettre à son esprit une pensée de révolte contre son frère aîné. Quant aux gens de service, façonnés depuis leur naissance aux brutalités de la noblesse, ils ne s'en offensaient guère, et leur déférence pour leurs maîtres était en raison de l'arrogance de ces derniers. Cependant le capitaine s'était mis à l'aise ; il avait déposé son épée, son chapeau et son fouet sur un meuble ; et, étendu dans un fauteuil de bois, il étirait ses membres courbaturés par le voyage. Bientôt, grâce à l'activité de Madelon et de ses aides, un repas abondant fut servi devant lui. Il s'empressa d'approcher son siège de la table. — Avec votre permission, monsieur mon père, — dit-il, — nous n'allons pas laisser refroidir ces appétissans ragoûts. Prenons donc place... Allons ! et toi aussi, mon jeune cadet, — ajouta-t-il en se tournant vers Robert, — prends place avec nous ; je ne m'y oppose pas. — Le cadet de Briqueville s'assit timidement. Le chevalier, que les émotions et les agitations de la matinée avaient beaucoup fatigué, était en proie à d'horribles quintes de toux. — Sandieu ! qu'est-ce que cela ? — dit le soudard avec impatience ; — attendez, monsieur, nous allons traiter votre rhume à ma manière ; vous vous en trouverez bien. — Il prit une bouteille, emplit de vin un gobelet et l'offrit à son père. — Buvez ceci, — dit-il, — et la toux décampera, je vous le garantis.

Le vieillard tendit la main, Robert se hâta d'intervenir.

— Monsieur, — dit-il, — souvenez-vous que le père Antoine, le médecin du couvent, vous a bien recommandé de vous abstenir de boissons fortes.

— Les médecins, moines ou non, ne sont que des sots, — riposta le capitaine ; — buvez, monsieur, je réponds de tout.

— Cependant, — reprit Robert humblement, — il serait à craindre...

Le chevalier, après une courte hésitation, trancha la difficulté.

— Mon fils doit avoir raison, — dit-il ; — d'ailleurs le vin paraît excellent, et il y a si longtemps que j'en ai bu !

Le chevalier avala donc le contenu du gobelet, tandis que Robert se rasseyait en soupirant. Toutefois les craintes du jeune homme étaient vaines, du moins pour le moment ; les quintes cessèrent et une légère rougeur reparut sur les joues du chevalier.

— Vous voyez bien ! — dit Briqueville, — si la toux revient, nous saurons comment la traiter.

Et il se mit à manger avec une voracité sans égale. Il vidait lestement plats et bouteilles, si bien que le vieux gentilhomme se demandait à part lui comment il pourrait satisfaire ce formidable appétit si le séjour de son fils au château venait à se prolonger.

Ce fut peut-être cette pensée qui lui suggéra bientôt de demander :

— Ah çà ! Briqueville, j'espère que cette fois tu vas faire un assez long séjour chez nous ? Jusqu'à quelle époque as-tu congé ?

— Jusqu'à ce que vous m'ayez donné les mille écus que je viens chercher ici, — répliqua délibérément le capitaine.

— Mille écus ! eh, bon Dieu ! où veux-tu que je les prenne ? Nos terres sont saisies, nos droits féodaux ont été rachetés ; il ne nous reste plus que ce château,

dont le revenu est nul, et qui peut être, d'un moment à l'autre...

Les doléances du chevalier furent interrompues par un accès de toux plus douloureux et plus tenace que les précédens.

— Buvez, monsieur, — dit Briqueville en lui versant un nouveau verre de vin. — Quant aux mille écus, vous les trouverez, je le sais, car vous êtes homme de ressources... et puis j'ai certaines dettes... Il y a là-bas à Paris un tas de créanciers qui aboient après mes chausses : sans compter que la galanterie coûte cher. — Le vieillard ne crut pas devoir traiter en ce moment ce point délicat, et, malgré les regards supplians de Robert, il avala le verre de vin. La toux se calma encore et Briqueville reprit : — Ah çà ! comment diable passez-vous le temps ici ? avez-vous des oiseaux dans la fauconnerie et une meute au chenil ?

— Il y a longtemps que le chenil est tombé en ruines, et la fauconnerie est devenue la chambre à coucher de Madelon... Tu oublies toujours, Briqueville, que nous ne sommes plus ce que nous avons été... Depuis bien des années, chiens, chevaux et faucons ont disparu de cette pauvre masure... Mais, si tu veux passer quelques momens à la chasse, tu pourras braconner au fusil avec Robert.

— Moi ! fi donc !... Et le jeune cadet, — ajouta-t-il dédaigneusement, — chasse de cette manière ridicule ?

— Certainement ; et notre cuisine ne s'en trouve pas plus mal.

— Au moins, — reprit le capitaine, — n'est-il aucun gentilhomme dans le voisinage avec lequel on pourrait faire une partie de cartes ou de dés ?

— Il y a les gentilshommes verriers de Roquencourt, mais ils sont rarement munis d'écus.

— Qui ça ? ces cocardeaux maigres et rissolés qui prétendent ne pas déroger à la noblesse en exerçant leur vilain métier ? J'aimerais mieux jouer contre le dernier paysan de nos domaines.

— Il en est pourtant, monsieur, — balbutia Robert, — qui appartiennent à de fort bonnes maisons, et qui portent des noms connus dans la province.

— Je répète que ce sont des vilains ! — répliqua le capitaine en frappant du poing sur la table avec violence, — et je leur dirais en face à eux-mêmes... Si un Briqueville avait l'idée de travailler ainsi de ses mains, je lui trouerais la poitrine avec mon épée.

Robert se tut et devint pensif.

— Il y a encore notre voisin d'Helmières, — poursuivit le chevalier ; — mais, quoique dans une circonstance récente il se soit montré obligeant, nous ne nous fréquentons guère, et puis il n'est pas grand joueur, que je sache.

— Notre famille vaut bien la sienne, pourtant... Allons, j'irai visiter monsieur d'Helmières, d'autant plus volontiers qu'il a, paraît-il, une charmante fille.

Sans savoir pourquoi, Robert sentit son cœur se serrer en entendant ces paroles ; mais il n'osa répliquer.

Le repas se prolongeait, et, à force de vider bouteilles sur bouteilles, Briqueville était fort échauffé. Le vieillard lui-même, entraîné par l'exemple de son fils, et convaincu que d'abondantes libations devaient apaiser sa toux opiniâtre, portait fréquemment son verre à ses lèvres. Ses joues empourprées, ses yeux brillans témoignaient d'une surexcitation dangereuse. De même ses idées ne paraissaient plus bien lucides, sa langue s'embarrassait, et les effets de l'ivresse sur sa faible organisation étaient d'autant plus apparens qu'il vivait d'ordinaire avec une extrême sobriété.

Robert s'effrayait beaucoup de ces excès, dont il prévoyait les fâcheuses conséquences. Il observait avec une inquiétude croissante l'agitation de son père ; et enfin, n'y tenant plus, il dit d'un ton suppliant :

— Par pitié pour vous-même, monsieur, ne buvez plus !

Vous n'êtes pas habitué au vin, et il pourrait vous incommoder.

— Buvez, mon père, — répliqua Briqueville en remplissant encore le gobelet du chevalier; — mordieu! ce jeune cadet prétendrait-il savoir mieux que moi ce qui vous convient?

— Je vous l'assure, Briqueville, — répondit Robert que son affection pour le vieillard enhardissait, — il y aurait danger à le presser...

— Paix! — interrompit le capitaine avec fureur, — oses-tu bien élever la voix en ma présence? Ventre de biche! je ne le permettrai pas.

Mais peut-être cette fois la colère de son frère aîné n'eût-elle pas empêché Robert d'accomplir ce qu'il considérait comme un devoir sacré, si le chevalier n'eût porté le verre à sa bouche en balbutiant:

— Laisse-le dire, Briqueville. Le vin est bon et je le sens là tout chaud sur mon estomac... D'ailleurs, je ne tousse plus... A ta santé donc, mon garçon, et au diable les soucis!

Cependant le capitaine Briqueville ne se montra pas satisfait de l'espèce de victoire qu'il venait de remporter. Tout en frisant son énorme moustache rousse, il jetait sur son frère des regards sombres.

— Ah çà! mon père, — demanda-t-il enfin, — que ferons-nous de ce grand fainéant, qui mange ici mon bien et qui passe sa vie à bayer aux corneilles? Ne songez-vous pas à en débarrasser bientôt la maison? A son âge, moi, je m'étais déjà trouvé à trois sièges et à deux batailles.

Le père, dont la raison était obscurcie par ses fréquentes libations, haussa les épaules et répliqua:

— Fais-en ce que tu voudras, Briqueville; tu es l'aîné et cela te regarde.

— En ce cas, ce ne sera pas long..., je ne souffrirai pas qu'il vive ici plus longtemps à mes dépens... N'est-ce pas une honte?

— Monsieur, — répliqua Robert tout humilié et les larmes aux yeux, j'ai la conscience de n'avoir pas été une bien lourde charge jusqu'à ce jour. J'ai été élevé par notre excellent parent le prieur de Roquencourt, qui aujourd'hui encore veut bien pourvoir à mon entretien et à mes menues dépenses. Je me rends utile autant que je le peux à notre père...

— Et quand le vieux ladre de prieur lui a glissé quelques écus, — dit le chevalier avec un rire hébété, — je sais bien l'en débarrasser pour le⁵'l'envoyer; on dit que de l'argent de moine ça porte bonheur... Eh! eh! eh!..... Donne-moi donc à boire, Briqueville.

— Oui-dà! — reprit le capitaine, — puisque le prieur a tant d'argent, il recevra ma visite. Ses écus, s'il en a trop, me reviennent à moi, l'aîné de la famille, plutôt qu'à ce méchant cadet. Je ne permettrai pas qu'un pareil abus dure plus longtemps et que la sève due à la branche principale soit absorbée par une branche gourmande et inutile... Voyons, maître Robert, — poursuivit-il avec rudesse, — tu ne peux rester au château davantage, et il est temps pour toi de prendre un parti. Tu as à choisir entre la marine, le couvent ou l'armée; as-tu fait ton choix?

— Monsieur, — répliqua doucement Robert, — je ne me sens pas de goût pour les professions dont vous me parlez.

— Eh! mille perruques du diable! que veux-tu donc?

— J'avais espéré, Briqueville, que par votre crédit, par vos amis à la cour, je pourrais obtenir, dans cette province même, une charge convenable dont je m'acquitterais avec honneur et loyauté. Les connaissances que je dois à notre digne parent, le révérend père Ambroise, m'ont mis en état de remplir divers emplois, et j'attendais avec impatience votre arrivée pour vous supplier de m'accorder votre protection... Monsieur, — ajouta Robert avec une profonde émotion, — cette vie oisive que vous me reprochez me pèse autant qu'à personne, mais, de

grâce, ne me contraignez pas à embrasser des professions qui me répugnent pour divers motifs. Vous êtes mon frère aîné, mon protecteur naturel; je sais qu'après monsieur notre père il n'est personne que je doive aimer et respecter autant que vous. Ne me refusez pas votre appui; faites-le au nom de notre mère défunte, qui avait pour nous une égale tendresse... Je serai digne de vos bienfaits, je vous le jure, et toute ma vie j'en garderai la mémoire. Nous avons le même nom, et ce nom sera pour moi plus difficile à porter que pour vous... aidez-moi, je vous en supplie... Que pourrais-je seul, abandonné de mes proches? Et vous, monsieur, — ajouta-t-il avec un accent affectueux en s'adressant au chevalier, — daignez vous souvenir que je suis aussi votre fils, et intercédez pour moi.

Ces paroles touchantes étonnèrent les deux Briqueville sans les émouvoir. Le capitaine, peu habitué à un semblable langage, gardait le silence. Quant au chevalier, il répliqua d'une voix que l'ivresse rendait de moins en moins intelligible:

— Tu désires une place? Fais-toi acheter par le grippe-sou de prieur une charge d'avocat, de juge, ou de sergent. Tu auras ma pratique... à moi seul je t'enrichirai... Il n'y a que la chicane qui vaille quelque chose en ce monde; le reste n'est que vanité, superfluité, brimborion,.. une plume sur un chapeau... un ruban sur un pourpoint, un... un... et voilà... Du vin, Briqueville!

Le capitaine, revenu de sa stupeur, vida lui-même son verre et le déposa bruyamment sur la table.

— Par la mort! mon gentil muguet, — dit-il à son frère, — tu me la bailles belle! Certainement j'ai dû m'enrichir, j'entre quand je veux dans le cabinet du roi, j'ai des familiarités avec tous les grands seigneurs, et monsieur le prince ne passe jamais à côté de moi sans me dire quelques mots, car il m'aime et m'estime fort. Mais n'ai-je donc pas besoin pour moi-même du crédit dont je dispose? Quand j'ai tué ou blessé en duel quelque galant dont la famille est puissante, quand je me suis donné un *plaisir de prince* au cabaret, quand j'ai rossé un créancier et ses sergens, que deviendrais-je si je n'avais pas de protecteurs? On m'eût cent fois déjà fourré à la Bastille ou ailleurs. Aussi ne serai-je pas assez sot pour user de ce crédit en ta faveur ou en faveur de tout autre. Ventrebleu! j'ai souvent assez de mal à me tirer des mauvais pas où je me trouve empêtré. Il ferait beau voir que je fatiguasse continuellement mes amis pour celui-ci, pour celui-là, aujourd'hui pour un cocardeau qui se dirait mon frère, demain pour un autre cocardeau qui se dirait mon cousin ou mon neveu! A tous les diables de pareilles aubaines! Raye cela de tes papiers, Robert, mon cadet; je n'ai pas à intervenir pour que tu obtiennes des faveurs ou des emplois, et du diable si je ferais cent pas pour t'empêcher d'être pendu!

Cet égoïsme brutal, qui ne croyait même pas devoir se cacher sous les formes hypocrites, ce prétendu droit d'aînesse qui s'affirmait lui-même avec tant de cynisme, navraient le pauvre Robert, en même temps que la rougeur de la honte lui montait au front. Néanmoins il ne tarda pas à se remettre, et répondit avec plus de fermeté qu'il n'en avait montré jusque là.

— Il suffit, monsieur; j'avais cru que votre titre même de chef de famille vous imposait certains devoirs. Puisque je me suis trompé, puisque je suis livré à mes propres forces, vous ne trouverez pas mauvais que je prenne seulement conseil de moi-même.

— Ouais! on sommes-nous là? — s'écria le capitaine en fronçant ses formidables sourcils, — de la révolte, mon cadet? Elle ne te réussira pas, de par le diable! Il m'appartient de savoir quelle carrière prendra un Briqueville, car tu es un Briqueville après tout! Et si en choisis une autre que la marine, le mousquet ou le froc, il t'en cuira, je t'en avertis.

— Quoi donc! — s'écria Robert en s'animant, — vous me reconnaissez pour un Briqueville quand je dois subir des volontés tyranniques, vous ne me reconnaissez plus quand j'invoque secours et protection ?

— Tu raisonnes, je crois ? Ah çà ! monsieur Robert, prétendriez-vous me faire la loi ?

— Je ne prétends l'imposer à personne, mais je ne la subirai pas non plus.

— Tu la subiras, par les cornes de Belzébuth !... Et, puisque tu me pousses à bout, dans trois jours tu seras moine, mousquetaire ou marin, sinon...

— Eh bien !

— Sinon, je te romprai les os ! — s'écria Briqueville écumant de rage.

Robert devint fort pâle, mais il ne fléchit pas.

— Des menaces de cette nature ne sauraient m'effrayer, — répliqua-t-il ; — à mon tour, monsieur, je vous déclare que je ne serai rien de tout cela. J'aimerais mieux encore aller demander une place parmi ces pauvres gentilshommes verriers que vous méprisez tant.

— Insolent drôle ! tu oses me braver ? — s'écria le capitaine hors de lui.

Et saisissant, un verre, il le lança de toute sa force contre le cadet de Briqueville. Celui-ci para le coup avec sa main, néanmoins le verre se brisa et un éclat vint le frapper au visage, qui fut bientôt inondé de sang.

Robert se contenta de regarder tristement son aîné.

— Quoi que vous fassiez, — dit-il, — je n'oublierai pas que vous êtes mon frère.

Le capitaine se redressa impétueusement et repoussa son lourd fauteuil, qui tomba avec fracas.

— Ton frère ! — répliqua-t-il écumant de rage, — eh ! que sais-je si tu es mon frère ? Je te connais à peine, je ne t'ai pas vu vingt fois depuis ta naissance. Je sais seulement que tu me braves, que tu peux déshonorer mon nom et que j'ai le droit de te châtier. Tiens ! je ne veux pas t'assassiner, mais tire ton épée si tu es gentilhomme, si tu es mon frère.

Et lui-même mit au jour sa longue rapière, dont la lame brillante lança comme un éclair bleuâtre.

Robert n'obéit pas à cette invitation ; mais il resta ferme et debout, tandis que l'affreux soudard, exalté par la colère et par l'ivresse, s'élançait sur lui.

Tous les gens de service avaient été mis en émoi par cette horrible scène : Madelon, Nicolas et Rosette poussaient des cris perçans. La gouvernante, plus expérimentée, courut au vieux chevalier, qui était plongé dans une sorte d'hébétement, et lui dit en joignant les mains :

— Au nom de la sainte Vierge ! monsieur notre maître, faites-les finir !... Allons ! parlez-leur, ne voyez-vous pas qu'ils vont s'égorger ? Ne sont-ils pas tous les deux vos enfans ?

De son côté Nicolas, ce garnement incorrigible, montra dans cette circonstance autant de courage que de bon cœur. Il se plaça résolûment entre les deux frères, en s'écriant :

— Ah ! monsieur le capitaine, ne le tuez point... c'est un si bon gars ! tuez-moi plutôt.

Le capitaine d'un revers de main envoya rouler le page à dix pas de là ; il levait son épée pour en frapper Robert toujours impassible, quand le chevalier, subitement dégrisé, se jeta sur lui en s'écriant d'une voix rauque :

— Es-tu fou, Briqueville ? A quoi ça te servirait-il de tuer cet enfant ? Que le diable vous emporte tous deux !

Ce n'était peut-être pas là ce qu'un bon père aurait dû dire en pareil cas ; néanmoins il était heureux que le chef de famille pût intervenir d'une manière à peu près raisonnable dans ce conflit fratricide. Aussi Briqueville commença-t-il à rentrer en lui-même.

— Vous avez raison, — répliqua-t-il avec un mélange de mépris et de confusion ; — il ne me servirait à rien d'écraser ce ver de terre qui se redresse sous mon pied... Tenez, nous avons tous trop bu de ce vieux bourgogne, et il convient de remettre ces discussions à un autre moment.

Il se rassit d'un air sombre.

— Oui, oui, — balbutia le chevalier qui venait aussi de retomber sur son siége, et dont la raison s'obscurcis ; sait de nouveau maintenant que le danger était passé ; — oui, c'est le bourgogne... il est si bon !... Mordieu ! pourquoi mon fief est-il en Normandie, où il ne croît que des pommiers ? si j'avais un voisin dont les terres produisissent un pareil nectar, quels procès je lui intenterais ! Mais nous en avons trop bu pour une fois... Eh ! eh ! eh !... c'est gentil de faire de temps en temps la débauche... Tiens, Briqueville, tu as l'air de pleurer du vin... et Robert... ah ! Robert qui en a sur sa figure, sur son rabat, sur son pourpoint !

— Monsieur, monsieur, — dit la vieille Madelon qui venait de chercher des compresses, — prenez donc garde que c'est du sang.

— C'est du vin, vieille folle.

— Je vous dis que c'est du sang... voyez comme il coule ! Pauvre jeune homme !

— C'est... du... vin, — murmura le chevalier avec l'obstination d'un ivrogne.

Mais on ne l'entendait plus ; il s'affaissa en balbutiant encore quelques mots inarticulés, puis il demeura plongé dans cette espèce d'anéantissement que produit l'ivresse parvenue à son dernier période.

Alors Robert repoussa la vieille Madelon et Rosette, qui pansaient sa blessure, et, prenant le vieillard dans ses bras robustes, il le porta dans sa chambre. Là il le débarrassa de ses vêtemens les plus gênans, et le mit au lit. Après s'être assuré que son père n'avait plus besoin de rien pour le moment, il voulut sortir pour prendre l'air, car il étouffait.

En traversant la salle basse, il vit que le capitaine s'était remis à table et buvait sur nouveaux frais, tandis que Madelon et les enfans le contemplaient d'un air de stupeur. Briqueville était à peine moins ivre que son père, mais de cette ivresse morne qui n'apporte ni gaieté pour soi-même ni bienveillance pour les autres, de cette ivresse qui exalte toutes les passions mauvaises, tous les instincts grossiers.

Comme Robert allait franchir le seuil de la porte, Briqueville lui demanda sèchement :

— Où vas-tu ?

— Auriez-vous aussi la prétention, monsieur, de m'empêcher de sortir quand j'en ai la volonté ?

— Encore ! — gronda le capitaine ; — mais, morbleu ! si je te laisse sortir, je pourrais bien avoir aussi la fantaisie de ne pas te laisser rentrer.

— Tant que monsieur notre père trouvera bon que j'habite sa maison, — répliqua Robert avec fermeté, — j'y resterai.

Le capitaine essaya de se lever pour punir ce qu'il considérait comme une nouvelle insulte, mais ses jambes ne pouvaient plus le soutenir, et il demeura en place en murmurant :

— C'est bon, patience !... Seulement, jeune cadet, souviens-toi de ne pas aller faire des contes à perte de vue dans le voisinage.

— Ne craignez rien de pareil, — répliqua le cadet de Briqueville ; — j'aurais trop à rougir.

Et il sortit ; lorsqu'il se trouva dans la campagne solitaire, il s'assit et pleura abondamment.

VII

LA MORT D'UN PLAIDEUR.

Robert était profondément découragé. Lui qui, la veille encore, avait tant de confiance dans l'avenir, qui voyait les choses sous un jour si riant, était épouvanté maintenant de son abandon. Son père ne l'aimait pas ; son frère, dans lequel il avait mis toutes ses espérances, le repoussait brutalement. Sur qui s'appuyer ? vers quel but marcher ? Heureusement la douce image de mademoiselle d'Helmières apparaissait toujours pure et lumineuse au-dessus du chaos de ses pensées. Son amour dominait ses doutes, ses tristesses, et peu à peu cet amour parvint à relever ses esprits abattus. Il se disait que, pour mériter la noble récompense qui lui était promise, il ne devait reculer devant aucune difficulté, aucun sacrifice ; il s'armait de constance, et, sans savoir encore comment il arriverait au succès, il ne voulait pas désespérer de l'avenir.

Un peu rasséréné par ces réflexions, il se leva pour retourner au manoir. La nuit était tombée, à peine pouvait-on voir le sentier caillouteux qui conduisait à Briqueville. Quand il entra dans la salle basse, Madelon, Nicolas et Rosette étaient accroupis tristement auprès du feu. Toute trace du festin, nous allions presque dire de l'orgie de la journée, avait disparu ; cette pièce avait repris son aspect désolé. On regarda Robert d'un air d'intérêt, mais sans oser lui parler. Embarrassé de cet examen, il demanda où était Briqueville.

— Là, dans votre ancienne chambre que vous lui avez cédée, — répondit Madelon. — Quand il y est entré, il était tellement ivre qu'il ne pouvait se soutenir. Nicolas lui a offert ses services, mais il l'a renvoyé avec un si grand coup de pied que le pauvre gars s'en ressentira pendant huit jours.

— Ah ! c'est bien vrai, — répliqua le rousseau en faisant une grimace significative ; — il m'a déjà plus battu en quelques heures que monsieur le cadet en deux années.

— Ce n'est pas que tu n'aies mérité souvent d'être châtié, — dit Robert sévèrement.

— Vous avez peut-être raison ; mais le capitaine, lui, me bat quand je ne le mérite pas et cela se compense.

— Et mon père, Madelon, — reprit le jeune homme, — comment se trouve-t-il ?

— Pas bien ; non, Robert, je ne peux pas dire que je sois contente de son état. Écoutez donc, faire boire ainsi un homme de son âge ! Il tousse beaucoup, il crache du sang... Aussi, je lui prépare de la tisane et...

— Mon père est malade ? — interrompit Robert avec vivacité. Il prit la petite lampe qui éclairait la cuisine et, suivi de Madelon, il se dirigea rapidement vers la chambre du chevalier. Le vieux Briqueville était en effet dans l'état le plus alarmant ; il s'agitait sur sa couche, en proie à une fièvre violente. Des quintes horribles secouaient sa faible organisation, et chaque quinte amenait sur ses lèvres des flots de sang vermeil. Robert, aidé de la gouvernante, lui prodigua les soins les plus empressés. Ces symptômes n'étaient pas nouveaux chez le vieillard, bien qu'ils ne se fussent jamais manifestés avec autant d'énergie ; mais vainement employa-t-on les remèdes prescrits en pareil cas, ils demeurèrent sans effet, la crise continua. Robert ne savait à quoi se résoudre. Le médecin de son père était un moine de Roquencourt, qui se fût difficilement décidé à venir au château par cette nuit noire. Cependant le danger semblait pressant; Robert crut indispensable de consulter son frère aîné. — Une de ces affreuses quintes de toux, — pensait-il, — pourrait suffoquer notre malheureux père, et quels regrets éprouverait Briqueville, malgré ses torts, s'il n'avait pas été prévenu.

Laissant donc Madelon auprès du malade, il entra dans la chambre où se trouvait le capitaine. Cette chambre, si propre et si bien rangée quand Robert l'occupait, était maintenant dans un désordre repoussant. Les grosses bottes éperonnées du soudard, son feutre, son épée, son manteau avaient été jetés au hasard sur le plancher ; on ne savait où poser le pied. Briqueville s'était couché à demi vêtu, et ronflait d'une manière formidable, en faisant craquer à chaque mouvement les ais mal joints de sa couche.

Robert s'approcha de lui, sa lumière à la main, et, lui touchant l'épaule, l'appela timidement. Briqueville ne répondit d'abord que par des grognemens de colère. Comme son frère ne se décourageait pas et continuait de le secouer en l'appelant plus fort, il finit par se soulever sur le coude ; fixant sur Robert ses grands yeux féroces et encore égarés, il lui dit :

— Mordieu ! viens-tu donc m'assassiner pendant mon sommeil ?

Le cadet ne daigna pas répondre à ce soupçon outrageant.

— Je viens vous annoncer, — répliqua-t-il avec douceur, — que monsieur de Briqueville, notre honoré père, est malade, en danger de mort peut-être ; ne voulez-vous pas vous rendre auprès de lui ?

Le capitaine resta immobile un moment, comme s'il eût cherché à rappeler ses esprits ; puis il bâilla effroyablement, étendit le bras et balbutia avec impatience :

— Au diable ! laisse le vieux cuver son vin et laisse-moi cuver le mien... Que la peste t'étouffe !

Sa tête retomba sur le chevet et il se rendormit. Robert tenta encore de le décider à se lever ; quelques jurons et un coup de poing lancé dans le vide lui firent comprendre l'inutilité de ses efforts ; il se retira en soupirant.

Heureusement l'état de son père s'était un peu amélioré pendant sa courte absence. La toux était moins fréquente, moins opiniâtre ; le sommeil paraissait plus tranquille, plus réparateur. Robert congédia Madelon, très fatiguée des travaux de la journée. Pour lui, il s'installa dans un fauteuil au chevet du vieillard, et annonça l'intention d'y passer la nuit. Madelon, après avoir résisté pour la forme, lui apporta tout ce qui pouvait être nécessaire au malade pendant la veille, et consentit enfin à se retirer.

La nuit ne fut pas aussi calme que Robert l'avait espéré. La toux et le sang reparaissaient par intervalles, et plusieurs fois le jeune homme se mit à genoux devant le lit, pensant qu'il assistait à la dernière heure de son père. Cependant un peu de tisane, édulcorée avec du miel, car le sucre était alors très rare et d'un prix exorbitant, parvenait encore à soulager le malade. Le chevalier de Briqueville ignorait à qui il devait ces soins affectueux ; il ne reconnaissait pas Robert ; les mots entrecoupés qui lui échappaient dans son délire semblaient s'adresser à son fils aîné, qui dormait alors paisiblement dans la pièce voisine, ou avoir rapport à ses nombreux procès, car des noms de juges, de procureurs et d'huissiers revenaient fréquemment sur ses lèvres. Quant au plus jeune de ses fils, il n'avait pas une pensée pour lui.

Une fois pourtant il le reconnut d'une manière positive. C'était à la suite d'un rêve qui l'avait fort agité pendant un de ses courts instans de sommeil. Réveillé en sursaut, le front baigné d'une sueur froide, il voulut se soulever ; Robert accourut et lui demanda ce qu'il souhaitait. Le malade ouvrit des yeux étonnés, et dit d'une voix qui n'avait presque rien perdu de sa force ordinaire :

— Ah ! est-ce toi, petit ? Sambleu ! je viens de faire un singulier rêve à ton endroit. Il me semblait que tu étais Jacob et que Briqueville était Esaü, et que tu lui volais son droit d'aînesse... Pour toi la richesse et les honneurs; pour lui la prison et la mort. Mais pourquoi, diable ! ces vieilles histoires de mon enfance me reviennent-elles à l'esprit maintenant ? Je voudrais bien savoir...

Un accès de toux lui coupa la parole, et le délire ne tarda pas à se manifester de nouveau.

— Jacob ! Esaü ! — répétait Robert tristement ; — nous serions bien plutôt Caïn et Abel.

Vers le matin, le chevalier de Briqueville tomba dans une prostration complète, qu'interrompaient de temps en temps des quintes de plus en plus faibles. Aux premières lueurs du jour, Madelon entra, et se montra fort inquiète de l'état de son maître.

— Il est perdu, Robert, — dit-elle ; — ceux qui l'ont

mis si bas, en le poussant à des excès auxquels le pauvre homme n'était pas habitué, auront de cruels reproches à se faire !

— Chut ! pas un mot de ceci, Madelon ; vous ne devez parler mal de quiconque porte le nom de Briqueville... Mais il ne faut pas tarder davantage à mander le père Antoine, le médecin de Roquencourt.

Madelon secoua la tête.

— Le père Antoine peut venir, — dit-elle ; — quoi qu'il fasse, il y aura bientôt un autre maître ici, et personne n'y gagnera, j'imagine... Eh bien ! Robert, enverrai-je Nicolas au prieuré ?

— Non ; je n'ai pas assez confiance en Nicolas, qui s'amuserait par les chemins... D'ailleurs il faut expliquer au père Antoine dans quel état se trouve le malade, afin qu'il apporte les médicamens nécessaires... Je vais me rendre moi-même à Roquencourt.

— Soit. Ne voulez-vous pas manger un morceau avant de partir ?

— Je n'ai pas faim ; mais songez au déjeuner de Briqueville.

— Oui, oui, il aura faim, lui ! — grogna la vieille avec indignation.

Robert, après avoir déposé un baiser sur le front de son père, ce qu'il avait rarement osé faire jusqu'à ce jour, se mit en route pour le couvent.

Quoique Roquencourt fût à une grande lieue du château, le cadet de Briqueville accomplit le trajet en moins d'une demi-heure, et il atteignit le bourg au moment où la population allait commencer sa laborieuse journée. Les laboureurs partaient pour les champs avec leurs charrues et leurs chevaux ; la cloche de la verrerie appelait les ouvriers au travail, tandis que la cloche rivale du couvent appelait les religieux à la prière. Les ménagères chantaient dans les maisons en battant leur beurre, les poules caquetaient dans les cours, les jeunes filles riaient en portant leur pot au lait, les bœufs beuglaient, les moutons bêlaient en se rendant aux herbages. Tout était mouvement, bruit, joyeuse animation dans le village, et Robert, que cette agitation importunait, doubla le pas pour la laisser au plus vite derrière lui.

Comme il passait devant la verrerie, il s'entendit appeler, c'était le chevalier Michaud, qui, debout à l'entrée de la cour, avait l'air de s'assurer que lui-même ni aucun de ses ouvriers, gentilshommes ou autres, ne se trouvait en retard. Robert, malgré la gravité des circonstances, crut devoir s'arrêter une minute pour écouter le maître verrier.

— Eh bien ! monsieur le cadet, — dit Michaud, — j'ai fait ce que vous souhaitiez au sujet de cet Italien ; depuis hier il travaille à ma fabrique. Par malheur, toutes mes belles espérances sont tombées à plat ; ce nom de Murano m'avait troublé la cervelle, et je pensais... sans doute je me suis trompé, ce Vicenti n'était qu'un ouvrier de troisième ou quatrième ordre, ne connaissant aucun des secrets de la fabrication vénitienne. Cependant il paraît très rusé, et on voit percer dans ses paroles un embarras qui me donne des soupçons. Je l'observais hier matin, pendant qu'il faisait l'essai devant moi de son habileté, et, quoiqu'il s'agît de menus détails qui sont comme l'*A B C* de l'art du verrier, j'ai cru reconnaître dans ce gaillard une sûreté de coup d'œil, une dextérité de main... Enfin je ne le perdrai pas de vue, et, s'il me cache quelque chose, je m'en apercevrai bien. Mais vous, monsieur de Briqueville, n'avez-vous connaissance d'aucune particularité nouvelle sur cet étranger ?

Robert répliqua négativement ; puis, s'excusant sur des devoirs qui n'admettaient aucun délai, il quitta brusquement Michaud, et alla sonner à la grande porte du monastère.

A peine cette porte fut-elle ouverte que le cadet de Briqueville, familier avec les êtres de la maison, s'empressa de traverser les cloîtres et les corridors pour gagner l'appartement du prieur. Il trouva le bon moine en train de

vérifier avec le père économe les comptes du couvent. A la vue de son neveu sombre et bouleversé, le père Ambroise s'interrompit.

— Qu'y a-t-il donc, mon enfant ? — demanda-t-il ; — vous paraissez porteur de quelque mauvaise nouvelle. — Robert lui apprit en peu de mots l'objet de sa visite. — Quoi ! le chevalier est-il si mal ? Tout récemment encore on l'a vu alerte et dispos.

— Peut-être, — répliqua Robert avec embarras, — l'émotion que lui a causée l'arrivée de son fils a-t-elle exercé une influence fâcheuse sur sa santé.

Le prieur se tourna vers l'autre moine.

— Cher père, — lui dit-il, — nous examinerons vos comptes demain ; allez, je vous prie, prévenir le père Antoine que je l'attends sans retard. — L'économe s'inclina et sortit aussitôt. Alors Ambroise prit la main de son neveu, et, le faisant asseoir à son côté, lui dit amicalement : — Il y a autre chose, Robert, n'est-ce pas ? Maintenant, parlez-moi avec franchise ; que s'est-il passé ?

— Mais rien, mon oncle, — répliqua le cadet en détournant la tête ; — peut-être monsieur de Briqueville, s'il faut l'avouer, a-t-il un peu trop fêté à table le retour de son fils... Il est habituellement si sobre que le plus léger changement de régime lui est contraire.

— Je comprends ; mais, encore une fois, est-ce bien tout ?... Robert, d'où vous vient cette blessure que je vous vois à la joue ?

— C'est une égratignure, mon révérend père, une simple égratignure. Vous savez que vous m'avez toujours reproché mon étourderie... Je me suis moi-même blessé à table en jouant avec un couteau.

Le père Ambroise était trop habitué à lire dans cette âme candide pour ne pas reconnaître que son neveu lui cachait la vérité en ce moment. Toutefois un pareil mensonge n'excita que son indulgence.

— Pauvre enfant ! — murmura-t-il en poussant un profond soupir. Il reprit bientôt : — Et votre frère, mon cher Robert ; vous ne me parlez pas de votre frère ; quel accueil vous a-t-il reçu de lui ?

— Je ne devais pas compter sur des démonstrations très chaleureuses de la part de Briqueville.

— Mais vous aviez droit du moins à sa bienveillance, vous qui êtes du même sang et qui portez le même nom... Ah ! tout ce que je prévoyais, tout ce que je craignais arrive déjà ou arrivera plus tard.

Le père Ambroise, médecin du monastère, entra en ce moment. C'était un homme jeune encore, qui, après avoir exercé assez longtemps la médecine dans une ville voisine, avait pris l'habit religieux à Roquencourt. Il questionna Robert et se fit rendre compte aussi exactement que possible de l'état du malade ; bientôt il secoua la tête.

— Les accidens qui viennent de se déclarer, — dit-il, — sont de la dernière gravité ; j'ai reconnu depuis longtemps déjà que le tempérament du chevalier de Briqueville était cruellement usé et présentait bien peu de ressources. Je vais me munir de quelques médicamens qui pourront avoir un bon effet... Toutefois, — ajouta-t-il en se tournant vers le prieur, — les secours de la religion me semblent plus pressés et plus opportuns encore que ceux de l'art.

— Augurez-vous donc si mal de l'état de mon parent ? — demanda le prieur à demi-voix.

— Si mal que peut-être je ne le trouverai pas en vie quand j'arriverai à Briqueville.

— En ce cas, — reprit Ambroise tout haut, — je vais vous accompagner moi-même, et je ne laisserai à personne autre le soin d'offrir au chevalier les consolations de la religion... Cher père Antoine, allez chercher vos médicamens ; puis vous direz au frère Eustache de se charger de la boîte aux saintes huiles et de mon étole : il nous accompagnera à Briqueville.

Robert avait entendu imparfaitement les paroles échangées entre les deux moines, mais il en avait deviné le sens, et des larmes inondaient son visage. Cependant, en apprenant que son oncle avait l'intention de se rendre lui-même au château, il ne put dissimuler quelque inquiétude.

— Il y a bien loin d'ici à Briqueville, — dit-il avec réserve; — ne craignez-vous pas que ce trajet n'excède vos forces?

— Il s'agit d'un devoir à remplir, et je n'hésite jamais en pareille circonstance.

— Mais, mon révérend père, ne serait-il pas plus sage de charger un de vos religieux...

Le prieur interrompit ses préparatifs de départ.

— Voyons, Robert, — reprit-il mystérieusement, — vous craignez pour moi quelque avanie de votre frère, n'est-il pas vrai?

— Eh bien! si j'avais cette crainte, mon excellent oncle, ne serait-il pas prudent d'épargner à celui dont nous parlons un prétexte d'emportement et de scandale?

— Je vous entends, mon enfant; mais je ne crois pas le capitaine Briqueville assez osé pour insulter un ministre de la religion dans l'exercice de son ministère, et d'ailleurs il importe que je parle moi-même à votre père, s'il est encore en état de m'entendre.

— Cher oncle, je vous en conjure, si, comme je le suppose, c'est de moi que vous voulez l'entretenir, ne troublez pas pour si peu les derniers instans de monsieur de Briqueville.

— Il suffit, Robert, — répliqua le prieur avec une fermeté sereine, — n'insistez pas à ce sujet; j'ai ma conscience comme vous avez la vôtre.

Bientôt le père Antoine reparut avec un grand et robuste frère lai qui portait une cassette d'ébène à fermoirs d'argent, et, comme le temps pressait, on se hâta de quitter le monastère.

En traversant Roquencourt, père Antoine et le frère lai marchaient les premiers, tandis que le prieur, appuyé sur le bras de Robert, les suivait à quelque distance. Les gens du pays accouraient sur les portes pour les voir passer; mais l'air triste et abattu de Robert, la contenance des moines, surtout la vue de cette cassette que portait le frère, et dont l'usage était bien connu, faisaient peut-être deviner de quoi il s'agissait, car nul n'osa leur parler, et on se contenta de saluer respectueusement.

Le trajet du village à Briqueville fut bien fatigant pour le pauvre vieux prieur, qui n'était pas habitué à d'aussi longues marches. Il fallut se reposer plusieurs fois en chemin, et la conversation demeura languissante, comme on peut croire. Enfin, quand on atteignit le château, il était déjà tard, et plus de trois heures s'étaient écoulées depuis que Robert l'avait quitté.

Aussi le cadet de Briqueville sentit-il son cœur se serrer lorsque toute la troupe, après avoir traversé la cour encombrée de ruines, pénétra dans la salle basse qui précédait la chambre de son père.

Là pourtant rien n'annonçait encore une catastrophe accomplie ou même imminente. Le capitaine, tranquillement assis devant une table, déjeunait d'une volaille froide, et il en était déjà à sa seconde bouteille de bourgogne. Nicolas et Rosette le servaient à l'envi l'un de l'autre, ce qui ne les empêchait pas d'échanger sournoisement des tapes fort peu amicales chaque fois que l'occasion s'en présentait.

Mais Robert ne s'inquiéta pas de tous ces détails; sans paraître se souvenir de ses griefs contre son frère, il lui demanda d'une voix étouffée:

— Au nom du ciel! monsieur, comment se trouve notre... votre père?

— Mordieu! — répliqua Briqueville, la bouche pleine, — à qui en as-tu? Peut-être le bonhomme a-t-il un peu trop bu d'un coup hier au soir, comme nous tous du reste; mais il n'y paraîtra plus ce matin... Tonnerre! — ajouta-t-il avec étonnement en apercevant le prieur et ses deux acolytes, — qu'est-ce que ce régiment de frocs?

— Monsieur, — se hâta de dire Robert, — voici le ré-

vérend père Ambroise, notre affectionné parent, et le père Antoine, très savant médecin, qui pourra peut-être soulager monsieur le chevalier.

En entendant nommer le prieur, Briqueville s'était levé avec toute la politesse dont il était capable.

— Enchanté de vous voir, mon oncle, — dit-il; — que le diable m'emporte si vous n'êtes pas rajeuni depuis mon dernier voyage, il y a quatre ans. Ce que c'est que de manger de fins morceaux et de boire du vin vieux! Ah! je sais que malgré votre robe vous êtes un bon drille de parent. Vous avez fait du bien à Robert, et c'est joli à vous, car enfin il est seulement le cadet de la famille, et vous avez dû réserver la meilleure part à l'aîné.

En même temps il caressait sa moustache d'un air de complaisance.

— Mille remercîmens pour vos intentions courtoises, capitaine Briqueville, — répliqua le prieur avec une légère ironie; — mais excusez-moi de ne pas répondre en ce moment à vos complimens. Nous avons hâte de voir monsieur le chevalier.

— Oui, oui, venez par ici, mes révérends pères, — dit Robert.

Et il précéda les moines dans la chambre du malade. Briqueville lui-même crut devoir abandonner son déjeuner pour se joindre à eux, en disant nonchalamment:

— Bah! le vieux, fatigué de la débauche d'hier, tousse peut-être un peu plus qu'à l'ordinaire; mais je gage que je le guérirais si je pouvais le décider à boire un verre de vin.

Le chevalier était encore plongé dans son morne accablement, et Madelon, assise à côté du lit, fit aux visiteurs un signe de désespoir. Le vieillard n'avait même plus la force de tousser; son haleine était irrégulière, bruyante, pénible, et par momens elle ressemblait à un râle. Une pâleur cadavéreuse couvrait déjà son visage.

Il ne manifesta par aucun mouvement, par aucune parole qu'il eût remarqué la présence de tant de personnes autour de lui; et aucun des visiteurs ne crut devoir troubler son repos en lui adressant les salutations d'usage. Robert se glissa dans la ruelle et se mit à observer avidement le chevalier, tandis que l'autre côté le médecin lui tâtait le pouls et étudiait avec attention les symptômes du mal.

L'examen du père Antoine ne fut pas long; bientôt le médecin se redressa, et, s'effaçant avec un calme étudié, il dit au prieur:

— A vous, mon révérend père; comme je l'avais prévu, tous mes remèdes seraient inutiles.

Si préparé qu'il fût à cette décision, Robert ne put retenir un gémissement.

— Quoi! cher père, — dit Ambroise, ne sauriez-vous soulager mon pauvre parent?

— A quoi bon le tourmenter? La science humaine est désormais impuissante pour lui.

— Tiens! vraiment? — murmura le capitaine Briqueville.

Il y eut un moment de silence solennel; enfin le prieur s'approcha du mourant, et lui dit d'une voix émue:

— Chevalier de Briqueville, êtes-vous en paix avec Dieu et avec les hommes? avez-vous mis ordre à vos affaires temporelles et spirituelles? Et d'abord avez-vous songé, comme vous l'ordonne votre devoir, à modifier les injustes prescriptions de la loi au sujet d'un de vos fils? Vous avez été cruel pour lui, chevalier de Briqueville, et Dieu vous demandera peut-être compte de cette inégalité que vous avez établie entre ceux qu'il avait créé frères et égaux.

Le capitaine fit entendre un grondement sourd, tandis que Robert adressait à son oncle un geste suppliant. Le prieur ne tint pas compte de ces réclamations; il ne cessait de regarder le malade, qui s'agitait sur sa couche comme s'il eût essayé de répondre. Tout le monde prêta l'oreille; la voix du chevalier était excessivement basse, cependant on distingua les paroles suivantes:

— Si Jacob s'est emparé subrepticement du droit d'aî-

nesse d'Esaü, il faut qu'Esaü lui envoie une assignation...
L'avocat Cliquet soutiendra merveilleusement l'affaire... il
prouvera devant la grand'chambre qu'il y a dol, captation,
substitution de personne...

Il s'arrêta épuisé. Évidemment il avait le délire; néanmoins le prieur ne se découragea pas.

— Monsieur de Briqueville, — poursuivit-il, — revenez
à vous... Il ne s'agit pas de Jacob et d'Esaü, mais de vos
fils Robert et Guillaume; avez-vous l'esprit tranquille en
ce qui les regarde?

Le capitaine parut encore vouloir intervenir; un geste
du prieur lui imposa silence. Le malade reprit avec une
faible animation :

— La coutume de Normandie est notoirement contraire
aux prétentions de Jacob... Voyez au chapitre des *hoirs*,
et encore à celui des *fiefs nobles :* « Si la partie adverse osait
prétendre... »

La voix lui manqua de nouveau, et il ne prononça plus
que des mots sans suite. Aucune illusion n'était possible;
le chevalier avait perdu la connaissance, et sans doute il
ne devait plus la retrouver. Le médecin confirma cette
opinion; après avoir de nouveau tâté le pouls au malade,
il dit avec précipitation :

— Mon révérend père, c'est à peine s'il vous reste assez
de temps pour administrer à ce pécheur les derniers sa-
cremens.

Ambroise s'empressa de mettre son étole et de donner
au mourant l'extrême-onction. Pendant qu'il accomplissait le cérémonial d'usage, toute l'assistance s'était agenouillée dévotement. Seul le capitaine restait debout et
regardait cette scène avec un dédain qu'il n'essayait pas
de cacher.

Le chevalier de Briqueville n'avait nullement conscience
de cette imposante cérémonie; cependant, lorsqu'elle fut
terminée, il parut se ranimer, ouvrit les yeux, et dit d'une
voix qui avait retrouvé une partie de sa sonorité :

— Quoi! déjà un ordre d'appréhender au corps... un
mandat de comparution! Je ne m'y soumettrai pas. J'en
appelle à la juridiction supérieure, à la grand'chambre
elle-même; je soutiendrai le procès jusqu'à mon dernier
écu; je résiste, je proteste...

Il ne put achever; ses traits se crispèrent, puis il resta
immobile et muet. Le père Antoine fit signe que tout était
fini.

— Il est mort comme il a vécu, — dit le prieur avec
émotion, — et j'ai bien peur qu'il ne soit mort dans l'im-
pénitence finale!... Prions pour lui, mes frères! — La
prière terminée, Robert ferma pieusement les yeux à son
père, lui couvrit le visage, puis toute l'assistance passa
dans la pièce voisine. La douleur du jeune Briqueville
était calme, mais sincère et profonde, Madelon trouva
encore dans ses yeux flétris une larme pour ce vieux
maître, qui avait été plutôt avare et hargneux que méchant. Les enfans pleuraient de voir pleurer, et sans savoir pourquoi. Quant au capitaine, il était plus stupéfait
qu'affligé du sinistre événement dont il venait d'être témoin. Mais, en arrivant dans la cuisine, il poussa un juron
énergique, marcha vers la table encore servie, se versa
un grand verre de vin qu'il vida d'un trait; et alors il
sembla que son émotion fût dissipée et qu'il eût repris sa
tranquillité d'esprit habituelle. Le prieur était impatient
de partir; cependant il dit à Briqueville : — Les soins et
les préoccupations d'une inhumation, monsieur, pourraient vous causer de l'embarras, à vous si nouvellement
arrivé dans le pays. Vous me permettrez donc de me
charger de tout ce qui concerne les funérailles de mon
honoré parent. En attendant, je vais envoyer un religieux
pour veiller et prier auprès du corps jusqu'à demain qu'auront lieu les obsèques.

Briqueville blasphéma encore, car toute impression se
manifestait chez lui par un blasphème.

— Merci, révérend prieur, — dit-il; — vous avez là une
bonne idée, car je n'aurais su à quel diable me vouer pour
arranger les choses avec convenance. A l'armée, voyez-

vous, nous n'y mettons pas tant de façons ; un trou dans
la terre, quelques coups de fusil tirés sur la fosse, et puis
c'est tout. Mais dans ce pays il doit y avoir un tas de si-
magrées... que la peste me crève !

Le prieur ne daigna pas répondre à ces étranges remercîmens, et s'adressant à Robert :

— Et vous, mon enfant, — reprit-il, — ne voulez-vous
pas venir dès à présent demeurer auprès de moi à Roquencourt? Vous n'avez, je crois, plus rien à faire ici.

— Mon digne parent, — répliqua le cadet de Briqu-
ville, je souhaiterais de ne pas quitter cette maison tant
que mon père... J'assisterai le religieux qui doit veiller
auprès de lui.

— Fort bien, mais pouvez-vous remplir ce devoir en
toute sûreté?

Et Ambroise regarda fixement l'aîné des deux frères.

— Mordieu ! — s'écria le capitaine avec emportement,
— Robert vous a déjà porté des plaintes contre moi!

— Non, monsieur; mais, en dépit de sa discrétion, je
sais que vous n'êtes pas bien disposé pour lui. Vous serait-il possible, par exemple, de me dire d'où vient la
blessure légère que je remarque ce matin à sa joue?

— Il a parlé, de par tous les diables ! — s'écria Briqu-
ville en frappant les dalles de son pied éperonné. — Mais,
révérend père, vous avez trop d'expérience pour juger
sévèrement une incartade faite pendant une débauche ;
c'est galanterie, galanterie pure, et il est d'usage d'ap-
pointer dans ce cas un bon gentilhomme.

— Croyez-vous, monsieur, que Dieu appointe de même?
Enfin Robert est libre de demeurer ici, et j'espère que la
solennité des circonstances le mettra pendant quelques
heures à l'abri de vos insultes. Quoi qu'il en soit, il sera
toujours sûr d'un bon accueil dans notre sainte maison.

— Vous êtes mille fois trop indulgent pour lui, mon
révérend père. Triple tonnerre ! pouvez-vous encourager
les mauvais penchans d'un fainéant de cette sorte? Si
monsieur de Briqueville, sur la fin de ses jours, a vécu
misérablement, il faut en attribuer la faute à ce pares-
seux inutile.

— Mon oncle, mon cher bienfaiteur, —dit Robert presque suffoqué par les sanglots, — est-ce là aussi votre
opinion?

— Non, mon enfant, et vous le savez bien, — répliqua
le prieur avec bonté; — je regrette vivement d'entendre
monsieur de Briqueville exprimer de tels sentimens, car
ce serait à lui maintenant, comme chef de la famille, de
vous soutenir et de vous protéger... Mais voyons, Robert
voulez-vous me suivre ou rester au château?

— J'y resterai tant que la dépouille mortelle de mon
père ne l'aura pas quitté. A l'heure où elle franchira le seuil
de cette demeure, je la franchirai de même, et je délivre-
rai le capitaine Briqueville de ma présence qui lui est
importune.

Le capitaine haussa les épaules ; comme le père Ambroise allait se retirer, il lui demanda d'un air de réflexion :

— A propos, mon cher parent, je vais trouver sans
doute des affaires fort embrouillées, et je suis très inex-
périmenté en pareille matière. Veuillez donc m'indiquer
l'homme de loi qui avait la confiance du chevalier. — Le
prieur ne pouvait répondre sur ce point; mais Robert et
Madelon nommèrent un procureur qui habitait la ville
voisine, et que le chevalier employait le plus activement
depuis la mort de Gricourt. — A merveille, révérend père,
mettez le comble à vos bontés en envoyant un exprès à ce
gratte-papiers, afin qu'il se rende ici le plus tôt possible.
Je ne voudrais pas froidir dans ce vieux nid à rats.—Ambroise promit encore de satisfaire ce désir : mais, ne pouvant cacher le mépris que lui inspirait toute la conduite
du capitaine, il prit brusquement congé. Le cadet de Briqueville, après avoir conduit son oncle et les autres
moines jusqu'au pont-levis, se hâta de retourner auprès
du corps de son père. En traversant la salle basse, il vit
que le capitaine s'était remis à table et continuait de dé-

jeuner avec appétit, comme si aucun événemennt grave ne se fût passé entre la première et la seconde partie de son repas. Robert était à son poste funèbre depuis une heure environ, quand la porte s'ouvrit tout à coup et son frère entra. Briqueville avait déjà les traits un peu enluminés, et sa marche ne paraissait pas bien ferme. — Mordieu ! mon jeune cadet, — dit-il en ricanant sans respect pour cette chambre mortuaire, — je ne me laisserai pas prendre à toutes tes grimaces... Le pauvre vieux doit avoir caché quelque part un petit magot, et je ne permettrai pas que tu mettes la main dessus... On ne fait pas ainsi la barbe au capitaine Briqueville.

Il s'assura que les meubles étaient bien fermés et s'empara des clefs ; puis il sortit de nouveau en chancelant, sans que cet acte d'outrageante méfiance parût avoir troublé les pieuses méditations de son frère.

VIII

LA RENCONTRE.

Les funérailles du chevalier de Briqueville eurent lieu le lendemain à l'église du couvent de Roquencourt. Grâce à l'activité du prieur, elles firent, sinon avec pompe, du moins avec bienséance. Le capitaine et Robert, couverts de manteaux noirs, sans panache et sans épée, conduisirent le deuil ; mais on observa que Briqueville se tenait toujours d'un pas ou deux en avant de son frère, comme si, même en ce moment, il se fût souvenu de la supériorité que les lois et les préjugés de l'époque lui accordaient sur son cadet.

Après eux marchait toute la noblesse du pays, car la famille de Briqueville, malgré sa décadence, était, comme nous l'avons dit, une des plus anciennes et des plus estimées de la province. Le baron d'Helmières n'avait eu garde de manquer au convoi de son voisin, et si quelque chose eût pu distraire Robert de son affliction, il eût vu Mathilde elle-même prier pour le défunt dans un coin de l'église. Enfin tous les verriers assistaient à la cérémonie, précédés de maître Michaud, qui disait bas à ses intimes : •

— Cette journée me coûtera gros ; j'ai amené ici tous mes gentilshommes, et l'usine chômera pendant plusieurs heures. Mais pouvais-je faire moins pour *un des nôtres ?*

L'attitude et la physionomie du capitaine de Briqueville furent en particulier l'objet des remarques de la foule ; mais, au grand étonnement de ceux qui connaissaient son égoïsme, sa sécheresse de cœur, son insolence brutale, il montrait une tristesse réelle. A la vérité, le bruit se répandait que la succession de feu le chevalier était encore plus obérée qu'on ne l'avait supposé. Sauf le château, d'une valeur presque nulle, tout le domaine était perdu ; les créances et les réclamations affluaient de toutes parts, et le capitaine serait bien heureux, disait-on, si, après avoir vendu le manoir, il ne lui restait pas de fortes sommes à payer.

Cette opinion était corroborée par la présence d'un grand nombre de procureurs, huissiers et recors, qui assistaient au convoi modestes et silencieux, mais qui ne comptaient pas moins se disputer avec âpreté les dépouilles du défunt. Or, on pouvait supposer, sans trop calomnier le capitaine, que ce fâcheux état de la succession contribuait pour beaucoup au chagrin qu'il laissait voir en cette circonstance.

La cérémonie terminée et le corps déposé dans les caveaux de l'église, les invités adressèrent aux deux frères les compliments d'usage et se retirèrent. Le nouveau chevalier de Briqueville prit à son tour assez cavalièrement

congé du prieur, et, sans songer davantage à son cadet, retourna au manoir avec son escorte de gens de justice. Du reste, Robert n'avait pas l'intention de l'accompagner. Trop fier pour s'exposer à de nouvelles insultes, il s'établit au couvent. Là, retiré dans la modeste cellule où il avait passé son enfance et une partie de sa jeunesse, il pouvait du moins pleurer en liberté, penser à son avenir si sombre et si incertain.

Plusieurs jours s'écoulèrent pendant lesquels Robert sortit à peine de sa chambre et ne vit personne excepté son oncle, qui venait passer auprès de lui tous les instans dont il pouvait disposer. Aucun message n'était arrivé du château ; le capitaine paraissait avoir aussi bien oublié son frère que s'il n'eût jamais existé.

Un matin, le père Ambroise, en faisant sa visite quotidienne à son neveu, avait un air distrait et préoccupé. Néanmoins il se montra amical et paternel, comme à l'ordinaire, à l'égard de Robert ; il lui prodigua les consolations, les encouragemens. Robert attendait toujours quelque ouverture au sujet du capitaine de Briqueville ; comme le prieur ne se pressait pas d'aborder ce point, le cadet lui demanda en détournant les yeux s'il n'avait pas entendu parler de son frère.

— En effet, on parle assez de lui dans le pays, — répliqua le père Ambroise. — Les procureurs et les huissiers lui rendent la vie fort dure là-bas, au château ; et le sergent Poirot, qui est arrivé depuis deux jours avec une liasse de vilains papiers, semble être le plus acharné, car il prétend avoir à se venger d'un méchant tour qu'on lui aurait joué récemment. Aussi le capitaine a-t-il grande hâte de décamper, et, en désespoir de cause, il est, dit-on, décidé à vendre Briqueville.

— Que dites-vous, mon révérend père ? — demanda Robert en pâlissant ; — il veut vendre le manoir qui depuis tant de siècles appartenait à notre famille, le vieux logis où nous sommes nés, où notre mère est morte ?

— Mon Dieu ! Robert, qu'on le vende ou que les créanciers s'en emparent, ou qu'il croule faute de réparations, un jour de tempête, cela ne revient-il pas à peu près au même ? Et puis, comme je vous le disais, le capitaine est pressé de retourner à ses tripots, à ses débauches de Paris ; seulement, il tient à ne pas partir les mains vides, et on assure qu'il abandonnerait pour un prix misérable la partie disponible de ses domaines.

— Mais vraiment, mon révérend père, en a-t-il le pouvoir ? La châtellenie de Briqueville est un fief noble, insaisissable et inaliénable, d'après une charte accordée à Guillaume le Fort.

— Ce qui n'empêche pas que toutes les terres de ce fief ne soient depuis longtemps saisies et aliénées. Cette vieille charte, si elle existe réellement, Robert, ne saurait faire obstacle à la volonté du chef actuel de la famille. Votre honoré père, en effet, avait eu l'art jusqu'ici de conserver la propriété de cette ruine croulante, et, de leur côté, ses créanciers avaient toujours préféré les bois, les champs, les herbages qui en étaient la dépendance à une masure sans valeur vénale. Mais, encore une fois, votre frère aîné peut agir différemment, et je sais que, pour une somme de deux mille écus, il renoncerait à tous ses droits dans la succession paternelle.

— Deux mille écus !

— Que le capitaine, s'il les trouve, perdra peut-être au jeu en quelques heures... Enfin il n'importe ; j'apprendrais avec plaisir qu'il eût conclu ce marché et délivré le pays de sa présence, car je ne serai pas tranquille sur votre compte tant qu'il habitera le voisinage.

— Quelle que soit sa haine injuste contre moi, révérend père, je me résignerais à en subir les conséquences plutôt que de voir la demeure de mes ancêtres possédée par des étrangers.

— Les sentimens de famille et de caste, Robert, sont plus forts dans votre cœur que dans celui du capitaine Briqueville. Mais êtes-vous bien déterminé, mon enfant, à ne jamais quitter votre pays natal ?

— Ce serait le plus cher de mes désirs, mon bon oncle, de passer ma vie auprès de vous, qui êtes mon meilleur, mon seul ami.

— Merci, Robert, mais je suis vieux, et vous ne m'aurez pas longtemps. N'avez-vous donc aucune ambition dans le cœur ?

— Mes goûts sont paisibles, et si la carrière des armes avait excité mon enthousiasme, comme il arrive pour la plupart des jeunes gentilshommes, l'expérience que j'ai faite récemment de ce que peut être un militaire m'eût détourné de cette voie.

— Tous les officiers du roi, grâce au ciel ! ne ressemblent pas au capitaine Briqueville... Mais il suffit, Robert, — poursuivit le prieur en soupirant ; — j'avais besoin pour agir de connaître votre détermination définitive. J'eusse souhaité peut-être qu'elle fût différente... Dieu veuille nous éclairer l'un et l'autre !

En même temps le père Ambroise se leva et sortit tout pensif.

Plusieurs fois déjà un soupçon s'était présenté à l'esprit du cadet de Briqueville ; c'était que son séjour au monastère de Roquencount pouvait être la cause de certains embarras secrets pour son parent. La raison lui disait en effet que si, pendant son enfance, il avait reçu au couvent une généreuse hospitalité, les circonstances n'étaient plus les mêmes, et qu'il devait avoir scrupule d'accepter maintenant de pareils bienfaits. Or, le prieur lui-même pouvait être de cet avis, bien qu'il n'osât l'exprimer ouvertement ; du moins c'était ainsi que Robert interprétait la gêne et l'inquiétude visibles du religieux pendant la conversation précédente.

Cette pensée le jeta dans un trouble inexprimable. Il voulait courir après son oncle, le supplier de lui accorder congé, et s'en aller à l'aventure. Puis il se disait qu'il valait mieux partir sans avertir personne, de peur de paraître mendier une assistance humiliante. Enfin, ne pouvant plus tenir en place, il quitta sa chambre et sortit du monastère, dans l'espoir que le grand air calmerait son agitation.

C'était un de ces jours fériés si nombreux dans l'ancien calendrier, qui faisaient dire au savetier de la fable :

. . . . . On nous ruine en fêtes.

Aussi quel que fût le saint peu connu dont on célébrait la fête ce jour-là, les travaux étaient interrompus à Roquencourt. A la vérité les fourneaux de la verrerie ne s'éteignaient ni le jour, ni la nuit, mais il n'y avait plus à l'usine que les ouvriers tout à fait indispensables. De leur côté, les paysans n'étaient pas allés aux champs, et les cabarets du bourg regorgeaient de monde ; on buvait, on jouait, tandis que certains habitans plus paisibles se répandaient dans la campagne environnante. Le temps était beau et sec, quoique de nombreux nuages eussent envahi le ciel et qu'une aigre bise d'automne secouât les arbres jaunis.

Robert avait d'abord l'intention de gagner la forêt d'Helmières ; mais la vue de quelques familles endimanchées qui prenaient cette direction le fit changer de projet, et il chercha un canton plus écarté pour y cacher ses ennuis.

Outre le chemin fréquenté qui conduisait de Roquencourt au château de Briqueville, il en existait un autre solitaire, tortueux, qui longeait le bord de la mer et escaladait les falaises peu élevées de cette partie de la Normandie. Ce fut celui-là que choisit le jeune gentilhomme, sûr qu'il n'y serait pas importuné par les désœuvrés et les curieux.

Bientôt il se trouva sur le sommet d'une pente herbeuse, mais sans arbres ni arbustes, qui s'élevait insensiblement jusqu'à la hauteur d'une quarantaine de pieds au-dessus de la plaine. Là le sol manqua tout à coup devant lui ; et, pendant qu'un vent plus frais agitait ses vêtemens, il aperçut brusquement et sans transition les vastes grèves humides, les immenses espaces bleus de la mer.

Si habitué que l'on soit à ce spectacle, il a en soi quelque chose d'imposant qui captive l'attention du plus distrait. Aussi Robert s'arrêta-t-il un moment et promena son regard sur les flots.

La marée montait et les lames venaient battre la longue ligne de galets qu'elles accumulent sur le rivage. Les grèves étaient désertes ; en ce jour de fête, les hommes et les femmes, qui habituellement brûlaient des herbes marines au pied des falaises pour en retirer la soude employée dans la verrerie de Roquencourt, n'étaient pas à leur poste ; les marmots intrépides qui, leur jaquette retroussée, allaient chercher des moules et des bigorneaux dans les rochers ne se montraient pas. La mer elle-même était solitaire ; sauf quelques voiles blanches qui passaient au large, points imperceptibles sur cette surface majestueuse, il n'y avait en vue qu'une barque courant des bordées à un quart de lieue de l'observateur.

D'abord la présence de cette barque à cette place ne fixa pas l'attention de Robert ; il crut qu'il s'agissait d'un pêcheur traînant ses filets sur les bancs poissonneux de la côte ; mais il ne tarda pas à reconnaître son erreur. La barque paraissait beaucoup plus propre et mieux tenue que ne le sont habituellement les embarcations de pêche, et ses évolutions n'étaient pas de celles en usage pour la capture du poisson. Plusieurs personnes allaient et venaient sur son pont, mais il était impossible de les reconnaître de cette distance.

Las de chercher le mot d'une énigme qui au fond ne l'intéressait guère, le cadet de Briqueville tourna les yeux d'un autre côté. Dans une échancrure formée entre les falaises par le ruisseau qui venait se jeter dans la mer en cet endroit, on voyait un petit hameau pêcheur, composé de cinq ou six misérables cabanes. Ce hameau avait fait partie autrefois du domaine de Briqueville, aussi l'appelait-on le Bas-Briqueville, mais il avait été détaché depuis longtemps de ce domaine, et il dépendait maintenant de la seigneurie d'Helmières. Plusieurs vieux bateaux, que l'on avait tirés à terre au moyen d'un cabestan planté dans le sol, reposaient là sur leur quille, et sans aucun doute la barque plus élégante qui manœuvrait au large appartenait de même aux habitans de ces cabanes. Mais la curiosité de Robert fut particulièrement excitée par trois ou quatre chevaux de main, richement harnachés, qui étaient attachés à des poteaux devant l'habitation principale et semblaient attendre leurs maîtres. A l'entour se tenaient plusieurs pêcheuses aux jupons courts, et des enfans demi-nus qui contemplaient ces nobles animaux avec un étonnement mêlé d'admiration.

Le soupçon vint alors au cadet de Briqueville que la barque dont la vue l'avait frappé d'abord était montée par des gens de qualité qui avaient eu la fantaisie de se promener en mer. Une circonstance vint confirmer sa supposition : parmi les chevaux attachés sur le rivage, il crut reconnaître la petite jument noire de mademoiselle d'Helmilde. C'était donc Mathilde qui se trouvait sur le bateau ; mais qui étaient les autres ? Son père sans doute et quelques personnes de leur intimité. Robert se souvenait que Mathilde avait souvent manifesté du goût pour ce genre de divertissement, et, selon toute apparence, on en train de satisfaire un nouveau caprice de la belle enfant gâtée.

Impatient d'éclaircir ses doutes, il s'agitait sur l'étroite plate-forme de la falaise afin de distinguer les gens qui se mouvaient à bord du bateau. Une manœuvre opérée par l'embarcation permit enfin d'entrevoir sur le pont une forme svelte et gracieuse qui ne pouvait être que Mathilde. Le cadet de Briqueville poussa un faible cri, et, dans sa préoccupation, il se pencha au dessus de l'abîme sans songer au danger.

Mais son cri fut répété avec plus de force tout près de lui ; en même temps une femme qui, cachée par un ressaut du terrain, l'observait depuis quelques minutes, s'élança, le saisit par ses vêtemens et le ramena en arrière, en disant :

— Malheureux jeune homme, qu'allez-vous faire ?

Robert se retourna tout surpris, presque irrité, et il vit Paola Vicenti que son père se hâtait de rejoindre sur la crête de la falaise.

L'Italien et Paola étaient en habits de fête. Vicenti avec sa toque, son manteau étriqué, ses manches et son haut-de-chausse tailladé, la jeune fille avec sa robe claire rehaussée de bandes de velours noir et son *mezzarone* vénitien, avaient un air étrange qui contrastait avec les modes locales et excitait une sorte de répulsion chez les gens du pays. C'était peut-être pour échapper aux manifestations de ce sentiment que les pauvres étrangers avaient choisi ce lieu de promenade peu fréquenté, et, en errant sur la côte, ils s'étaient approchés de Robert sans être aperçus de lui.

Paola était haletante, et l'émotion avait répandu sur sa figure, d'une beauté correcte et majestueuse, un coloris éblouissant.

— Bon Dieu ! mademoiselle Paola, qu'avez-vous donc ? — demanda le cadet de Briqueville, — je ne m'attendais guère à vous rencontrer ici.

Mais l'Italienne le retenait toujours avec force.

— N'essayez pas de me tromper, monsieur Robert, — reprit-elle à demi-voix, — est-ce que là, tout à l'heure, vous n'étiez pas en proie aux inspirations du malin esprit ? Est-ce que vous n'aviez pas la volonté d'attenter à vos jours ?

— Mais non, non, je vous assure, — répliqua Briqueville en se dégageant doucement.

— Ah ! *mio signore,* — dit Vicenti à son tour, — pourquoi Votre Excellence essaye-t-elle de le nier ? N'ai-je pas vu votre pied se poser sur le bord de la roche, si près que le moindre mouvement allait vous précipiter en bas ? La *fanciula* a été plus leste que moi... Sans elle votre âme allait à la perdition.

— Encore une fois, — reprit Robert, — il n'y avait danger ni pour mon corps ni pour mon âme... J'étais tout bonnement occupé de regarder ce bateau sur lequel se trouvent, je crois, des personnes de ma connaissance.

En même temps il désignait du doigt la barque qui venait de faire une nouvelle évolution et semblait décidément se rapprocher du rivage. Paola tourna les yeux vers cet objet, qui avait été pour le jeune gentilhomme la cause d'une distraction si périlleuse ; mais elle les reporta bientôt sur Robert, et lui dit avec une véritable confusion :

— Pardonnez-moi, monsieur ; on assure que vous avez eu de grands chagrins ces derniers temps, et je craignais que le désespoir... Vous avez sauvé la vie à mon père, monsieur de Briqueville, comment votre existence ne nous serait-elle pas chère et précieuse ?

— La Paola veut que nous prijons pour vous soir et matin, — ajouta Vicenti ; — car sans vous elle n'aurait plus d'autre sauvegarde en ce monde que la madone.

— Votre danger, mon ami, — répliqua Robert avec calme, — était plus réel que le mien ; j'ai éprouvé en effet de grands chagrins depuis quelque temps, mais je suis homme et je les supporte avec courage .. Ah çà ! vous deviez être rassurés maintenant sur mon compte ? Merci pour l'assistance que vous vouliez me donner, quoiqu'elle fut inutile.

Robert semblait avoir le désir de demeurer seul ; néanmoins, soit que l'Italienne conservât des soupçons, soit qu'elle eût encore quelque chose à dire, elle ne bougeait pas. Son père s'aperçut qu'elle chancelait.

— La chère petite est à demi morte, — dit-il avec un accent de tendresse ; — repose-toi, la *mia bella* ; tu es pourtant d'ordinaire forte et vaillante comme une lionne.

Et il la força doucement à s'asseoir sur le gazon.

Il y eut un moment de silence. Robert, comprenant que ce trouble dont il était la cause lui imposait certains

égards, s'assit à son tour. Bientôt il demanda distraitement :

— Etes-vous content de votre condition nouvelle ? J'espère que tout marche à votre gré, là-bas, à Roquencourt ?

— *Si, signor,* — répliqua Vicenti ; — grâce à la protection de Votre Excellence et à celle de Sa Révérence le prieur, on ne songe pas sérieusement à nous molester, quoique peut-être les gens d'ici ne soient pas bien disposés pour nous... Oui, signor, nous pourrions vivre tranquilles, si je ne me souvenais sans cesse de ces *birbanti* qui me cherchent. Ils étaient deux, *ambo,* et encore celui que vous avez si maltraité n'est peut-être pas mort... Il peut reparaître d'un moment à l'autre pour se venger... J'en rêve toutes les nuits ; je ne peux faire un pas sans m'imaginer qu'il va m'apparaître, son poignard à la main ... *Santa Madona,* ayez pitié de nous !

En même temps le trembleur fit un signe de croix et regarda par-dessus son épaule, comme si l'apparition évoquée par son imagination malade fût devenue une réalité.

— Je ne crois pas qu'il revienne de sitôt à la charge, — répliqua le cadet de Briqueville, — et dans tous les cas il sera facile à reconnaître, car il porte de mes marques... D'ailleurs, j'ai fait ma déclaration au bailli du pays, qui a dû la transmettre à monsieur le prévôt de la sénéchaussée ; et si ce coquin osait de nouveau se montrer dans le voisinage, il aurait sans doute à passer un mauvais quart d'heure. Votre fille et vous, monsieur Vicenti, vous pouvez donc avoir l'esprit en repos ; nul n'osera plus attenter à votre sûreté.

— Nous n'avons pas à nous plaindre de notre sort, monsieur de Briqueville, — répondit Paola. — Nous souhaiterions, — ajouta-t-elle plus bas, avec timidité, — que notre généreux protecteur fût aussi heureux que nous !

— Je ne me suis plaint à personne, — dit Robert avec un peu de hauteur. Mais, voyant que sa repartie avait appelé des larmes dans les yeux de Paola, il poursuivit plus doucement : — On s'occupe beaucoup trop de mes affaires et de moi dans le pays, et ceux qui me portent un intérêt véritable devraient au moins se tenir en garde contre les suppositions des oisifs et des malveillans.

— Ce ne serait pas nous, — répondit Paola d'une voix étouffée, — qui écouterions des suppositions malveillantes contre monsieur de Briqueville... Si donc vous repoussez nos marques de respect, de sympathie pour vos chagrins, nous n'avons plus qu'à vous supplier de nous pardonner une parole trop hardie... Allons, cher père, il est temps de partir.

Et elle se leva.

— *Corpo !* vous avez fâché la Paola tout de bon ! — dit Vicenti à Robert d'un ton chagrin.

Mais déjà Robert, dont l'excellent naturel n'avait pas tardé à dominer l'orgueil de caste, s'était levé à son tour et avait pris l'Italienne par la main pour l'obliger de se rasseoir.

— J'ai eu tort, Paola, — dit-il chaleureusement, — j'aurais du accueillir avec moins d'amertume vos témoignages d'affection. Tenez, je ne m'en cache plus, et aussi bien il me serait impossible de le nier, je suis accablé de chagrins dans le présent, j'éprouve de mortelles inquiétudes pour l'avenir. Mon cœur est déchiré plus encore qu'on ne le suppose, plus que je ne saurais le dire moi-même ; et c'est là mon titre à l'indulgence de mes amis.

— Eh bien ! alors, — reprit la jeune fille avec impétuosité, — pourquoi ne pas demander des consolations à ceux qui méritent votre confiance ? Il est vrai, monsieur de Briqueville, que nous autres, pauvres étrangers, nous avons prêté l'oreille aux bruits qui ont couru dans le pays à votre sujet ; mais tout le monde vous plaint parce que vous êtes bon.

— Eh! que m'importe cette stérile et humiliante pitié! — interrompit Robert avec une recrudescence de fierté blessée, — vous du moins, Paola, — ajouta-t-il aussitôt comme corrigé, — vous pouvez prier Dieu de m'accorder la force nécessaire afin que je sorte triomphant de mes cruelles épreuves.

— Je puis faire mieux, monsieur de Briqueville, — répliqua Paola Vicenti avec un accent pénétrant, — je puis vous donner un bon conseil.

— Un conseil! et quel est-il?

— Il est renfermé en quelques mots seulement, et je vous conjure de les méditer avec maturité... FAITES-VOUS VERRIER.

Paola, sans rien ajouter, prit son père par le bras, et tous les deux descendirent rapidement la pente de la falaise.

IX

L'INVITATION.

L'Italienne, en prononçant ces dernières paroles, avait un air mystérieux, presque solennel, dont Robert fut frappé. Peut-être, depuis quelques jours, avait-il songé, sans s'arrêter aux ordres menaçans de son frère aîné, à chercher des ressources dans la profession de verrier; mais il éprouvait une répugnance invincible pour ce parti, acceptable seulement, selon lui, à la dernière extrémité. En effet, bien qu'un gentilhomme pût, d'après la loi, exercer sans déroger l'industrie du verre, les gentilshommes verriers étaient peu estimés du reste de la noblesse, aux yeux de laquelle le travail manuel ne cessait d'emporter une sorte de déchéance (1). D'ailleurs Robert, au milieu de ses incertitudes, ne perdait pas de vue son amour pour Mathilde; or comment mademoiselle d'Helmières, habituée au bien-être, à la vie raffinée d'une riche châtelaine, accueillerait-elle un fiancé qui travaillerait de ses mains dans l'usine de maître Michaud?

Aussi, malgré les insinuations de Paola Vicenti, ne s'arrêta-t-il pas longtemps à la pensée de sortir d'embarras par ce moyen; et il reporta son attention vers la barque qu'il était en train d'observer quand l'Italien et sa fille lui étaient apparus sur la falaise.

Le bateau avait manœuvré pour se rapprocher de la terre, et en ce moment il se disposait à entrer dans le petit havre formé par l'embouchure du ruisseau. Déjà les gens du Bas-Briqueville sortaient des maisons afin de venir haler à la corde qui devaient leur jeter les marins et tirer l'embarcation sur le sable. Bientôt elle fut si près de la rive qu'on pouvait distinguer, assises sur le pont, les personnes en l'honneur desquelles se faisait cette courte excursion maritime. C'était d'abord Mathilde, qui semblait s'amuser beaucoup de légères atteintes des lames déferlant autour d'elle, puis le baron d'Helmières, et enfin un personnage ayant l'apparence d'un gentilhomme, mais dont Robert ne pouvait encore voir les traits. L'équipage se composait d'un vieux patron et de trois ou quatre jeunes marins qui se donnaient beaucoup de mouvement pour plier les voiles et accomplir les manœuvres difficiles de l'atterrissage.

Dès qu'il eut reconnu avec certitude Mathilde d'Hef-

(1) Nous citerons pour preuve cette épigramme de Maynard:

> Votre noblesse est mince,
> Car ce n'est pas d'un prince,
> Daphnis, que vous sortez.
> Gentilhomme de verre,
> Si vous tombez par terre,
> Adieu vos qualités.

mières, le cadet de Briqueville descendit la falaise et se dirigea d'un pas rapide vers le lieu de débarquement. En y arrivant quelques minutes plus tard, il trouva que le petit bâtiment venait de s'échouer; Mathilde était portée à terre dans les bras d'une robuste femme de pêcheur. Tous les habitans du village assistaient à ce retour, et peut-être la libéralité bien connue du baron d'Helmières n'était-elle pas étrangère à leur empressement.

Comme les autres passagers avaient à prendre encore certaines précautions pour débarquer sans accident, Mathilde était seulement entourée de femmes et d'enfans quand Robert s'approcha pour la saluer.

Elle parut plus embarrassée que surprise à la vue du cadet de Briqueville :

— Ah! vous voici, monsieur Robert, — dit-elle avec froideur. — En faisant notre petite promenade en mer, nous vous avions aperçu là-haut sur le rocher, au moyen d'une lunette. Je suis contente de voir que, après vos cruelles épreuves, vous avez repris assez de courage pour quitter un moment votre demeure actuelle.

Ce langage, où perçait la contrainte, différait beaucoup de la simplicité amicale à laquelle Mathilde avait accoutumé son jeune voisin; Robert le sentit.

— Mademoiselle, — répliqua-t-il, — trouvez-vous donc quelque chose de blâmable en ceci? J'avais choisi ce canton comme le plus solitaire et le plus en rapport avec la tristesse de mon cœur, lorsque le hasard m'a fait rencontrer...

Il s'interrompit à la vue des deux compagnons de Mathilde, qui venaient enfin de descendre à terre et qui s'avançaient pour la rejoindre. L'un, nous l'avons dit, était le baron d'Helmières; l'autre, le capitaine de Briqueville.

Le baron ne passait pas pour avoir une haute dose d'intelligence; mais il était de joyeuse humeur et ne manquait pas de cet esprit normand si fort en usage dans les campagnes. Il portait encore son costume de chasse, car d'Helmières, grand chasseur, en portait rarement d'autre. Il avait glissé son bras sous celui de Briqueville et l'entretenait d'un air de gaieté. Briqueville, de son côté, ne montrait pas, malgré ses vêtemens de deuil, une mine bien affligée, et il comprimait de son mieux son impétuosité naturelle pour plaire à son hôte. Cependant la présence de son jeune frère appela subitement des nuages sur son front, et il se mit à retrousser ses longues moustaches avec une vivacité menaçante.

Robert devait d'autant plus s'étonner de l'apparente intimité qui existait entre le capitaine et la famille d'Helmières, que Briqueville, absent du pays depuis plusieurs années, avait eu jusque-là très peu de relations avec elle. Aussi une circonstance presque fortuite avait-elle opéré le rapprochement momentané dont il était surpris. Le matin, Briqueville, qui ne recevait dans son manoir en ruines que des procureurs et des huissiers, avait eu la fantaisie de faire une visite à son riche voisin. Lorsqu'il était arrivé à Helmières, le père et la fille allaient partir pour une promenade en mer, et ils avaient cru convenable d'engager le capitaine à les accompagner. Du reste, la société d'un officier arrivant de Paris et bien au courant des nouvelles du jour n'était pas à dédaigner pour des nobles campagnards que l'ennui dévorait dans leur châtellenie. Briqueville avait accepté sans façon; on lui avait donné un cheval et on s'était mis en route avec le domestique André au hameau où l'on devait s'embarquer.

Pendant ce trajet et pendant l'excursion maritime qui suivit, Briqueville s'était montré bon compagnon et agréable conteur. En dépit de certaines expressions maisonnantes dont il émaillait ses discours, le baron l'écoutait avec grand plaisir, et Mathilde elle-même riait d'autant mieux qu'elle en comprenait moins. Lorsque Robert avait été aperçu sur la crête de la falaise, les idées du père et de la fille avaient pris une autre direction. Sachant par quelques paroles échappées au capitaine qu'il existait une mésintelligence entre les deux frères, ils avaient conçu le désir de tenter une réconciliation, si par hasard Briqueville et Robert se trouvaient en présence, et c'était cette charitable intention qu'ils songeaient à réaliser en ce moment.

Aussi Mathilde, voyant que Robert avait reconnu son aîné, s'empressa-t-elle de lui dire d'un ton subitement radouci :

— Pour l'amour de moi, Robert, soyez plein de modération, comme il convient à votre position et à votre caractère.

Le jeune homme n'eut pas le temps de répondre, car Briqueville et d'Helmières venaient de l'aborder. Il salua le capitaine avec une politesse glaciale, et l'autre lui rendit son salut avec plus de raideur encore. Le baron se plaça brusquement entre eux.

— Or çà ! mes gentilshommes, — dit-il avec bonhomie, — est-ce ainsi que doivent s'aborder deux frères qui ne se sont pas vus depuis plusieurs jours ? Allons, Robert, vous êtes le plus jeune ; n'avez-vous rien à dire à votre aîné ? Et vous, Briqueville, ne devriez-vous pas être indulgent pour ce jeune galant, s'il avait par hasard des torts envers vous ?

Malgré cette invitation à la concorde, les Briqueville s'observaient en silence. Les gens du hameau, connaissant à peu près par les commérages du pays leur situation respective, formaient galerie à quelque distance, et peut-être certains d'entre eux espéraient-ils charitablement que les deux frères allaient se précipiter l'un sur l'autre. Ceux-là durent être bien déçus, car Robert, obéissant enfin à un signe de Mathilde, dit au capitaine avec un calme apparent :

— Bonjour, Briqueville... J'espère que tout va bien au château ? Vous avez compris, n'est-ce pas, combien il devait m'en coûter de le revoir après la perte si cruelle que nous y avons faite l'un et l'autre, et vous avez sans doute excusé mon absence ?

Ces paroles, qui avaient pour but de colorer aux yeux des assistants l'inimitié réelle des deux frères, furent accueillies par l'aîné avec un rire dédaigneux :

— Morbleu ! mon jeune cadet, — répliqua-t-il, — tu l'as quitté au bon moment ; les créanciers et la famine en ont fait un séjour fort peu récréatif, et je jure ; aussi ai-je un ardent désir de lui tourner les talons... Quant à toi, — ajouta-t-il avec ironie, — il paraît que, malgré tes beaux semblans de douleur, tu prends soin de te divertir en joyeuse compagnie. Grâce à la lunette du vieux Guérin, le patron de la barque, nous avons pu te suivre des yeux sur la falaise ; la fillette était assez gentille, et tu avais l'air de la serrer de près quand vous vous teniez par la main ; mais où es-tu donc allé dénicher le grotesque personnage qui vous accompagnait ? N'est-ce pas cet Italien dont on m'a conté une histoire ? De par le diable ! monsieur Robert, vous devriez y regarder à deux fois avant de fréquenter un pareil aventurier, que sa fille soit jolie ou non.

Ces insinuations malveillantes appelèrent une vive rougeur sur le visage du cadet de Briqueville.

— Monsieur, — répliqua-t-il, — gardez-vous de croire... J'ai rencontré par hasard ces braves gens dans les environs, et je ne souffrirai pas que des conjectures injurieuses...

— Allons, allons, Robert, — interrompit le baron avec gaieté, — ne vous fâchez pas pour une plaisanterie... Une autre fois, quand vous irez vous promener sur les falaises en compagnie, — ajouta-t-il de manière à n'être pas entendu de Mathilde, — laissez le père à la maison ; voilà ce que Briqueville a voulu dire. — Et il partit d'un gros éclat de rire, qui fut répété par quelques unes des spectateurs tandis qu'ils ne sussent pas de quoi il s'agissait ; mais comment ne pas rire quand ils voyaient rire leur seigneur ? Robert était fort embarrassé ; il ne pouvait se défendre sérieusement contre une accusation qui avait la forme d'une raillerie. Cependant Mathilde avait repris

un air piqué ; sans doute elle partageait ces absurdes soupçons. En ce moment André, qui avait détaché les chevaux, les conduisit par la bride jusqu'à l'endroit où se tenaient les interlocuteurs. Le baron s'approcha de Robert et lui dit avec sa rondeur habituelle : — Le capitaine Briqueville a bien voulu accepter notre modeste dîner à Helmières ; pourquoi, mon cher cadet, ne seriez-vous pas aussi des nôtres ? André vous donnera son cheval, si mieux vous n'aimez venir au château par les falaises, ce qui ne serait qu'un jeu pour un excellent marcheur tel que vous.

Robert parut violemment tenté d'accepter à son tour ; d'abord il se disait que ce seraient quelques heures de plus à passer auprès de Mathilde, et puis l'admission de son frère dans cette maison amie lui inspirait des appréhensions dont il ne pouvait nettement se rendre compte. Dans sa perplexité il regarda mademoiselle d'Helmières ; elle détournait les yeux avec affectation. Cette attitude décida Robert et il refusa poliment.

— À la bonne heure, — murmura Briqueville.

Comme on se disposait à monter à cheval, Robert voulut aider Mathilde à se remettre en selle ; mais déjà le capitaine avait saisi la main de mademoiselle d'Helmières, et son regard impérieux intimait au cadet l'ordre de lui céder la place. Cette fois pourtant Robert parut vouloir résister à cette injonction despotique, et un nouveau conflit allait peut-être éclater, quand le baron d'Helmières trancha la difficulté. Il enleva sa fille dans ses bras, la déposa sur la selle, puis il dit gaiement à Briqueville :

— Allons, mon voisin, en route... Il se fait tard, et toute ma vie j'ai eu de l'horreur pour les dîners froids ou brûlés.

Force fut donc au capitaine d'enfourcher aussi sa monture ; Robert profita de ce moment : comme Mathilde allait partir, il lui dit tout bas :

— Il importe, mademoiselle, que j'aie promptement avec vous quelques instans d'entretien. Je vous conjure donc...

— Et moi aussi, monsieur, il faut que je vous parle, — répliqua du même ton mademoiselle d'Helmières ; — eh bien ! c'est après-demain le jour où je vais goûter chez ma nourrice ; venez-y à l'heure ordinaire, vous m'y trouverez.

Ils semblaient vouloir l'un et l'autre ajouter quelque chose : mais ils s'empressèrent de se séparer, en voyant l'œil jaloux de Briqueville fixé sur eux.

— En route ! — répéta le baron.

Il toucha son chapeau pour saluer les pêcheurs et les pêcheuses, qui lui adressaient à grands cris leurs adieux, et il se mit en marche, suivi de Mathilde et d'André.

- Toutefois le capitaine demeurait en arrière ; il paraissait fort occupé de boucler une courroie au harnais de son cheval. Quand les autres furent à quelque distance, il se pencha vers Robert, et, prenant un air riant afin de donner le change aux gens qui les observaient :

— Il y a quelque amourette entre toi et mademoiselle d'Helmières, — dit-il avec dureté ; — en suis sûr. Je te défends de la voir, de lui parler. Elle est charmante, elle est de bonne maison, elle ne saurait convenir à un pauvre cadet tel que toi. Si tu persistes à la courtiser, tu me trouveras sur ton chemin. Je l'aime déjà, je la veux, je l'aurai,.. N'oublie pas cela, ou, mordieu ! il t'en cuira.

En même temps il piqua son cheval et rejoignit les autres voyageurs, qui déjà retournaient la tête avec inquiétude, ne sachant ce qui se passait entre les deux frères.

Robert demeura comme pétrifié ; ce qui le frappait ainsi de stupeur, ce n'était pas l'insolence tyrannique du capitaine, mais l'aveu de cet amour brutal et subit qui s'était emparé de son frère pour la gracieuse fille du baron. Briqueville était capable de tout pour la satisfaction de ses passions effrénées, et sans doute il ne tarderait pas à tenter quelque audacieuse démarche contre laquelle la candide simplicité de Mathilde, la bonhomie du baron seraient impuissantes. Aussi le danger semblait-il pressant, immédiat, au cadet; il se demandait si son devoir n'était pas de courir à Helmières, d'avertir le père et la fille, et de surveiller lui-même la conduite du turbulent soudard.

Sans savoir encore quel parti il pourrait prendre, il quitta le Bas-Briqueville, où il était l'objet d'une curiosité importune quoique respectueuse. Il se dirigeait d'abord vers le château d'Helmières; mais à mesure qu'il avançait la réflexion venait modifier ses projets, et il finit par s'arrêter tout à coup.

Il songeait en effet que, malgré les torts de Briqueville, il serait odieux de l'accuser sans preuves d'intentions criminelles. D'ailleurs Mathilde ne serait-elle pas à l'abri de toute atteinte chez elle, sous la protection de son père et de ses serviteurs? Pour que le capitaine fût dangereux, il fallait qu'il eût le temps de nouer ses intrigues, d'attendre une occasion favorable; or, Robert, comme nous le savons, devait voir Mathilde en secret le surlendemain, et il se proposait de la mettre en garde contre le péril. D'ici là, si audacieux que fût Briqueville, il n'y avait rien à craindre de lui, et le cadet renonça définitivement à un plan dont les conséquences pouvaient être funestes.

Toutefois ses pensées n'avaient pas pris une tournure plus gaie et plus consolante.

— Mon Dieu! — murmurait-il en errant le long des grèves désertes, — je suis ballotté en tous sens par les hommes et les événemens. Mathilde ce soir a été bien sévère pour moi; si l'amour de Mathilde venait à me manquer, je n'aurais plus qu'à mourir, sans essayer de lutter davantage contre ma triste destinée!

X

L'ENTREVUE.

Robert demeura enfermé chez lui pendant le reste de cette journée et la journée du lendemain. Le soir du second jour, le prieur entra précipitamment dans sa chambre. Le père Ambroise, si grave d'ordinaire, paraissait tout joyeux et se frottait les mains, comme s'il était porteur d'une bonne nouvelle.

— Robert, mon enfant, — dit-il, — j'ai maintenant la certitude que votre frère ne se dédira pas. Il a vendu le château et ses droits sur le reste du fief pour une somme de deux mille écus, qu'il a touchée ce matin même. Tout est donc fini, et la seigneurie de Briqueville a changé de maître.

— Et pouvez-vous vous en réjouir, cher prieur, vous qui êtes notre parent et notre ami? — répliqua Robert les larmes aux yeux; — en ma qualité de cadet, je n'avais rien à prétendre sur le domaine de mes pères; mais puis-je oublier que depuis plus de six cents ans cette vieille demeure était la propriété de ma famille, que ma mère et mon père y sont morts, et que j'y suis né? Quant à moi, j'ai le cœur navré de penser qu'un étranger possédera désormais le manoir de Guillaume le Fort, qu'il pourra le jeter bas s'il en a la fantaisie, et que nos descendans à nous, si Dieu nous en accorde, auront peut-être à chercher un jour sur la carte de France où se trouvait le coin de terre dont ils porteront encore le nom!

— La Providence donne et retire comme il lui plaît les biens de ce monde, mon cher Robert, — répondit le prieur avec distraction; — peut-être votre père a-t-elle commis de grandes fautes pour lesquelles Dieu a résolu de la punir; mais il pourra la relever un jour et la régénérer aussi facilement qu'il l'a renversée. Enfin, mon

enfant, mes continuelles alarmes à votre sujet vont cesser bientôt; car je ne vous vois pas sortir une fois d'ici sans que je tremble en songeant à une rencontre possible entre vous et votre frère.

— Cette rencontre a eu pourtant lieu hier, mon révérend père, — répliqua Robert en s'efforçant de sourire, — et il n'en est résulté rien de bien fâcheux pour moi. Mais quel est donc l'heureux acquéreur de notre manoir héréditaire?

— Un homme de loi, — répondit laconiquement le père Ambroise. Il ajouta presque aussitôt: — Briqueville fait déjà ses préparatifs de départ. Un de nos frères lais, en allant à la provision, a rencontré le rousseau Nicolas, que l'on envoyait à la ville commander une chaise de poste et des chevaux pour demain soir.

— Demain soir! — répéta Robert. Il réfléchit que ce départ précipité mettait la famille d'Helmières à l'abri de toute entreprise violente du capitaine, et cette réflexion donna un nouveau cours à ses pensées. — Décidément je crois que vous avez raison, mon révérend, — reprit-il: — c'est un grand bonheur que Briqueville parte si vite, car son caractère bouillant et emporté eût pu causer de fâcheux scandales.

— Le mal est déjà fait, mon pauvre Robert: sans parler de sa conduite odieuse envers vous, il n'est bruit dans tout Roquencourt que d'une nouvelle folie dont il se serait rendu coupable l'autre soir au château d'Helmières.

Robert pâlit:

— Que dites-vous, mon oncle? — demanda-t-il d'une voix émue; — au nom du ciel! que s'est-il passé?

— On ne le sait pas positivement; il paraîtrait pourtant que, le dîner s'étant prolongé, et le baron ayant fait largement les honneurs de sa cave à son hôte, Briqueville aurait adressé des propos fort inconvenans à mademoiselle d'Helmières; celle-ci aurait même été obligée de quitter la salle, et, par suite, des mots très vifs auraient été échangés entre le baron et votre frère. Briqueville a, dit-on, fini par présenter quelques excuses; néanmoins on s'est séparé brouillé, et, ce matin, le baron a envoyé chercher ses deux amis, le marquis et le vicomte de Surville, pour leur conter la chose et leur demander conseil. Comme les propos offensans ont été tenus à la suite d'un festin, et comme à la rigueur Briqueville a fait amende honorable, on ne donnera pas suite à cette affaire. Cependant je vous le voyez, ainsi que Robert, pour l'honneur même de votre nom il est grand temps que le capitaine s'éloigne.

Robert était vivement agité.

— A-t-il poussé à ce point l'effronterie et l'oubli de tous les sentimens généreux? — disait-il; — outrager monsieur d'Helmières, le dernier ami que nous eussions conservé dans notre détresse! outrager Mathilde, si candide et si pure! Ah! vous avez raison, mon père, qu'il parte bien vite; qu'il parte! Dire que je pourrais encore me trouver face à face avec lui! — Voyant le prieur tout surpris de la véhémence avec laquelle il s'exprimait, il ajouta: — Vous ne devez pas vous étonner que je ressente si vivement l'insulte faite au baron d'Helmières et à sa fille. Mathilde est mon amie d'enfance, et si tout autre que mon frère aîné s'était permis une pareille offense envers elle, —

— Il vaut mieux, mon cher Robert, que les choses soient où elles en sont. Briqueville va retourner à Paris, et sans doute on ne le reverra plus dans cette province où rien ne l'appellera désormais. Puisse pourtant le bruit de ses fautes ne pas arriver jusqu'à nous dans l'avenir!

Robert voulait encore questionner son oncle sur l'événement du château d'Helmières; mais le père Ambroise n'en savait pas davantage, et il ne tarda pas à se retirer.

— Allons, — pensa le cadet de Briqueville, — je saurai toute la vérité demain... Pourvu que cette insulte d'une personne de mon sang n'ait pas augmenté la funeste irritation de Mathilde contre moi.

Le lendemain, en effet, deux heures avant le coucher
du soleil, Robert quitta le couvent et s'engagea dans la
forêt d'Helmières, à l'extrémité de laquelle se trouvait
la demeure de la mère Franquette, la nourrice de Mathilde.

Le temps était sombre et déjà froid. Le vent s'engouffrait à grand bruit sous les arbres séculaires, et leur
arrachait des nuées de feuilles sèches qu'il emportait au
loin dans les allées. Au milieu de ce mugissement solennel des vents et des branchages, on entendait par intervalles les coups de hache de quelques bûcherons ; mais
les bûcherons eux-mêmes restaient invisibles, et, aussi
loin que la vue pouvait s'étendre, on n'apercevait aucune
créature humaine.

Cependant, au moment où Robert traversait un carrefour, il rencontra tout à coup un groupe de personnes
qu'il ne pouvait plus éviter ; c'était d'abord Michaud, le
maître de la verrerie de Roquancourt, puis deux des principaux gentilshommes verriers, le marquis de Loustel,
celui qui avait mérité quelques jours auparavant les
éloges du patron pour la perfection de ses gobelets, et le
chevalier d'Hercourt, qui continuait de porter fièrement
ses haillons et sa grande épée. A quelques pas derrière
eux venait l'Italien Vicenti, toujours modeste, toujours
obséquieux, et jetant autour de lui, comme à l'ordinaire,
des regards terrifiés.

Le cadet de Briqueville, bien qu'il fût impatient d'arriver, s'arrêta pour échanger quelques mots de politesse
avec les promeneurs.

— Vraiment, messieurs, — dit-il d'un ton amical, —
c'est miracle de vous rencontrer ici à pareille heure. On
chôme donc aujourd'hui à l'usine que les gentilshommes
verriers courent les champs?

— Ce n'est pas cela, monsieur le cadet, — répliqua Michaud ; — mais Vicenti, ce brave ouvrier que vous m'avez
recommandé, prétend avoir fait de ce côté une découverte en se promenant. Il s'agit d'un certain sablon qu'il
a trouvé au bord de la mer, et qui, d'après lui, remplacerait avantageusement, dans la fabrication du verre,
les cailloux du Tésin et de Pavie, qui nous viennent de
fort loin et nous coûtent fort cher. Cette découverte en
effet serait très importante si elle était réelle ; aussi ai-je
invité messieurs de Loustel et d'Hercourt à m'accompagner pour vérifier la chose... Ah ! j'ai toujours pensé, —
ajouta-t-il en soupirant, — que cet homme, s'il voulait
parler, nous apprendrait bien d'autres secrets ... Un ouvrier de Murano !

— Votre Excellence se trompe, mon bon signor, — répliqua l'Italien timidement. — Comme je vous l'ai dit, il y
a beaucoup de degrés différens parmi les ouvriers si nombreux de Murano. Il ne faut donc pas répéter une supposition hasardée, car nul ne sait où peut se cacher un
sbire.

— Je croirais volontiers, — dit le marquis de Loustel
dédaigneusement, — qu'un noble verrier, connaissant à
fond cet art illustre, ne saurait être un trembleur de
cette sorte... Un verrier est toujours un peu gentilhomme,
et il doit se servir aussi bien de l'épée que de la *canne* (1).

Michaud se mit à rire complaisamment de ce jeu de
mots.

— Vous avez raison, monsieur le marquis, — dit-il, —
et vous êtes vous-même la preuve de cette vérité. On assure qu'avant de vous servir de la *canne* vous avez vaillamment joué de la rapière, et j'ai entendu affirmer
même chose au sujet de monsieur d'Hercourt !

— Hum ! — répliqua d'Hercourt en se redressant dans
ses guenilles, — j'en ai appelé plus d'un *sur le pré*, au
temps où je me contentais de vider les verres qu'il
me faut souffler aujourd'hui.

(1) *Canne* ou *felle*, instrument de verrier qu'on emploie pour
cueillir le verre en fusion,

— Eh bien ! mes chers seigneurs, — dit Vicenti de son
ton pleurard, — puisque vous êtes si habiles, vous me
défendrez en cas d'attaque, n'est-il pas vrai ? ce sera
l'œuvre de bons chrétiens.

— Oui, poltron, on vous défendra, — dit Michaud en
haussant les épaules, — mais hâtez-vous de nous montrer votre sablon.

— Par ici, — répliqua Vicenti en allongeant le bras
vers les grèves, — l'endroit n'est plus bien éloigné.

Robert leur souhaita une prompte réussite dans leurs
recherches, et les quitta, ne se souciant pas de compagnie en ce moment.

Après quelques instans de marche, il se trouva sur la
lisière de la forêt. Là s'élevait une maisonnette couverte en chaume, et à demi cachée par de grands arbres,
mais proprette et n'annonçant pas la pauvreté. A quelque
distance, derrière les massifs de feuillage, on entrevoyait
les toits d'ardoise et les girouettes dorées du château
d'Helmières.

La maisonnette était habitée, comme nous l'avons dit,
par la nourrice de Mathilde, bonne femme que mademoiselle d'Helmières aimait beaucoup, et à laquelle on avait
accordé cette modeste retraite en raison de ses services
passés. Mathilde visitait souvent sa nourrice, et à certains
jours notamment elle acceptait chez elle une collation
composée de fruits et de laitage. La chaumière était à une
très petite distance du château, et comme le trajet formait
une charmante promenade à travers la forêt, elle s'y
rendait seule habituellement et s'en retournait de même.

Or, Robert connaissait très bien les jours où Mathilde
allait chez sa nourrice, et il se hasardait quelquefois à
venir l'y joindre. Franquette avait connu sa mère et prenait plaisir à parler d'elle. Sans doute les deux jeunes
gens trouvaient souvent d'autres sujets de conversation ;
mais il y avait tant d'honnêteté dans l'une comme dans
l'autre, que leurs mères, si elles avaient encore vécu, eussent pu elles-mêmes assister à ces entretiens.

Un bruit de voix qu'il entendit dans la maison, en posant la main sur le loquet de la porte, fit comprendre au
cadet de Briqueville qu'il avait été prévenu. En effet,
lorsqu'il entra dans une petite salle basse, bien blanche
et bien frottée, qui était une chambre intérieure formant
tout le logis de la mère Franquette, il aperçut Mathilde
assise devant une table et grignotant distraitement quelques fruits.

Mademoiselle d'Helmières portait ce jour-là une de ces
belles robes de soie à ramages qui sont aux étoffes modernes ce que le parchemin est à la pelure d'oignon. Elle
avait pour coiffure un bonnet de dentelles à haute forme, et son joli visage était encadré de mille petites boucles mignonnes, œuvre de la patience de sa femme de
chambre. La mante de satin destinée à la préserver du
froid était jetée sur le dossier de sa chaise. Une de ses
mains jouait avec un éventail, tandis que l'autre picorait
les beaux fruits étalés devant elle. La nourrice, avec sa
figure hâlée et sillonnée de rides, sa coiffe de toile bise,
sa jupe brune, son casaquin brun, paraissait être placée à côté d'elle pour mieux faire ressortir son élégance,
sa jeunesse et sa beauté.

Mathilde, à la vue de Robert, rougit légèrement et
laissa tomber une belle poire qui touchait déjà à ses lèvres vermeilles. Robert, de son côté, paraissait un peu
gauche et gêné. Cependant il salua la bonne femme avec
cordialité, et il adressa à mademoiselle d'Helmières le
compliment d'usage sur « l'heureux hasard » qui les réunissait chez la mère Franquette. Puis il prit place sur un
escabeau, et les jeunes gens gardèrent le silence, tandis
que la nourrice débitait en patois quelques banalités.

Enfin le cadet de Briqueville dit à Mathilde :

— Vous avez été bien cruelle pour moi, mademoiselle,
lorsque nous nous sommes rencontrés dernièrement au
Bas-Briqueville. J'ai cherché en vain à deviner le motif
de votre colère, et je vous supplie de m'apprendre...

— N'en parlez plus, Robert, j'ai eu tort, — répliqua

Mathilde avec vivacité; — j'aurais dû vous connaître mieux et ne tenir aucun compte des sottes plaisanteries de votre frère sur vos rapports avec cette jeune Italienne. J'ai eu tort, vous dis-je, et maintenant plus que jamais j'ai des raisons de mépriser les opinions du capitaine Briqueville.

Cet aveu fait avec un accent de franchise soulagea d'un grand poids le pauvre amoureux, qui depuis deux jours était dans des transes mortelles.

— Vous me rendez justice, chère Mathilde, — reprit-il, — mais est-il donc vrai, comme on l'assure, qu'une personne de ma famille aurait été capable...

— Ah! vous avez déjà entendu parler de cette sotte affaire, Robert? — répliqua mademoiselle d'Helmières avec confusion; — j'étais en train de la raconter à ma nourrice; mais j'aurais désiré vous la taire de peur de vous affliger.

— Mon affliction est sincère et profonde, Mathilde; et cependant je ne connais encore les faits que vaguement.

— Ne me demandez pas ce récit, Robert, — répliqua la jeune fille en se cachant derrière son éventail; — je mourrais de honte à le répéter devant vous... Pouvais-je supposer que ma gaieté, ma bienveillante politesse, m'attireraient une semblable insulte?

Robert ne voulait pas insister sur ce sujet; mais la mère Franquette, qui avait écouté la conversation, se montra moins réservée.

— Quelle horreur! monsieur le cadet, — dit-elle en patois; — si la chose avait eu lieu dans l'ancien temps, c'eût été une guerre à mort entre les familles d'Helmières et de Briqueville. Songez donc: votre frère était invité à la table de notre maître, c'est bien; on boit du bon vin, on se réjouit, comme il convient à des gentilshommes, c'est encore mieux; on s'enivre peu à peu, c'est la bonne vieille mode... mais ne voilà-t-il pas monsieur de Briqueville qui commence à débiter des galanteries grossières à cette chère petite. Elle veut se sauver, il a l'audace de la retenir. Alors notre seigneur, qui lui-même était un peu échauffé, s'est fâché tout rouge; il y a eu des pourparlers, et les choses ont failli tourner fort mal. On sait bien qu'il faut que les seigneurs entre eux fassent la débauche, mais ne saurait-on respecter les filles de condition?

La mère Franquette, comme on le voit, n'était pas trop sévère pour les écarts des gens de qualité. Robert, qui n'éprouvait pas la même indulgence, versait d'abondantes larmes.

— Pardon, Mathilde, — disait-il en sanglotant; — si cet outrage devait vous atteindre, fallait-il donc qu'il vînt du seul homme au monde dont je ne peux tirer vengeance? Oh! dites-moi que haine et le mépris que vous ressentez pour lui, vous ne le ressentez pas aussi pour moi?

— Non, non, mon ami, je vous le jure; êtes-vous donc solidaire des fautes de votre frère?... Je n'y pense plus, mon cher Robert, et je vous conjure de ne plus en parler, car leur souvenir est aussi douloureux pour moi que pour vous.

— Si vous les oubliez, Mathilde, pensez-vous que je les oublie de même? Et monsieur d'Helmières, croyez-vous qu'il oubliera aussi l'injure faite à sa maison et à sa fille bien-aimée?

— Voilà où est le danger, — répliqua Mathilde en soupirant; — je vous l'avouerai, le nom de Briqueville sonne aujourd'hui désagréablement aux oreilles de mon père... Mais peut-être plus tard cette impression fâcheuse s'affaiblira-t-elle et finira par s'effacer tout à fait.

— Dieu le veuille, chère Mathilde! Aussi bien le capitaine va partir, s'il n'est parti déjà, et ses excès ne seront plus à craindre. Cependant, Mathilde, — ajouta le cadet avec accablement en baissant la voix, — depuis quelques jours il m'est survenu un doute navrant. Lorsque je vous ai envoyé l'anneau de ma mère, je me sentais plein d'espoir et de courage, l'avenir me souriait en-core. Aujourd'hui, tout a bien changé; je n'ai plus d'illusions; je me vois pauvre, sans état, sans amis. Aussi me dis-je qu'il y aurait égoïsme et cruauté à vous enchaîner, vous si jeune et si belle, vous née pour toutes les richesses, toutes les joies et toutes les gloires de la vie, au sort d'un malheureux voué à l'indigence et à l'obscurité. Le dernier événement va sans doute creuser entre nous un nouvel abîme; votre père n'était qu'indifférent, peut-être deviendra-t-il ennemi... Mathilde, chère et bien-aimée Mathilde, — poursuivit Robert en donnant un nouveau cours à ses larmes, — vous avez bien voulu me promettre de m'attendre, mais ne songez-vous pas combien cette attente pourrait être longue? Bien des années s'écouleront sans doute avant que j'aie conquis une position digne de vous, et même je peux la conquérir jamais; pendant ce temps votre jeunesse se consumera dans la solitude et la tristesse; un jour viendra peut-être où vous vous repentirez d'un engagement téméraire, tandis que de mon côté je me reprocherai la générosité, l'abnégation dont vous aurez été la victime... Je vous supplie donc de me répondre avec franchise, Mathilde, ne vaudrait-il pas mieux, dès à présent, me rendre l'anneau de ma mère?

Mademoiselle d'Helmières resta un moment muette et comme interdite; des larmes coulaient aussi sur ses joues roses. Enfin elle se redressa par un mouvement brusque:

— Non, Robert, — répliqua-t-elle avec fermeté, — je ne vous le rendrai pas. Nous sommes déjà fiancés, je prendrai patience et j'attendrai le jour de notre réunion.

— Mais si ce jour ne venait jamais?

— Quand j'aurai perdu toute espérance, j'entrerai dans un couvent, et je me consacrerai à Dieu.

— Et si, pendant cette attente indéfinie, votre père, votre famille vous présentaient un autre fiancé pourvu de tous les avantages qui me manquent?

— Je le refuserais; mon père et ma famille, je vous l'ai dit, peuvent repousser l'époux de mon choix, mais je saurais bien repousser l'époux du leur.

— Dans ce cas, Mathilde, que de luttes pénibles, que de déchiremens pour vous!... Encore une fois, ne vaudrait-il pas mieux dès à présent m'abandonner à mon sort? Tenez, Mathilde, il faut que vous sachiez combien ma position actuelle est précaire, désespérée... Mon frère aîné ne se soucie pas de moi, et, s'en souciât-il, je ne voudrais désormais pour rien au monde accepter son secours. Le château de Briqueville, ce berceau de ma famille, vient d'être vendu. Le pain que je mange, je le dois à la bonté de l'unique parent qui me reste. Aussi ai-je honte de mon oisiveté. Je peux servir le roi sur terre ou sur mer, et, grâce à mon ardent désir de vous mériter, je parviendrais peut-être à me distinguer dans la marine ou dans l'armée; mais il faudrait vous quitter, rester absent bien des années peut-être...

— Oh! non, non, ne partez pas, Robert! — s'écria Mathilde; — quand vous reviendrez, si vous reveniez jamais, qui sait si vous seriez encore ce que vous êtes aujourd'hui, qui sait si vous n'auriez pas cessé de m'aimer? On change tant et si vite!

— Chère Mathilde, ce serait vous plutôt qui, pendant cette longue absence, pourriez subir les influences, des entraînemens funestes à mon souvenir... Mais alors il n'y a plus pour moi qu'un moyen de rester dans le pays et d'y vivre, sinon riche, du moins indépendant, en attendant de meilleurs jours, et ce moyen je le prendrais peut-être si vous ne m'aviez pas manifesté certaines préventions contre la profession de verrier...

— Robert, Robert, — dit mademoiselle d'Helmières en faisant la moue, — n'avez-vous d'autre ressource que de vous ravaler ainsi? Et puis, vous avouerai-je un enfantillage? plusieurs fois, quand mon père et moi nous nous rendions au couvent de Roquencourt, nous avons vu de ces gentilshommes verriers avec leur ridicule costume de travail, leurs demi-chemises, leurs écrans, que sais-je? et malgré moi j'ai pris un dégoût invincible pour... Oh! Robert, mon Robert, — ajouta-t-elle avec un accent pénétrant, — n'allez pas altérer la fraîcheur de votre teint au feu ardent de leurs fournaises ; n'allez pas cacher votre taille sous les affreux vêtemens dont ils s'affublent !

— Quoi! Mathilde, ces puériles considérations devraient-elles vous arrêter un instant ?

— J'en rougis, Robert, — repliqua la jeune fille, — et pourtant, je vous en conjure, ne SOYEZ PAS VERRIER.

Pendant cette conversation, la vieille nourrice était restée attentive et bouche béante. Franquette, comme nous l'avons dit, comprenait imparfaitement la langue française ; néanmoins, à défaut des paroles, le geste, le ton, les larmes de Robert et de Mathilde lui avaient appris de quoi il s'agissait. Elle intervint tout à coup avec une douce autorité.

— Enfans, enfans, que faites vous ? — dit-elle dans son patois bas normand, — savez-vous ce que vous vous préparez en formant des projets qui peut-être ne se réaliseront pas ? Je vous aime tous les deux ; vous, monsieur le cadet, parce que vous êtes le digne fils de votre mère, si noble et si bonne ; vous, Mathilde, parce que je vous ai nourri de mon lait et que vous êtes comme ma fille ; eh bien ! croyez-moi l'un et l'autre, ne contractez pas des engagemens que vous auriez à regretter un jour. Mathilde, chère petite, je sais que votre père a pris déjà une détermination en ce qui vous regarde, et, quand le moment sera venu, comment résisterez-vous aux volontés de monsieur le baron ? Quant à vous, monsieur de Briqueville, si ce que l'on dit dans le pays est vrai, vous appartient-il de songer au mariage ? Gardez-vous donc tous les deux d'abuser de ma confiance, de ma simplicité, en vous faisant, dans ma maison et sous mes yeux, des promesses qu'il ne vous sera pas permis de tenir. Le bon Dieu seul peut savoir ce qui arrivera demain !

Aux accens de cette voix bienveillante, mais sévère dans sa naïveté, les deux jeunes gens avaient baissé la tête. Mathilde la première reprit la parole :

— Nourrice, — demanda-t-elle avec émotion, — que me dis-tu donc là ? Mon père aurait-il vraiment l'intention de me marier ?

— Quoi! mon enfant, le baron notre maître ne vous a-t-il jamais parlé du fils de son meilleur ami, le vicomte de Vergnes, le collègue de votre frère au parlement de Rouen.

— Il ne me parle que de lui au contraire ; il me vante sans cesse les nobles qualités de ce vicomte de Vergnes, que je n'ai jamais vu, que je ne connais pas, et dont je ne me soucie guère... Mais es-tu sûre, nourrice, qu'on veut me marier à monsieur de Vergnes ?

— C'est là un projet arrêté depuis longtemps entre les deux familles ; et si monsieur le baron ne vous en a pas encore donné connaissance, c'est sans doute vous étiez trop jeune. Mais, à présent que vous voilà grande et belle, il ne saurait tarder à vous déclarer sa volonté.

Robert et mademoiselle d'Helmières se regardèrent consternés.

— Il n'importe ! — s'écria Mathilde résolûment, — je n'aime pas monsieur de Vergnes, moi, et je ne l'épouserai pas. Je refuserai même de le voir... D'ailleurs mon père est bon, il ne voudra pas que je sois malheureuse, et il ne m'imposera pas un mari qui me serait odieux.

— Merci, chère Mathilde, — répliqua le cadet de Briqueville, — et cependant, d'après le monde, monsieur de Vergnes serait pour vous un parti plus convenable que moi. Avant de me sacrifier un sort qui pourrait être brillant, Mathilde, je vous en supplie de nouveau, réfléchissez !

— C'est tout réfléchi, Robert ; d'ailleurs, mère Franquette se trompe peut-être et, en attendant que l'on me désigne un beau projet, il peut arriver tels événemens... Enfin, attendons ; à chaque jour suffit sa peine, et, quand la crise viendra, nous nous donnerons mutuellement du courage pour résister.

— Avec votre permission, ma chère fille, — dit la nourrice d'un ton ferme qui ne lui était pas ordinaire, — je ne saurais souffrir désormais que vous et monsieur de Briqueville vous vous rencontriez ici. Je croyais aujourd'hui à ces rencontres fortuites, et je m'aperçois que vous avez abusé de ma crédulité ; mais si je les tolérais à l'avenir, je tromperais la confiance de mon excellent maître. Je prie donc monsieur Robert de s'abstenir de venir chez moi quand vous y venez. Vous m'avez bien entendu, monsieur le cadet ? — Les deux jeunes gens exprimèrent par un signe de tête qu'ils respecteraient désormais les scrupules de la nourrice. Peut-être songeaient-ils que si l'abri de la maisonnette leur était refusé pour leurs entrevues, ils avaient encore la ressource de se rencontrer dans les bois, et que André, malgré son air bourru, serait moins timoré que Franquette. Toutefois leur soumission apparente parut toucher la vieille femme. — Pauvres enfans ! — dit-elle en les regardant avec attendrissement, — on ne peut dire autrement qu'ils semblent faits l'un pour l'autre, et si le bon Dieu voulait que monsieur Robert fût riche comme il est beau et honnête... Mais voici la nuit, ma chère petite, — poursuivit-elle d'un ton différent, — et il est temps de rentrer au château ; il ne convient pas qu'une jeunesse s'attarde dans les bois.

Comme Mathilde jetait sa mante sur ses épaules, Robert dit à la nourrice :

— Mère Franquette, je veux vous prouver combien j'apprécie vos conseils. Je ne consentirai jamais à être un obstacle au bonheur de mademoiselle d'Helmières, je ne me prévaudrai pas d'un engagement qu'elle a pris sans réflexion. Mathilde, — poursuivit-il, — gardez mon anneau ; tant qu'il sera en votre possession, je me considérerai comme aussi bien engagé envers vous que si nous avions reçu la bénédiction d'un prêtre au pied des autels ; mais si jamais vous vous repentiez de votre sacrifice, si vous deviez céder à des exigences impérieuses et sacrées, vous n'auriez qu'à me renvoyer cette bague de ma mère... J'en mourrais peut-être, mais, je le jure, vous n'entendriez sortir de ma bouche ni un reproche ni une plainte.

Mathilde sembla vouloir protester avec vivacité ; mais elle se ravisa, et se contenta de répondre en souriant :

— Il suffit, Robert ; attendez donc que je vous renvoie votre anneau... Jusque-là ne mourez pas.

Au moment de sortir, elle tendit sa main à Robert, qui la pressa contre ses lèvres.

— Mademoiselle, — demanda-t-il avec timidité — ne me permettrez-vous pas de vous accompagner jusqu'en vue du château ? Je crains toujours...

— Non, c'est inutile, — dit la nourrice, — mille fois Mathilde est venue seule chez moi et s'en est retournée de même sans inconvénient d'aucune sorte. Qui oserait lui manquer de respect sur les terres de sa famille ?

— En effet, — répliqua Mathilde, — nous sommes ici à deux pas du château, et il n'y a qu'un coin du bois à traverser... Allons, adieu, nourrice ; adieu, Robert.

Et elle partit.

XI

CAÏN ET ABEL.

La nuit tombait alors, et le vent continuait de mugir dans la forêt. Le cadet de Briqueville, malgré la sécurité de Franquette et de Mathilde elle-même, n'était pas tranquille ; et, tout en causant distraitement avec la nourrice, il écoutait si, au milieu des grondemens du vent, il n'entendrait pas un cri d'appel. La vieille, de son côté, semblait vouloir le retenir, peut-être pour l'empêcher de rejoindre mademoiselle d'Helmières; mais bientôt Robert, ne pouvant plus maîtriser son inquiétude, dit brusquement adieu à Franquette et sortit à son tour.

A peine eut-il fait quelques pas hors de la chaumière qu'il écouta de nouveau et regarda de tous côtés. Par malheur, l'allée que mademoiselle d'Helmières avait dû prendre formait un coude à quelque distance, et la jeune demoiselle n'était plus en vue. Robert, rassuré après un moment d'examen, se disposait à retourner à Roquencourt, quand tout à coup des cris perçans arrivèrent jusqu'à lui. L'idée lui vint d'abord qu'il était dupe d'une de ces illusions qui font croire que l'on entend des plaintes et des gémissemens dans la tempête; mais bientôt les cris se renouvelèrent, et cette fois il lui sembla reconnaître la voix de Mathilde.

Quand ce doute s'offrit à son esprit, le cadet de Briqueville ne balança pas et s'élança en avant de toute sa vitesse. Comme il approchait de l'endroit où l'allée formait un coude, les cris devinrent plus pressans, plus multipliés. Il redoubla d'ardeur, et, parvenu au détour du chemin, il acquit la certitude que ses craintes n'étaient pas vaines.

A quelques centaines de pas plus loin, une forme confuse se mouvait dans la brume crépusculaire, au milieu des tourbillons de feuilles sèches que soulevait le vent. Grâce à sa vue pénétrante, Robert finit par distinguer un individu enveloppé d'un manteau, et portant dans ses bras une femme, dont les mouvemens désespérés trahissaient une grande détresse. Un peu plus loin encore, au bord de l'avenue, on voyait une voiture attelée et le postillon en selle. Évidemment il s'agissait d'un rapt, et la femme enlevée n'était autre que mademoiselle d'Helmières.

Le cadet de Briqueville fit toutes ces observations sans s'arrêter, et il se mit à crier lui-même pour annoncer sa présence. D'abord il ne parut pas qu'on l'eût entendu, malgré la puissance de sa voix, car il allait contre le vent, et Mathilde continuait de s'agiter convulsivement en levant les bras vers le ciel. Mais au moment où l'on approchait de la voiture, mademoiselle d'Helmières le vit enfin, et elle s'écria de toute sa force :

— Robert, Robert, à mon secours !

Robert n'avait pas besoin de cette incitation nouvelle; il arrivait hors d'haleine.

— Arrête-toi, lâche ! — répétait-il d'une voix éclatante, — arrête-toi donc et défends ta vie !

Mais, en adressant au ravisseur cette provocation, le pauvre Robert avait oublié qu'il était désarmé; car, en raison de son deuil récent, il ne portait pas d'épée. Du reste, eût-il eu cette arme, dont la noblesse d'alors se séparait si rarement, il eût hésité peut-être à s'en servir; l'homme qui s'était emparé de Mathilde lui répondit seulement par un ricanement moqueur et, tournant la tête, lui montra les traits durs du capitaine de Briqueville.

Robert demeura frappé de stupeur; même dans ce moment terrible, le respect religieux qu'on lui avait inspiré, dès sa plus tendre enfance, pour ce frère aîné, avait subitement refroidi sa colère.

Briqueville lui dit d'un ton de mépris :

— Cornebleu ! que viens-tu faire ici, mon jeune cadet ? Passe ton chemin, et ne t'inquiète pas de ce qui ne saurait te regarder. Je te l'ai dit, cette gentille demoiselle me plaît; je la tiens et je la garde. Aussi bien son père m'a offensé il y a deux jours, et j'ai résolu de me venger... Ne te mêle donc pas de mes affaires, et va-t'en au diable!

Mathilde, de son côté, tendait les mains vers le cadet de Briqueville.

— Robert, mon Robert, — disait-elle, — sauve-moi des entreprises de cet homme que je méprise et que je hais... c'est toi que j'aime, tu le sais bien.

Cet appel coupa court aux hésitations du cadet de Briqueville; il courut vers son frère, dont la démarche était ralentie par le poids de Mathilde; il saisit la jeune fille par le haut du corps, et essaya de l'arracher au capi-

taine, en lui disant avec une modération qu'il devait à de puissans efforts :

— Cette conduite est indigne, monsieur, elle peut vous déshonorer. Renoncez à votre mauvais dessein, et nous obtiendrons peut-être de mademoiselle d'Helmières qu'elle ne parle jamais de cette tentative insensée.

— Et moi, monsieur mon cadet, — répliqua le capitaine dédaigneusement, — je te renouvelle l'ordre de passer ton chemin et de ne pas m'échauffer les oreilles davantage. Mordieu ! prétendrais-tu me disputer une jolie fille que je trouve à mon gré ? Tu voulais l'épouser, si je ne me trompe; eh bien ! je veux l'épouser aussi, et, puisque'elle accepte un Briqueville, elle ne perdra pas au change; elle aura l'aîné, le bon, le chef de la famille, qui porte dans sa ceinture deux mille écus en or. Pourquoi regretterait-elle un vagabond qui n'est pas sûr de manger demain à moins qu'il ne gueuse un dîner à la cuisine de quelque couvent ?

Mais Robert ne songeait guère en ce moment à relever ces insultes; il continuait de retenir Mathilde, qui lui avait jeté les bras autour du cou et se cramponnait à lui de toutes ses forces.

— Briqueville, — reprit-il avec fermeté, — dussiez-vous me tuer, je ne souffrirai pas que vous exécutiez votre abominable entreprise... Monsieur d'Helmières ne consentira jamais à un mariage imposé par le rapt et la violence.

— Bah ! — répliqua le capitaine sans cesser de ricaner, — que la fille de cet honnête baron reste une heure ou deux en ma compagnie, et il sera le premier à me l'offrir pour femme.

— Misérable ! — s'écria Robert indigné.

Et par une secousse brusque il parvint à dégager Mathilde, tandis que Briqueville roulait sur le gazon.

Robert, après avoir ainsi délivré la jeune fille, ne songeait qu'à l'emporter; mais à peine eut-il fait deux ou trois pas qu'elle lui dit :

— Merci, mon noble Robert, mais déposez-moi à terre... je peux marcher.

Le cadet obéit à ce désir, et, en effet, à peine Mathilde eut-elle posé le pied sur le sol qu'elle se mit à marcher avec rapidité; néanmoins elle n'était pas bien ferme sur ses jambes, et il fallut la soutenir. Ils se dirigeaient vers un fourré où ils comptaient trouver un refuge quand le capitaine cria d'un ton irrité :

— Par les cornes du diable ! mon mignon, crois-tu que je te laisserai couper l'herbe sous le pied à ton nez, à un capitaine du régiment de Royal-Normandie ? Tu as osé porter la main sur moi, tu veux me souffler ma maîtresse... Sambleu ! tu vas me payer tout cela !

Robert s'arrêta encore; l'affreux soudard, ayant laissé son chapeau et son manteau sur l'herbe, s'était mis à sa poursuite, et la colère donnait à son visage balafré une expression hideuse. Il brandissait sa longue épée qu'il n'avait eu garde d'oublier, lui, malgré ses vêtemens de deuil.

Le cadet de Briqueville lâcha le bras de mademoiselle d'Helmières, et dit à demi-voix :

— Chère Mathilde, sauvez-vous, pendant que je tenterai de le retenir.

Mais Mathilde, malgré son effroi pour elle-même, demeura immobile.

— Non, non, — murmura-t-elle, — il vous tuerait.

Robert se plaça devant elle, tandis qu'il disait à son frère :

— Qu'attendez-vous de moi, monsieur ? Oseriez-vous assassiner le fils de votre mère ? Et cependant, tant que je serai vivant, je m'opposerai au crime odieux que vous avez médité.

— Ah ! tu le veux ? — répliqua Briqueville en grinçant des dents, — tiens donc, puisque c'est ta fantaisie !

Et il déchargea un grand coup d'épée sur la tête du cadet Le malheureux jeune homme tomba comme fou-

droyé ; le sang jaillit abondamment de son crâne entr'ouvert.

Mathilde avait voulu le soutenir, mais il l'entraîna dans
sa chute.

— Caïn ! Caïn ! — s'écria-t-elle en étendant le bras vers
le meurtrier, — il a tué son frère !

Et elle s'évanouit.

Briqueville ne montra aucune émotion : il remit son
épée dans le fourreau et se pencha vers son frère, dont il
examina la blessure d'un air de connaisseur.

— Bah ! — dit-il, — le galant en reviendra... un
simple coup de taille... il est seulement étourdi... Quant
à cette belle fille, elle m'appartient cette fois sans con-
teste. Parbleu ! elle ne criera plus maintenant.

Il s'empara de Mathilde pour la porter à la chaise de
poste.

Mais tous les obstacles à l'accomplissement de son
action abominable n'étaient pas levés encore. Depuis
quelques instans, le postillon chargé de la garde de la
voiture avait sauté à bas de son cheval. Or, ce postillon
n'était autre que Nicolas, l'ancien page que le capitaine,
tout en le maltraitant, avait jugé digne d'entrer à son
service. Peut-être, en effet, s'il se fût agi seulement du
rapt de mademoiselle d'Helmières, Nicolas eût-il considéré
cet acte coupable comme une excellente espièglerie. Mais
nous savons déjà que le rousseau avait pour Robert une
vénération qu'il n'éprouvait pour nulle autre personne
au monde, et ce sentiment ne manqua pas de se manifester en cette circonstance.

Ainsi, il était demeuré impassible quand le capitaine
avait enlevé la pauvre Mathilde malgré ses pleurs et ses
cris ; mais l'apparition subite de Robert sur le théâtre de
la lutte l'avait tiré de son indifférence ; et, quand il eut
vu le capitaine renverser son frère d'un coup d'épée, il
avait été pris d'une sorte de vertige. Il se mit à courir de-
çà et delà comme un insensé, en criant :

— Au secours ! ô le scélérat, le brigand, l'assassin !
il a tué le bon monsieur Robert... il l'a tué, il est mort !...
Au secours ! au secours !...

Briqueville arrivait en ce moment.

— Te tairas-tu, drôle ! — lui dit-il, — je vais te fermer
la bouche avec le pommeau de mon épée... Tais-toi, de
par le diable ! et aide-moi à placer cette poulette dans la
chaise de poste.

Mais il ne parvint pas à imposer silence au rousseau :

— Je ne veux pas ; vous n'êtes plus mon maître, vous
êtes le démon ; vous avez tué monsieur le cadet... A
l'assassin ! au meurtre ! au secours !

Et sa voix retentissait dans les carrefours de la forêt.

Briqueville était fort embarrassé ; il s'agissait de
placer dans la voiture mademoiselle d'Helmières, toujours évanouie, et cette opération présentait certaines
difficultés. Les chaises de poste, à cette époque, n'étaient
pas les bonnes et commodes voitures de voyage auxquelles on donne aujourd'hui ce nom. Elles consistaient,
comme ce nom même l'indique, en un simple siège, encadré dans un châssis et surmonté d'une couverture de
cuir ; l'élégance et le comfort étaient sacrifiés dans cette
sorte de véhicule à la solidité. L'entrée en était étroite, et
le capitaine ne pouvait sans effort y déposer son fardeau.
Aussi se mit-il dans une effroyable colère.

— Corbleu ! viendras-tu, rousseau maudit ? — dit-il
d'une voix tonnante ; — tiens la portière ouverte ou je
te romprai les os.

Les menaces comme les ordres ne produisirent aucun
effet sur Nicolas ; il courait vers l'endroit où Robert était
tombé, en continuant d'appeler énergiquement au secours. Briqueville, exaspéré de cette désobéissance, se
décida enfin à quitter Mathilde et à poursuivre son serviteur en révolte.

Mais il ne pouvait lutter de vitesse avec le garnement ;
celui-ci ne cherchait pourtant pas à s'éloigner, il tournait
toujours dans le même cercle, et ses cris devenaient
d'autant plus forts qu'à ses autres craintes se joignait

maintenant une crainte personnelle. Briqueville s'essouf-
flait à lui donner la chasse en blasphémant, quand de
nouvelles voix répondirent tout à coup aux appels de
Nicolas, et trois ou quatre hommes sortirent du fourré ;
c'étaient Michaud, les deux gentilshommes verriers, et
l'Italien Marco Vicenti, qui portait un sac assez volumineux sur ses épaules.

Nicolas s'approcha tout éperdu des survenans, tandis
que Briqueville faisait halte à quelque distance. Le rousseau parlait aux verriers avec volubilité ; il leur montrait
le pauvre Robert et Mathilde étendus sans mouvement
sur le gazon, et sans doute il les mettait au courant de ce
qui se passait. Cependant Briqueville put croire d'abord
que les pacifiques souffleurs de verre hésitaient à intervenir dans cette affaire, car ils se regardaient les uns les
autres comme pour se consulter. Son espérance ne fut
pas de longue durée ; bientôt le marquis de Loustel dit
froidement :

— Notre honneur nous défend, messieurs, de souffrir
de semblables choses. Monsieur de Briqueville a déjà tué
son jeune frère ; lui laisserons-nous outrager encore
mademoiselle d'Helmières ? Nous sommes gentilshommes
et nous ne le permettrons pas.

Il tira son épée et ses compagnons l'imitèrent.

— Oui, oui, nous sommes gentilshommes, — répéta
Michaud ; — allons, messieurs, chargeons cet assassin, ce
fratricide, ce ravisseur de filles !

Et il agitait son épée vierge, rassuré peut-être par la
contenance hardie de ses deux compagnons. En revanche,
Vicenti, en voyant briller l'acier, était tombé à la renverse
avec son sac de sable en s'écriant :

— Miséricorde ! nous allons tous périr ! Santa madona,
venez à mon aide !... San Marco, san Paolo, san Gennaio,
priez pour nous ! On va me tuer, comme on a tué le bon
signor Robert !

Mais ces lamentations n'étaient pas écoutées des verriers, qui s'avançaient vers Briqueville. Celui-ci les attendait de pied ferme.

— Or çà, croquans et gens de rien, — dit-il avec mépris, — pensez-vous me faire peur avec ces rapières
rouillées dont vous vous servez sans doute pour tisonner
le feu de vos fournaises ? Il vous appartient bien de
manier l'arme des gentilshommes, vous qui n'êtes que
des vilains !

— Tiens, tiens, — dit Loustel avec un étonnement co-
mique, — c'est lui qui nous provoque !

— Il insulte notre ancienne et illustre profession, —
s'écria Michaud ; — tombons sur lui, désarmons-le !

Malgré ces dispositions belliqueuses, maître Michaud se
tenait prudemment derrière les autres.

— Oui, vous êtes des vilains et des couards, — répéta
Briqueville ; — si vous ne l'étiez pas, vous mettriez vous
trois ensemble pour m'attaquer ? Qu'un de vous vienne
d'abord croiser le fer avec moi, ensuite les deux autres
auront leur tour.

— Il a raison, sur ma foi ! — dit Loustel aux verriers ;
— messieurs, éloignez-vous un peu et laissez-moi régler
cette affaire avec monsieur de Briqueville.

— Je suis le plus âgé, Loustel, — dit d'Hercourt, —
c'est moi que cela regarde.

— Un moment, messieurs, un moment ! — reprit
Michaud qui voyait avec terreur ses deux meilleurs
ouvriers prêts à être tués en combat singulier quand
les commandes pressaient à la fabrique ; — il n'est pas
besoin d'y mettre tant de façons ; nous ne pouvons sans
nous dégrader nous-mêmes croiser l'épée avec un scélérat
qui vient d'assassiner son propre frère et d'outrager une
noble demoiselle... Il nous suffira de le désarmer, de
nous emparer de lui et de le livrer à la justice, qui, elle,
ne peut manquer de le livrer à la potence.

Les deux gentilshommes s'arrêtèrent pour ruminer le
cas ; mais l'objection soulevée par Michaud avait porté au
comble l'exaspération du capitaine, qui s'écria écumant
de rage :

— La potence, vieux drôle, la potence est pour les coquins de ta sorte !... Cependant je vais t'épargner la peine d'être pendu.

Et il s'élança vers le maître verrier.

Bien prit à Michaud de s'être rejeté vivement en arrière ; Loustel, qui était resté sur la défensive, releva l'épée du capitaine avec une vigueur et une dextérité qui dénotaient un maître dans l'art de l'escrime.

Briqueville, trompé dans sa vengeance, tourna sa colère contre Loustel ; les fers s'engagèrent et le combat commença.

D'abord les deux adversaires paraissaient être de force et d'adresse égales. Loustel, qui avait eu une grande réputation de bretteur au temps de sa prospérité, s'était sans doute engourdi depuis qu'il exerçait une profession pacifique, et se contentait de parer. Cependant peu à peu il s'anima, et l'on put croire qu'en débutant de cette manière prudente il avait eu pour objet de se refaire la main ou d'étudier le jeu de son ennemi. Quoi qu'il en fût, il ne tarda pas à changer de tactique et attaqua à son tour avec une prestesse, une vigueur, une ardeur inconcevables. Briqueville, malgré sa pratique à peu près continuelle de l'escrime, avait peine à détourner les coups que l'on dirigeait contre lui sans relâche, et sa fureur s'en augmentait d'autant. Le marquis au contraire ne perdait pas son sang-froid, et, tout en ferraillant, il disait aux verriers :

— Vous le voyez, messieurs, je sais encore me servir de la rapière aussi bien que de la *canne* ; demandez à monsieur de Briqueville ce qu'il en pense ! Du reste, maintenant que j'ai repris l'habitude de la chose, et que ma main a retrouvé sa souplesse d'autrefois, nous en finirons quand il lui plaira.

— Finissons-en donc, — répliqua le capitaine en lui lançant une botte vigoureuse que l'autre para sans effort apparent.

— Finissons-en, — répéta Loustel.

Il fit une feinte, dégagea rapidement le fer, et allait percer Briqueville d'outre en outre, quand une voix faible, mais vibrante, s'écria derrière lui :

— Au nom du ciel ! ne le tuez pas.

C'était Robert, qui, secouru par Nicolas et par Viconti, venait de reprendre ses sens ; un regard lui avait suffi pour apprécier la situation, et il avait trouvé la force de pousser ce cri généreux.

Son intervention inattendue sauva la vie au capitaine. Loustel, toujours maître de lui, retint son épée prête à frapper, et, au lieu de poursuivre son avantage contre Briqueville déconcerté, il donna un coup de fouet, qui fit sauter à vingt pas l'épée du capitaine.

— Voilà ! — dit-il simplement. Briqueville en se voyant désarmé poussa un rugissement et voulut s'élancer sur son adversaire pour recommencer le combat corps à corps ; les autres verriers s'interposèrent. — Allons, monsieur de Briqueville, — dit Loustel lui-même avec son calme inaltérable, — vous en avez assez. Rendez grâce à votre frère, qui m'a retenu au bon moment, car une seconde plus tard il eût été chef unique de la famille... Enfin, puisque vous ne l'avez pas tué et puisqu'il intercède en votre faveur, je veux me montrer bon compagnon à votre endroit. Prenez donc un de ces chevaux, et partez au plus vite. Monsieur d'Holmières a du crédit dans la province, et la justice du roi pourrait désapprouver vos façons d'agir envers votre jeune frère, qu'il vive ou qu'il meure... Montez donc sur un de ces chevaux, et piquez des deux, c'est le plus sage.

— Quoi donc ! permettrons-nous qu'un meurtrier et un ravisseur demeure impuni ? — s'écria Michaud, tout à fait rassuré depuis qu'il voyait Briqueville réduit à l'impuissance ; — il faut le livrer au bailli.

— Et moi je m'y oppose, — répliqua Loustel avec fermeté. — A tort ou à raison, j'ai croisé le fer avec monsieur de Briqueville, et, après lui avoir fait cet honneur, je n'entends pas qu'on le traîne en prison... à moins, —

ajouta-t-il, — qu'il ne profite pas du répit qu'on lui laisse et qu'il s'amuse à lanterner ici.

Briqueville sentait, en frémissant de rage, qu'il n'avait pas d'autre parti à prendre, et il se résigna subitement à la retraite.

— Cornebleu ! messieurs, nous nous reverrons, — dit-il d'un air sombre.

— Quand vous voudrez, — répliqua Loustel en haussant les épaules.

— A vos ordres, — ajouta d'Hercourt, — et souvenez-vous que je compte avoir mon tour.

— Et moi le mien, — dit Michaud majestueusement.

Briqueville se dirigea vers la voiture pour jeter un regard sur Robert, qui, épuisé de son dernier effort, était retombé mourant.

Le capitaine affectait d'abord de marcher avec lenteur ; il alla ramasser son épée, qu'il remit au fourreau, puis il accéléra le pas, quoique personne ne parût songer à le poursuivre. Tout à coup les verriers entrevirent dans les ombres du soir la pauvre Mathilde encore inanimée sur l'herbe, non loin de la chaise de poste.

— Où diable avions-nous l'esprit ! — s'écria Loustel, — nous avons oublié la petite demoiselle, et ce galant est capable... Tenez, qu'est-ce que je disais ?

En effet, Briqueville s'était aperçu de la faute de ses adversaires et n'avait pas manqué d'en profiter. Il prit Mathilde dans ses bras, la jeta sans ménagement dans la voiture ; puis, se tournant vers les verriers, il leur dit d'un ton de défi :

— Venez me la disputer maintenant, si vous pouvez.

— Nous sommes joués, — dit Loustel ; — allons, messieurs, ne le ménageons plus... ce n'est décidément qu'un gibier de potence !

Ils coururent tous vers le capitaine, qui, après s'être saisi de sa proie, sauta en selle pour conduire lui-même la voiture.

Les verriers voyaient avec douleur l'impossibilité d'arriver à temps, quand une huée de Nicolas et un blasphème de Briqueville leur apprirent que l'entreprise du capitaine était manquée. Nicolas, en effet, après avoir vu son jeune maître revenir à la vie, avait songé à Mathilde et s'était glissé vers la voiture. Une sorte d'instinct l'avait poussé à dételer les chevaux, qui toutefois étaient restés au brancard par la force de l'habitude, et lorsque Briqueville les avait fouettés, ils s'étaient partis, sans entraîner la chaise de poste, qui demeura immobile avec son précieux contenu.

Briqueville jurait à faire abîmer la forêt ; mais les verriers venaient sur lui, déterminés cette fois à ne pas l'épargner. Il se résigna donc à fuir seul, et se mit à galoper dans la grande avenue, suivi de l'autre cheval qui ne voulait pas quitter son compagnon. Bientôt ils disparurent dans les profondeurs du bois.

Alors les verriers songèrent à secourir les victimes de ce funeste événement ; Mathilde était toujours sans connaissance ; quant à Robert, de rares et faibles gémissemens prouvaient seuls qu'il vivait encore.

XII

LE BLESSÉ.

Quinze jours s'écoulèrent. La blessure de Robert de Briqueville ne s'était pas trouvée mortelle ; le tranchant de l'épée, bien qu'il eût profondément lésé l'os du crâne, n'avait pas pénétré jusqu'aux organes essentiels à la vie. Toutefois, pendant ces quinze jours, le malheureux jeune homme avait eu constamment une fièvre violente accompagnée de délire. Il ne reconnaissait aucun de ceux qui l'entouraient ; il ne prononçait que des paroles incohérentes, provoquées par ses hallucinations de malade.

Un matin cependant, après une nuit assez calme, il promena autour de lui des regards étonnés. Il était dans une pièce qui paraissait spacieuse, mais des rideaux épais couvraient les fenêtres et enveloppaient le lit sur lequel il était couché. Il put seulement s'assurer que deux personnes, deux femmes, allaient et venaient dans la chambre avec précaution, échangeant de temps en temps quelques mots à voix basse.

Il essaya de se soulever pour continuer son examen, mais aussitôt il retomba sur l'oreiller et poussa un cri de douleur. A ce cri, une de ses gardes-malade se glissa sous ses rideaux, et il sentit une main délicate lui tâter le pouls.

— Mathilde, chère Mathilde, — balbutia-t-il, — est-ce vous ?

On ne répondit pas et on continua de compter attentivement les battemens de son artère ; enfin on dit d'une voix mélancolique :

— C'est singulier, il n'a plus de fièvre, et pourtant on dirait le délire dure encore... Toujours les mêmes pensées, les mêmes visions !

— Ah ! ce n'est pas Mathilde ! — répliqua Robert en soupirant. Après un moment de repos, il reprit : — Où suis-je ? Qui êtes-vous donc, vous qui me parlez ? qu'est-il arrivé ? — Ses gardiennes chuchotèrent, puis une d'elles s'empressa de tirer les rideaux de la fenêtre, tandis que l'autre écartait ceux du lit. Une grande lumière pénétra dans la pièce ; par malheur, le cadet de Briqueville ne put d'abord en profiter ; l'éclat subit du jour lui causait des douleurs intolérables, et il fut obligé de fermer les yeux. Quand il les rouvrit, quelques instans plus tard, on avait rabattu une partie des draperies, de manière à laisser la chambre dans une demi-obscurité. Cette chambre avait un mobilier en chêne, vieux et sombre, mais solide encore ; des armoires étaient sculptées sur le dos des fauteuils, sur les caissons des plafonds et sur le large manteau de la cheminée de pierre. Robert observa ces détails d'abord avec curiosité, puis avec une sorte de stupeur. Ses regards se fixèrent particulièrement sur un tableau de religion qui décorait un panneau en face de lui, et tout à coup il dit avec émotion : — Grand Dieu ! comment se fait-il que je me trouve au château de Briqueville et que je sois couché dans la chambre de feu mon père ?

Ses gardiennes comprirent cette fois que décidément l'intelligence lui était revenue. Pendant que l'une se dissimulait derrière un rideau, l'autre s'approcha du malade et lui dit :

— Allons ! calmez-vous, Robert ; cela va mieux, je crois ?... Que le bon Dieu soit loué !

— Quoi ! chère Madelon, — dit le cadet de Briqueville en reconnaissant la vieille gouvernante du défunt chevalier, — est-ce bien vous ? Je ne peux m'expliquer...

— Ne vous fatiguez pas la tête à penser, — interrompit la vieille ; — on vous expliquera cela plus tard. Le père Antoine va venir d'un moment à l'autre avec le prieur ; ils verront ce qu'il convient de dire et de faire.

En même temps elle parla bas à sa compagne, qui répondit sur le même ton. L'attention de Robert se porta vers l'inconnue.

— Qui donc est cachée là ? — demanda-t-il.

— Une personne, — répliqua Madelon, — à qui certainement vous devez la vie. Depuis qu'on vous a porté au château dans le plus triste état, elle ne vous a quitté ni le jour ni la nuit. Moi, je n'aurais pu résister à tant de fatigues ; mais elle est jeune, forte, et d'ailleurs elle sait mieux s'y prendre que moi.

— Enfin, qui est-elle ? — demanda Robert avec une légère impatience.

L'inconnue sortit de sa cachette.

— Ne vous irritez pas, monsieur de Briqueville, — dit-elle avec douceur, — me voici.

C'était Paola Viconti, maigre et pâle à cause de ses récentes fatigues, mais plus belle que jamais et toute joyeuse à la vue de son bienfaiteur convalescent.

— Merci, bonne Paola ! — dit-il en lui tendant la main.

— Ah ! vous vous êtes enfin ressouvenu de mon nom ! — s'écria la jeune Italienne ; — jusqu'à ce moment vous m'aviez toujours appelée Mathilde.

Robert semblait vouloir encore demander quelque chose ; mais Paola et Madelon le supplièrent de garder le silence. Aussi bien cette courte conversation l'avait épuisé ; en dépit de lui-même il se tut, et ses yeux se fermèrent de nouveau.

Un bruit léger qui se fit à la porte de la chambre, et bientôt un nouveau chuchotement qui s'éleva dans la chambre elle-même vinrent le tirer de sa torpeur. Le prieur et le père Antoine, debout devant le lit, écoutaient avec intérêt le rapport des deux gardes-malade. Derrière eux on entrevoyait la tête ébouriffée du rousseau, qui s'efforçait d'écouter ce que l'on disait. Ambroise et le médecin paraissaient douter encore du changement favorable qu'on leur annonçait, quand Robert éleva lui-même la voix :

— Mon bon oncle, — disait-il, — vous ne m'avez donc pas abandonné ?

Le père Ambroise courut vers son neveu, et lui donna un baiser sur le front.

— Robert, mon enfant, — lui dit-il avec amitié, — vous voilà donc revenu à la vie ! Le ciel n'a pas voulu que le plus beau rejeton de la vieille souche fût arraché, et il n'a pas voulu laisser ce coupable un remords éternel.. Gloria tibi, Domine ! — Le père Antoine, de son côté, procédait à un examen scrupuleux, pour constater le véritable état du blessé. Il lui tâta le pouls, à son tour, puis il écarta les linges qui entouraient sa tête, dont la blonde et luxuriante chevelure était tombée depuis peu sous les ciseaux ; sans doute le résultat de ces observations fut satisfaisant, car le médecin sourit. — Eh bien ! cher père, — demanda le prieur, — c'est donc vrai ?

— C'est vrai, mon révérend. La fièvre a cessé, tous les symptômes alarmans ont disparu ; comme nous avons affaire à un tempérament sain et robuste, dans huit jours notre jeune homme pourra courir les champs.

Cette assurance officielle fut accueillie avec des transports de joie de tous les assistans, Madelon leva les bras vers le ciel en poussant des exclamations bizarres ; l'Italienne, au contraire, s'agenouilla et pria la madone avec ferveur. Quant à Nicolas, il se mit à gambader dans la chambre, en battant des mains, et il disait en bas normand :

— Ah ! je suis joliment content, oui ! Tous les marchands de chandelles du voisinage n'ont qu'à bien se tenir, car je leur chiperai un cierge pour chaque saint de l'église ! Et que le goublin vienne me tirer la couverture pendant la nuit ! je m'en moque pas mal... monsieur Robert me défendra contre le goublin. Ah ! mais monsieur Robert ne veut point qu'on chipe... non, il ne le veut point.

Il eût continué son monologue et ses gambades, si une taloche, administrée par la vieille Madelon en passant, ne l'eût renvoyé dans un coin, où il demeura immobile et silencieux.

Cependant Robert continuait d'observer avec étonnement tout ce qui se passait autour de lui.

— Par grâce ! mon révérend père, — demanda-t-il au prieur, — ayez pitié de mon embarras ; comment me trouvé-je malade et alité au château de Briqueville, dans la chambre d'honneur ? A qui donc appartient cette maison aujourd'hui ?

— On vous a transporté ici, mon enfant, — répliqua le père Ambroise, — parce que le château de Briqueville est l'habitation la plus voisine de l'endroit où vous avez été blessé. Le procureur Gaillardet, le nouvel acquéreur, sait votre séjour chez lui et l'autorise volontiers. Il a tenu, comme vous voyez, à conserver les anciens domestiques, et il laisse le logis entier à votre disposition. N'ayez donc aucune inquiétude ; nul ne viendra vous déranger ici.

Le cadet de Briqueville semblait faire de grands efforts pour rassembler ses souvenirs.

— Attendez, — murmura-t-il avec agitation ; — mon Dieu ! est-ce un rêve ou bien une réalité ? Dans la forêt... le soir, par un grand vent... il emportait Mathilde, et je suis accouru pour la défendre... il m'a frappé et je suis tombé mourant... Puis j'ai rouvert les yeux ; il y avait là des hommes qui se battaient ; j'ai crié au moment où l'on allait le tuer... j'ignore le reste... mais lui, lui qu'est-il devenu ?

— Qui donc mon enfant ?

— Vous savez bien... lui, mon frère ?

— Il s'est dérobé à l'indignation générale et à la vengeance des lois, — répliqua le père Ambroise. — Il agira sagement de ne jamais reparaître dans ce pays, où il est détesté et méprisé. — Ces souvenirs avaient beaucoup surexcité le malade ; tout son corps était frémissant, des teintes fiévreuses commençaient à reparaître sur ses joues décolorées. Sur un signe du père Antoine, le prieur se hâta d'interrompre cette conversation. — Mon enfant, — dit-il, — on vous donnera plus tard les éclaircissemens que vous pourrez souhaiter. Jusque-là songez uniquement à vous tranquilliser et à vous guérir.

— Une question encore, mon révérend père, — dit le malade accablé, — une seule... Qu'est-il arrivé de Mathilde... de mademoiselle d'Helmières ?

— Elle est en bonne santé, sous la protection de son père, bien qu'elle ait été souffrante pendant plusieurs jours. Allons! plus un mot, Robert ; je n'y répondrai pas... Taisez-vous, je le veux.

Et l'on s'éloigna de son lit pour lui permettre de prendre du repos.

Le père Antoine déclara que le moment était venu de donner quelque nourriture au malade, afin de mener à bien la convalescence si heureusement commencée. Comme il prescrivait à Madelon et à Paola le régime à suivre désormais, Nicolas se refus si un empressement :

— Révérend père, je me charge de fournir tout ce qui sera nécessaire à monsieur le cadet. Je sais où il y a des poulets gras, et j'en apporterai tant qu'on voudra, sans compter que je réussis très bien à tuer des pigeons à coups de pierre.

— Malheureux enfant, — dit le prieur avec sévérité, — oses-tu bien proposer de nous associer à tes méchans tours et à tes maraudages ? Tu mériterais d'être fouetté jusqu'au sang, si l'on n'avait pitié de ton ignorance et de l'abandon où tu as vécu jusqu'ici.

Cette nette semonce parut étonner le jeune vaurien.

— Mon révérend père, — répliqua-t-il avec confusion, — ce n'était pas pour moi que je voulais tordre le cou à un poulet ou abattre un pigeon ; c'était pour monsieur Robert... Dites-moi un peu : est-ce que, depuis que monsieur le chevalier est mort et que l'autre est parti, ce n'est pas monsieur Robert qui est notre seigneur et le chef de la famille de Briqueville ?

— Tais-toi... n'as-tu pas de honte ? — dit le prieur en lui tournant le dos. Nicolas demeura confus, et alla disposer pour le départ les mules sur lesquelles les deux moines étaient venus à Briqueville. Le prieur s'était mis à causer bas avec Paola, qui paraissait lui demander une grâce. — Allons ! ma fille, j'y consens, — dit enfin le père Ambroise à voix haute ; — vous resterez encore trois ou quatre jours auprès de mon neveu, car aussi bien Madelon ne saurait se passer de vous ; mais, ce délai expiré, vous ne pourriez prolonger votre séjour à Briqueville sans donner lieu à des interprétations qu'une fille honnête et pieuse doit surtout éviter.

Paola remercia humblement le prieur, et une joie mélancolique se peignit sur son visage. Le père Ambroise, après avoir fait à l'égard du malade certaines recommandations, donna un baiser au jeune homme endormi, et

partit avec l'autre religieux en annonçant qu'ils reviendraient tous deux le lendemain.

Pendant le reste de la journée, Robert fut plongé dans une somnolence qui résultait de son excessive faiblesse. Néanmoins, vers le soir, ayant pris quelques alimens légers, il recouvra un peu de force et en même temps l'usage complet de ses facultés. Dans la chambre silencieuse, Paola Vicenti semblait épier son sommeil. Il l'appela et elle accourut aussitôt.

— Bonne Paola, — dit-il en lui montrant un siège auprès de son lit, — je ne peux supporter l'ignorance où je suis encore au sujet des faits qui m'intéressent le plus ; ne consentirez-vous pas à répondre à mes questions ? — Paola lui représenta que ces explications pourraient lui causer une agitation dangereuse. — Eh ! ne voyez-vous pas, — reprit Robert, — que l'incertitude m'agite et me trouble plus encore que ne pourrait le faire la réalité ?

Ainsi sollicitée, l'Italienne ne résista plus. Elle connaissait par son père toutes les circonstances de l'événement qui avait failli être si funeste au cadet de Briqueville, et elle se mit à les lui raconter en détail.

Elle lui rappela d'abord comment le capitaine, désirant se venger d'une prétendue insulte, avait appris de Nicolas certaines habitudes de Mathilde ; comment il était allé attendre la jeune demoiselle dans la forêt à sa sortie de chez la nourrice, et comment il avait tenté de l'enlever, quand lui, Robert, «qui,» disait Paola en rougissant, «s'était sans doute trouvé là par hasard,» était accouru pour s'opposer à cette action infâme. Obligé par les verriers de renoncer à son projet, Briqueville était parti sur un cheval de poste, et l'on supposait qu'il avait repris la route de Paris, car depuis ce moment on n'avait plus eu de ses nouvelles. Quant à Robert et à Mathilde, les deux victimes de cette criminelle tentative, les verriers, assistés bientôt de quelques bûcherons, avaient songé à les transporter au château d'Helmières ; mais le baron, qu'on avait prévenu à la hâte, avait prié qu'on ne le chargeât pas de deux malades, sa fille réclamant exclusivement ses soins. On attribuait aussi ce refus à un sentiment exagéré des convenances, et peut-être à une rancune de monsieur d'Helmières contre les Briqueville aîné et cadet. Quoi qu'il en fût, Mathilde, qui commençait à reprendre ses sens, avait seule été transportée à Helmières, et les verriers, sur les demandes instantes de Nicolas, avaient porté Robert au château de Briqueville, où se trouvait encore la vieille Madelon, et dont le propriétaire habitait la ville voisine.

— Quant à moi, — continua Paola Vicenti en baissant les yeux, — pénétrée de reconnaissance pour les services que vous nous avez rendus, j'ai sollicité la faveur de devenir une de vos gardes-malade ; cette faveur ne m'a pas été refusée ; j'ai donc pu demeurer auprès de vous, et j'ai attendu avec anxiété la crise favorable qui vient enfin de se manifester.

— Je le sais, bonne Paola, — répondit Robert affectueusement ; — j'avais seulement une perception vague de ce qui se passait autour de moi ; cependant je me souviens de vous avoir vu sans cesse à mon chevet, et je vous prenais tantôt pour mon ange gardien, tantôt pour une autre personne... absente. J'ai contracté bien des obligations ces derniers temps ; d'abord envers vous, dont les soins généreux, les attentions de tant contribué à ma guérison ; puis envers ces braves verriers, qui ont délivré mademoiselle d'Helmières lorsque j'étais incapable de la défendre davantage : enfin envers ce petit Nicolas, que je considérais comme un vaurien malfaisant, et dont le dévouement pour moi s'est manifesté d'une manière si éclatante.

— Oui, oui, monsieur de Briqueville, il vous aime bien aussi, — répondit Paola chaleureusement ; — si vous saviez quelles terreurs il éprouvait quand votre vie était en danger ! Cet enfant, malgré ses habitudes vicieuses, a vraiment un cœur d'or, et le moindre effort de votre part suffirait peut-être pour le tirer de la mauvaise voie.

— Bien, bien, j'y songerai, Paola. Hélas! pauvre comme

24

je suis, je ne peux guère autre chose en sa faveur... Mais il reste encore un point à éclaircir, et je ne saurais vous exprimer quel intérêt j'y attache... Pendant ma maladie, monsieur d'Helmières ou... quelqu'un de sa maison, n'aurait-il pas envoyé demander de mes nouvelles ?

Paola hésitait à répondre.

— Je crains de vous affliger, monsieur le cadet, mais, à ma connaissance, personne ne s'est informé de vous, pendant votre maladie, de la part du baron ou de la part de sa famille.

— En êtes-vous bien sûre, Paola ?

— Très sûre, monsieur, et, s'il faut le dire, cette indifférence a frappé tous vos amis, car elle ressemble à de l'ingratitude.

— Le baron, soit, — murmura Robert avec douleur ; — mais Mathilde... Mathilde ! — Il se cacha le visage dans ses mains, et ne prononça pas une parole du reste de la soirée. Cette indifférence du baron d'Helmières et surtout de sa fille fut la préoccupation constante du cadet de Briqueville pendant plusieurs jours ; néanmoins sa convalescence avançait rapidement, si bien qu'il put bientôt se lever et faire quelques tours dans la chambre avec le secours de Paola ou de Madelon. Sa blessure était complétement cicatrisée et tout danger semblait passé. Aussi un jour avait-il été désigné par le prieur où Paola, dont les services n'étaient plus nécessaires à Briqueville, devrait retourner à Roquencourt, et il avait été convenu que son père viendrait la chercher après avoir achevé sa journée à la verrerie. Ce jour-là, à mesure que le moment approchait de quitter le château, Paola paraissait plus inquiète et plus agitée. Assise au coin du feu, en face de Robert, elle le regardait parfois à la dérobée, et de grosses larmes remplissaient ses yeux ; mais le cadet demeurait sombre et rêveur, sans remarquer le chagrin mal dissimulé de sa compagne. Une personne étrangère à la maison, qui venait d'entrer dans la première pièce, fit diversion à cette scène muette ; c'était sans doute une visite. En effet Madelon ne tarda pas à introduire la mère Franquette, Rien ne saurait peindre la joie de Robert à la vue de la nourrice de Mathilde ; il se leva convulsivement du grand fauteuil de bois où il était assis en s'écriant : — Ah ! je savais bien que cet oubli ne pouvait durer ! Enfin vous voici, mère Franquette, et soyez la bienvenue. — Vous allez me parler de ceux qui occupent toutes mes pensées !

La bonne femme semblait embarrassée ; elle examina Robert, si maigre et si pâle, et elle dit en patois :

— Pauvre garçon ! comme il a souffert !... Cependant, monsieur de Briqueville, ne vous hâtez pas de vous réjouir ; l'objet de ma venue n'est peut-être pas celui que vous supposez. — Robert, alarmé par ce début, était retombé sur son siège. La mère Franquette, après avoir jeté un regard curieux sur Paola, immobile à l'autre extrémité de l'immense cheminée, s'assit elle-même et poursuivit : — Ne croyez pas, monsieur Robert, que l'on ne se soit pas soucié de vous à Helmières. On n'a pas envoyé demander de vos nouvelles, c'est vrai, mais on connaissait votre état jour par jour, et l'on s'est réjoui d'apprendre que vous étiez enfin en voie de guérison.

— A la bonne heure, mère Franquette, — s'écria Robert dans le même patois, qu'il parlait facilement ; — il m'était trop douloureux de songer que monsieur d'Helmières et Mathilde me délaissaient sans pitié.

— On pense à vous et l'on parle de vous là-bas, — reprit la nourrice, — mais, encore une fois, non pas comme vous le désireriez... Tenez, monsieur Robert, je ne sais pas employer les finesses du langage pour dire les choses, et je m'acquitterai tout simplement de la mission qu'on m'a confiée : si donc vous conservez encore des espérances au sujet de Mathilde, il faut y renoncer définitivement.

— Qui vous a chargé de m'apprendre cela, mère Franquette ? — demanda le cadet de Briqueville d'une voix tremblante.

— Monsieur d'Helmières en personne.

— Il sait donc... on lui a dit...

— Après ce qui s'est passé, j'aurais été inexcusable de ne pas avouer la vérité à monsieur le baron. Quand je lui révélai l'entente secrète qui existait entre vous et la petite, il entra dans une colère horrible ; il se répandit en imprécations contre vous, contre votre frère. Il eut plusieurs longues conversations avec Mathilde, et il lui signifia qu'il ne consentirait jamais à ce mariage. Bien plus, les anciens projets d'alliance avec la famille de Vergnes ont été repris, et l'on espère que, en fille soumise et qui chérit son père, Mathilde finira par y donner son assentiment. Ce matin donc, monsieur le baron, en apprenant que vous étiez enfin à peu près guéri de votre blessure, m'a mandée au château et m'a chargée de venir vous trouver : il vous invite à oublier des enfantillages dont vous paraissiez disposé à prendre au sérieux. Mille obstacles s'opposeraient à une pareille alliance, et le principal est dans le dernier événement, qui rend désormais impossible toute espèce de rapports entre les familles d'Helmières et de Briqueville. Mon maître aimerait mieux, dit-il, étrangler sa fille de ses propres mains que de lui permettre d'épouser un homme qui porte ce nom odieux. Il compte donc que vous saurez vous soumettre à la nécessité, et que vous ne chercherez pas à revoir Mathilde, dont les démarches du reste, seront à l'avenir soigneusement surveillées... Il m'en coûte de vous dire cela, monsieur Robert, — poursuivit la mère Franquette en voyant la consternation et l'affliction du cadet de Briqueville, — car j'aimais bien votre mère, et je vous ai vu tout enfant. Mais j'aime encore mieux ma chère Mathilde et monseigneur le baron d'Helmières.

Robert fut pendant quelques instants incapable de parler.

— La colère aveugle de monsieur d'Helmières contre moi m'afflige sans m'étonner, — reprit-il enfin ; — mais Mathilde, bonne nourrice, Mathilde connaît-elle le message que vous êtes venue remplir auprès de moi ?

— Elle le connaît, monsieur Robert ; elle était présente tout à l'heure quand monsieur le baron me donnait ses ordres... Elle pleurait, mais elle ne disait rien.

— Et ne vous a chargé d'aucune commission particulière ?

— D'aucune.

— Quoi ! elle ne vous a pas confié... quelque chose pour m'être rendu ?

— Rien... Mais je vous comprends, monsieur le cadet ; il s'agit, n'est-ce pas ? de l'anneau de votre mère. Malheureusement, Mathilde l'a perdu dans la forêt, le soir où elle faillit être enlevée par votre méchant frère. N'osant mettre cet anneau à son doigt, elle le portait suspendu à son cou par un ruban ; le ruban fut brisé dans la lutte, et la bague a disparu depuis ce moment.

— Elle l'a perdue ! — répéta Robert avec désespoir ; — et vous croyez, mère Franquette, que si mademoiselle d'Helmières avait encore possédé cet anneau, elle vous eût chargée de me le remettre ?

— Sans aucun doute, monsieur Robert ; la pauvre petite n'est pas en état de résister aux volontés de monsieur le baron, qui se montre si fort irrité contre vous et toute votre race... Aussi, quoique je ne puisse vous restituer votre anneau, vous devez considérer comme entièrement rompue la promesse dont il était le gage.

— Par grâce, mère Franquette, ne me trompez pas...! Les sentiments que vous m'exprimez sont-ils bien ceux de mademoiselle d'Helmières ?

— Ceux de Mathilde et ceux de son père, — répliqua la nourrice.

Le cadet de Briqueville demeurait comme écrasé sous le poids de sa douleur, la tête penchée sur sa poitrine.

— J'avais laissé à Mathilde la faculté de retirer sa parole, — dit-il d'une voix brisée ; — je n'ai pas le droit de lui adresser des reproches... Mais, bon Dieu ! — ajouta-t-il dans un transport de désespoir, — pourquoi m'a-t-on rappelé à la vie quand j'étais près de mourir, et de mourir pour elle ?

Il était suffoqué par les sanglots. La nourrice paraissait éprouver pour lui une pitié réelle, aussi se mit-elle à lui débiter les encouragemens et les consolations que la vieillesse tient en réserve pour les peines d'amour, qu'elle ne comprend plus; Robert ne répondait pas et ne semblait même pas l'entendre.

La bonne femme eût peut-être continué longuement ces banalités inutiles, quand Paola s'approcha d'elle tout à coup. Paola, grâce à l'instinct particulier de son sexe, avait deviné le sujet de cette conversation, et son œil ardent avait saisi les plus imperceptibles nuances sur le visage des interlocuteurs. Elle dit à la nourrice d'un ton impatient, presque dur :

— A quoi bon le tourmenter davantage ? Votre tâche n'est-elle pas accomplie ? Vous le tuez en retournant ainsi le poignard dans sa plaie... Laissez faire le temps et le zèle de ses amis.

Franquette était interdite en voyant cette inconnue, à la mine irritée, intervenir ainsi. Néanmoins elle fit ses préparatifs de départ.

— Adieu donc, monsieur de Briqueville, — reprit-elle ; — que devrai-je dire pour vous à monsieur le baron ?

— Dites-lui, — répliqua Robert dans un transport de douleur, — dites-lui qu'il m'a rendu le plus malheureux des hommes.

La nourrice allait peut-être encore lui adresser des consolations importunes, mais Paola la congédia par un geste brusque, et Franquette s'empressa de sortir en jetant sur la gardienne de Robert des regards de soupçon et de colère.

XIII

LES CONSEILS.

Demeurée seule avec le cadet de Briqueville, Paola Vicenti lui dit d'un ton pénétrant :

— Oubliez-la, monsieur; car elle est indigne de vous. Au moindre obstacle, vos Françaises se découragent ; elles fléchissent au moindre effort, elles ne savent pas aimer.

Robert ne parut pas surpris de trouver l'Italienne si bien au courant de ses secrets, car la pensée de Paola répondait à la sienne.

— Ah ! chère Paola, — reprit-il en sanglotant, — n'est-il pas injuste de faire retomber sur moi la haine et la colère qu'un autre a seul méritées ? L'ingrate Mathilde devait-elle ainsi me briser le cœur ?

— Ne pensez plus à elle, monsieur Robert; elle ne voit pas, elle ne sait pas, elle ne sent pas... Les jeunes filles de ce pays sont frivoles et changeantes... Ah ! ce n'est pas ainsi que l'on aime autre part ! Oubliez-la, vous dis-je.

— L'oublier ! — répéta le cadet de Briqueville en frappant du pied, — eh ! le pourrai-je ? L'espoir d'être un jour l'époux de Mathilde me soutenait seul ; maintenant que cet espoir est détruit, la vie m'est à charge, et je voudrais mourir.

— Mourir, vous, monsieur de Briqueville? vous arrêter dès les premiers pas dans une carrière qui pourrait être si longue et si belle ! Y pensez-vous ? Ne rougissez-vous pas de cette faiblesse ?

— Mais alors comment combattre la mauvaise destinée qui pèse sur ma famille depuis plusieurs générations et qui s'acharne maintenant contre moi ? Le chef actuel de ma maison, mon parent le plus proche, est devenu mon plus mortel ennemi ; au lieu de relever notre nom, il semble prendre à tâche de l'avilir, de le traîner dans la fange. Je suis en butte aux privations, aux dégoûts, aux humiliations de toutes sortes. . Tout me manque, tout m'abandonne !

— Parce que vous vous abandonnez vous-même, — répliqua Paola Vicenti avec énergie. — Ecoutez-moi, monsieur de Briqueville : Je suis née dans un pays bien éloigné de celui-ci, où les mœurs et les idées sont fort différentes. De plus, j'appartiens à une famille obscure où n'existent pas ces traditions dont votre noblesse est si fière ; cependant, peut-être y a-t-il des choses vraies pour tous les pays comme pour toutes les conditions. Quand nous autres, gens de rien, nous venons à tomber, c'est par le travail que nous nous relevons; pourquoi n'en serait-il pas de même de vos familles patriciennes ? Sachez vouloir et vous réussirez. Dans notre Italie du nord, le commerce et l'industrie ont des palais de marbre; nos négocians ont leur livre d'or, aussi respecté que celui qui contient les noms de la seigneurie de Venise ; ils équipent des flottes, ils mettent sur pied des armées. Vous vous plaignez d'un sort, qu'avez-vous fait pour le dominer ? Par quels efforts avez-vous tenté d'acquérir cette indépendance qui est la véritable noblesse? Soumis à toutes les volontés, ballotté par tous les événemens, votre position est et elle plus misérable encore que vous ne le pensez vous-même. Cependant vous êtes jeune, plein d'intelligence et de cœur ; que ne descendez-vous dans votre conscience pour prendre conseil d'elle seule? que ne cherchez-vous à surmonter cette dangereuse inertie, cette oisiveté funeste qui usent en pure perte les ressorts de votre âme ? Soyez homme enfin ; prenez une détermination vigoureuse et exécutez-la, sans vous détourner à droite et à gauche, sans écouter les objections, sans redouter les obstacles. C'est seulement ainsi que vous pourrez parvenir à vous relever aux yeux du monde, à vos propres yeux, et vous y parviendrez, je vous le promets... je vous le jure.

Ce langage ferme et hardi, qu'il entendait pour la première fois, frappa Robert d'étonnement, et lui fit pour un moment même oublier l'ingratitude de Mathilde. Ses yeux grands ouverts étaient fixés sur Paola, qui, debout devant lui, le visage animé, parlait avec une autorité irrésistible. Un jour nouveau venait d'éclairer les obscurités au milieu desquelles il se débattait naguère ; un peu de cet enthousiasme qui débordait de l'âme de mademoiselle Vicenti avait passé dans la sienne, et des sentimens en germe jusque-là au fond de lui-même venaient de prendre tout à coup un développement inattendu.

— Vous avez raison, Paola, — dit-il avec chaleur ; — je suis lâche, pusillanime ; j'aurais dû depuis longtemps adopter un parti décisif ; mais le jour où j'aurai mis un terme à mes hésitations, je marcherai d'un pas rapide et sûr dans le chemin que j'aurai pris.

— Hâtez-vous donc, monsieur de Briqueville, car il est des situations indignes d'un homme bien né ; et quand vous aurez à choisir un état, n'oubliez pas le conseil que je vous ai donné là-bas sur la falaise. Ce conseil est celui-ci : faites-vous verrier.

Ce mot prosaïque, au milieu des expressions passionnées dont se fût servie l'Italienne s'était servie jusqu'à ce moment, fut pour Robert comme la goutte d'eau froide qui tombe sur un liquide en ébullition.

— Je ne l'ai pas oublié, mademoiselle Paola, — dit-il avec impatience ; — mais cette profession n'offre rien de fort attrayant, quand on a nourri en secret de certaines espérances... Elle peut seulement donner les moyens de végéter, et on ne saurait satisfaire la plus modeste ambition.

— Eh ! ne vaut-il pas mieux végéter, comme vous dites, et vivre d'un morceau de pain trempé de sueurs, que de lasser la générosité de ses proches, que de devoir à la pitié de celui-ci, à l'orgueil de celui-là, sa nourriture, ses vêtemens, son logis ?... Monsieur de Briqueville, je vous le répète, il n'y a pas deux fiertés, l'une pour les gentilshommes et l'autre pour les roturiers. Un jeune vilain qui aimerait mieux recourir pour vivre à la libéralité des autres que d'exercer sa force, son activité, son intelligence, serait réputé digne de mépris dans les villes commerçantes de mon pays ; de même, quoi que puissent en penser les gens de qualité en France, mendier à un roi, à un grand personnage ou bien à un parent éloigné qui ne vous doit rien, n'est-ce pas toujours mendier ?

— Il faut se rappeler les préjugés de ce temps-là pour comprendre comment les opinions que Paola venait d'exprimer devaient paraître bizarres et offensantes à un jeune gentilhomme bas normand que rien n'avait préparé jusqu'alors à envisager les choses sous cet aspect. Il en était d'autant plus blessé que, au fond de lui-même, il sentait la justesse des raisonnemens de l'Italienne. Toutefois il ne répondit pas, et son air glacial témoigna seul combien son amour-propre avait été rudement froissé. Alors il s'opéra un changement merveilleux dans l'attitude et le son de voix de Paola. Elle, si ferme et si hardie tout à l'heure, devint humble et suppliante. — Monsieur de Brieville, — dit-elle les larmes aux yeux, — m'en voudriez-vous de ma franchise ? Que la madone et tous les saints me préservent d'avoir encouru votre colère ! Vous ne savez pas, vous ne pouvez pas soupçonner pourquoi j'insiste avec tant de force afin de vous décider à embrasser une profession qui vous inspire cette vive répugnance !... Eh bien ! je vous dirai la vérité, et sans doute alors vous me pardonnerez mon langage trop peu mesuré... Cette profession, si modeste en apparence, peut vous faire arriver promptement aux honneurs, à la fortune que vous ambitionnez. Ici la verrerie se trouve encore dans l'enfance. Nous autres Vénitiens nous sommes des maîtres dans cet art ; nous possédons des secrets que le monde entier nous envie. Ces secrets ont une immense importance ; votre premier ministre, monsieur Colbert, a mis tout en œuvre pour nous les dérober, et quiconque les connaîtra en France pourra être assuré de sa faveur. Or, mon père les connaît, monsieur Robert ; il les connaît, quoiqu'il ne veuille pas en convenir, et si je pouvais vous raconter dans quelles circonstances nous avons quitté notre belle Venise... Mais quel intérêt ce récit aurait-il pour vous ? Sachez seulement que vous pressant de choisir la profession de verrier, j'ai l'espoir de décider mon père à vous communiquer sa science précieuse. Il est plein de respect et de gratitude pour vous, son protecteur, son sauveur, et peut-être... Ma tâche sera rude pourtant ; car, il ne faut pas se le dissimuler, la divulgation de ses secrets pourrait lui coûter la vie ; mais j'ai quelque influence sur son esprit, et, en le rassurant par des précautions convenables, je finirai sans doute par vaincre ses scrupules... Comprenez-vous maintenant, Robert, pourquoi je désire si ardemment que vous vous fassiez verrier ?

Les révélations de Paola ouvraient à l'imagination du cadet de Brieville des horizons tout à fait imprévus : il répliqua chaleureusement :

— Merci, merci, bonne Paola ; je soupçonnais bien que vous deviez avoir pour me pousser à cette détermination quelque motif généreux... Mais les secrets de Vicenti ont-ils réellement une si grande valeur ?

— Jugez-en, monsieur Robert, par les faits dont vous avez été témoin vous-même. Sur le soupçon que mon père, en quittant furtivement le territoire de la république de Venise, avait l'intention de les apporter en France, le conseil des Dix a envoyé des sbires pour l'assassiner. Peut-être même, je frémis d'y penser, le poignard est-il encore suspendu sur sa tête... Et cependant il cédera, je l'ai résolu ; il vous révélera, à vous, ce qu'il ne révélerait maintenant à nul autre pour tous les trésors de la terre. Ah ! monsieur de Brieville, — ajouta t elle d'une voix sourde, — nous autres Italiennes, nous ne sommes pas craintives et glacées comme vos Françaises, et nous savons aimer comme nous savons haïr.

Mais ces dernières paroles ne parurent pas avoir été entendues de Robert.

— Ainsi donc, — reprit-il, — vous pensez que par cette voie je pourrais arriver enfin aux honneurs, à la fortune ? En effet, je me souviens d'avoir entendu dire à Michaud... Mais alors, chère Paola, — poursuivit-il avec enthousiasme, — si je parvenais à recouvrer les biens de ma famille, à relever mon nom, à acquérir une grande position dans la province, monsieur d'Helmières ne pourrait plus me refuser sa fille, et j'épouserais Mathilde !

La pauvre Paola reçut comme une violente secousse au cœur. Elle jeta sur Robert un douloureux regard, et dit avec effort :

— Je croyais, monsieur de Brieville, que mademoiselle d'Helmières vous avait rendu votre promesse... qu'elle ne vous aimait plus... qu'elle était destinée à un autre !

— C'est vrai, mon Dieu ! c'est vrai ! — répliqua Robert dans un nouveau transport de désespoir ; — elle est perdue pour moi, je ne dois plus penser à elle... Mais alors qu'ai-je besoin des biens de ce monde ? Gardez vos présens, Pao'a ; à quoi me serviraient-ils, puisque je ne puis plus aspirer à Mathilde ?

Et il se cacha le visage dans ses mains.

L'Italienne, pâle et muette, suivait des yeux les mouvemens de Robert. Plusieurs fois ses lèvres remuèrent comme si elle allait parler, mais aucun son ne sortit de sa bouche.

Un bruit de voix qui s'éleva dans la première pièce sembla la rappeler à elle-même.

— Voici mon père, — dit-elle précipitamment, — il vient me chercher sans doute... Monsieur Robert, quelle que soit votre décision, qu'il ne soupçonne pas mes confidences à son égard.

En effet, Vicenti entra avec un autre verrier dont il s'était fait accompagner, car il n'eût jamais eu le courage de se trouver seul par les chemins à pareille heure. Ce verrier complaisant qui servait de protecteur et de garde du corps au père de Paola était le vicomte de la Briche.

Le vicomte portait un élégant costume, et méritait mieux que jamais le surnom de *beau verrier*, dont on le gratifiait quelquefois. Il avait sa plus ample perruque et un chapeau à plumes ; son épée était soutenue par un baudrier brodé ; il tenait à la main une belle canne à pomme d'ivoire. Ainsi équipé, on l'eût pris plutôt pour un courtisan habitué des antichambres de Saint-Germain ou de Marly, que pour un simple ouvrier touchant chaque semaine le prix de ses journées de travail. Vicenti lui-même était mis avec plus de recherche qu'autrefois. Il avait renoncé au costume vénitien, qui attirait trop l'attention, pour adopter un vêtement à la mode normande, et, en sa qualité de verrier, il s'était cru en droit d'y ajouter une grande diablesse de rapière qui gênait cruellement sa marche. Mais ses frayeurs continuelles ne lui permettant pas de rester désarmé, il supportait philosophiquement cette incommodité, dans l'espoir que la vue de cette épée imposerait à ses invisibles ennemis.

La Briche, après avoir salué Paola avec une grande affectation de galanterie, s'avança vers Brieville et lui adressa les interminables complimens alors en usage parmi les gentilshommes. Pendant ce temps, Marco Vicenti avait couru à Paola et l'avait prise dans ses bras en lui disant d'un ton caressant :

— Te voilà donc, *Paola, Paoletta, Paolina mia !* Ah ! pourquoi m'as-tu abandonné si longtemps, chère fille de mon âme ? Quand tu es absente, je n'ai plus ni force, ni courage ; je ne sais plus ni parler, ni agir, ni penser. la *mia santa padrona !* Mais tu me reviens enfin, et je vais être content... Ce n'est pas que je n'aie trouvé des consolations dans mon isolement et ma tristesse, *cara mia,* — ajouta-t-il aussitôt ; — regarde ce jeune et beau signor, ma fille ; — et il désignait le vicomte de la Briche, — il veille assidûment sur moi ; il répond de me défendre contre les brigands qui en veulent à ma vie ; il ne me quitte presque plus, à la verrerie, chez Gorju, dans le village, partout... Remercie-le, ma fille ; car il est notre bon et fidèle ami.

Paola ne semblait pas partager l'enthousiasme de

Vicenti pour les bons offices de la Briche ; néanmoins, elle se tourna vers le vicomte et balbutia quelques remercîmens. Le gentilhomme verrier s'inclina devant elle aussi profondément qu'il eût pu faire devant une reine ;

— Je ne mérite pas de reconnaissance, charmante Paola, — dit-il en minaudant ; — Vicenti a droit à tous les égards, parce qu'il est votre père, à vous la plus belle et la plus aimable fille de la province. D'ailleurs, il possède des talens qui honorent notre profession... Savez-vous qu'il a rendu un grand service à la verrerie de Roquencourt en nous indiquant une espèce de sable, très commune dans le pays, qui peut remplacer avec un magnifique avantage les cailloux du Tésin et de Pavie ? Pour ce seul service il aurait droit à l'estime et à l'affection de tous les gentilshommes de l'usine. Michaud, après l'épreuve, a doublé immédiatement le prix des journées de Vicenti ; mais il eût pu se montrer beaucoup plus généreux, car cette découverte l'enrichira promptement. Aussi, dans le cas où le bon Vicenti aurait encore en réserve plusieurs secrets de cette nature, je lui conseillerais de ne pas les découvrir ainsi de prime abord à Michaud, et de lui tenir la dragée un peu plus haute.

— Corpo di san Marco ! — s'écria Vicenti, — Votre Excellence croit-elle donc que j'aie des secrets à l'infini ? Vous voulez donc me faire poignarder, vous qui m'aimez tant, en répandant de pareils bruits ? Déjà le signor Michaud me persécute pour que je lui enseigne la fabrication des glaces de Venise, des perles ou marguerites, et de tous les beaux ouvrages de verre colorié que l'on trouve à Murano. Par la madone de Lorette ! pour qui me prend-il ? Est-ce que je pourrais savoir tant de choses ? Aussi lui ai-je juré sur tous les saints de Rome et sur ma part de paradis...

— Mon père ! — interrompit Paola d'un ton de reproche. Elle ajouta plus bas en italien : — Ne craignez-vous pas que Dieu vous punisse ?

Le bonhomme rougit, puis il ôta son chapeau, se signa plusieurs fois, et murmura dévotement :

— Saint Marc, saint Pierre, saint Paul, priez pour moi !

Le vicomte de la Briche semblait prendre un vif intérêt à cette conversation :

— Tenez, père Vicenti, — dit-il gaiement, — vous avez beau vous défendre, vous êtes un sournois. J'ai entendu dire que les verriers vénitiens avaient ainsi des secrets de profession qu'ils ne juraient de transmettre qu'à leurs enfans ou à leurs parens les plus proches... Aussi je gagerais que, le jour où vous marierez votre charmante fille à un verrier, car elle épousera certainement un verrier, vous aurez encore en réserve quelque bon secret pour faire la fortune de votre gendre. Voyons, père Vicenti, ai-je deviné juste ? et certes, mademoiselle Paola n'a pas besoin de pareilles amorces pour attirer les épouseurs, car c'est la plus séduisante et la plus honnête personne qu'on ait vue jamais.

Ces éloges parurent chatouiller doucement l'orgueil paternel de Vicenti.

— E vero, signor, — s'écria-t-il ; — oui, il n'existe pas une fille dans ce pays qui soit comparable à ma Paoletta. Aussi, vous avez raison, le jour où elle se mariera, je pourrai glisser à mon gendre quelques mots qui lui seront utiles, s'il est verrier..... O mon Dieu ! peu de chose ; on ramasse çà et là certains détails qui ont leur prix, et on peut les révéler sans trop s'exposer... et d'ailleurs, quand on devrait s'exposer un peu, on n'y regarrait pas de si près avec celui qui serait aimé de ma chère Paola !

La jeune Italienne se troubla en voyant les yeux de la Briche et ceux de Robert fixés sur elle.

— A quoi pensez-vous donc, mon père ? — dit-elle. — Avez-vous oublié que je ne veux pas vous quitter et que je ne me marierai jamais ?

— Jamais ! — répéta le vicomte avec une sorte de désappointement.

— Allons, cher père, — reprit Paola, — nous ne devons pas abuser de la complaisance de monsieur de la Briche. Retournons à Roquencourt, puisque aussi bien mes services ne sont plus nécessaires ici.

Pendant que les deux verriers prenaient congé du cadet de Briqueville, elle alla chercher dans une pièce voisine un petit paquet contenant quelques effets, et elle rentra bientôt la tête couverte de son mezzarone. Elle adressa modestement ses adieux à Robert, qui, à son tour la remercia de ses soins, et lui dit à voix basse en lui prenant la main :

— Ce ne sont pas les seuls services dont je vous suis reconnaissant, chère Paola. Vous m'avez fait entendre ce soir des paroles sages ; vous m'avez montré la vie sous un jour nouveau, vous m'avez présenté claires et brillantes des vérités que j'avais seulement entrevues. Si dans l'avenir j'atteins le but auquel j'aspire, c'est à vous que je le devrai sans doute !

Paola n'osait lever la tête, de peur que l'on ne lût son orgueil et sa joie dans son œil noir frangé de longs cils.

— Ainsi donc, monsieur de Briqueville, — murmura-t-elle, — vous ne m'en voulez pas de ma hardiesse et... vous suivez mes conseils ?

— Je suis pénétré d'admiration pour la noblesse de vos vues, mais je n'ai rien décidé encore... Ah ! pourquoi celle dont la pensée me donnait de l'ambition, du courage, m'a-t-elle trahi ?

Paola retira vivement sa main comme si elle eût touché un fer rouge ; puis, se tournant vers son père et vers la Briche, elle reprit avec précipitation :

— Partons, mon père ; partons, monsieur.

La Briche lui offrit le bras tandis que Vicenti se chargeait de son léger bagage, et ils sortirent tous, laissant Robert plongé dans de profondes méditations.

XIV

AVANIES ET DÉCEPTIONS.

Une semaine s'écoula encore ; le cadet de Briqueville pouvait maintenant se promener dans le voisinage du château et reprenait rapidement ses forces. Le prieur avait discontinué ses visites quotidiennes, et le père Antoine, le médecin, ne venait plus lui-même à Briqueville que tous les deux jours. De même, les autres visites avaient cessé depuis la convalescence de Robert ; il demeurait donc à peu près constamment seul au manoir avec Madelon et avec Nicolas, qui semblait s'être donné à lui corps et âme.

Un matin, il sortit pour accomplir sa promenade hygiénique, et, presque sans y songer, ses pas se portèrent dans la direction du château d'Helmières. Déjà plusieurs fois il était venu rôder de ce côté, avec l'espoir peut-être de rencontrer Mathilde et de lui parler ; mais Mathilde était toujours restée invisible. Le baron ne chassait plus depuis les derniers événemens, lui dont une fois le son des trompes n'avait retenti, durant un mois entier, dans les longues allées de la forêt. Que se passait-il donc à Helmières ? Mathilde était-elle malade ? quelle cause pouvait retenir chez lui le chasseur intrépide, dans une saison où le sanglier, gras et repu de glands, était si facile à forcer ? Mais Robert ne voyait personne qu'il pût ou qu'il osât interroger à ce sujet, et ses inquiétudes devenaient plus vives chaque jour.

Le matin dont nous parlons, il n'espérait guère être plus heureux ; cependant il se glissa sous les arbres à demi dépouillés de la forêt, et s'avança jusqu'à une centaine de pas d'Helmières. C'était une belle matinée de gelée blanche ; le temps était pur, l'air transparent, et un joyeux soleil éclairait l'habitation, bâtiment alors moderne, avec des murs de briques et des encoignures de pierre. Robert, caché derrière un houx verdoyant, put embrasser du regard l'espèce d'esplanade qui précédait le château.

Devant la porte principale stationnait un de ces grands carrosses d'osier alors en usage pour les voyages de quelque longueur : des valets chargeaient des malles et des paquets sur ce lourd véhicule déjà tout attelé. De plus, trois ou quatre chevaux de main, dont les selles étaient surmontées de valises et munies de fontes à pistolets, venaient de sortir de l'écurie et piaffaient en attendant leurs cavaliers. Parmi ces chevaux se trouvait celui que montait habituellement le baron. Cependant, sans aucun doute, il ne s'agissait pas cette fois d'une partie de chasse, il s'agissait d'un voyage ; or, qui allait partir et où allait-on ? Robert eût donné beaucoup pour avoir l'explication de cet événement ; le hasard ne tarda pas à la lui fournir.

Par une allée latérale s'avançait de toute sa vitesse la vieille Franquette, la nourrice de Mathilde. Le cadet résolut de lui parler, et, de peur qu'elle ne voulût l'éviter, il se tint caché jusqu'à ce qu'elle fût seulement à quelques pas de lui. Alors il sortit du fourré et se montra tout à coup.

En le voyant apparaître ainsi, la nourrice poussa un petit cri de frayeur et s'arrêta tout essoufflée. Néanmoins, quand elle eut reconnu Robert, elle se rassura et dit en patois :

— Ah ! est-ce vous, monsieur de Briqueville ? sur ma foi de chrétienne ! j'ai cru que c'était encore votre méchant frère qui revenait par ici ! Heureusement il n'y songe pas, j'imagine... Ah çà ! vous voilà tout à fait sur pied tant mieux, car vous êtes un brave et honnête gentilhomme, vous !... Mais, pardon, monsieur Robert, — ajouta-t-elle, — ne me retenez pas ; il faut que j'aille bien vite au château, sinon l'on serait parti et je ne pourrais plus embrasser ma chère enfant.

— Parti ! eh ! qui va donc partir, bonne mère Franquette ?

— Ne le savez-vous pas ? Eux tous, Mathilde, monsieur le baron, et puis le comte et le vicomte de Vergnes, qui sont venus les chercher ; puis Marion, la femme de chambre, et André... presque toute la maison, quoi ! il ne restera plus au château que l'intendant et quelques domestiques.

— Et où vont-ils ?

— Ce n'est pas un secret ; dans un château situé du côté de Rouen, et qui appartient à la famille de Vergnes.

— Leur absence doit-elle être de longue durée ?

— On ne pense pas revenir avant le printemps prochain ; monsieur le baron a tant de chagrin ici qu'il ne s'y plaît plus beaucoup, sans compter que les chasses des messieurs de Vergnes sont bien plus belles que les nôtres... D'ailleurs, — ajouta-t-elle d'un ton résolu, — pourquoi ne vous diriez-je pas tout ? Si les espérances des deux familles se réalisent, peut-être Mathilde ne reviendra-t-elle pas de sitôt à Helmières. Le vicomte la trouve fort à son gré, et la chère petite finira peut-être... Allons ! — s'interrompit-elle en voyant Robert pâlir et chanceler, — voilà encore que je vous fais de la peine ! Vous ne voulez donc pas vous dire que tout est fini et bien fini entre Mathilde et vous ?.., Mais décidément je ne peux m'arrêter davantage. Voyez, l'on va partir, et j'ai promis à ma fille de l'embrasser encore avant qu'elle monte en voiture. — Le cadet de Briqueville, atterré par ces tristes nouvelles, était incapable de faire le moindre effort pour retenir la nourrice. Avant de s'éloigner, elle ajouta d'un air embarrassé :

— Ils vont passer par ici, mon cadet ; resterez-vous donc à cette place ? Ce serait imprudent, car, s'il faut l'avouer, monsieur le baron et les messieurs de Vergnes ne vous veulent pas de bien, à cause de votre frère... C'est toujours le même nom, vous savez !... Et puis à quoi vous servirait de vous montrer à Mathilde, sinon à tourmenter la chère enfant ?

Robert balbutia quelques paroles incohérentes, et Franquette, y voyant un acquiescement à son vœu, reprit sa marche vers le château aussi rapidement que le lui permettait son âge et son embonpoint.

Le pauvre Robert s'assit sur le gazon, et demeura comme anéanti. Jusqu'à ce jour, il avait conservé un vague espoir en dépit de lui-même ; il avait attendu je ne sais quelle occasion mal définie de revoir Mathilde, de renouer la chaîne si brusquement rompue. Ce voyage de la famille d'Helmières, la longueur probable de son absence, ces projets de mariage dont on ne faisait plus mystère, tout cela détruisait son dernier doute, brisait brutalement sa dernière illusion. Morne, l'œil fixe, il avait l'air d'un homme foudroyé.

La réaction vint pourtant, et ses passions fougueuses se réveillèrent. Il voulait se montrer aux messieurs de Vergnes, au baron, les braver, les provoquer, les tuer ou se faire tuer par eux ; il voulait accoster Mathilde, lui reprocher son ingratitude, son manque de foi, puis se jeter sous les pieds des chevaux qui l'emportaient. Mille autres projets non moins violens, non moins absurdes se heurtaient dans son cerveau tout en feu. Cependant la crainte du ridicule, ce sentiment plus puissant parfois sur certaines organisations que la colère et le désespoir lui-même, ne tarda pas à produire sur lui son effet ordinaire. Il songeait au scandale qu'une action de ce genre causerait dans le pays ; et puis comment s'exposer aux risées des nobles voyageurs et de leurs valets ? Pendant qu'il était agité par ces pensées, un coup d'œil jeté vers le château lui apprit qu'il n'avait pas de temps à perdre pour prendre une décision. Une nombreuse compagnie venait d'apparaître dans la cour ; les chevaux s'agitaient, les fouets retentissaient, on allait partir.

— Eh bien ! non, — dit tout haut le cadet de Briqueville, — pas d'esclandre, pas de bruit. Elle ne me verra pas, je ne lui donnerai pas le spectacle de mon humiliation, de ma douleur... Mais moi je veux la voir encore une fois à son insu ; un regard, un regard de plus qu'un regard, le dernier,... ensuite je n'aurai plus pour elle que du mépris ! — Et il se cacha derrière une touffe d'arbustes. Son attente ne fut pas longue ; bientôt le bruit des grelots des chevaux, le craquement des roues de la pesante machine l'avertirent que les voyageurs étaient en route. Dans le carrosse se trouvaient, outre Mathilde et sa femme de chambre, le baron d'Helmières et un autre vieux gentilhomme, que Robert supposa être le comte de Vergnes. A la portière caracolait, sur le cheval du baron, un jeune homme de bonne mine qui semblait être le vicomte de Vergnes, le futur de Mathilde. Trois ou quatre domestiques à cheval, appartenant à l'une ou à l'autre famille, formaient l'escorte et donnaient au train un air imposant. En un instant, cavaliers et voiture atteignirent la place où se trouvait le cadet de Briqueville, et celui-ci, avançant la tête au risque de se trahir, plongea son regard dans le carrosse. Il aperçut en effet mademoiselle d'Helmières ; mais, au lieu de cette tristesse, de cet abattement qu'il s'attendait peut-être à lire sur son visage, il y vit seulement la satisfaction naïve d'une jeune fille qui pour la première fois entreprend un long voyage. Bien plus, comme lui passait devant Robert, le cavalier qui caracolait à la portière se pencha vers elle et lui parla en se découvrant ; aussitôt Mathilde répondit par un éclat de rire qui se mêla aux gammes aiguës dominèrent le bruit des roues et des chevaux. A tort ou à raison, le cadet s'imagina qu'il avait été reconnu, que cet éclat de rire était une raillerie à son adresse, et le vicomte de Vergnes, en retournant deux ou trois fois la tête de son côté, le confirma dans cette croyance. Aussi ne songea-t-il plus à se cacher ; il se redressa de toute sa hauteur, et, étendant le bras avec un geste de défi, il poussa une exclamation qui ne fut pas entendue sans doute, car les voyageurs continuèrent impassiblement leur route. Robert éprouva encore des mouvemens de révolte et de fureur ; il voulait, en courant à travers les bois, aller attendre la voiture dans un endroit où elle devait nécessairement passer, et demander au vicomte de Vergnes raison de son insolence. Mais la réflexion vint apaiser de nouveau ces transports. — À quoi bon ! — dit-il ; — elle ne m'aime plus, elle me hait, que me fait le reste ! Si je tuais cet orgueilleux gentilhomme, ou si j'étais tué par lui, cela changerait-il le cœur de Mathilde ? Oublions plutôt cette femme ingrate, cette enfant capricieuse, et que nos destinées à l'un et à l'autre s'accomplissent ! — Il se remit en marche à grands pas, et se dirigea vers le château de Briqueville. Bientôt il sortit de la forêt, et, parvenu au sommet d'un tertre qui dominait la vallée, il aperçut les vieilles tours qui profilaient leurs majestueuses silhouettes et leurs créneaux tapissés de lierre sur l'azur ardoisé du ciel. Il s'arrêta machinalement pour les contempler ; puis il murmura d'un ton attendri : — Il y a des parties croulantes et qui menacent ruine ; mais la masse est solide encore et semblerait devoir défier les âges. Si la volonté et l'énergie d'un homme étaient capables de soutenir ce qui chancelle, de relever ce qui tombe, on pourrait... Mais, pauvre fou que je suis ! — ajouta-t-il avec un sourire amer, — à quoi donc pensé-je là ? — Pendant qu'il rêvait ainsi, Robert vit sortir du château un individu couvert de vêtements noirs râpés, portant une écritoire à sa ceinture, et ayant l'apparence d'un scribe ou d'un légiste d'ordre inférieur. Le cadet avait été habitué à ces apparitions sinistres du temps de son père, et il ne croyait plus maintenant avoir à les craindre. Cependant il suivit des yeux l'inconnu, qui avait pris la route de Roquencourt, et ce fut seulement après l'avoir perdu de vue qu'il rentra au château. En arrivant dans la première pièce, où se trouvaient Madelon et Nicolas, il se laissa tomber sur un siège. Sa présence subite paraissait avoir interrompu une conversation animée entre la tante et le neveu. Maintenant ils se taisaient tous les deux, et, tandis que Madelon bousculait quelques pots d'étain qui composaient sa vaisselle, Nicolas accumulait le bois dans la cheminée pour réchauffer son maître, qu'il supposait glacé par sa promenade matinale. — Madelon, — demanda le cadet de Briqueville avec distraction, — vous avez reçu une visite ce matin... Qui donc était là tout à l'heure ? — Ah ! vous avez vu ? — répliqua la vieille. — C'est Chamuzot, le clerc du procureur Gaillardet : il venait m'apporter les deux écus de six livres que l'on me paye chaque mois pour garder le château... — Un vilain gratte-papier que Chamuzot, — dit Nicolas d'un ton de rancune ; — et tôt ou tard je lui jouerai quelque bon tour. — Paix ! — interrompit Robert ; — je le défends... Mais, — ajouta-t-il avec découragement, — quel droit aurais-je de te donner des ordres, à toi ou à personne ? — Si, si, mon bon maître, — répliqua le rousseau, — donnez-m'en, au contraire ; il faut que vous m'en donniez... A quoi obéirais-je sinon à vous ? Tenez, vous ne voulez pas qu'on houspille le clerc Chamuzot, eh bien ! je lui ôterai mon bonnet quand il passera près de moi, je vous le promets. — Excusez le gars Nicolas, Robert, — reprit Madelon ; — il n'a pas lieu d'être trop content de Chamuzot. Tout à l'heure le clerc m'a demandé pourquoi je gardais avec moi ce vaurien, qui est, dit-il, l'effroi de la contrée, et il m'a fait entendre que je devrais le congédier au plus vite. — Oui, mais si monsieur Robert le veut, — dit Nicolas, — je resterai malgré Chamuzot, malgré le procureur, malgré le diable... car je n'ai pas peur du diable, moi ? N'est-ce pas, monsieur le cadet, que vous voulez que je reste à Briqueville ? — Eh ! que sais-je si l'on me permettra d'y rester moi-même, — reprit Robert. — Madelon, parlez avec franchise : le clerc du procureur ne s'est-il pas enquis aussi de moi ? — Oui bien, Robert, et, quand je lui ai dit que vous étiez à peu près guéri, que vous étiez en état de sortir, il a cligné des yeux et il a répondu qu'il en instruirait son maître le procureur Gaillardet.

— Je comprends, — dit le cadet avec amertume ; — le nouveau propriétaire de Briqueville trouve que je tarde trop à quitter son château... C'est bien, je n'attendrai pas une avanie.

Il y eut une pause ; Madelon et Nicolas semblaient avoir encore quelque chose à dire, mais ils n'osaient. Enfin le rousseau dit brusquement :

— Peut-être, monsieur Robert, aurez-vous la fantaisie de tendre quelques nasses pour attraper du poisson à la marée prochaine. Les nasses sont là, et je les ai réparées avec soin.

— Ne me parle pas de pêche ; tu sais bien que personne ne peut venir pêcher dans le ruisseau sans la permission du nouveau maître de Briqueville.

— C'est bien drôle, cela ; mais du moins vous pouvez aller tuer avec votre fusil quelques lièvres ou quelques perdrix dans la lande, comme autrefois ?

— Mon fusil est resté à Roquencourt et, l'eussé-je ici, il me serait défendu de m'en servir... Le premier garde venu se croirait en droit de me citer en justice pour crime de braconnage.

— C'est bien drôle, — répéta le rousseau ; — mais, avec votre permission, monsieur le cadet, si vous ne voulez aller ni à la pêche ni à la chasse, il faudra donc que j'y aille, moi... J'irai à la pêche dans le vivier de monsieur d'Helmières, et à la chasse dans la basse-cour de Gotju.

— Quoi ! Nicolas, incorrigible drôle, oses-tu penser encore...?

— Dame ! monsieur, du temps de feu mon maître, j'allais ainsi à la maraude, quand tante Madelon se plaignait que le garde-manger était vide. Comment déjeunerez-vous et comment dînerez-vous aujourd'hui, si je ne vais pas à la picorée ?

— Que dis-tu donc ?... Madelon, n'a-t-on envoyé du couvent aucune provision depuis deux jours ?

La gouvernante répondit négativement.

— Je me suis rendu au monastère ce matin, — reprit Nicolas ; — pendant que je rôdais dans les cuisines, le pourvoyeur m'a menacé de m'allonger les oreilles si je me détalais au plus vite ; et il dit que j'étais venu réclamer des provisions pour mon maître, monsieur le cadet de Briqueville ; alors ce vieux frocard m'a répondu des horreurs... que je ne saurais répéter.

— Répète-les au contraire, Nicolas, je te l'ordonne.

— Eh bien ! monsieur, puisque vous le commandez... D'abord, depuis le commencement de votre maladie, les moines de Roquencourt, tantôt l'un, tantôt l'autre, sont constamment à clabauder contre vous. Ils disent que vous accaparez le prieur et le père médecin ; que vous coûtez gros au père Ambroise, qui se prive de tout pour fournir à vos besoins ; que le couvent lui-même pâtit ; enfin ce sont des reproches à perte de vue, et le frère pourvoyeur m'a débité ses abominations sans doute dans l'espoir qu'elles vous seraient redites.

— C'est probable ; ainsi tout le couvent est irrité contre le prieur pour le bien qu'il me fait ? Mais lui, le père Ambroise, le sait-il, et crois-tu qu'il partage l'irritation de ses moines contre moi ?

— Oh ! pour cela, non ! Quand le frère pourvoyeur m'a eu dégoisé ses méchancetés de sa voix mielleuse, je lui ai déclaré que j'allais tout conter à Sa Révérence. Alors j'aurais voulu que vous vissiez son effroi ! Il m'a supplié de n'en rien faire, et il m'a glissé dans la main deux beaux gâteaux ; ensuite il m'a congédié en m'annonçant qu'il allait envoyer ici le frère Eustache avec des provisions, aussitôt que le chariot serait revenu du marché... Mais il est midi, et le frère n'arrive pas.

Le cadet était pensif.

— Pauvre oncle ! — murmurait-il, — à quels embarras, à quels ennuis il s'est exposé pour moi ! Je comprends maintenant son malaise quand nous parlions de ma position présente ou future ; il soupçonnait la vérité, et il n'osait m'apprendre... Mais je ne souffrirai pas plus longtemps que sa bienveillance à mon égard l'expose à des conflits pénibles, à une révolte peut-être. . Le temps des hésitations est passé. — Il quitta brusquement son siége.

— Nicolas, — dit-il, — tu vas faire un paquet des objets qui m'appartiennent ici, et tu viendras me l'apporter à Roquencourt; c'est probablement le dernier service que je réclamerai do toi.

— Le dernier ! — répliqua le rousseau avec vivacité. — je compte vous en rendre bien d'autres, monsieur Robert. Que vous alliez à Roquencourt ou ailleurs, je vous suivrai pour être votre valet.

— Je ne peux plus avoir de valet, mon pauvre Nicolas, et ni toi ni personne... Mais, écoute-moi : tu m'as donné depuis quelque temps de nombreuses marques d'affection et de dévouement, je veux donc prendre intérêt à ton sort, t'associer à ma bonne et à ma mauvaise fortune, si tu veux à ton tour promettre de m'obéir aveuglément.

— Certainement, je le promets, puisque vous êtes mon maître.

— Encore une fois, il ne s'agit ni de maître ni de valet; me promets-tu encore de renoncer à ces habitudes d'espiéglerie, de maraudage, qui auraient fini par corrompre ton cœur et te conduire peut-être aux plus grands crimes?

Nicolas leva sur le cadet de Briqueville ses grands yeux effarés.

— Cela était-il donc si mal ? — demanda-t-il avec confusion ; — mais j'y renoncerai.

— Bien, et te crois-tu capable aussi de travailler du matin au soir à un rude métier, au lieu d'aller courir les champs ?

— Je supporterai tout, pourvu que je ne vous quitte pas.

— Non-seulement tu ne me quitteras pas, mais je partagerai tes fatigues, tes privations. Cette vie nouvelle que tu vas accepter, je l'accepterai aussi ; je te donnerai l'exemple... Voyons, es-tu bien décidé et veux-tu me suivre ?

— Je vous suis.

— Alors, fais ton paquet en même temps que le mien ; dis adieu à ta tante, et partons.

Nicolas se hâta d'entasser dans des mouchoirs les effets appartenant à son maître et les siens, puis il en forma deux paquets, dont le transport à Roquencourt ne devait pas être bien fatigant, vu leur exiguïté.

La vieille Madelon regardait avec étonnement ces apprêts.

— Où donc allez-vous, Robert ? — demanda-t-elle.

— Je vous l'ai dit, à Roquencourt.

— Au couvent de Sainte-Marie, sans doute ?

— Non... mais quelque part où je n'attendrai plus les bienfaits de personne, quelque part où je vivrai de mon travail, dans une fière et honorable pauvreté.

— Je ne comprends pas ; enfin vous agirez pour le mieux, Robert. Comme ça vais rester ici toute seule ; mais on me permettra bien, j'espère, de faire revenir la petite Rosette ; elle et moi nous gagnerons quelque chose à filer. Ensuite le gars Nicolas me rendra bien visite quelquefois le dimanche, et peut-être vous-même...

— Nicolas pourra venir; quant à moi, je ne remettrai jamais le pied au château de Briqueville... à moins de circonstances que je ne saurais prévoir. — En ce moment, le frère lai Eustache entra, portant un panier qui contenait les provisions ordinaires. Le frère s'excusa humblement d'avoir tant différé à s'acquitter de sa mission: on était revenu tard du marché; le pourvoyeur avait été fort occupé ; on avait à dire des offices supplémentaires au couvent, en raison des fêtes prochaines. Robert interrompit le messager au milieu de ses explications. — Cher frère Eustache, — lui dit-il froidement, — je suis pénétré de reconnaissance pour les attentions que les pères et les frères de Sainte-Marie de Roquencourt ont eues pour moi pendant ma maladie ; mais me voilà guéri, et je quitte Briqueville à l'instant. Veuillez donc reporter au frère pourvoyeur ces provisions dont on n'a plus besoin ici.

J'apprendrai moi-même à mon oncle les motifs de ce brusque départ. — Eustache paraissait un peu confus, et il jeta un regard oblique sur Nicolas, comme s'il l'eût soupçonné de quelque indiscrétion. Il refusa de remporter le panier de vivres. « Il serait sévèrement réprimandé, » disait-il, « s'il n'exécutait pas les ordres exprès de Sa Révérence le prieur ; et puis ce serait une cruauté de le charger une seconde fois d'un poids si lourd. » — Fort bien, cher frère; mais alors il est bien entendu que ces vivres profiteront seulement à Madelon ou aux pauvres du pays.

Puis il renvoya Eustache, qui se retira tout penaud, et alla sans doute raconter à ses confrères de rang inférieur avec quelle fierté le neveu du prieur rejetait maintenant les dons de la communauté.

Le cadet de Briqueville lui-même se disposait à partir.

— Ah çà ! — dit Madelon, — vous ne serez pas assez imprudent pour vous mettre en chemin sans avoir déjeuné? Vous êtes encore bien faible, et vous ne pourriez aller à pied jusqu'à Roquencourt si vous aviez l'estomac vide. Je vais donc en deux tours de main vous préparer à manger avec les bonnes choses que voici, et les moines n'en sauront rien.

Véritablement le pauvre Robert, encore convalescent, sentait un grand besoin de nourriture ; néanmoins il refusa net.

— Non, Madelon, — dit-il avec fermeté, — je n'accepterai plus rien de cette part... Mais vous, ma chère, n'avez-vous pas quelques provisions pour votre usage particulier ?

— Seulement du pain noir, un peu de lard et du cidre; ce serait là un maigre repas pour un jeune homme qui relève de maladie.

— Nous en avons fait d'aussi maigres du temps de feu monsieur le chevalier. Eh bien ! Madelon, je ne refuserai pas d'accepter quelque chose de vous, qui êtes au service de ma famille depuis votre naissance... Apportez vos provisions, et je mangerai encore une fois dans ce logis où mes ancêtres ont, pendant tant de siècles, exercé une généreuse hospitalité. — La bonne femme alla chercher le pain noir, le lard, le pichet de cidre, et disposa le tout sur la table. En servant son jeune maître, elle avait les larmes aux yeux. Quant à lui, il déjeuna avec un frugal déjeuner, et il se leva. — Merci, chère Madelon, — reprit-il, — quoique j'aie bien des chagrins dans le cœur, je n'ai jamais fait de meilleur repas... Croyez-moi, pour assaisonner celui-ci la certitude qu'il était offert de bon cœur et qu'il ne me serait jamais reproché.

Il écrivit une courte lettre de politesse au procureur Gaillardet, et chargea la gouvernante de l'envoyer à son adresse. Puis il embrassa Madelon, en la remerciant des soins qu'elle avait eus pour lui. Nicolas vint lui-même prendre congé de sa tante, qui lui témoigna une véritable affection.

— Je vous le confie, Robert, — dit-elle; — il n'a pas valu grand'chose jusqu'ici, mais nous pouvons bien convenir qu'on ne s'est guère occupé de le rendre meilleur. Vous qui êtes certainement si sage des trois générations de Briqueville que j'ai connues, vous lui donnerez de bons conseils et de bons exemples.

— Je le rendrai honnête, Madelon, je vous le promets.

La vieille les embrassa encore l'un et l'autre, glissa un gros quignon de pain dans la poche du rousseau en lui recommandant d'être bien docile, d'obéir scrupuleusement à monsieur le cadet, et les deux aventuriers se mirent en marche. Nicolas portait au bout d'un bâton le bagage de son maître et le sien ; le tout n'avait pas la valeur de la besace dont certains mendiants étaient chargés en faisant leur tournée dans les paroisses du voisinage.

XV

L'ENGAGEMENT.

En arrivant à Roquencourt, le cadet de Briqueville, au lieu de se rendre au couvent ainsi que le croyait Nicolas, entra sans hésiter dans la cour de la verrerie.

Là régnait comme à l'ordinaire une merveilleuse activité. Au fond des ateliers, les verriers passaient et repassaient devant la flamme rouge des fourneaux. Des employés affairés se montraient partout; les uns emballaient les fragiles produits de l'usine dans des paniers d'osier; les autres donnaient audience aux colporteurs qui, leurs hottes sur le dos, venaient renouveler leurs provisions de verreries pour les vendre ensuite dans les villes et les villages de la province. Au milieu de cette foule rôdaient quelques agens du fisc, chargés de s'assurer que les marchandises mises en circulation avaient acquitté les droits imposés alors à l'industrie verrière. Les chants et l'air satisfait des ouvriers donnaient à cette scène un caractère de prospérité, de tranquille abondance.

Aussi Nicolas ouvrait-il de grands yeux à la vue de tant de choses nouvelles pour lui; mais Robert lui désigna du doigt un banc de pierre dans un coin de la cour, et lui dit :

— Attends-moi là; je serai de retour dans quelques instans... et surtout, — ajouta-t-il avec sévérité, — pas de tes espiègleries ordinaires !

Nicolas s'assit sur le banc de pierre, déposa les paquets à ses pieds et continua de regarder, bouche béante, tandis que Robert entrait dans la fabrique et se dirigeait rapidement vers le réduit de maître Michaud.

En traversant les ateliers, il aperçut plusieurs des gentilshommes qu'il connaissait, Loustel, d'Hercourt, la Briche et les autres, revêtus de leur costume professionnel et travaillant avec ardeur, assistés de leurs paraisonniers et de leurs apprentis; mais, tout entiers à leur besogne, ils ne remarquèrent pas sa présence, sauf la Briche, qui était en train de souffler une dame-jeanne de la plus belle venue. Néanmoins le *beau verrier* ne vint pas à Robert le sourire sur les lèvres et la main ouverte comme autrefois; au contraire, il lui lança un regard oblique et continua de gonfler son énorme ballon de verre, comme s'il ne se fût pas trouvé en veine de politesse pour le moment. De son côté, le cadet de Briqueville se contenta de porter la main à son chapeau et passa.

Bientôt il entra dans le cabinet de Michaud, et il eut la bonne chance de trouver le maître verrier seul, comme il le désirait.

Michaud l'accueillit d'un air de déférence; Robert, sans prendre le temps d'échanger les complimens habituels, lui dit avec volubilité :

— Bien souvent, maître Michaud, vous avez souhaité de me voir au nombre des ouvriers de votre verrerie... J'ai fait une longue résistance; mais me voici enfin, voulez-vous encore de moi?

La grosse et large face de Michaud s'épanouit.

— Certainement, monsieur de Briqueville, — répliqua-t-il avec empressement. — Je vous disais bien que nous aurions tôt ou tard ! Ce sera un insigne honneur pour cette usine de recevoir un descendant de votre ancienne et noble maison; de plus, nous avons grand besoin de maîtres ouvriers ou *souffleurs*, et ceux-là ne peuvent être que des gentilshommes. Voici par exemple cet Italien, Marco Vicenti, que j'ai pris sur votre recommandation; il est d'une étonnante habileté; mais, si je lui faisais souffler le verre, tous mes gentilshommes se mettraient

en révolte et seraient capables de me quitter (1). J'ai donc été forcé de le ravaler aux modestes fonctions de *cueilleur* ou *paraisonnier*, et je l'ai placé sous les ordres de monsieur de Loustel, mon meilleur maître-ouvrier. Vous deviendrez rapidement maître à votre tour, et j'espère...

— Un moment, monsieur Michaud, — interrompit Robert froidement; — avant de prendre un engagement définitif, j'aurais certaines conditions à vous proposer.

— Des conditions! — répéta le maître verrier en se redressant. — Je vous écoute, monsieur de Briqueville.

— Combien de temps pourra durer mon apprentissage?

— Six mois au plus; trois seulement si vous mettez au travail la bonne volonté que je suppose.

— Et vous pensez qu'après ces trois mois je serai en état de... comment appelez-vous cela? de... gagner ma vie?

— J'aurai l'honneur alors de vous payer quatre livres par journée de travail, ce qui est le prix accordé à tous les gentilshommes souffleurs de verre.

— Et pendant ces trois mois je n'aurai droit à aucun... salaire?

Il y avait certains mots qui semblaient écorcher la bouche à ce pauvre cadet de Briqueville.

— Aucun, — répliqua Michaud; — et même je m'engage beaucoup en fixant à trois mois le terme de votre apprentissage, car il se pourrait...

— J'ai la certitude qu'en ce peu de temps j'acquerrai une expérience suffisante pour vous rendre quelques services... Maintenant, autre chose : je tiendrais, maître Michaud, à loger et à vivre chez vous, comme il convient à tout apprenti désireux de faire de rapides progrès dans sa profession. Ne pourriez-vous dès à présent m'accorder ce double avantage? je m'engagerais à travailler chez vous durant six mois sans aucune autre rétribution que ma nourriture et mon logement.

Cette proposition avait sans doute coûté à Robert plus que tout le reste, car un vif incarnat était venu colorer ses joues de convalescent.

— Quoi donc! — demanda le maître verrier, — ne logerez-vous plus au couvent, auprès de votre parent le révérend prieur?

— Non, monsieur.

— Je comprends, il vous est survenu des démêlés avec Sa Révérence...

— Pas le moins du monde; mais, quels que soient mes motifs, acceptez-vous ma demande?

— Je peux en effet vous accorder la nourriture et le logement; la nourriture, c'est-à-dire que vous mangerez en compagnie de ma famille et de quelques-uns de nos gentilshommes; le logement, c'est-à-dire une chambre modestement meublée, dont la fenêtre donne sur les jardins, et où vous jouirez d'une tranquillité parfaite. Vous serez là sans doute moins bien qu'au couvent, mais....

— Mais je serai cent fois mieux qu'à Briqueville, dans le château de mes ancêtres, — répliqua Robert avec amertume. — Ainsi donc, c'est entendu, pendant ces six premiers mois, que je compte bien employer, je deviendrai l'un de vos pensionnaires.

— C'est entendu. Ma famille et moi nous serons fiers de vous avoir pour commensal.

— Eh bien donc ! maître Michaud, écrivez nos conventions, comme je crois que c'est l'usage ; je les signerai, et dès ce soir je viendrai m'installer ici.

(1) « . . . . . C'est une tradition vulgaire que les gentils-
» hommes ont seuls le droit de travailler à cet ouvrage (souf-
» fler le verre). Ce qui est certain, c'est que dans la plupart
» des verreries ce sont des gentilshommes qui s'occupent à cet
» exercice, et qu'ils ne souffriraient pas que les roturiers
» travaillassent avec eux, si ce n'est pour les servir. »
(ENCYCLOPÉDIE MÉTHODIQUE, à l'article *Noblesse verrière*.) E. B.

— A merveille! Cependant, permettez-moi de vous présenter encore une observation, monsieur de Briqueville. Qui me garantit qu'après ces six mois d'apprentissage, où je n'aurai pu bénéficier sur votre travail, vous ne quitterez pas la verrerie pour aller porter ailleurs votre expérience et votre habileté?

— Ma foi de gentilhomme, — répliqua Robert avec dignité; — ce serait là un procédé odieux dont vous n'eussiez pas dû, maître Michaud, me supposer capable... Cependant je vous donnerai toutes garanties à cet égard : ajoutez donc à nos conventions que, deux ans encore après le temps d'apprentissage, je serai tenu de travailler dans votre fabrique aux conditions des autres gentilshommes verriers.

— Quoi ! monsieur de Briqueville, est-ce que, passé ce nouveau délai, vous auriez l'intention d'aller exercer ailleurs...

— Ce n'est pas cela, maître Michaud, et je vous dirai toute ma pensée... Je compte pendant ces deux années faire quelques économies; et si alors le genre de vie que je vais adopter me convenait plus, je pourrais du moins acheter un cheval et m'équiper pour aller servir le roi dans les cadets ou dans les mousquetaires.

Les traits du verrier s'éclaircirent.

— A la bonne heure ! — reprit-il. — J'espère pourtant, mon gentilhomme, que vous prendrez goût à ce noble art de la verrerie, si justement célèbre dans tous les royaumes de l'Europe... Enfin sont-ce là toutes les conditions que nous aurons à stipuler dans notre contrat d'apprentissage ?

— Oui, en ce qui me concerne, maître Michaud; cependant j'ai encore à vous parler d'un pauvre enfant auquel je prends un vif intérêt.

En même temps il lui demanda d'admettre Nicolas à l'usine dans les fonctions subalternes réservées aux roturiers. Michaud, qui avait entendu raconter les prouesses de l'ex-page de Briqueville, fit un peu la grimace.

— Hum ! — reprit-il, — ce n'est pas une fameuse emplette que vous me proposez là; mais, puisque vous me répondez de ce garnement, on l'occupera du mieux possible... Pardieu ! je le mettrai sous votre dépendance immédiate, car vous en viendrez plus facilement à bout que personne, et je vous donnerai pour instructeur à tous les deux l'Italien Vicenti. Peut-être même résultera-t-il de cette association certains avantages... Allons ! mon gentilhomme, dans une heure le contrat sera prêt, nous le signerons, et ce soir la verrerie aura pour hôte monsieur le chevalier de Briqueville.

— Chevalier, — répéta Robert sèchement; — ce titre, maître Michaud, n'appartient qu'à mon frère aîné.

— Il vous appartiendra de même, aussitôt que vous serez inscrit parmi les verriers de Roquencourt; nous sommes tous chevaliers ici, comme je peux le prouver par les ordonnances et lettres patentes de plusieurs rois de France (1).

Robert, cette fois, ne parut se disposer à rire des prétentions nobiliaires des verriers de Roquencourt. Il con-

(1) Dans une curieuse et savante brochure de M. Beaupré, vice-président du tribunal civil de Nancy, *Sur les gentilshommes verriers de Lorraine*, brochure à laquelle nous avons fait de nombreux emprunts, nous trouvons la citation suivante :
« Dans les actes publics, » dit l'auteur de l'histoire de Sainte-Menehould, « les verriers ne manquaient pas de prendre
» la qualité de chevalier qui précédait celle de maître de ver-
» rerie. Un jour que deux familles célébraient un mariage,
» elles invitèrent aux noces un honnête marchand de Sainte-
» Menehould. Dans le contrat de mariage ceux qui le signèrent
» ajoutèrent à leur nom la qualité de chevalier; ils en avaient
» le droit. L'étranger seul ne pouvait en prendre d'autre que
» celle de marchand, que l'on croyait déplacée dans l'acte. Il
» s'avisa d'ajouter à son nom celui de *chevalier de l'arquebuse*.
» Ainsi tous les signataires se trouvèrent chevaliers, et cette
» qualité si heureusement imaginée satisfit l'amour-propre de
» deux familles. »   E. B.

vint avec Michaud que Nicolas serait conduit immédiatement à la chambre du jardin pour y déposer les bagages; quant à lui, Robert, il devait se rendre au couvent pour annoncer à son oncle sa détermination nouvelle, tandis que le maître verrier rédigerait l'acte d'engagement.

— Quoi donc ! — demanda maître Michaud avec surprise, — le révérend père Ambroise ignore-t-il encore votre intention de vous faire verrier?

— Il l'ignore en effet.

— Et s'il la désapprouvait, s'il refusait son consentement?

— Il ne refusera pas; et, le refusât-il, je résisterais avec tout le respect possible à ses prières et à ses ordres.

— A la bonne heure ! Mais, j'y songe, en votre qualité de cadet, vous dépendez encore de votre frère, et ne se pourrait-il pas...?

— Monsieur de Briqueville a refusé formellement de s'occuper de moi... Je reste donc libre et seul maître de mes actions. Or, je vous ai donné ma parole, monsieur Michaud, et je suis d'une maison où l'on n'est pas habitué à la retirer.

Il se rendit dans la cour afin de rejoindre Nicolas; et Michaud, tout joyeux, appela un de ses commis pour l'aider à la rédaction du contrat d'apprentissage.

Le rousseau était encore à la même place : devant lui se tenait une femme qui paraissait lui adresser à voix basse des questions pressantes : c'était Paola Vicenti.

Paola s'interrompit à la vue du cadet de Briqueville, et montra un peu de confusion. Robert, au contraire, l'aborda avec son aisance habituelle; et, après l'avoir saluée amicalement, il donna ses ordres à Nicolas. Celui-ci releva prestement les paquets, puis il dit à la jeune fille d'un ton un peu railleur :

— Allons, mademoiselle l'Italienne, mon maître vous répondra mieux que moi sur tout ce que vous me demandez.

Et il s'enfuit. Robert et Paola restèrent en face l'un de l'autre.

— Son maître ! — répéta Briqueville, — le pauvre enfant y tient... Il vous a dit pourtant sans doute, Paola, que nous lui nous appartenons désormais à la verrerie?... Vous voyez quel cas je fais de vos conseils.

Paola parut consternée.

— Il est donc vrai, — dit-elle, — vous vous êtes déjà engagé envers le maître verrier?

— Les conventions sont arrêtées, et dans peu d'instans tout sera fini.

— Mais vous n'avez pas encore signé ? — demanda l'Italienne avec anxiété; — je vous en conjure, monsieur le cadet, ne signez pas.

— Et pourquoi cela, ma chère ? D'où vient que vous me dites aujourd'hui le contraire de ce que vous me disiez il y a quelques jours seulement ?

— Pardonnez-moi; pardonnez-moi. Tout à l'heure, quand je vous ai vu, de la fenêtre de ma chambre, entrer à la verrerie avec Nicolas qui portait vos bagages, j'ai deviné votre dessein et je suis accourue pour vous avertir... Mon Dieu ! c'est moi peut-être qui, par mes sollicitations imprudentes, par mes promesses irréfléchies, vous ai poussé à prendre cette détermination. J'avais alors, en effet, des espérances qui n'existent plus, et je regrette l'enthousiasme...

— Parlez clairement, chère Paola; que craignez-vous?

— Eh bien! monsieur de Briqueville, lorsque je vous engageais à tant d'instances à vous faire verrier, j'avais l'espoir, comme je vous l'ai dit, que mon père consentirait à vous communiquer certains secrets importans de sa profession. Je pouvais d'autant moins m'attendre à une résistance de sa part que vous avez pu déjà reconnaître quelle influence j'exerce ordinairement sur lui. C'est moi qui, exaltée par les récits de feu ma mère, l'ai décidé à quitter Venise, où il avait une position brillante eu égard à sa condition, et à braver mille dangers pour venir en

France. Je me croyais donc sûre de l'amener aisément à mes fins, quand j'ai rencontré chez lui, pour la première fois une résistance obstinée et inattendue. Malgré mes larmes, il refuse de révéler ses secrets, excepté... excepté dans un cas qui ne pourra jamais se présenter.

— Et ce cas est sans doute celui où il vous conviendrait d'épouser un verrier? Mais vraiment, Paola, votre père se me paraît nullement déraisonnable, et je comprends qu'il aime mieux réserver ses révélations à son gendre que de les prodiguer à un pauvre gentilhomme tel que moi.

— Mais, monsieur,—répliqua l'Italienne avec une sorte de colère, — je ne veux pas me marier.

— Alors respectez les scrupules de Vicenti, et ne troublez pas sa tranquillité par des instances qui l'irritent et le désolent. Quant à moi, chère Paola, je n'ai cédé à aucune idée d'ambition en embrassant la profession de verrier : je n'ai plus d'ambition; j'avais seulement que mon existence ne fût pas à charge aux autres et à moi-même; je me suis lassé d'attendre tout de la pitié humiliante des autres. J'ai compté aussi qu'un travail matériel éteindrait dans mon âme des désirs, des illusions, des souvenirs qui feraient maintenant mon supplice... Ces considérations seules m'ont déterminé. Vos conseils sages et affectueux ont bien pu influer sur ma décision, mais non pas vos promesses, dont la réalisation n'aurait plus aucun prix à mes yeux.

Robert s'exprimait avec une simplicité, un air de franchise qui ne permettaient pas de révoquer en doute sa sincérité. Paola le regarda fixement, puis elle laissa retomber ses bras en murmurant avec désespoir :

— Soit donc... que votre volonté s'accomplisse!

Le cadet de Briqueville lui adressa ensuite quelques paroles amicales, mais elle ne répondit plus et s'assit sur le banc de pierre. Au bout d'un instant, Robert la quitta pour se rendre au monastère. A peine avait-il dépassé la porte de l'usine que la Briche, revêtu de son costume de travail, s'élança d'un atelier voisin vers la jeune fille et se mit à lui parler avec vivacité. Paola l'écoutait à peine ; bientôt elle se leva et, adressant au vicomte un salut distrait, elle s'éloigna précipitamment à son tour.

Cependant Robert, après avoir pénétré dans le couvent de Sainte-Marie, parcourait le dédale compliqué de galeries et d'escaliers qui devait le conduire à l'appartement du prieur. Pour la première fois depuis la mort de son père, il marchait d'un pas ferme, la tête droite; il saluait sans forfanterie, mais avec un sourire d'assurance, les religieux qu'il rencontrait dans les cloîtres égrenant leur chapelet ou lisant leur bréviaire. Le frère pourvoyeur, qui se trouva ainsi sur son chemin, prit un air inquiet en le voyant se diriger vers l'appartement du père Ambroise. Mais le cadet de Briqueville lui dit un « bonjour, mon cher frère, » si amical, si exempt de toute rancune, que le moine fut complètement rassuré.

Le prieur était en train d'écrire dans une vaste bibliothèque qui lui servait de cabinet de travail. Il tendit la main à son neveu.

— Ravi de vous voir, mon enfant, — lui dit-il; — mais ne vous êtes-vous pas trop hâté de courir le pays quand votre convalescence paraît encore imparfaite? Ne craignez-vous pas une rechute? Le mal vient si vite et s'en va si lentement!

Cet accueil cordial dissipa les légers soupçons que Robert avait pu concevoir au sujet des sentiments secrets de son oncle.

— Je ne souffre plus, mon révérend père, — répliqua-t-il ; — ma blessure est cicatrisée ; le mouvement et l'exercice pourront seuls me rendre des forces... Aussi me suis-je hâté de quitter Briqueville, où mon séjour prolongé finirait par avoir des inconvéniens.

— Des inconvéniens, et lesquels?

— Que sais-je ! Le nouveau propriétaire s'offenserait peut-être si mon séjour s'y prolongeait au delà du temps rigoureusement nécessaire pour ma guérison.

— Vous n'avez rien de pareil à redouter, Robert, — répliqua le père Ambroise avec un sourire étrange ; — mais vous venez sans doute reprendre votre logement au couvent? Il est tout prêt, et vous pouvez vous y installer à l'instant même.

— Avec votre permission, mon révérend père, je ne dois pas demeurer ici désormais. Je n'imposerai pas plus longtemps à cette pieuse maison la charge de mon inutile existence, et vous voudrez bien approuver sans doute le parti irrévocable auquel je me suis arrêté.

En même temps il apprit à son oncle comment il avait donné sa parole à Michaud et comment il devait entrer le soir même à la verrerie.

A mesure qu'il parlait, le visage du prieur prenait une expression d'effroi.

— Quoi! Robert, avez-vous fait cela? — demanda le père Ambroise ; — vous êtes-vous engagé à ce point sans me consulter, moi, votre ami, votre parent, votre tuteur ?

— Je craignais vos objections, mon cher oncle, et j'avais tant d'impatience de mettre fin à la position dégradante où j'ai vécu jusqu'ici... Mais serais-je assez malheureux pour avoir encouru votre blâme?

— Je ne désapprouve pas absolument votre résolution, car j'ai toujours redouté pour vous une vie oisive et sans but... J'aurais donc pu en toute autre circonstance vous pardonner cette précipitation ; mais en ce moment je vous supplie de ne pas donner suite à votre dessein, s'il en est temps encore,

— Pourquoi cela, mon révérend père?

— Parce que son exécution pourrait causer de grands malheurs dans notre famille.

— De grands malheurs!

Le prieur chercha dans ses papiers une lettre récemment arrivée et la déplia d'une main tremblante.

— Robert, — dit-il, — depuis la catastrophe où vous avez failli périr, personne du pays n'avait reçu de nouvelles de votre indigne frère. Mais j'en ai reçu, moi; et j'aurais voulu vous cacher ce fait, qui est de nature à réveiller en vous des idées pénibles, si votre situation actuelle ne m'imposait le devoir de vous en instruire. Lisez donc cette lettre, Robert; elle contient des choses qu'il vous importe de savoir avant d'accomplir ce que vous avez résolu.

Robert prit la lettre; du premier coup d'œil il reconnut l'informe écriture, l'orthographe un peu risquée de son frère aîné. Elle était datée de Mantes et conçue en ces termes :

« Révérend père prieur et cher oncle, je vous écris la
» présente pour m'excuser de ne pas être allé prendre
» congé de vous avant de quitter Briqueville. J'y serais
» allé d'autant plus volontiers que vous aviez sans doute
» l'intention, en bon parent, de m'offrir quelques écus
» pour ma route, car vous êtes trop juste pour tout don-
» ner à ce pleurard de cadet, quand moi, le chef de la
» famille, j'ai tant besoin de vos largesses. Mais il a dû
» être grand bruit là-bas de la manière brusque dont je
» suis parti. Ce n'est pas que j'eusse peur de ces genti-
» lâtres, verriers ou non, qu'on dit ameutés contre moi;
» je leur ferai face à tous quand ils voudront, ensemble
» ou séparément ; mais la justice du roi devient de jour
» en jour plus sévère pour les gens de qualité, et j'ai cru
» devoir me soustraire momentanément aux criailleries.
» Quoi qu'il en soit, on dit que le cadet reviendra de
» sa blessure à la tête; je m'en doutais, car dans notre fa-
» mille on a la tête diablement dure. Peut-être me blâ-
» merez-vous d'avoir ainsi malmené ce jeune galant ;
» mais je traite de même quiconque ose me barrer le
» chemin, et le Robert me devait plus de respect et de dé-
» férence qu'à tout autre, comme à son aîné et à son
» seigneur naturel.
» Je ne sais quand il me sera possible de retourner à
» Roquencourt, car je veux donner à cette sotte affaire le
» temps de s'assoupir, et d'autre part on assure que le roi
» va nous envoyer faire la guerre en Hollande. Cependant,
» vous et le petit cadet de Briqueville, sachez bien ceci ;

» des gens à moi me rendent compte de ce qui se passe
» là-bas, et si j'apprenais que Robert eût embrassé le vil
» et ignoble métier de verrier, comme il en a déjà mani-
» festé la fantaisie, en quelque endroit que je fusse, et à
» tous risques, je partirais sur-le-champ; j'irais le trou-
» ver et je lui passerais mon épée à travers le corps, quand
» même tous les verriers, tous les moines et toute la ca-
» naille du pays essayeraient de s'y opposer; dites-le lui
» bien et soyez-en bien convaincu vous-même, car je vous
» en donne ma parole de gentilhomme.
» Je me suis arrêté à Mantes, où j'ai rencontré de bons
» compagnons qui m'aident à employer joyeusement le
» temps. Par malheur, les cartes et les dés ont déjà fort
» entamé mes pauvres deux mille écus, et, si le sort conti-
» nue de m'être contraire, je me trouverai fort empêché
» pour regagner Paris. Je vous invite donc à m'adresser
» sans retard l'argent que vous aviez sans doute l'inten-
» tion de m'offrir pour cadeau d'adieu. Je loge dans la
» rue de ***, à l'enseigne du *Pélican blanc*, etc., etc. »

La lettre se terminait par de nouvelles et effroyables menaces contre Robert s'il s'avisait d'embrasser la profession
de verrier.

Pendant la lecture de cette épître, où le mépris des sentimens les plus sacrés s'alliait à tant d'égoïsme et d'arrogance, les traits du cadet de Briqueville avaient seulement
exprimé de la pitié et du dédain.

— Et maintenant, Robert, — demanda le prieur, — persistez-vous dans votre projet?

— Pourquoi non, mon oncle? Briqueville ne saurait désormais invoquer aucun droit sur ma personne, et ses
menaces sont un motif de plus pour que je me hâte d'agir
selon mon gré.

— Mais, pauvre enfant, vous ne songez donc pas à sa
fureur s'il apprenait jamais votre mépris pour ses ordres?

— Qu'il l'apprenne, mon révérend père, j'attendrai
l'effet de ses menaces.

— Quoi! auriez-vous l'intention de résister ouvertement
à ce forcené? Ce serait une lutte impie dont le ciel pourrait vouloir vous punir l'un et l'autre.

— Mon révérend père, — répliqua Robert d'un ton mélancolique, — je ne me suis pas défendu contre lui quand
il y allait d'un intérêt bien autrement grave que celui de
ma misérable existence; je ne me défendrai pas davantage
dans l'avenir. Qu'il me tue, s'il le veut; la vie a désormais
peu de charmes pour moi, et je ne la lui disputerai pas.

— Comme le prieur allait protester contre ce découragement, Robert poursuivit : — Rassurez-vous, révérend
père; s'il faut l'avouer, je vois seulement dans les menaces
de Briqueville une ridicule fanfaronnade. Il est trop
égoïste, trop ami de ses plaisirs, pour entreprendre un
nouveau voyage en Normandie dans l'unique but de se
venger. D'ailleurs l'argent va lui manquer, le temps cal-
mera sa colère; les duels, les débauches absorberont ses
loisirs. Enfin on assure que le roi vient de déclarer la
guerre; tous les officiers sont être obligés de rejoindre l'armée. Peut-être déjà le capitaine a-t-il quitté Mantes
pour aller à son devoir... Il n'y a donc pas lieu de s'occuper de ses vanteries; quant à moi, elles ne m'effrayent pas
plus que le bruit du vent dans les vieilles tours de Briqueville... Mais, pardon! mon oncle, Michaud m'attend sans
doute, et je suis impatient d'en finir.

— Robert, mon cher Robert, — reprit le prieur d'un
ton suppliant, — réfléchissez encore; Briqueville est terrible dans ses colères.

— Peu m'importe.

— Mais moi je serai dans des transes mortelles à votre
sujet... Tenez, mon enfant, je vais vous révéler dès à présent un secret que je comptais vous apprendre plus tard...
Votre position n'est pas aussi désespérée qu'elle le semble.
J'espère dans un délai prochain...

— Mille grâces, révérend père, — interrompit le cadet;
— mais le temps est venu pour moi de ne compter que
sur moi-même, de ne plus imposer à ceux qui m'aiment
d'onéreux sacrifices. Ma détermination est irrévocable, et

je vous conjure de ne pas m'en vouloir si je comprends
enfin que je suis un homme.

Il embrassa son oncle qui voulait le retenir, et partit.

Deux heures plus tard, il était installé à la verrerie de
Roquencourt, et prenait la première leçon de sa profession
nouvelle sous le patronage de Vicenti et avec l'assistance
de Nicolas.

DEUXIÈME PARTIE.

I

LE FLACON D'EAU BÉNITE.

Moins de deux ans s'étaient écoulés depuis l'installation
du cadet de Briqueville à la verrerie de Roquencourt, et
il avait conquis le premier rang parmi les maîtres ouvriers
de cette usine. Plein d'ardeur et de persévérance, il n'a-
vait rien négligé pour acquérir l'habileté matérielle et
l'expérience nécessaires dans sa profession nouvelle. Il
sortait rarement, et le temps qu'il n'employait pas au travail dans les ateliers, il le passait dans sa chambre à com-
pulser les livres que lui prêtait Michaud, sur l'art du verrier. Peut-être cet excès d'application, cette âpreté à l'étude
avaient-ils une autre cause que celle que leur attribuait
le vulgaire; toujours est-il que, au bout de cette période,
Robert était incontestablement supérieur, par ses connaissances théoriques et pratiques, comme par sa dextérité de
main, à tous les gentilshommes verriers de Roquencourt,
même au vieux et compassé Loustel, qui n'en était pas
jaloux.

Du reste aucun événement saillant n'était venu distraire sa pensée et le détourner de son but. Il évitait avec
soin tout ce qui pouvait éveiller trop vivement en lui certains souvenirs, et, quand, à longs intervalles, il se déci-
dait à faire une promenade dans la campagne, il ne dirigeait plus ses pas vers Briqueville ou Helmières, dont la
vue lui eût rappelé sans doute un passé qu'il voulait oublier. Ses seules visites à Roquencourt étaient pour son
oncle le prieur, qui lui témoignait toujours la même affection paternelle, ou pour Vicenti et Paola, qui, ayant quitté
l'auberge de Gorju, habitaient maintenant une petite maison à l'entrée du village. Là Robert, fatigué de son pénible travail, venait quelquefois le soir se délasser en compagnie de la fille et du père.

Vicenti, rassuré sans doute par la tranquillité absolue
dont il jouissait à la verrerie, n'était plus en proie à ces
terreurs exagérées qui le rendaient autrefois si ridicule ;
et quoiqu'il montrât la même réserve sur certains points,
il prenait plaisir à causer de son art avec le jeune verrier.
Mais c'était Paola particulièrement qui faisait le charme
de ces paisibles soirées. Le cadet de Briqueville éprouvait
maintenant pour elle une de ces affections douces et
chastes telle qu'il eût pu en ressentir pour une sœur, il
la consultait et écoutait ses conseils. Paola, de son côté,
paraissait bien heureuse et bien fière de cette confiance ;
plus expérimentée, elle rectifiait souvent les idées du jeune
gentilhomme; elle lui montrait les choses sous leur jour
véritable, elle le soutenait dans ses espérances, elle le rele-
vait dans ses découragemens. L'un et l'autre trouvaient
un plaisir égal dans cette intimité, et, tout en s'y livrant
avec la candeur de leurs âmes honnêtes, ils oubliaient ou
ils ignoraient les inconvéniens qu'elle pouvait avoir pour
tous les deux à un moment donné.

Il était un sujet cependant sur lequel ils ne s'expliquaient pas avec une franchise entière, qu'ils évitaient même avec une sorte d'effroi : c'était ce qui concernait Mathilde d'Helmières.

Le baron et sa fille étaient revenus chez eux, un mois environ après leur départ, et, quoi qu'on eût dit Franquette, Mathilde n'avait pas épousé le vicomte de Vergnes. Plusieurs fois depuis cette époque le bruit s'était encore répandu dans le pays que le mariage était décidé, mais aucun fait n'avait confirmé ces rumeurs. Un moment Robert avait soupçonné que la nourrice, obéissant à des influences qu'il était facile d'imaginer, avait un peu exagéré l'état des choses à l'égard de la famille d'Helmières et de Mathilde en particulier; mais l'attitude du père et de la fille envers lui n'était pas de nature à entretenir ce doute. Les dimanches, en effet, la noblesse du voisinage assistait à la messe du prieuré, et d'ordinaire ni le baron ni Mathilde ne manquaient à ce devoir religieux. Plusieurs fois Robert, s'étant trouvé sur leur chemin, avait voulu les aborder ; mais il avait toujours été repoussé par un salut raide et glacial de monsieur d'Helmières, tandis que Mathilde, de son côté, détournait la tête avec affectation.

Une circonstance s'était présentée cependant où ils eussent dû se départir de leur apparente inimitié contre le cadet de Briqueville. Quelques mois auparavant, des gens de qualité du voisinage, parmi lesquels se trouvaient monsieur d'Helmières et sa fille, avaient eu la fantaisie de visiter la verrerie de Roquencourt pendant les travaux. Tous les ateliers furent en émoi pour recevoir cette brillante compagnie; ce jour-là, les gentilshommes verriers travaillèrent en perruques, en manchettes et l'épée au côté. On amusa les dames, selon l'usage, à souffler en leur présence de menus objets en verre qu'on leur offrait ensuite galamment, à former avec une goutte de verre en fusion ces *larmes bataviques* qui détonnent bruyamment aussitôt qu'on en brise le petit bout.

Mathilde paraissait trouver grand plaisir à ces diverses expériences, et elle témoignait par ses questions incessantes l'intérêt qu'elle y prenait. Mais quand on vint au groupe formé de Robert, de Vicenti et de Nicolas, groupe qui se distingua par un redoublement de merveilles, Mathilde et le baron s'éclipsèrent subitement. Robert, qui était en train de souffler un vase d'une forme charmante, ne put s'empêcher de chercher des yeux son ancienne fiancée dans les rangs épais des spectateurs ; il la vit de loin causer gaiement avec son père sur le seuil de l'atelier. Le pauvre verrier ne put achever son ouvrage ; il passa sa felle à Vicenti, qui termina le vase avec habileté, et il alla se cacher dans sa chambre, dont il ne sortit qu'après le départ des nobles curieux.

Le cadet de Briqueville n'essaya plus de se placer sur le passage de monsieur d'Helmières et de Mathilde, et, quand il ne pouvait les éviter, il les saluait avec la sécheresse et la froideur dont le père et la fille lui avaient donné l'exemple.

Un dimanche d'été, à la fin de cette période dont nous venons de rapporter les principales circonstances, Robert, en traversant après la messe la place de l'Église, avait échangé avec le baron d'Helmières et sa fille le salut cérémonieux d'usage. Telle était sa préoccupation ou plutôt son ferme désir de paraître indifférent, qu'il n'avait pas remarqué combien Mathilde était charmante avec une robe de satin rose dont elle s'était parée pour la fête; combien sa beauté, autrefois frêle et un peu enfantine, se développait avec avantage. Il ne s'était pas aperçu non plus que, ce jour-là, mademoiselle d'Helmières, au lieu de détourner la tête en le voyant, selon l'habitude, avait paru au contraire chercher timidement son regard. Depuis longtemps il ne songeait plus à épier ces signes, qui auraient eu tant d'intérêt pour lui à une autre époque. Il écarta la foule, passa rapidement, et, laissant Mathilde et le baron au milieu d'un groupe de voisins campagnards, il se dirigea vers la partie du couvent habitée par son oncle.

En ce moment le père Ambroise prenait, à la suite de la messe qu'il venait de célébrer, un simple et frugal repas. Il accueillit Robert avec son affabilité ordinaire.

— Il me semble, mon enfant, — lui dit-il en l'examinant d'un air de sollicitude, — que votre profession actuelle nuit à votre santé. Les fournaises de la verrerie ont terni ce teint rose et frais que l'on admirait tant lorsque vous pouviez courir en liberté dans les landes de Briqueville. En outre vous avez fréquemment une mine sérieuse, triste même, de nature à m'inquiéter ; vous repentiriez-vous enfin du parti que vous avez adopté avec trop de précipitation peut-être ?

— Pas le moins du monde, mon révérend père, — répliqua Robert sans hésitation ; — je m'applaudis au contraire de plus en plus d'avoir renoncé à l'oisiveté honteuse où je vivais, à l'ennui qui me dévorait. Ma profession me plaît et me procure des satisfactions de toute sorte. Vous vous trompez, je vous l'affirme; je ne suis pas triste. Si de légers nuages assombrissent encore quelquefois ma pensée, ils ne peuvent manquer de se dissiper bientôt. Mais laissons ce sujet, je vous prie ; il n'est pas digne d'arrêter un instant votre attention... Je viens, mon bon oncle, — ajouta-t-il d'un ton plus ouvert, — vous apporter mes économies de la semaine. Toute déduction faite de mes menues dépenses et du prix de ma pension chez maître Michaud, voici ce qui me reste.

Et il remit au prieur quatre écus de trois livres.

— Fort bien, Robert ; je vais joindre cet argent à la somme que vous avez déjà mise en dépôt entre mes mains.

— Mais seulement, mon bon oncle, après avoir prélevé, comme à l'ordinaire, la trop mince part destinée aux pauvres.

— Vraiment, mon garçon, — dit le prieur avec attendrissement, — les pauvres n'ont-ils pas une trop large part dans l'argent que vous gagnez avec tant de peine?... Mais, si je ne me trompe, vos salaires se sont élevés cette semaine plus qu'à l'ordinaire ?

— L'augmentation dont vous vous étonnez n'a pas d'autre cause que la constance de mes efforts, et peut-être, ajouta le cadet avec modestie, mes progrès dans ma profession.

— Eh bien ! savez-vous, Robert, — continua le prieur en consultant un petit registre qu'il tira de son secrétaire, — que déjà vos économies se montent à plus de six cents livres tournois, et avez-vous songé à quel usage vous pourriez les employer ?

— Autrefois, mon révérend, je désirais seulement avoir une somme suffisante pour m'équiper et entrer au service du roi ; mais j'ai renoncé à ce projet. Tout ce que je demande désormais, c'est de vivre obscurément dans la paisible condition que je me suis choisie.

— Ainsi je peux disposer de cette somme, dans votre intérêt, comme je l'entendrai ?

— Vous savez ce qui me convient, mon excellent oncle, et j'approuverai tout ce que vous aurez fait.

— J'avais deviné, Robert, vos sentimens à cet égard ; aussi, vous l'avouerai-je, une partie de vos six cents livres a déjà reçu une destination que vous connaîtrez bientôt. Il sourit et observa le cadet à la dérobée. Il reprit tout à coup : — Robert, y a-t-il longtemps que vous n'avez vu le château de Briqueville ?

— Depuis que je l'ai quitté pour m'établir à la verrerie. Cependant je sais de Nicolas, qui va là-bas chaque dimanche visiter sa tante Madelon, que maître Gaillardet fait au manoir quelques réparations, et qu'il paraît vouloir le préserver d'une ruine complète. Dieu le récompense par ses bonnes intentions ! Tant que les vieilles tours resteront debout, je ne désespérerai pas du salut de notre race.

— L'Église réprouve de pareilles superstitions, mon enfant, reprit le prieur ; mais ne consentiriez-vous pas à venir avec moi prochainement pour juger des changemens opérés par le nouveau possesseur ?

— Mon bon oncle, je vous ai dit déjà quelle profonde répugnance j'éprouvais...

— Allons donc, ce sont là de ridicules enfantillages... Tenez, jeudi prochain est jour férié et les travaux vaqueront à la verrerie ; il nous sera facile, entre la messe et les vêpres, d'aller jusqu'à Briqueville et d'en revenir, d'autant plus que je compte emprunter la mule de notre bon voisin monsieur de Fourvières... Voyons, est-ce bien entendu ?

Robert n'osa résister au désir si nettement formulé de son vénérable parent. La partie fut donc arrangée pour le jeudi suivant, et le prieur laissa voir alors une satisfaction extraordinaire qui intrigua fort le cadet de Briqueville.

Pendant qu'ils discouraient ainsi, une rumeur, faible et sourde d'abord, s'était élevée sur la place de l'Église ; elle avait grandi peu à peu, et enfin des cris, des huées, des imprécations éclatèrent tumultueusement.

— Mon Dieu ! qu'est ceci ? — s'écria Robert.

— Sans doute quelque rixe parmi les paysans, répliqua le prieur sans s'émouvoir, ou peut-être un ivrogne poursuivi par les enfans du village ; malgré nos efforts, l'ivrognerie fait de grands progrès dans cette paroisse.

— Mais il me semble entendre des voix de femme ; je crois même reconnaître... Avec votre permission, mon oncle, je veux savoir la cause de ce tumulte.

— Allez donc, mon cher Robert ; à votre âge, tout est objet de curiosité et distraction... Dieu vous bénisse, mon enfant !

Quelques secondes suffirent au cadet de Briqueville pour atteindre la place qui s'étendait devant l'église ; cette place présentait en ce moment un spectacle de désordre et de confusion. La foule formait une masse compacte en avant du porche ; c'était là que se manifestait la plus vive fermentation, c'était de là que partaient ces clameurs furieuses. Des paysans de Roquencourt ou des villages environnans semblaient être les auteurs principaux de cette petite émeute. Quant aux gens de qualité et aux riches bourgeois, ils se tenaient à l'écart, et, les uns montés sur leurs chevaux, les autres dans leurs carrosses, ils regardaient l'événement avec tranquillité.

Robert, impatient de savoir de quoi il s'agissait, grimpa lui-même sur une grosse pierre qui se trouvait à l'angle de la place ; dans le groupe central, il aperçut Vicenti, et bientôt Paola, remarquable à son petit chapeau styrien de feutre noir, que surmontait un bouquet de fleurs naturelles. Le verrier, le teint rouge et enflammé, se débattait au milieu de campaguards qui le menaçaient du geste et de la voix. Paola, tout en larmes, paraissait supplier Vicenti de se calmer, tandis qu'elle engageait la foule à leur livrer passage. Mais la foule se montrait de plus en plus exaspérée ; et les angoisses de la pauvre enfant, qui essayait en vain de protéger son père contre cette canaille turbulente, étaient vraiment dignes de pitié.

Pour expliquer ce qui se passait, nous devons dire que, dans cette partie de la basse Normandie, la superstition est poussée aujourd'hui encore à un point extrême, et que les juifs, les *Italiens* et les mauvais prêtres y sont invariablement réputés sorciers. Pourquoi les Italiens de préférence aux Allemands et aux Anglais, par exemple ? nous l'ignorons, mais le fait existe, et le pauvre Vicenti et sa fille en fournissaient la preuve. Depuis leur arrivée dans le pays, ils étaient en proie à l'inimitié des habitans de Roquencourt et des environs. Leur costume, leurs habitudes, leur langage avaient été pour ces gens grossiers des motifs d'éloignement et de haine. D'abord la protection du prieur, celle de Robert, celle de Michaud lui-même, qui avait tant à ménager l'ouvrier de Murano, avait comprimé ces sentimens hostiles ; mais l'irritation contre eux s'était propagée sourdement, et ils s'étaient fait sans le vouloir de nombreux ennemis. Les femmes jalousaient Paola, qui leur était supérieure en beauté et en intelligence. Quelques galantins, repoussés par la fière Italienne, avaient répandu contre elle des insinuations méchantes.

D'autre part, les manières étranges de Vicenti, ses inquiétudes continuelles, les secrets merveilleux dont on le disait possesseur, même les événemens inexpliqués qui avaient marqué sa venue à Roquencourt, avaient excité au plus haut point d'abord la curiosité, puis l'aversion des gens du pays. Depuis quelque temps le père et la fille ne pouvaient sortir seuls sans être insultés. A la vérité ils ne s'en inquiétaient guère, et même le plus souvent ils ne comprenaient pas les injures qu'on leur adressait. Cependant on pouvait craindre que la moindre circonstance ne fît éclater l'orage amoncelé depuis longtemps sur leur tête, et cette circonstance venait de se produire ce jour-là même ; voici à quelle occasion.

Paola, pieuse et démonstrative comme la plupart des Italiennes, s'était arrangée, dans la petite maison qu'elle habitait au bout du village, une sorte d'oratoire où chaque matin et chaque soir elle accomplissait ses dévotions, et le principal ornement de cet oratoire était un beau bénitier de verre que son père avait fabriqué pour elle. Or, le jour dont nous parlons, la jeune fille, voulant s'approvisionner d'eau bénite, avait apporté à l'église un flacon vide, et, à l'issue de la messe, elle avait plongé ce flacon dans la grande cuve de pierre disposée sous le porche.

Cette action, si simple et si pleine de foi même, avait été une cause de scandale et de colère pour les assistans. Paola ne cherchait pas à se cacher ; après avoir rempli son flacon, elle le tint à la main et prit le bras de Vicenti pour sortir de l'église. Mais alors des murmures s'élevèrent de toutes parts, et bientôt l'on entendit circuler ces propos du genre de ceux-ci :

— Ce n'est pas pour faire des signes de croix que l'on vient dérober l'eau bénite du bon Dieu.

— Oui, il faudrait savoir à quels sortiléges ces Italiens comptent employer cette eau...... Sûrement quelqu'un mourra de mort subite avant peu ; ou l'on verra du gros temps sur la côte, ou bien les vaches perdront leur lait.

— Nous commettrions un gros péché mortel si nous n'empêchions pas cette créature d'exécuter ses maléfices... Obligeons-la à reverser son flacon dans le bénitier.

— Arrachons-lui son flacon.

Vicenti et sa fille, ne comprenant pas le patois, comme nous l'avons dit, ne pouvaient juger du péril que par l'attitude provocante des assistans ; aussi ne s'attendaient-ils pas à une agression brutale, quand tout à coup une robuste commère, se précipitant sur Paola, s'empara du flacon qu'elle tenait à la main.

Vicenti, nous le savons, ne brillait nullement par le courage ; mais soit qu'il ne crût pas avoir beaucoup à craindre d'un adversaire féminin, soit que son amour pour sa fille dominât sa timidité naturelle, il ne put supporter patiemment cette injure. Il s'élança sur la femme qui s'était emparée du flacon, le lui enleva, et le rendit à Paola, en résistant de toute sa force à la tentation de châtier rudement l'insolente commère.

Les vociférations devinrent plus furieuses. Des mégères exaltées par la superstition et les paysans fanatiques pressaient Vicenti et Paola en les accablant d'injures. L'Italienne voyait bien que cette exaspération avait pour cause la fiole qu'elle portait ; mais elle craignait de commettre un sacrilège en se la laissant prendre ou en la brisant. Un jeune gars ayant tenté encore de la lui arracher, Vicenti détacha une vigoureuse taloche au polisson, qui se mit à pousser des hurlemens effroyables. La foule alors se rua sur le père et sur la fille.

Ce fut en ce moment que Robert de Briqueville aperçut l'un et l'autre se débattant au milieu du tumulte. Il ignorait la cause de cette stupide émeute ; cependant il n'hésita pas un instant à intervenir.

— A moi les verriers ! — cria-t-il d'une voix forte.

Et, sautant à bas de son observatoire, il courut rapidement vers le lieu de la mêlée.

A l'appel de Robert, Nicolas s'était empressé de venir le joindre. Nicolas n'était plus ce Crispin en haillons que nous avons vu page ou laquais du chevalier de Briqueville ;

il avait maintenant un bel habillement de drap, un chapeau de feutre et des sabots neufs ; ses manières paraissaient aussi plus graves et plus dignes qu'autrefois, quoique dans ses yeux fauves brillât encore par momens je ne sais quelle vague expression de coquinerie. En cette occasion, par exemple, il avait retrouvé son ancienne effronterie : le chapeau sur l'oreille, il écartait les campagnards, sans respect pour le sexe ou pour l'âge, en criant d'un ton impérieux :

— Place à monsieur le cadet de Briqueville, croquants!... Voici monsieur de Briqueville qui va vous mettre à la raison.

Il était grand temps que Robert arrivât au secours de ses amis. Une grosse mère, qui n'était autre que la Gorju, femme de l'aubergiste, s'efforçait d'arracher à Paola le flacon d'eau bénite; d'un autre côté, Gorju lui-même levait le poing sur Vicenti, qui, n'étant plus dans son quart d'heure de courage, pliait les épaules et criait comme un possédé. Mais le coup qu'il attendait demeurait suspendu ; au contraire, Gorju alla rouler à quelques pas de là, repoussé par la main vigoureuse de Robert, en même temps que Nicolas empoignait sans façon la femme et la faisait tourner avec la rapidité d'une grosse toupie autour du mari renversé.

Cette intervention subite d'un gentilhomme justement respecté dans toute la contrée arrêta les actes de violence, mais non les criailleries. Maintenant on s'adressait à Robert, et tout le monde lui parlait à la fois pour expliquer la cause du conflit. Mais ce fut Paola qui, en se serrant contre lui toute tremblante, lui apprit en peu de mots la vérité. Bientôt le cadet de Briqueville éleva lui-même la voix au-dessus de ce vacarme discordant.

— Comment, sottes gens, — dit-il en patois, — osez-vous reprocher leur piété à ces excellens chrétiens ? Où avez-vous vu qu'on ne pouvait prier chez soi comme à l'église?... Allons ! retirez-vous, que nul ne soit assez hardi pour les insulter davantage, ou je vous frotterai d'importance.

Le tumulte s'apaisa ; en revanche, on se regarda les uns les autres et on échangea des observations à voix basse. Robert, sans en prendre souci, essayait de dégager Vicenti et Paola, quand Gorju, qui venait de se relever, se plaça devant lui et dit avec hardiesse :

— Monsieur le cadet, on sait pourquoi vous agissez ainsi. Ces Italiens, ces aventuriers, qui sortent on ne sait d'où, vous ont jeté un sort, dont il que la fille surtout, en vous guérissant par la magie d'une blessure mortelle, vous a fait prendre un breuvage pour...

— Imbécile ! — interrompit Robert en haussant les épaules, — vas-tu me rompre la tête de ces sornettes ? Mademoiselle Vicenti n'a employé pour me guérir d'autres sortilèges que de bons soins et du dévouement. Quant à son père, mon compagnon d'atelier, il est honnête, doux, serviable, et il ne mérite pas la haine que toi et d'autres coquins vous lui témoignez en toute occasion. Mais il n'est pas difficile de deviner la cause de ton acharnement et de celui de ta femme contre vos anciens locataires ; vous ne pouvez leur pardonner d'avoir quitté votre auberge, où ils vous écorchiez indignement ; quand ils logeaient dans votre maison, vous en parliez d'une manière différente.

Quelques éclats de rire, quelques huées à l'adresse de l'aubergiste prouvèrent que Robert avait frappé juste. Mais la Gorju, qui venait de rajuster les mèches de ses cheveux gris sous son bonnet de coton, un peu dérangé dans la bagarre, arrivait en ce moment à la rescousse.

— Monsieur le cadet, — s'écria-t-elle, — ce que vous dites m'étonne peu, et même vous ne pouvez parler autrement, parce que le *sort* opère sur vous...! Mais quoi! le diable est-il aussi entré dans le corps de ce mauvais garnement de Nicolas, qui m'a jeté par terre et m'a écrasé la figure? Va, tu me le payeras, chenapan ; et quand monsieur le cadet ne sera plus là, je te promets...

— On n'a pas peur de vous, la *Gorjute*, — riposta le rousseau gaillardement ; — voyez-vous la sainte créature pour accuser les autres de sortilège ! Quant à votre figure, elle n'est pas de verre, j'imagine, et, si elle est de verre, passez à l'atelier, la mère, et on vous la raccommodera.

Des risées accueillirent ces plaisanteries à l'encontre de la femme, comme elles avaient accueilli les remontrances adressées au mari. Néanmoins l'irritation ne cessait pas dans certains groupes.

— Chère et bonne Paola, — dit Robert en français à la jeune fille, — prenez mon bras, je vous prie... Vous, Vicenti, suivez-moi et ne vous écartez pas.

Paola hésitait à accepter cette invitation.

— Quoi ! monsieur de Briqueville, — dit-elle avec émotion, — vous voulez ainsi publiquement...

— Prenez mon bras, vous dis-je, et nous verrons qui osera broncher.

L'Italienne céda toute frémissante. Alors le cadet de Briqueville, suivi de Vicenti et de Nicolas, se mit en devoir d'écarter la foule afin de conduire ses protégés à leur demeure.

D'abord les rangs pressés des spectateurs s'entr'ouvrirent devant eux. Mais à peine Robert eut-il tourné le dos, que paysans et paysannes semblèrent se raviser.

— Voyez-vous comme monsieur de Briqueville lui obéit, comme elle s'en *fait suivre* ? — s'écria la Gorju ; — il était peut-être bien loin d'ici quand nous avons voulu empêcher cette magicienne de dérober notre eau bénite, mais il est sorti de terre au moment où elle avait besoin de lui... Seigneur Dieu ! quel dommage qu'un si beau jeune homme et d'une si grande famille soit ainsi ensorcelé !

— Eh ! les gars, — dit Gorju à son tour, en s'adressant à plusieurs habitués de son cabaret, — il faut *délivrer* monsieur le cadet en assommant le sorcier et la sorcière... Un pot de cidre pour chacun de ceux qui m'aideront !

— Allons-y, — s'écrièrent plusieurs ivrognes, auxquels se joignirent quelques vaillantes commères.

Et cette bande, bientôt accrue par les curieux, se mit à la poursuite de Robert et de ses protégés. Le cadet de Briqueville se retourna d'un air menaçant ; mais son attitude résolue et celle de Nicolas eussent été peut-être insuffisantes à contenir cette troupe exaltée, quand il lui vint enfin du renfort. C'était cinq ou six gentilshommes verriers, parmi lesquels se trouvaient Loustel, d'Hercourt, la Briche, et enfin Michaud.

Le maître verrier, une main posée sur la garde de son épée, l'autre sur sa canne à pomme d'argent, se campa fièrement devant les tapageurs.

— Ah çà ! croquans, — dit-il, — osez-vous bien vous attaquer aux verriers de Roquencourt ? D'où vous vient cette insolence ? Si vous vous permettiez la moindre offense envers nos gentilshommes... Allons, rentrez bien vite dans vos maisons, ou, de par le diable ! nos bâtons vont prendre la mesure de vos épaules.

— Ah ! monsieur le chevalier, — dit Gorju en donnant au maître verrier le titre qu'il savait lui être le plus agréable, — nous n'aurions garde de manquer à nos seigneurs les gentilshommes... mais ce coquin d'Italien est un jeteur de sorts, et...

— C'est mon meilleur ouvrier, — riposta Michaud péremptoirement, — et il vaut mieux dans son petit doigt que deux cents coquins de ton espèce. Bridez votre langue, la femme et toi, ou je défendrai à tous les verriers d'aller boire à votre cabaret.

— Et moi, je vous retirerai ma pratique, — dit d'Hercourt.

Cette double menace parut atterrer le couple Gorju.

— Monsieur de Briqueville, — dit Michaud à Robert avec majesté, — si vous avez, comme je le suppose, l'intention d'accompagner chez eux Vicenti et sa fille, personne n'y fera plus obstacle, je vous le garantis.

— Merci, maître Michaud ; merci, messieurs, — répliqua Robert ; — mordieu ! si j'étais seul, je ne m'inquiéterais guère de cette canaille. Néanmoins je crois nécessaire, pour sa sûreté, de reconduire mademoiselle Paola jusqu'à son logis.

— Monsieur de Briqueville est le défenseur des belles affligées, — dit la Briche d'un ton moqueur ; — mais, moins désintéressé que les paladins des romans de chevalerie, il a déjà reçu sa récompense.

Bien souvent Robert, depuis son installation à la verrerie de Roquencourt, avait été en butte aux sarcasmes et à l'inimitié mal dissimulée de la Briche ; mais il s'en était à peine aperçu, la légèreté étourdie du beau verrier n'éveillant d'habitude aucune colère chez les autres gentilshommes. Cependant cette fois le cadet ne pouvait méconnaître la malveillance qui avait dicté ces paroles. Il dit en regardant fixement le vicomte :

— Que voulez-vous faire entendre, monsieur de la Briche ?

— Tout ce qu'il vous plaira, monsieur de Briqueville ; je croirai, si vous y tenez, que vos services envers cette belle inhumaine sont complètement désintéressés, et ces messieurs le croiront comme moi.

— Quoi ! monsieur de la Briche, voudriez-vous insinuer... ? Mais il suffit ; sans doute vous n'avez pas l'intention de quitter immédiatement cette place, et, en revenant de chez Vicenti, il me sera facile de vous retrouver.

— Je ne me cache jamais.

— A tout à l'heure donc, monsieur de la Briche.

— J'attends vos ordres, monsieur de Briqueville.

Ils se saluèrent avec raideur ; puis Robert entraîna Paola et Vicenti, tandis que Nicolas emboîtait le pas derrière eux.

Paola soupçonnait bien qu'un dissentiment dont elle était la cause venait d'éclater entre les deux gentilshommes verriers ; mais ses idées étaient confuses, et, se sentant incapable de les exprimer, elle se bornait à serrer convulsivement le bras de Robert contre sa poitrine.

Au moment où l'on passait près de l'un des carrosses arrêtés sur la place, une voix féminine s'écria de l'intérieur :

— Mon Dieu ! cette fille l'a donc vraiment ensorcelé, comme on le dit ?

Bientôt la petite troupe atteignit la demeure de Vicenti, jolie maisonnette bâtie en galets et couverte en tuiles, qui à cette époque et dans cette localité passait pour un modèle de propreté et de comfort. Voyant ses protégés en sûreté, le cadet de Briqueville ne voulut pas entrer, et s'arrêta sur le seuil de la porte :

— Rassurez-vous, chère Paola, — dit-il affectueusement; — je vais prendre des mesures pour que vous et votre père n'ayez plus à redouter désormais de pareilles scènes. Cependant, je vous en prie, évitez de vous montrer dans le village, et demeurez ici chez vous jusqu'à ce que cette bourrasque soit entièrement apaisée.

— Et vous, Robert, — dit l'Italienne avec inquiétude, — allez-vous donc retourner au milieu de ces furieux ?

— Bah ! — répliqua le cadet de Briqueville en souriant, — quand même les gentilshommes verriers ne seraient pas là pour me soutenir, pensez-vous que ces manans et ces commères pourraient avoir raison de moi ?

— Vous êtes capable de leur tenir tête à vous seul, — dit Vicenti, — et vous l'avez bien prouvé... Sans vous, mon bon signor, nous étions perdus !

— Oui, oui, comme toujours, — dit Paola avec émotion, — monsieur de Briqueville a été notre protecteur, notre ange gardien... Mais il accroîtrait encore ma reconnaissance pour tant de bienfaits, — ajouta-t-elle plus bas, — s'il consentait à ne donner aucune suite à la querelle qui s'est élevée tout à l'heure entre lui et monsieur de la Briche !

— Il n'y a pas de querelle entre la Briche et moi ; je vous en conjure, chère Paola, ayez l'esprit en repos.

Et il voulut s'éloigner ; mais Paola le retint par le bras, et lui dit avec chaleur :

— Monsieur le cadet, n'essayez pas de me tromper, et

surtout gardez-vous bien d'aller exposer encore votre précieuse existence. Ecoutez, peut-être la colère de monsieur de la Briche contre moi n'est-elle pas sans excuse, car il a daigné, lui gentilhomme, demander ma main à mon père...

— Et votre père a refusé ? Cependant, Paola, en acceptant vous fussiez devenue vicomtesse.

— C'est moi qui ai refusé, — répliqua l'Italienne avec amertume, — et son orgueil a dû être cruellement blessé par ce refus ; ainsi donc, Robert, je vous en supplie, méprisez les offenses de ce jeune fou, comme je les méprise moi-même.

— Bien, bien ; je vous promets Paola, de me rappeler, s'il y a lieu, votre recommandation ; mais, à votre tour, n'oubliez pas la mienne... Ne sortez pas aujourd'hui... Adieu, adieu.

Il se déroba aux remercîmens du père et de la fille, et revint précipitamment sur ses pas, toujours accompagné de Nicolas, dont les sabots trahissaient la présence à cent pas à la ronde.

II

Le cadet de Briqueville songea, chemin faisant, qu'il serait sage de se débarrasser d'un compagnon dont le zèle aveugle deviendrait gênant dans certaines circonstances possibles. Il s'arrêta donc tout à coup et dit son laquais en sabots :

— Or çà ! Nicolas, ne vas-tu pas aujourd'hui à Briqueville pour voir ta tante Madelon, comme tu fais chaque dimanche ?

On eût dit que le rousseau n'éprouvait aucun plaisir à s'entendre rappeler ce devoir.

— J'irai si vous le commandez, monsieur le cadet, — répliqua-t-il avec embarras.

— Eh bien ! pars, mon garçon, car Madelon serait inquiète. Dis-lui de ma part que je suis toujours content de ta bonne conduite et de ton assiduité au travail. Va donc, mais ne te fatigue pas à courir dans le bois ou sur les grèves, car nous aurons demain beaucoup d'ouvrage à cent liens (1) de verre à vitres ont été commandés pour les châteaux du roi.

Il donna une pièce blanche à l'apprenti, lui tapota les joues amicalement, et, lui tournant le dos, continua son chemin.

Mais Nicolas demeura immobile, et quand Robert eut disparu au détour de la route, il se dit à lui-même :

— M'est avis que monsieur le cadet a voulu m'envoyer promener ; mais rien ne presse. Il se manigance quelque chose... faut voir.

Il enfonça son bonnet sur son front, puis, prenant ses sabots à la main, il fit un grand détour afin de s'approcher de Robert et de pouvoir l'épier en toute sûreté.

Le cadet de Briqueville, sans se douter de cet espionnage, arrivait en ce moment sur la place. Il y avait encore quelques groupes, mais ils ne présentaient plus aucun caractère hostile. Les cavaliers et les carrosses avaient disparu : la place avait repris son aspect accoutumé. Cependant les gentilshommes verriers ne s'étaient pas éloignés, et ils se tenaient un peu à l'écart en causant à voix basse.

Robert marcha droit à eux, et en les abordant il les salua plus cérémonieusement qu'à l'ordinaire. Tous lui rendirent son salut ; mais la conversation avait cessé brusquement, et on le regardait d'un air de curiosité. Sans s'émouvoir, il se tourna vers la Briche.

_____

(1) Le lien était un paquet de six feuilles de verre en table.

— Puis-je savoir, monsieur, — demanda-t-il avec dignité, — ce que vous avez voulu dire tout à l'heure en affirmant que mes services à l'égard de mademoiselle Vicenti n'étaient pas désintéressés ?

— Parbleu ! monsieur, — répliqua le vicomte en ricanant, — ce n'est un secret pour personne ici. Il n'est pas difficile de deviner le motif de vos assiduités dans la maison de Vicenti, et de l'intérêt extraordinaire que vous affichez en toute occasion pour la belle Italienne ; vous êtes le galant en titre de cette petite, et véritablement il est de fort honnêtes gens qui pourraient vous envier cette bonne fortune.

— Mais on se trompe, monsieur, je vous en donne ma parole ; les assiduités que l'on a remarquées n'ont d'autre cause que l'estime sincère, la vive reconnaissance...

— Cela vous plaît à dire, monsieur le cadet de Brique ville ; mais, de mon côté, je suis libre de croire ce que je veux.

— Eh bien ! moi, monsieur de la Briche, je vous défends de croire...

— Messieurs, messieurs, — interrompit Michaud, — permettez-moi de vous rappeler l'un et l'autre à la modération du langage.

— Vous avez raison, maître Michaud, — répliqua Robert d'un ton plus calme ; — aussi bien je sais pourquoi monsieur le vicomte de la Briche juge si défavorablement une jeune fille honnête et digne de respect. Mais il ne refusera pas, je l'espère, d'ajouter foi à mes paroles quand je lui affirme, sur mon honneur de gentilhomme, que Paola Vicenti n'est rien de plus pour moi qu'elle n'est pour lui-même.

La Briche parut très peu flatté que ses tentatives auprès de Paola fussent connues du cadet de Briqueville, et qu'on en parlât ainsi publiquement. Il rougit et se mordit les lèvres.

— Ah ! vous savez cela, monsieur ? — dit-il en lançant un regard haineux à Robert ; — je pourrais voir, dans ces confidences, qui me touchent personnellement, une preuve de plus de l'intimité qui existe, quoique vous la niez obstinément, entre vous et cette fille.

— Ainsi, monsieur le vicomte, vous persistez dans vos méchantes pensées ?

— J'y persiste.

— Messieurs, — interrompit encore Michaud, — il n'y a pas là un motif suffisant de querelle entre vous. Monsieur le cadet de Briqueville s'est peut-être offensé à tort de certaines opinions trop nettement exprimées de monsieur de la Briche, et monsieur de la Briche, de son côté, regrette, j'en suis sûr...

— Moi, — répliqua sèchement le vicomte, — je ne regrette rien et je ne me rétracte rien.

— Et moi, — dit Robert de même, — je ne saurais être satisfait, à moins que monsieur de la Briche ne retire les paroles, injurieuses pour mademoiselle Vicenti, qu'il a prononcées tout à l'heure.

— J'ai déjà répondu, monsieur.

— En ce cas, monsieur le vicomte, je vous prie de venir faire un tour avec moi dans le bois d'Helmières, en compagnie de ceux de ces messieurs qu'il vous plaira de choisir.

— Avec grand plaisir, monsieur le cadet.

Et tous les deux se saluèrent.

— Sambleu ! — s'écria Michaud, — vous ne pouvez avoir l'idée de recourir à de telles extrémités !... Que deviendra la fabrique si l'un de vous est blessé, si vous êtes blessés... tués... tous les deux ? Je vous conjure...

— Ah çà ! maître Michaud, — dit un des assistants, — vous n'êtes donc pas gentilhomme que vous sachiez si peu les usages en pareille circonstance ?

— Si, si, je suis gentilhomme, — s'écria Michaud qui se redressa vivement à ce mot ; — si quelqu'un en doutait...! Eh bien ! messieurs, — ajouta-t-il en soupirant, — agissez selon votre volonté.

— En ce cas, maître Michaud — dit Robert, — vous

voudrez bien, je l'espère, m'accorder l'honneur d'être mon second.

Cette proposition parut beaucoup flatter l'amour-propre du maître verrier ; cependant il refusa.

— Vous ne prendrez pas mon refus en mauvaise part, monsieur le cadet, — répliqua-t-il ; — mais quand il s'agit d'une affaire d'honneur entre mes gentilshommes, il ne m'est pas permis de me prononcer pour l'un ou pour l'autre.

A cette époque, il était encore quelquefois d'usage dans les duels que les témoins ou seconds prissent eux-mêmes part au combat, et peut-être cette circonstance avait-elle contribué à la détermination de Michaud. Cependant la raison qu'il alléguait semblait trop plausible pour qu'on ne l'approuvât pas ; seulement, un sourire narquois effleura les lèvres des nobles verriers.

— En ce cas, — dit Robert, — monsieur de Loustel consentira peut-être...

— Volontiers, mon enfant, — répliqua nonchalamment Loustel, — je suis vôtre... Et toi, d'Hercourt, pour qui es-tu ? — ajouta-t-il en se tournant vers son compagnon déguenillé.

— Moi, je suis pour celui qui payera du vin, — répliqua cyniquement l'ivrogne.

— Eh bien ! d'Hercourt, — reprit la Briche, — nous viderons un pot ou deux après l'affaire, à moins...

— J'en courrai la chance, — répliqua d'Hercourt.

— Ah çà ! — reprit Loustel, — est-ce que tu veux, mon vieux camarade, que nous fassions partie carrée ? Sans vanité, j'aurais quelques scrupules de me mesurer avec toi.

— Morbleu ! Loustel, ton assurance me donnerait envie d'en essayer.

— Oh ! pour cela, non, messieurs ! — s'écria Michaud chaleureusement ; — n'est-ce pas assez que monsieur de Briqueville et monsieur de la Briche aillent risquer leur vie pour une bagatelle ? Faut-il encore que vous vous mettiez de la partie sans nécessité ? Bon Dieu ! qui soufflerait demain les vitres destinées aux châteaux royaux ?... Voyons, monsieur de Loustel, vous ferez cela pour moi... Monsieur d'Hercourt, je récompenserai votre condescendance d'une manière qui sera de votre goût. — Le marquis de Loustel, après une existence féconde en péripéties, était devenu très indifférent sur l'absurde point d'honneur qui existait alors parmi la noblesse ; quant à d'Hercourt, profondément abruti par l'ivrognerie et la misère, il ne se montrait nullement chatouilleux aux vétilles d'étiquette. Ni l'un ni l'autre n'avait donc un désir réel de se battre, en fût-il arrêté que Briqueville et la Briche mettraient seuls l'épée à la main dans cette affaire. Cette décision délivra Michaud d'un grand poids. — Allons ! soit, — pensait-il ; — en risquer deux, c'est déjà trop... mais il faut céder quelque chose ; et puis comment les gentilshommes verriers se distingueraient-ils des vilains s'ils ne dégainaient pas de temps en temps ? Je crois qu'en définitive ce duel pourra faire grand honneur à la verrerie de Roquencourt.

On convint que la rencontre aurait lieu sur-le-champ, dans une clairière de la forêt, et, pour ne pas donner aux habitans du village soupçon de la vérité, se sépara en deux bandes ; la Briche, d'Hercourt et un autre gentilhomme partirent en avant d'un pas tranquille, comme s'ils avaient l'intention de se promener dans les bois. Quelques instans plus tard, Briqueville, Michaud et Loustel suivirent le même chemin.

Comme nous l'avons dit, il n'y avait plus qu'un petit nombre de campagnards sur la place de l'église. Cependant quelques regards furtifs se dirigeaient encore vers les verriers, et certaines longues oreilles n'eussent pas été fâchées d'entendre ce qu'ils disaient. Nicolas, par exemple, qui, à force de précautions et de manœuvres habiles, était parvenu à moins de vingt pas de son maître, regardait et écoutait de tout son pouvoir. Caché par deux gros paysans qui discutaient ensemble la grave question de la vente d'un veau, et déployaient dans cette affaire les mille ressources de leur diplomatie normande, il ne perdait pas un geste, pas un mouvement des gentilshommes, et sa pénétration naturelle l'avertissait qu'ils traitaient une question importante. Il ne douta plus qu'il ne s'agît d'un duel quand il les eût vus se diriger en deux groupes différens vers la forêt, et il demeura fort embarrassé au sujet du parti qu'il devait prendre.

Après quelques secondes de réflexion, il se remit à courir, afin de précéder les promeneurs, et, par des sentiers à lui connus, il arriva promptement à un endroit où la route se partageait en deux branches ; l'une conduisait à Helmières, l'autre au château de Briqueville et aux villages dépendant autrefois de ce fief. Robert et ceux qui l'assistaient s'étaient engagés sans hésiter dans le bois, tandis que la Briche et les autres, arrêtés au milieu d'une allée qui s'étendait à perte de vue, semblaient les attendre.

C'était donc bien dans la forêt que devait avoir lieu la rencontre ; mais, ce point reconnu, le rousseau ne se trouva guère plus avancé ; restait toujours l'embarrassante question : Que faire ? Robert pouvait s'offenser que l'apprenti osât se mêler directement ou indirectement de ses affaires ; d'autre part Nicolas, dans son dévouement absolu pour son seigneur, croyait de son devoir d'empêcher par tous les moyens possibles le duel projeté. Comme il était en proie à cette perplexité, Paola, parut tout à coup devant lui.

La jeune Italienne, postée derrière les rideaux de sa fenêtre, avait vu passer devant la maison les deux groupes de gentilshommes, et il ne lui avait pas été difficile de deviner l'objet de cette réunion insolite. Aussitôt elle était sortie, et elle accourait, haletante, tête nue, sans savoir elle-même quelle conduite elle devait tenir dans cette grave conjoncture.

Nicolas, connaissant l'affection de Robert pour la belle étrangère, la salua respectueusement, et tint son bonnet à la main pendant qu'elle lui parlait.

— Savez-vous où ils vont et ce qu'ils comptent faire ? — demanda-t-elle d'un air égaré.

— Pardieu ! mademoiselle Paola, ce n'est pas difficile à comprendre : ils vont s'égorger à la merci de Dieu.

— Il ne faut pas le souffrir... Et c'est à cause de moi, n'est-ce pas ? c'est pour venger mon injure que ce brave jeune homme veut exposer sa vie !

— Ce ne serait pas impossible tout de même !

— Il faut les empêcher de se battre. Que deviendrais-je s'il lui arrivait malheur ?

— Les empêcher, c'est bon à dire... mais comment ?

— Allez prévenir sur-le-champ le père prieur ; moi je vais courir après eux, et je les supplierai...

— Le prieur ? c'est juste, je n'y avais pas pensé... le révérend père en effet est seul capable de les empêcher de s'exterminer l'un l'autre.

Et il partit comme un trait dans la direction du bourg, tandis que Paola s'enfonçait dans la forêt d'un pas à peine moins rapide.

Malheureusement, pendant cette courte conversation les gentilshommes verriers s'étaient rejoints à quelque distance, et tous ensemble venaient de disparaître dans une allée latérale. On se trouvait alors au commencement de l'été, et le feuillage formait comme un mur verdoyant à droite et à gauche du chemin. De quel côté chercher ? Néanmoins Paola ne se décourageait pas, et elle continua de courir vers l'endroit où elle avait vu les verriers pour la dernière fois.

Cependant les deux adversaires et leurs témoins avaient fait halte dans une charmante clairière pleine de calme et de fraîcheur. Les hêtres et des chênes touffus la protégeaient contre les rayons ardens du soleil à son midi. Le sol était plat et uni, couvert d'un gazon fin et dru, qu'émaillaient des pâquerettes et des boutons d'or. Les fauvettes chantaient dans les buissons voisins, les sauterelles bondissaient dans l'herbe, les grillons sifflotaient à l'entrée de leurs trous. Il était impossible de trouver une place plus commode et plus engageante pour tuer ou pour être tué.

— Nous serons fort bien ici, — dit la Briche ; — quel est votre avis, monsieur de Briqueville ?

— Ici, soit, — répliqua Robert en affectant un ton d'insouciance.

Et pourtant il se souvenait que, à cette même place, il s'était promené souvent, heureux et plein d'espoir, avec Mathilde, quand il rencontrait dans les bois la jolie châtelaine d'Helmières.

Mais ces souvenirs n'étaient pas de saison ; les deux jeunes gens s'empressèrent de jeter sur l'herbe leurs feutres empanachés, leurs pourpoints aux mille aiguillettes, leurs baudriers brodés, puis, tirant leurs épées, ils se posèrent fièrement l'un en face de l'autre.

Les témoins s'assurèrent que les épées étaient d'égale longueur, qu'aucun des deux combattans n'aurait le soleil en face, que nulle aspérité du terrain ne risquait de les faire tomber pendant la lutte ; puis, sur un signe de Loustel, les deux lames se croisèrent.

Loustel et d'Hercourt avaient pris les dispositions d'usage avec autant de tranquillité que s'il se fût agi de souffler une bouteille et un verre à vitre ; mais Michaud, beaucoup moins expérimenté en pareille aventure, éprouvait un tremblement nerveux très visible. Quant aux deux adversaires, ils montraient beaucoup d'ardeur ; et, quoiqu'ils ne pussent être blasés encore sur les émotions du duel, à cause de leur grande jeunesse, aucun trouble ne se trahissait sur leurs visages.

Toutefois Loustel, qui les observait attentivement, ne tarda pas à froncer le sourcil ; il venait de reconnaître, avec la sûreté de coup d'œil d'un maître, qu'ils n'étaient pas fort habiles en escrime, et il redoutait une de ces doubles catastrophes assez ordinaires entre des combattans novices.

Du reste, on ne ferraila pas longtemps. Briqueville, qui semblait avoir l'avantage du sang-froid, profita d'un faux mouvement de la Briche, et, dégageant lestement son arme, lui porta une botte que l'autre ne put parer assez tôt. La pointe de l'épée reparut derrière le dos du vicomte, et on put croire d'abord qu'elle avait passé sous son bras ; mais de larges taches rouges souillèrent la chemise de la Briche : Robert rompit aussitôt.

— Vous êtes blessé, monsieur, — dit-il d'une voix un peu altérée ; — vous plaît-il que nous en restions là ?

— Non, non, monsieur de Briqueville, — répliqua la Briche, — ce n'est rien, continuons. — Mais il pâlit tout à coup, et, quand il voulut étendre la main, une douleur atroce l'obligea de laisser tomber son épée. — Je crois pourtant que j'en ai assez pour cette fois, — balbutia-t-il.

Comme il chancelait, les témoins le soutinrent et le firent asseoir. Loustel, presque aussi habile qu'un chirurgien, examina la plaie. L'épée de Briqueville avait traversé l'aisselle du vicomte, sans toutefois produire de bien graves désordres, et, à moins d'un de ces accidens qui résultent parfois des blessures les plus légères, celle-ci ne devait avoir aucune suite fâcheuse.

— Bah ! une simple saignée, une petite saignée, pour refroidir le sang trop chaud, — reprit Loustel en haussant les épaules ; — il y a un Dieu pour les enfans comme pour les ivrognes.

Maître Michaud s'approcha.

— Messieurs, — dit-il avec émotion, — mes amis, mes enfans, le point d'honneur est satisfait... eh bien ! maintenant ne voulez-vous pas vous donner la main ? Allons, aucune rancune ne doit subsister après un combat loyal... Briqueville, votre position, votre générosité naturelle vous imposent le devoir de faire le premier pas.

— Volontiers, — répliqua le cadet d'un ton franc et ouvert, — je regrette vivement, monsieur de la Briche, ce qui s'est passé, et, si vous voulez accepter ma main...

— Avec plaisir, monsieur de Briqueville, — répliqua le vicomte en s'efforçant de paraître gai, — à la condition pourtant que vous me permettrez de la prendre avec ma main gauche, car, du diable! si je pourrais me servir de la droite... Quant au sujet de la querelle, je suis prêt à croire tout ce que vous voudrez. Vous prétendez que, malgré vos assiduités chez Vicenti, vous n'êtes pas le galant de sa fille, soit; mais, je vous en avertis, je serai seul à le croire, et la petite n'en sera pas moins compromise. Vous avez vu ce matin ce que les gens du pays pensaient d'elle; maintenant interrogez ces messieurs, et, s'ils veulent répondre, vous entendrez ce qu'ils vous diront.

Le cadet de Briqueville se tourna vers les autres gentilshommes verriers.

— Messieurs, — dit-il avec inquiétude, — serait-il vrai? Me supposeriez-vous capable d'avoir abusé à ce point de la confiance d'un père, de la candeur d'une jeune fille?

— Hum! — dit le prudent Loustel.

— Bah! — dit le cynique d'Hercourt.

— Il faut que jeunesse se passe! — murmura Michaud avec embarras.

Robert était consterné; il n'avait pas soupçonné jusqu'à ce moment le danger de cette innocente intimité à laquelle il trouvait tant de charmes.

— Messieurs, — reprit-il avec énergie, — je vous le jure par tout ce qu'il y a de plus sacré, j'ai seulement pour Paola Vicenti une amitié chaste et fraternelle...

— Voyez-vous ça! — dit la Briche, mais, si vous l'aimez de cette façon, elle vous aime différemment, elle.

— Elle m'aime... vous le croyez? — dit Robert en tressaillant; — vous vous trompez, vicomte; cela n'est pas, cela ne peut pas être.

— Eh! morbleu! cela est clair comme le jour... Et tenez, —ajouta la Briche avec un accent singulier, — si vous en doutez encore, regardez derrière vous.

Briqueville obéit machinalement; Paola, guidée par le bruit des voix, accourait en effet, pâle et haletante. En atteignant la clairière, elle s'arrêta. A la vue de Robert debout et sans blessure, la rougeur reparut subitement sur ses joues, et, joignant les mains, elle dit tout haut :

—Grazia, santa padrona! (merci, ma sainte patronne!)

La Briche ne comprenait pas l'italien, mais il devina le sentiment qu'éprouvait la jeune fille.

— Vous le voyez, Briqueville, — dit-il avec une légère grimace, — ce n'était pas pour moi qu'elle adressait des vœux au ciel.

Robert, sans prendre le temps de remettre son pourpoint, vint au-devant de l'Italienne.

— Paola, — dit-il avec un peu de malaise, — je vous avais priée...

— Qu'importe! — répliqua-t-elle impétueusement, — vous êtes sain et sauf; tout est juste, tout est bien! Si vous aviez succombé, je serais morte aussi!... Mais laissez-moi voir le jeune homme; puisqu'il vous a épargné, je lui pardonne volontiers ses offenses.

Elle s'approcha de la Briche, et, au grand étonnement des assistants, elle voulut examiner la blessure. Comme le pansement avait été fait d'une manière très sommaire avec un mouchoir, le sang continuait de couler en abondance, et le vicomte s'affaiblissait rapidement. Paola banda de nouveau la plaie avec tant de soin et d'adresse que l'hémorragie s'arrêta et que la Briche en ressentit un soulagement presque immédiat.

— Merci, mademoiselle, — dit-il avec un sourire un peu moqueur, — mais auriez-vous eu tant de bontés pour moi si j'avais blessé monsieur de Briqueville?

La belle Italienne répondit par une petite moue à ce remercîment équivoque. Quand la Briche fut rajusté, il se releva avec le secours de ses amis; mais, dès les premiers pas, il chancela, et l'on reconnut qu'il serait incapable de marcher jusqu'au village.

— Eh bien! nous le porterons, — dit Briqueville, qui venait de se rhabiller.

Cette obligation de transporter le blessé jusqu'à Roquencourt ne paraissait pas être du goût des autres

verriers; heureusement il ne fut pas nécessaire d'en venir là.

Une troupe assez nombreuse apparut dans la grande avenue, et s'avança rapidement vers la clairière. Elle se composait d'abord du prieur et du médecin, le père Antoine, sous la conduite de Nicolas. Derrière eux marchaient quelques frères lais du couvent et plusieurs habitants du bourg, qui, désirant se rendre utiles, ou seulement poussés par la curiosité, avaient suivi les moines dans la forêt.

Aussitôt que Nicolas aperçut son maître, il poussa un cri de joie et se mit à courir vers lui en riant et dansant. Robert réprima ces transports par un signe amical; au même instant le vénérable prieur, tout essoufflé et tout en nage, arrivait auprès de lui et se jetait dans ses bras en murmurant :

— Cruel enfant! avez-vous donc juré de me faire mourir d'inquiétude? — Le cadet de Briqueville balbutia quelques excuses; le prieur l'interrompit : — Vous avez mal agi, Robert; rien ne saurait vous justifier d'avoir attenté à la vie de votre semblable et d'avoir exposé follement la vôtre... Mais, — ajouta-t-il en soupirant, — on assure que ces mœurs féroces sont à la mode parmi les gentilshommes d'aujourd'hui. Quant à moi, je souhaiterais qu'ils se montrassent moins délicats sur le point d'honneur et un peu plus chrétiens — Ce furent là les seuls reproches qu'il adressa au jeune parent qui lui avait causé une alerte si chaude. Comme Robert demeurait interdit et les yeux baissés, le prieur l'embrassa encore; s'approchant du vicomte étendu sur l'herbe, il le questionna sur sa blessure, l'encouragea, le consola, tandis que le père Antoine à son tour examinait les bandages de la plaie, et s'assurait qu'une nouvelle hémorragie n'était pas à craindre. Bientôt deux robustes frères lais enlevèrent la Briche dans leurs bras et se mirent en devoir de le porter chez lui à Roquencourt; les gentilshommes verriers et les moines marchèrent à leur suite, ainsi que Nicolas, chargé du chapeau et de l'épée du blessé; puis venaient les curieux, qui s'entretenaient à voix basse de l'événement. Paola, triste et silencieuse, s'était tenue un peu à l'écart pendant que l'on prenait ces dispositions. Le prieur l'aborda et lui dit d'un ton où perçait l'amertume :

— Si ce que l'on conte était vrai, ma fille, vous seriez pour beaucoup dans ce funeste accident. Etes-vous sûre de n'avoir contribué par aucune démarche, par aucune parole imprudente, à mettre en péril l'existence et le salut des âmes de ces deux bouillants jeunes gens?

— Ma conscience ne me reproche rien, révérend père.

— Je veux vous croire; cependant il sera bien que vous veniez me trouver au plus tôt à mon confessional.

— J'irai, j'irai, — s'écria Paola dans une extrême agitation; — oui, j'ai grand besoin de vos conseils... La blessure qu'a reçue ce pauvre gentilhomme ne saurait être aussi grave et aussi douloureuse que celle de mon cœur!

Quand la troupe se mit en mouvement, Paola marcha isolément sur le bord du chemin. Elle avait la tête penchée sur sa poitrine; ses traits nobles et fiers exprimaient une souffrance ineffable; et son œil noir, profond, rayonnait par momens d'un éclat mystérieux. Elle était magnifiquement belle, mais d'une beauté sombre, fatale, qui devait impressionner vivement les spectateurs vulgaires. Aussi les paroles malveillantes, les observations haineuses ne manquaient-elles pas autour d'elle.

— Regardez-la, voisine, — dit la Gorju à une autre commère, — ne dirait-on pas qu'elle sort de l'enfer avec ses yeux qui brillent comme des chandelles? Elle a causé bien du mal aujourd'hui, mais on n'est pas au bout, vous verrez, vous verrez!

— Pourvu, — dit l'autre, — qu'elle ne s'avise pas de jeter des sorts à nos gars, comme elle en jette aux gentilshommes... On dit qu'il y en a plus d'un à Roquencourt et dans les environs qui sont déjà toqués pour elle.

— Ah! c'est bien vrai, maîtresse Pichonnette, — dit un

jeune gaillard à figure niaise qui marchait derrière les commères en compagnie de deux autres garçons de son âge; — voilà moi, par exemple, qui dois épouser la Fanchette, la fille à la mère Colas, eh bien! depuis que j'ai vu cette sorcière, du diable! si je ne trouve pas la Fanchette laide comme le péché, avec son bonnet de coton! C'est plus fort que moi; au contraire, je trouve la *jeteuse de sorts* jolie, jolie, et j'y pense toujours.

— C'est comme moi, — dit un autre d'un ton piteux, — j'en rêve souvent la nuit.

— Et moi donc, — dit le troisième, — quand par hasard elle me regarde, je deviens comme imbécile... et cela n'est pas naturel.

— L'entendez-vous, voisine? — reprit la Gorju, — n'y a-t-il pas de quoi trembler? où ça s'arrêtera-t-il? Tous les hommes du pays, nobles et vilains, riches et pauvres, grands et petits, y passeront à leur tour... Pourvu qu'elle n'aille pas s'en prendre aussi à mon pauvre Gorju... Et ne vous a-t-il pas semblé, voisine, que Sa Révérence le prieur était lui-même un peu sous le charme? Avez-vous remarqué tout à l'heure comme il lui parlait doucement?

— Le prieur! ma chère, qu'osez-vous dire? — répliqua l'autre effrayée;—un si saint homme! En quel temps vivons-nous?

Ces propos pouvaient être entendus de Paola Vicenti; mais elle ne semblait pas y prendre garde, et continuait d'avancer d'un pas égal, le front pensif. Cette impassibilité irrita les malveillans; on parla plus haut, plus clairement; les injures devinrent plus directes. Le cadet de Briqueville, qui marchait un peu en avant, finit par s'en apercevoir, et n'eut pas de peine à en deviner l'objet. Il dit rapidement quelques mots au prieur; puis il fit volte-face et s'approcha de mademoiselle Vicenti.

En le voyant venir, les persécuteurs des deux sexes s'écartèrent avec précipitation. Paola ne parut pas plus remarquer cette espèce de délivrance qu'elle n'avait. remarqué les attaques, et elle tressaillit quand Robert lui prit le bras.

— Je vous le disais, mon amie, — murmura-t-il, — vous avez eu tort de vous montrer ici... Mais, cette fois encore, je saurai bien imposer le respect à ces mauvaises gens. — En même temps, il promena autour de lui un regard si ferme, si menaçant, que curieux et commères s'éloignèrent davantage; et il resta bientôt à peu près seul avec Paola en arrière de tous les autres. La jeune fille le remercia par un sourire triste, mais elle ne dit rien, et l'on fit quelques pas en silence. — Chère Paola, — reprit enfin Robert d'une voix un peu tremblante, — vous souffrez, je le comprends, de cette persécution injuste et acharnée; moi, votre ami, j'en souffre autant que vous-même ; — nouveau signe affectueux de Paola; mais elle ne pouvait prendre sur elle de prononcer une parole. — Oui, — poursuivit le cadet de Briqueville, — j'ai le cœur navré de voir la haine et le mépris que l'on vous témoigne, et j'ai résolu de les faire cesser.

Robert parut enfin triompher des sombres préoccupations qui pesaient sur l'esprit de Paola.

— Quoi! monsieur de Briqueville, — dit-elle, — donnez-vous la moindre attention aux dires de ces idiots et de ces méchantes femmes?

— Mais ce ne sont pas seulement les croquans et les commères de Roquencourt, — répliqua Robert en baissant la voix, — qui partagent ces opinions funestes, ce sont aussi les nobles du voisinage, les gentilshommes verriers eux-mêmes; je ne peux plus avoir aucun doute à cet égard.

— J'ai pour moi Dieu et ma conscience, le reste ne me soucie guère.

— Et cependant, mon amie, il ne faut pas dédaigner l'opinion publique, même quand elle s'égare; et moi, cause involontaire des insultes dont on vous accable, je ne dois pas permettre que vous demeuriez exposée plus longtemps. Paola, chère Paola,—continua-t-il avec attendrissement, — je suis bien malheureux! J'étais pénétré

de reconnaissance pour vos services, pour votre dévouement à ma personne; c'était vous qui m'aviez relevé dans mon abaissement, qui m'aviez enseigné le juste et le bien quand je doutais, qui m'aviez rendu la foi et l'espérance quand elles étaient près de me manquer. C'était vous qui m'aviez encouragé, qui m'aviez consolé dans mon délaissement; nulle ne m'inspira jamais plus d'estime, de respect et d'affection... Et cependant, Paola, c'est moi qui sers de prétexte aux insolentes calomnies dont on voue charge à l'envi; c'est par moi que votre réputation est compromise. Je n'ai pas su cacher assez bien les sentimens de reconnaissance que je vous ai voués, mes assiduités auprès de vous ont été interprétées dans le sens le plus odieux... Ainsi, pour prix de tant de bienfaits dont vous m'avez comblé, dont vous me comblez encore, je n'ai réussi qu'à vous perdre aux yeux du monde... Mais,— ajouta-t-il aussitôt avec énergie,—je n'entends pas que le sacrifice s'accomplisse jusqu'au bout; mon devoir est tracé, je n'y faillirai pas. Il ne tiendra qu'à vous, Paola, que ces injustices dont vous êtes victime reçoivent bientôt une éclatante réparation.

— A quelle réparation aurais-je droit, Robert? et comment empêcheriez-vous les méchans et les sots de juger trop sévèrement une pauvre fille?

— Celui qui a fait le mal, — dit Robert avec résolution, — doit songer au remède. Paola, votre position isolée au milieu de cette population hostile n'est plus tenable maintenant; votre père, si faible encore, ne peut pas vous vous être un appui suffisant. Il est donc nécessaire de vous trouver un protecteur qui impose silence à la malveillance et à la calomnie... et ce protecteur ne peut être un ami dont les efforts pour vous défendre tournent eux-mêmes contre vous; ce ne peut-être qu'un homme ayant un droit clair, précis, indiscutable, à vous protéger, ce ne peut-être qu'un mari.

— Un mari! — interrompit Paola avec impatience; — vous savez bien que jamais...

— Vous avez repoussé la demande du vicomte de la Briche, je ne l'ignore pas, et c'est pour cela qu'il s'est permis des propos injurieux dont j'ai dû tirer vengeance; mais laissez-moi espérer que vous serez moins sévère pour le prétendant que j'ose vous proposer... Ce n'est pas, — poursuivit Robert, — que ce prétendant soit en tous points digne de vous. Quoique bien jeune, il ne vous apportera pas cette fraîcheur d'un premier amour que vous auriez droit d'exiger d'un mari; il a connu trop tard, et seulement après avoir tant souffert que son cœur était bien brisé. Mais, en revanche, il peut vous offrir une amitié franche, durable, basée sur la reconnaissance, et cette amitié suffira peut-être pour assurer votre bonheur et votre repos. M'avez-vous bien compris, chère Paola, et refuserez-vous ma prière?

Rien ne saurait rendre les sentimens tumultueux qui firent explosion à la fois dans le cœur de l'Italienne. Elle s'arrêta tout à coup et attacha sur Robert un regard si profond, si pénétrant, si investigateur, qu'il eut peine à en soutenir l'éclat; cependant il sourit et serra doucement dans sa main la main de la jeune fille,

— *Santa Maria!* — dit-elle enfin avec impétuosité, — c'est lui-même!

Et un torrent de larmes inonda ses joues, tandis que des sanglots convulsifs soulevaient sa poitrine.

On se trouvait en ce moment sur la lisière de la forêt, et le groupe qui accompagnait le blessé était assez loin en avant; mais on voyait encore çà et là quelques curieux qui semblaient guetter Paola et Robert.

— Au nom du ciel! calmez-vous, chère Paola, — dit Briqueville; — on nous épie, et votre émotion serait capable de donner plus de force aux médisances. — Ils se remirent en marche. — Oui, mon amie, — reprit le cadet fort ému lui-même, — c'est bien moi qui aspire au bonheur de devenir votre époux; mais comment dois-je interpréter ce trouble extraordinaire? N'auriez-vous que de l'indifférence pour moi, ou bien...

Paola recouvra enfin la voix.

— Ne m'interrogez pas, je vous en conjure, — dit-elle avec une agitation extrême ; — pas un mot de plus, par pitié ! et cependant merci, Robert, merci mille fois...Vous avez vu que j'étais une étrangère, pauvre, sans avenir, indignement calomniée, et vous avez voulu faire de moi votre femme ! Le mouvement d'orgueil et de joie que je viens de ressentir ne s'effacera plus de ma mémoire, jusqu'à mon dernier jour il soutiendra ma force et mon courage.

— Ainsi donc, Paola, vous acceptez la proposition que je vous adresse dans toute la sincérité de mon cœur.

— Non, Robert, non ; car, j'en suis sûre, vous ne m'aimez pas.

— Je vous ai dit la vérité, Paola, — répondit le cadet de Briqueville avec mélancolie ; — il ne dépend pas de moi de détruire le passé. Cependant j'éprouve pour vous tant d'admiration, de gratitude et de tendresse...

— C'est impossible, c'est impossible ! — répéta Paola Vicenti ; — vous, le descendant d'une des plus grandes familles de la province, épouser la fille d'un ouvrier italien !

— La fille d'un verrier comme moi, — répliqua le cadet de Briqueville d'un ton ferme, — la fille du compagnon de mes travaux, du maître habile qui m'a instruit dans notre noble métier.

— Mais songez donc, Robert, à ce que pourraient penser d'un tel projet votre oncle le prieur, ce vieillard si sage et si austère ; votre frère aîné, le chevalier de Briqueville si terrible dans ses vengeances ?

— Mon oncle m'aime, Paola ; il entendra raison... Quant à mon frère, il a voulu me faire en effet un intolérable fardeau de ce nom de famille que nous portons tous les deux ; mais je prétends désormais ne dépendre que de moi-même. Sans doute je ne reverrai jamais le chevalier de Briqueville, et, si je le revoyais, je ne tiendrais aucun compte de ses vœux et de ses menaces.

— Eh bien ! Robert, si de pareilles considérations ne peuvent vous toucher, songez du moins à Mathilde d'Helmières, que vous avez tant aimée, à Mathilde, que vous appeliez sans cesse dans le délire de la fièvre, que vous croyiez reconnaître en moi quand je veillais à votre chevet !... Mathilde est jeune, belle, riche, et elle est libre encore.

— Mais elle est, dit-on, promise à un autre, et elle est morte pour moi. Paola, ne me parlez plus de Mathilde ; elle m'a trompé, je dois l'oublier, et je crois... oui... j'ai la certitude que je finirai par l'oublier tout à fait.

— Ah ! Robert, elle vous cause au cœur que vous ne l'imaginez.. Le dépit que vous cause son abandon n'est-il pour rien dans votre détermination présente ?

Le cadet de Briqueville hésita, sa loyauté ne lui permettait pas d'affirmer ce qui pouvait être l'objet du moindre doute.

— Non, — dit-il enfin, — si je ne me trompe sur l'état de mon âme, Mathilde ne saurait jamais être pour moi ce qu'elle a été ; elle a renoncé à moi, je dois renoncer à elle. — Pendant cette conversation, on était arrivé à Roquencourt, et l'on se trouvait devant la maison de Vicenti ; les deux jeunes gens s'arrêtèrent. — Paola, — reprit Robert, — je vais vous quitter, car je dois accompagner la Briche jusque chez lui, et prendre congé du prieur... Que répondrez-vous à ma demande ? Me permettrez-vous d'en parler à votre père.

— Non, non, pas encore, — répliqua la belle Italienne dans une agitation qui touchait au délire, — n'en parlez à personne jusqu'à ce que... O mon Dieu ! je voudrais vous croire, je voudrais me persuader à moi-même que vos raisons sont justes, vos espérances fondées... Mais ne me pressez pas maintenant... plus un mot, de grâce ! Laissez-moi quelques jours de réflexion, réfléchissez vous-même... Plus tard nous reviendrons sur ce sujet, et alors... Adieu, Robert, adieu... Quoi qu'il arrive, vous êtes le plus généreux des hommes !

Elle fit un signe de la main, et entra précipitamment dans la maison.

III

LA BAGUE.

Une partie de la semaine suivante s'écoula sans événemens dignes d'être mentionnés. Le vicomte de la Briche, qu'on avait transporté chez de vieilles gens dont il était le pensionnaire, avait bien eu quelques accès de fièvre ; mais, grâce à la science du père Antoine, ces fâcheux symptômes s'étaient promptement dissipés, et tout permettait d'espérer que dans un terme prochain le blessé serait en état de reprendre ses travaux à la verrerie.

Pendant cette crise, le cadet de Briqueville n'avait pas manqué d'aller plusieurs fois par jour visiter son adversaire malheureux, et leurs relations, autrefois si froides, avaient pris un caractère d'intimité. La Briche, orphelin et dernier représentant d'une famille ruinée dans les guerres du seizième siècle, avait reçu une éducation très insuffisante, ou plutôt il s'était élevé un peu au hasard ; il était frivole, emporté, mais franc, plein d'honneur, et il paraissait regretter vivement ses torts passés. Du reste, les deux nouveaux amis ne parlaient plus du sujet de la querelle, et, par un accord tacite, ils évitaient toute allusion à leur ancienne rivalité.

Robert, pendant ces quelques jours, n'avait vu Paola qu'un moment et n'avait pu causer avec elle en particulier. Un soir, en se rendant chez la Briche, il était entré dans la petite maison de Vicenti ; mais Paola n'était pas venue le recevoir, quoiqu'elle fût au logis, et Vicenti s'était excusé timidement sur une indisposition qui la retenait dans sa chambre. Du reste, l'aspect de la pauvre enfant ne démentait pas cette assertion. Quand elle allait à la verrerie apporter le repas de son père, elle était faible, abattue ; sa démarche avait quelque chose d'égaré, son regard était languissant. Son costume, autrefois si coquet, témoignait aussi d'une sorte de négligence ; ses cheveux étaient en désordre ; au lieu de son petit chapeau styrien, elle portait la mezzarone noir des Vénitiennes. Tout en elle enfin trahissait le trouble profond de l'âme, peut-être de violentes luttes intérieures.

Le jeudi arriva ; ce jour-là, comme nous l'avons dit, on célébrait à Sainte-Marie de Roquencourt la fête d'un saint très honoré dans le pays. Aussi l'affluence était-elle grande sur la place de l'Église ; carrosses et chevaux de main arrivaient de toutes parts. La noblesse du voisinage tout entière devait assister à la messe paroissiale. Mathilde d'Helmières ne tarda pas à paraître dans une riche toilette, et donnant le bras à son père. Tous les verriers, gentilshommes ou non, se trouvaient déjà au rendez-vous commun, moins pourtant le pauvre la Briche. De même, ni Vicenti ni sa fille ne se montrèrent, non qu'ils eussent à craindre de nouveaux outrages ; le prieur, Michaud et Robert avaient si bien travaillé la population, employant tour à tour les ordres et les prières, qu'aucun scandale ne semblait plus possible à leur sujet. Seulement, comme la funeste histoire du duel entre la Briche et Robert était encore dans toutes les bouches, on avait engagé Paola et le verrier à demeurer cachés pendant quelque temps, de peur de paraître braver l'opinion publique.

Le cadet de Briqueville fut ce jour-là l'objet de l'attention générale pour tous ces nobles campagnards, que le moindre accident occupait dans la solitude de leurs vieux châteaux. On reconnaissait qu'il s'était bien conduit, on louait sa bravoure, sa délicatesse ; seulement la réputation de la pauvre Italienne était très maltraitée dans ces entretiens de l'aristocratie bas normande. Qui eût défendu la fille du verrier ? Ce n'était pas à Robert que l'on exprimait ces soupçons injurieux, et les amis de Robert eux-mêmes eussent dédaigné de protester en faveur d'une étrangère sans fortune et sans naissance.

Bon nombre de personnes, amies ou alliées de l'ancienne maison de Briqueville, félicitèrent donc le jeune gentilhomme sur l'issue favorable de son duel avec la Briche, et il répondait avec la politesse et la réserve exigées par les circonstances. Etant parvenu à se débarrasser de ces faiseurs de compliments, moins bienveillans que curieux, il se disposait à entrer dans l'église, où le service divin allait commencer, quand il se trouva tout à coup face à face avec le baron d'Helmières et Mathilde.

Robert crut encore cette fois en être quitte pour un salut cérémonieux. Il ôta donc son chapeau et voulut passer outre; mais le baron, après l'avoir salué à son tour, s'arrêta, et lui dit d'un ton gêné, comme si les convenances lui eussent imposé un devoir pénible :

— Eh bien ! eh bien ! monsieur le cadet de Briqueville, vous avez fait des vôtres. Bon sang ne peut mentir, morbleu ! Cependant je ne suis pas fâché de vous voir la peau intacte, quoique ce pauvre petit vicomte mérite bien quelque pitié.

Robert était aussi surpris que s'il eût entendu parler un muet de naissance. Il leva enfin la tête et regarda le père et la fille. A la vue de Mathilde, qu'il n'avait pu observer d'aussi près depuis deux ans et qu'il avait constamment cherché à éviter, il fut comme ébloui des changemens merveilleux opérés dans sa personne. Comme nous l'avons dit, la beauté de mademoiselle d'Helmières avait pris un caractère grave qui n'excluait pas la douceur et la grâce. Sa physionomie avait plus de finesse d'expression; ses manières paraissaient plus modestes, plus réservées, mais elles n'avaient rien perdu de leur naturel et de leur simplicité. Avec le splendide costume alors à la mode pour les filles de qualité, une légère coiffe de dentelles dressée sur le front, les bras et les épaules à demi nus, une ample robe de satin échancrée au corsage, un éventail à la main, elle était d'une beauté tellement souveraine qu'aucune dame de cette cour de Louis XIV, où se trouvaient tant de belles femmes, n'eût semblé pouvoir la surpasser.

Aussi Robert demeura-t-il littéralement écrasé d'admiration et de surprise; pendant quelques momens il fut incapable de répondre, et il lui fallut un effort inouï pour balbutier enfin :

— Je vous remercie, monsieur le baron... j'étais si loin de m'attendre... Je croyais que, pour vous, comme pour mademoiselle d'Helmières, j'étais devenu l'être le plus indifférent du monde!

Sa voix s'altéra un peu en prononçant ces dernières paroles. Mathilde répondit d'un ton singulier :

— J'ai appris de même avec plaisir que notre ancien voisin avait échappé au danger; mais s'il devait exposer sa vie, ses amis auraient souhaité sans doute qu'il l'exposât pour une cause plus noble et plus digne de lui.

En même temps, par un geste furtif, elle leva la main, et il fut facile de voir à son doigt une bague bien connue de Robert.

Le cadet recula d'un pas et devint affreusement pâle. Il voulut parler, aucun son ne sortit de sa bouche. Mathilde, sans lui laisser le temps de se remettre, lui fit une grande révérence et entraîna son père dans l'église.

On comprendra facilement ce trouble de Robert; la bague qu'il venait de voir au doigt de Mathilde était celle de la défunte baronne de Briqueville, celle qu'il avait remise à mademoiselle d'Helmières comme anneau de fiançailles et qu'on lui avait dit perdue. Il ne pouvait s'y méprendre; il avait reconnu la forme particulière de ce bijou, et surtout une petite opale changeante qui ornait le chaton. Or, Mathilde avait prononcé ces paroles lorsqu'il s'était séparé d'elle chez la nourrice : « Attendez que je vous la rende »; jusque-là ne doutez pas de moi. » Puisque Mathilde conservait la bague, c'était donc qu'à ses yeux l'engagement mutuel durait encore ? Robert avait donc été

trompé par la mère Franquette, par cette femme absolument dévouée au baron d'Helmières? On parlait, il est vrai, du mariage prochain de la noble demoiselle avec le vicomte de Vergues; mais ce mariage, annoncé vingt fois, avait toujours été retardé. Ne se pouvait-il pas que ces retards continuels vinssent de Mathilde? L'éloignement qu'elle montrait au cadet de Briqueville depuis l'événement de la forêt s'expliquait sans doute par des influences de famille, par les ordres d'un père, par mille causes indépendantes de la volonté de la pauvre enfant. Ainsi mademoiselle d'Helmières serait restée fidèle à ses engagemens, Robert se serait trop hâté de juger sur les apparences, d'ajouter foi à des mensonges intéressés.

Toutes ces réflexions se présentèrent instantanément à son esprit. Immobile au milieu de la foule animée et bruyante, il semblait pétrifié; les paysans et les paysannes avaient beau jeu maintenant de le croire ensorcelé. Il regardait sans voir; on lui parlait, il ne répondait pas. Enfin, s'apercevant, malgré son trouble, qu'il était un objet d'étonnement et de moquerie pour les spectateurs, il se mit en marche avec rapidité, écartant tout ce qui se trouvait sur son passage. Cependant il n'entra pas dans l'église; il se dirigea vers la campagne, où il comptait respirer en liberté, car il étouffait. Il erra ainsi quelques instans au hasard, et plus tard il ne put jamais se souvenir de ce qu'il avait fait dans ce quart d'heure d'égarement.

Il paraissait plus calme quand il revint sur la place du village; cette place était à présent déserte; des chants religieux, s'élevant de l'intérieur du temple, annonçaient que la messe était commencée. Robert, élevé pieusement, rougit d'être en retard pour l'office divin; il se hâta d'entrer dans l'église. D'ailleurs le vertige était passé, et il croyait avoir été le jouet d'un rêve. Plus il y songeait, plus il était convaincu d'une erreur. La bague que portait Mathilde ne pouvait être celle qu'il lui avait donnée; il avait été dupe d'une tromperie imaginée pour le tourmenter. Il était encore indifférent à Mathilde, odieux à son père; il devait les oublier l'un et l'autre, ne songer qu'à Paola Vicenti, à qui récemment il avait offert sa main, dont il attendait la réponse.

Il regagna son banc, sans remarquer le murmure et l'étonnement de la foule. Il s'agenouilla et voulut prier; mais ses lèvres remuaient tandis que son esprit errait au hasard. Involontairement, il tourna les yeux vers le banc occupé de temps immémorial par la famille d'Helmières. Mathilde s'y trouvait en effet; mais, dévotement agenouillée, elle paraissait tout absorbée par la lecture de son livre d'Heures.

Bientôt un incident nouveau replongea Robert dans ses agitations.

Il était d'usage, les jours de fête, qu'une dame ou demoiselle, appartenant à la noblesse de la paroisse, quêtât en faveur des pauvres du couvent. Or, mademoiselle d'Helmières était chargée de la quête pendant la solennité actuelle, et c'était pour ce motif qu'elle avait fait une si brillante toilette. Bientôt, accompagnée de son père, qui lui donnait la main, et précédée d'un bedeau chargé de lui ouvrir passage, elle commença sa tournée dans les rangs serrés des assistans. Les pièces d'argent et de billon tombaient successivement dans l'aumônière de velours, et elle remerciait les fidèles par un sourire. En la voyant se diriger de son côté, Robert prépara son offrande, et s'arma de sang-froid afin de ne pas commettre de maladresse quand le moment serait venu. Enfin Mathilde s'approcha de lui et lui présenta l'aumônière à son tour. Comme il étendait le bras, ses yeux s'attachèrent sur la bague que portait Mathilde; c'était bien la bague de sa mère ! l'opale lui lançait encore ses feux bleuâtres qui avaient vivement frappé son imagination pendant son enfance.

Son saisissement fut à peine moins grand que la première fois; aussi demeura-t-il l'œil fixe et le bras tendu, sans songer à laisser aller sa pièce de monnaie. Les traits de Mathilde exprimaient la pitié mêlée d'un peu d'ironie, tandis que le baron fronçait le sourcil avec impatience ; de tous les points de l'église on observait cette scène bizarre sans la comprendre. Enfin Robert retrouva assez de présence d'esprit pour entr'ouvrir ses doigts, et la pièce tomba dans la bourse avec un petit son argentin. Aussitôt il se rejeta en arrière, pâle et défait; c'est lentement que Mathilde ne lui avait pas adressé un sourire banal, comme à tous les autres, mais un regard si doux, si encourageant, si tendre, qu'il avait été remué jusqu'au fond de l'âme.

Mademoiselle d'Helmières acheva sa tournée, mais le cadet de Briqueville n'avait plus la force de la suivre des yeux. Cette pensée que Mathilde, malgré son indifférence apparente, pouvait l'aimer encore, l'avait mis hors de lui; la tête lui tournait, ses artères battaient avec force, le délire de la fièvre lui revenait.

L'office divin terminé, la foule sortit lentement; Robert ne s'en apercevait pas, et il restait anéanti sur son banc. Enfin pourtant, lorsque l'église fut presque vide, il se leva brusquement. Il venait de prendre une détermination désespérée : incapable de supporter l'anxiété mortelle que la vue de la bague avait produite sur lui, il voulait rejoindre Mathilde, la conjurer de s'expliquer, fût-ce en présence de son père, fût-ce en présence de toute la paroisse. Ce projet était absurde et même dangereux ; mais le cadet de Briqueville était dans un de ces momens où les inspirations les plus absurdes et les plus dangereuses ont chance d'être suivies.

Il se hâta donc de courir sur la place, alors encombrée de monde; mais il était trop attendu. Soit que le baron d'Helmières eût été frappé de certaines particularités récentes, soit que Mathilde elle-même éprouvât le besoin de couper court à des émotions trop vives et trop prolongées, ils avaient pris déjà congé de leurs connaissances; Robert n'arriva donc sur la place que pour voir de loin leur carrosse s'éloigner de toute la vitesse de quatre robustes chevaux.

Le cadet de Briqueville eut alors la pensée de se rendre sans retard au château d'Helmières ; mais enfin l'espèce de vertige qu'il subissait tomba de nouveau : la raison reprit son empire, et il sentit combien une démarche de cette nature serait imprudente. Il renonça donc à provoquer immédiatement une explication ; mais comme l'incertitude et l'impatience lui fouettaient toujours le sang, il imagina un autre moyen : c'était de se rendre chez la mère Franquette, la nourrice de Mathilde, de reprocher à cette femme ses anciens mensonges, et de l'obliger à confesser la vérité tout entière.

Ce plan était le plus sage, et Robert s'y arrêta. Déjà même il se mettait en devoir de l'exécuter, quand une personne qui lui parlait sans qu'il y prît garde le tira doucement par la manche : c'était Nicolas.

Le rousseau paraissait inquiet et affligé de la distraction étrange de son maître ; comme il hésitait à lui parler, Robert dit avec impatience :

— Sambleu ! que me veux-tu ?

— Monsieur le cadet, — répondit Nicolas tout interdit, — Sa Révérence le père prieur m'envoie vous chercher... Vous savez bien qu'il vous attend ?

— Mon oncle ! tu viens de la part de mon oncle ?

— Certainement ; n'avez vous pas projeté d'aller aujourd'hui au château de Briqueville en sa compagnie ? Même que le révérend père a retardé l'heure des vêpres; et puis il a emprunté la mule au curé de Fourvières; e puis Madelon a préparé une collation au château, et, avec votre permission, je vous suivrai pour voir tante Madelon et aussi ma sœur Rosette... C'est comme qui dirait une fête, je ne sais pourquoi.

Alors seulement Robert se souvint qu'il avait consenti, le dimanche précédent, à accompagner son oncle au château de Briqueville. Cette visite n'était guère de son goût, en ce moment surtout qu'il était en proie à des préoccupations d'une nature si pressante. Cependant un refus ou un ajournement semblait impossible ; le prieur attendait, et Robert n'avait aucun prétexte plausible à alléguer.

— C'est juste, — dit-il en soupirant; — je le suis.

— Marchons vite, monsieur, car la mule est déjà prête, et le prieur paraît très impatient de partir.

Le cadet de Briqueville songea qu'il serait de retour à l'heure des vêpres, et qu'alors il lui serait possible de se mettre à la recherche de Franquette ; il se hâta donc d'entrer dans la cour du couvent.

Il y trouva en effet le prieur prêt à partir, et grimpant déjà, avec le concours de deux frères lais, sur le banc de pierre qui servait de montoir ; la mule qui devait porter le prieur était enveloppée de longues draperies, depuis les oreilles jusqu'à la queue, et l'on apercevait seulement ses yeux brillans d'opiniâtreté. Le bon vieux moine, contre son ordinaire, paraissait tout joyeux et tout gaillard.

— Arrivez donc, mauvais enfant, — dit-il en se juchant avec effort sur la bête rétive; — l'heure des vêpres viendra vite, et nous avons bien des choses à dire, bien des choses à faire d'ici là !... Mais comme vous paraissez bouleversé, mon cher Robert! Ah çà ! l'inquiétude, je le suppose, n'est pour rien dans votre émoi. C'est quelque chose d'heureux que je compte vous apprendre là-bas à Briqueville.

— Quelque chose d'heureux, mon oncle ! — répéta Robert en tressaillant; — bon Dieu ! de quoi s'agit-il donc ?

— Vous le saurez, vous le saurez, — répliqua le père Ambroise en installant sa grasse révérence sur la mule. — Allons ! merci, mes chers frères, — ajouta-t-il en congédiant ses serviteurs, — je suis à merveille comme cela... vous direz au sacristain de ne pas allumer les cierges du maître-autel avant mon retour... Benedicat vos, mes chers frères... et nous, mon neveu, en route bien vite !

Il donna un coup de talon à la mule, qui prit le petit pas, si bien que le cadet de Briqueville devait se maintenir facilement aux côtés du prieur ; assez loin derrière eux, Nicolas, ses sabots suspendus au bout d'un bâton, suivait en chantonnant une vieille chanson normande.

Les paroles du prieur avaient produit une diversion salutaire dans l'esprit de Robert. Que pouvait être cet événement heureux dont on allait l'instruire ? Toujours prévenu de la même pensée, il s'imagina que Mathilde et la famille d'Helmières n'étaient pas étrangers à l'événement annoncé.

Il ne voyait pas trop comment son oncle pouvait être chargé de lui faire des communications de cette nature, pourquoi ces communications devaient avoir lieu à Briqueville. Mais il était sous le coup d'une idée fixe, et tous ses efforts ne parvenaient pas à la chasser. Aussi marchait-il avec ardeur à côté du cavalier, et il ne regrettait pas trop la nécessité qui l'avait forcé d'ajourner d'autres projets.

Absorbé par ses réflexions, il ne remarqua pas un incident qui, en tout autre temps, eût été de nature à captiver son attention. En passant devant la maison de Vicenti, le prieur avait levé les yeux, et, à travers les petites vitres encadrées de plomb qui garnissaient une des fenêtres, il avait entrevu une forme blanche et indistincte qui semblait les observer de son côté. Le père Ambroise inclina la tête, et ses lèvres remuèrent comme s'il eût prononcé une bénédiction ; mais aussitôt la forme blanche disparut, et l'on eût pu entendre dans cette modeste demeure des sons confus, comme des sanglots mal étouffés.

IV

LE RETOUR DE FORTUNE.

Quand le révérend père Ambroise et Robert partirent de Roquencourt pour se rendre au château de Briqueville, le temps était nuageux, des masses de vapeurs blanches s'accumulaient dans certaines parties du ciel. Une brise sèche, qui acquérait à chaque instant de la force, soufflait par intervalle, et la mer, que l'on apercevait dans les échancrures de la côte, prenait des teintes d'un vert éblouissant.

Cependant ces signes d'une tempête prochaine sur la Manche n'avaient rien de bien alarmant pour les voyageurs, et ils les remarquèrent à peine. Aussi bien la campagne qu'on traversait était alors dans toute sa magnificence estivale. A gauche s'élevaient les hautes et majestueuses futaies de la forêt d'Helmières, à droite et en face s'étendaient des landes, des marais qu'entrecoupaient des champs de blé ou de sarrasin. Mais à cette époque de l'année les marais et les landes elles-mêmes brillaient des teintes les plus vives; la bruyère venait de renouveler ses fleurs pourpres, le genêt ses fleurs d'or. Parfois les rayons du soleil, s'échappant entre deux nuées, tombaient sur un point éloigné du paysage et faisaient resplendir un coin de ce vaste tableau, tandis que l'ensemble restait dans l'ombre.

Ce fut un effet de ce genre qui frappa le cadet de Brieville quand, au détour du chemin, il aperçut à quelque distance les vieilles tours du manoir paternel. Une lumière éblouissante éclairait l'antique demeure construite par Robert le Fort et semblait lui ôter son aspect sinistre, bien que le pays environnant fût comme voilé de vapeurs grisâtres et uniformes. En revoyant ainsi le château dont il avait évité de s'approcher depuis près de deux ans, Robert sentit son cœur se serrer.

— Cher oncle et révérend père, — dit-il en soupirant, — pourquoi avez-vous exigé que je vinsse ici? Je pouvais me trouver heureux et tranquille dans ma pauvreté présente, et la vue de cette noble habitation de mes ancêtres va réveiller en moi des souvenirs que je ferais mieux d'oublier.

— N'oubliez rien, Robert, — répondit le prieur d'un air mystérieux et souriant; — comment acquerrait-on de l'expérience si on ne tenait aucun compte du passé? N'oubliez rien, vous dis-je, et espérez dans la bonté de Dieu.

— Vos paroles sont obscures, mon révérend père; plusieurs fois déjà vous avez fait allusion à certains secrets dont vous devez me donner connaissance à Brieville; je vous en conjure, ayez pitié de mon impatience.

— Un moment encore, mon enfant; chaque chose doit venir à son heure.

Tout en causant, ils atteignirent le pont de bois jeté sur le ruisseau; ce pont ayant été nouvellement restauré, cavaliers et piétons ne risquaient plus en le traversant de tomber entre ses poutres vermoulues. De même le chemin qui montait en serpentant vers le château n'était plus crevassé et coupé de ravins dangereux; le plus lourd chariot eût pu le gravir, tant il était soigneusement entretenu. Mais ce fut surtout du château lui-même que Robert constata les changemens remarquables opérés pendant son absence. Les crevasses des tours avaient disparu, des pans de murs autrefois croulans avaient été relevés ou complètement abattus; les créneaux tombés avaient repris leur place; ces herbes parasites qui formaient jadis comme une couche verte sur les bâtimens avaient été soigneusement arrachées; aussi corbeaux et chouettes, ne trouvant plus dans les murs nus une retraite assez sûre, avaient porté ailleurs leurs croassemens et leurs sinistres battemens d'aile. Le manoir ainsi rajeuni avait malgré ses teintes noires, un air de solidité et de force : il semblait pouvoir braver autant de siècles qu'il en avait bravés déjà.

Quand on eut franchi une solide porte de chêne qui remplaçait l'ancien pont-levis, et quand on eut pénétré dans la cour, même étonnement et mêmes prodiges. Les amas de décombres qui de temps immémorial embarrassaient cette cour avaient été enlevés; le vigoureux chiendent qui encadrait les dalles était arraché. Toutes les fenêtres étaient munies de châssis et de vitres; les gi-

rouettes et les chimères de plomb avaient repris leur place au sommet des tourelles. Enfin, quoique le château eut encore ce caractère froid et morne des bâtimens inhabités, il ne paraissait plus inhabitable.

Robert examinait tout cela, pendant que le prieur descendait de sa mule avec l'aide de Nicolas. Le rousseau n'était pas si absorbé par son service qu'il n'observât du coin de l'œil la surprise de son jeune maître :

— Ah! Votre Révérence, — disait-il bas au prieur, — vous voyez bien que je ne l'avais pas prévenu! Aussi, comme monsieur le cadet a l'air étonné!... Ah! oui, qu'il est joliment étonné, monsieur le cadet!

Le prieur posa un doigt sur sa bouche, et dit à Nicolas de conduire la mule à l'écurie, qu'on avait aussi complètement restaurée. Robert s'approcha tout pensif de son oncle :

— Comme ce procureur Gaillardet, — dit-il, — doit être riche pour suffire à tant de dépenses! Les pauvres chevaliers de Brieville n'avaient pu, pendant trois ou quatre générations successives, employer la moindre partie de leur misérable revenu à l'entretien de leur manoir, et un méchant légiste, barbouilleur de parchemins...

— Holà! mon enfant, — interrompit le prieur avec gaieté, — ménagez un peu cet honnête Gaillardet; il a été nommé récemment bailli de Roquencourt, ce qui lui donne une grande autorité dans le pays; et d'ailleurs il n'est pas aussi noir que sa robe... En réalité, mon cher Robert, vous ne savez guère combien cinq ou six cents livres, employées en journées de maçons, de charpentiers et de manouvriers, peuvent opérer de changemens, et pourtant chaque journée malheureusement a bien coûté dix sous tournois. Mais vous ne voyez rien encore; l'intérieur du château mérite votre attention plus que l'extérieur, quoique malheureusement il reste beaucoup à faire. Nous visiterons le manoir quand nous aurons pris un peu de repos, je suis vieux, mon enfant, et cette course au soleil m'a fatigué.

En ce moment, un cliquetis de sabots résonna dans la salle basse, et deux femmes vinrent recevoir les visiteurs. C'étaient Madelon et sa nièce Rosette, toutes les deux revêtues de leurs habits des dimanches. Rosette adressa une belle révérence au prieur et se signa; quant à la gouvernante, quoiqu'elle ne passât pas pour avoir le cœur tendre, elle manifesta une vive émotion à la vue du cadet de Brieville.

— Soyez le bienvenu, Robert, — lui dit-elle d'une voix tremblante, — oui, soyez le bienvenu dans la maison de vos pères. Voilà longtemps que je désirais vous y voir! mais vous aviez oublié la pauvre vieille servante qui est depuis plus de soixante ans au service de votre famille.

Robert l'embrassa cordialement.

— Pardonnez-moi, bonne Madelon, — répliqua-t-il ému lui-même; — mais je n'avais pas le courage de revenir à Brieville. Quant à vous avoir oublié, vous ne le pensez pas. Sans doute Nicolas n'a pas négligé de vous remettre les légères offrandes...

— Il s'est acquitté soigneusement de toutes vos commissions, le brave enfant... Il m'apporte chaque dimanche l'argent et les beaux effets que vous lui confiez pour moi, si bien qu'avec le prix de mes gages je vis paisiblement au château, quoique les jours d'hiver me semblent quelquefois bien longues et bien tristes! Heureusement on a permis à Rosette de rester avec moi, et elle me tient compagnie. Rosette gagne quelques sous à filer, à faire de la dentelle; et puis Nicolas nous apporte presque tout ce qu'il gagne à la verrerie... Ah! comme il est changé depuis l'ancien temps, monsieur Robert! Vous avez tenu parole.

— Il ne lui manquait que de bons conseils et de bons exemples, mère Madelon; j'ai tâché de lui donner les uns et les autres. Je suis ravi que Nicolas se conduise si bien envers sa famille.

Peut-être la gardienne du château n'eut-elle pas tari de sitôt sur les mérites du garnement corrigé, mais le prieur, qui demeurait debout dans cette cour sombre et humide, manifesta quelque impatience.

— Pardon, pardon, Votre Révérence, — reprit Madelon, — j'ai tort de vous retenir ici. Mais le plaisir de revoir monsieur Robert... Entrez, je vous prie ; nous allons servir la collation.

— La collation ? — répéta le cadet froidement ; — je ne sais si je dois accepter...

— Mais j'accepte, moi, — dit le prieur avec gaieté en entraînant son neveu vers la maison, — je n'ai pas pris le temps de manger afin de partir plus vite, je me trouve donc encore à jeun et il est plus de midi.

— Vous, en effet, mon oncle, vous pouvez sans inconvénient recevoir l'hospitalité dans la maison de maître Gaillardet, car vous connaissez le procureur et vous avez eu souvent avec lui des relations amicales ; mais moi je suis un étranger pour le possesseur actuel de Briqueville, et je ne saurais m'asseoir à sa table sans y être invité par lui-même.

— Bon ! voilà des scrupules dont vous rirez bien un peu plus tard, orgueilleux enfant ! — On entra dans la pièce du rez-de-chaussée. Là encore des réparations indispensables avaient été exécutées depuis peu. Les murs et la grande cheminée de pierre sur laquelle étaient sculptées les armoiries de la famille avaient été blanchis à la chaux, le carrelage en briques avait été renouvelé. Les meubles s'étaient transformés ; des bancs, qui pendant de nombreuses années n'avaient eu que trois pieds, se tenaient fermes sur quatre solides supports ; les armoires et les bahuts de vieux chêne, à force d'être frottés et cirés, avaient pris le poli des bois les plus précieux. Enfin la batterie de cuisine s'était elle-même notablement accrue, et la vaisselle d'étain brillait comme de l'argent sur le dressoir. Mais ce qui donnait surtout à cette pièce rajeunie, un véritable air de fête, c'était un somptueux repas servi sur la grande table, au milieu de la salle. Un pâté à croûte dorée, des volailles froides, des fruits de la saison, de la crème, étaient étalés sur une nappe bien propre, et flanqués de deux bouteilles qui paraissaient d'âge fort respectable. Aussi le prieur ne cachait-il pas sa satisfaction à la vue de cet appétissant tableau. Robert lui-même parut grandement tenté ; mais quoique deux fauteuils de bois eussent été préparés de chaque côté de la table, il eut le courage, sa fierté aidant, de détourner la tête et d'aller prendre place à l'autre extrémité de la salle. Le père Ambroise occupait déjà l'un des fauteuils et venait de passer sous son menton une serviette d'une blancheur de neige, quand il remarqua l'action du cadet de Briqueville. Il sourit encore d'un air de malice. — Robert, — dit-il, — je vous l'affirme, vous ne regretterez plus d'avoir pris part à ce repas quand vous saurez par qui il vous est offert... En croirez-vous ma parole et refuserez-vous de vous mettre à table avec moi ?

— En doute serait une offense envers mon vénérable parent et mon bienfaiteur... Me voici.

En même temps, Robert s'assit en face du prieur, et après un court benedicite le repas commença.

Une justice à rendre à Robert, c'est que ni ses préoccupations de la matinée, ni ses scrupules d'amour-propre ne nuisirent à son appétit. Madelon, Rosette et Nicolas lui-même, qui venait de rentrer, s'agitaient autour des convives pour les servir. Madelon paraissait toute heureuse de voir un Briqueville à cette place, sous le toit héréditaire, en compagnie du bon vieux moine, allié lui-même à la famille ; et de temps en temps elle essuyait une larme. Le rousseau et Rosette causaient à demi-voix avec une grande vivacité, quand ils n'étaient pas occupés de changer les assiettes ou de servir à boire ; mais il ne s'agissait plus de disputes et de batteries entre eux. Nicolas, son ses salaires d'apprenti verrier, avait acheté un joli cadeau pour sa sœur, à savoir un mouchoir rouge et un tablier de cotonnade bleue ; il avait apporté son présent dans les poches de son habit carré, et le chuchotement continu que l'on entendait était l'expression de la

joie que le frère et la sœur avaient éprouvée, l'un à donner, l'autre à recevoir.

Le prieur mangeait lentement, et pour cause, si bien que Robert, beaucoup plus expéditif, eut fini son repas le premier. Le cadet de Briqueville était pensif ; l'aspect de cette salle, la satisfaction qui brillait sur tous les visages, le contraste de son indépendance actuelle avec sa condition précaire à l'époque où il s'asseyait timidement à la table de son père, approvisionnée on sait comment, tout contribuait à le jeter dans une rêverie qui n'était pas sans charmes : aussi eût-il donné volontiers au père Ambroise le temps de satisfaire à loisir son appétit, quand le prieur, repoussant tout à coup son assiette et éloignant son fauteuil de la table, dit avec précipitation :

— Ce n'est pas le moment de nous livrer à notre sensualité... Nous ne manquons pas d'affaires d'ici à l'heure des vêpres, qui doit nous ramener à Roquencourt... Mon neveu, dites les grâces.

Robert obéit ; alors le bonhomme se débarrassa vivement de sa serviette.

— Partons, — dit-il ; — Madelon, où sont les clefs ?

— Où voulez-vous me conduire, mon oncle ?

— Nous allons visiter le château en détail, et vous jugerez par vous-même des réparations qu'il a subies intérieurement.

— Votre intention est bonne, sans doute, mon révérend ; mais je vous assure qu'il n'est pas nécessaire...

— C'est indispensable... croyez-moi. — Robert ne devinait pas la cause de cette insistance, mais habitué à l'obéissance envers le prieur, il céda encore. Madelon apporta un trousseau de clefs massives et de formes barbares ; mais comme elle était retenue à la cuisine par ses occupations, ce fut Nicolas qui s'empara du trousseau et se mit en devoir de promener les visiteurs de tour en tour, de chambre en chambre, dans le château régénéré. Nous ne les suivrons pas à travers les escaliers étroits et tortueux, les couloirs obscurs, les pièces sans air du vieux manoir féodal. Nous dirons seulement que tout ce qui menaçait ruine à l'intérieur comme à l'extérieur avait été consolidé ou remplacé. La plupart des appartements étaient vides ; le peu de meubles qu'on apercevait dans quelques-uns étaient vermoulus, hors d'usage ; mais du moins l'on n'avait plus à redouter que le plancher ne s'effondrât sous les pas ou que le plafond ne croulât sur la tête des habitans. Cette notable mélancolique était surtout remarquable dans l'ancienne chapelle du château, vaste salle soutenue par des piliers massifs et des arceaux à plein cintre. Depuis qu'on avait enlevé les gravats qui l'encombraient autrefois, ce sanctuaire de la piété des anciens seigneurs de Briqueville ne présentait plus qu'un grand espace triste et désolé. Tableaux, statues, autels et chaires avaient disparu ; des vitraux coloriés ornaient encore les fenêtres cintrées, mais ils étaient brisés en partie, et l'on n'eût pu reconnaître les sujets qu'ils avaient primitivement représentés. Cette désolation parut chagriner le prieur. — Quoi que vous en disiez, Robert, — reprit-il, — l'argent a manqué au propriétaire actuel de Briqueville pour remettre cette chapelle dans son ancien état... Mais à quoi servirait une chapelle ici quand il n'y a pas d'habitans pour venir y prier ?

— Ah ! Votre Révérence ! reprit Nicolas qui marchait derrière eux, — je sais bien à quoi elle pourrait servir !

— Et à quoi donc, mon enfant ? — demanda le père Ambroise étonné.

— Eh bien ! voici : toutes sortes d'êtres courent la nuit dans le château, malgré les portes closes et les fortes serrures : il y a le goublin d'abord, et puis le spectre du marchand assassiné, et puis la femme vêtue de blanc, sans compter que l'ancien seigneur vient encore, dit-on, farfouiller la nuit dans les paperasses du chartrier...

— Que signifient ces sottises, maître Nicolas ? — demanda le prieur sévèrement.

— Révérend père, si vous consentiez à lire des prières

27

qui sont dans votre missel, vous sauriez bien enfermer dans cette chapelle tous les êtres que j'ai dit ; ils n'en pourraient plus sortir, et on habiterait paisiblement le reste du château.

Robert riait de la naïveté du rousseau : mais le prieur détestait les superstitions locales, et il tança vertement le pauvre Nicolas, qui n'osa plus souffler mot.

La visite finie, on revint à la salle basse, où les clefs furent rendues à Madelon ; mais on ne s'y arrêta pas, et le prieur engagea son neveu à le suivre dans la pièce voisine, qui avait été la chambre du défunt chevalier de Briqueville.

Là, peu de changemens avaient eu lieu, comme si l'on eût été plein de respect pour les souvenirs de famille. Tous les anciens meubles étaient restés à leur place ; sauf la propreté scrupuleuse qui y régnait maintenant, les choses paraissaient être encore dans l'état où elles se trouvaient au temps du chevalier. Le cadet de Briqueville s'émut en pénétrant dans cette chambre, et le prieur lui-même prit un air sérieux, quoique sa gravité n'eût pas la même cause. Il s'assit, et, faisant signe à Robert de s'asseoir à côté de lui, il se recueillit un instant.

Comme le cadet ne se hâtait pas de l'interroger, il se redressa enfin et dit en pesant chacune de ses paroles :

— Vous n'êtes donc pas impatient, Robert de connaître l'auteur invisible des heureux changemens accomplis dans la demeure de vos aïeux, le maître de cette table hospitalière à laquelle nous avons pris place en arrivant ici ?

— Quoi ! mon oncle, ne serait-ce pas le procureur Gaillardet ?

— Maître Gaillardet est seulement l'homme d'affaires, le fondé de pouvoirs d'une autre personne ; c'est au nom de cette personne qu'il a jadis acheté le château et qu'il y a fait les embellissemens que vous admirez...

— Serait-il possible ? Mais qui donc alors...

— C'est vous, Robert, mon enfant ! — s'écria le prieur avec explosion, — c'est vous qui êtes le seul maître de Briqueville, c'est vous ce matin qui m'avez donné l'hospitalité, car tout ici est à vous.

Et l'excellent homme, ne pouvant se contenir davantage, versa d'abondantes larmes.

Le cadet de Briqueville s'était levé impétueusement ; mais la surprise et le doute semblaient encore dominer en lui toutes les autres impressions.

— Que dites-vous, mon révérend père ? — s'écria-t-il ;

— j'ai mal entendu certainement ; vous ne prétendez pas que moi, le cadet d'une famille pauvre, je sois le véritable possesseur des domaines de mes ancêtres ?

— Je n'ai pas parlé de domaines, Robert ; les terres de ce fief, aliénées autrefois par votre père ou par les autres sires de Briqueville, sont bien et dûment perdues, du moins tant qu'elles ne seront pas rachetées. Je parle seulement du château et de quelques perches de terrain environnant qui sont considérées comme ses dépendances. Feu monsieur le chevalier de Briqueville avait employé toutes les ressources et toutes les ruses de la chicane pour soustraire le château proprement dit aux entreprises de ses créanciers. Il y avait réussi, si bien que, après sa mort, votre frère aîné, le capitaine de Briqueville, a pu très légalement vendre la partie incontestée de son héritage ; c'est aux droits de votre frère aîné que vous vous trouvez substitué ; et, si cette substitution vous semble incroyable, mon enfant, jetez les yeux sur les pièces authentiques et tout à fait inattaquables que voici.

Le prieur tira de dessous sa robe une liasse de parchemins et de papiers qu'il remit à son neveu. Robert essaya de les lire ; mais sa main tremblait, ses yeux se couvraient d'un voile ; les mots qu'il déchiffrait n'avaient aucun sens pour lui. Il rejeta donc ces paperasses sur la table, et se recueillit quelques minutes.

— Mon révérend père, — dit-il enfin, — je commence à comprendre comment ce miracle s'est accompli. J'ai là

une nouvelle preuve de cette affection sans bornes, de cet infatigable dévouement que vous m'avez témoignés dès ma plus tendre enfance. C'est vous, sans aucun doute, qui avez fourni les sommes nécessaires pour acheter le manoir et pour le mettre dans l'état florissant où nous le voyons ; c'est vous qui avez voulu ajouter ce beau présent à vos autres bienfaits.

— Vous vous trompez encore, mon cher Robert ; je suis religieux, et je ne possède en propre que fort peu de chose. Les fonds employés à racheter cette habitation de famille qui allait passer dans des mains étrangères vous appartenaient de la manière la plus légitime ; écoutez-moi. Vous savez que la dernière dame de Briqueville, votre honorée mère, était ma proche parente ; elle avait, en moi une grande confiance, et bien souvent elle m'a fait la confidence de chagrins... qui sont inséparables peut-être de la condition humaine. Or, peu de temps après votre naissance, la principale préoccupation de cette bonne et sainte femme était la pauvreté absolue à laquelle la coutume de cette province condamne les cadets. Elle prévoyait que le chevalier de Briqueville, votre père, n'aurait d'yeux que pour son fils aîné ; d'autre part, votre frère commençait à manifester son révoltant caractère, et l'on devait redouter de vous laisser à sa merci. Ma parente éprouvait donc de mortelles inquiétudes à votre égard, et elle songeait à vous garantir par tous les moyens contre l'égoïsme de vos proches. Au milieu des embarras toujours croissans de la famille, la Providence favorisa les ardens désirs de votre mère. La dame de Briqueville avait apporté une modeste dot, hypothéquée sur les terres de cette châtellenie ; le chevalier, ayant besoin d'argent, lui demanda sa signature pour aliéner ces terres, et elle consentit à la donner, à la condition que quinze cents écus s'être seraient remis pour en disposer à son gré, sans qu'il lui en fût jamais demandé compte. Monsieur de Briqueville, pressé par la nécessité et convaincu d'ailleurs, comme il le montra plus tard, qu'il parviendrait à reprendre les quinze cents écus à sa femme, accepta la proposition. Aussitôt que votre mère eut touché cet argent, elle me l'apporta dans le plus grand secret ; et moi je le confiai à maître Gaillardet, le procureur du couvent, en lui indiquant l'usage qu'il en devait faire. Je ne vous dirai pas, mon cher Robert, à quelles persécutions votre mère fut en proie pendant le reste de sa vie à cause de cette somme soi-disant gaspillée ou perdue ; je vous épargnerai ces détails affligeans... sachez seulement que les vœux de cette digne et prévoyante femme ont été réalisés. Gaillardet, honnête autant qu'habile, a tiré un excellent parti des fonds qu'il avait reçus en dépôt. Pendant les dix-sept ans qu'ils sont restés entre ses mains, il les a plus que doublés, à la mort de monsieur le chevalier, ils montaient au delà de deux mille écus. Après avoir sondé adroitement vos intentions à cette époque, je jugeai convenable d'employer la plus grande partie de cet argent à acheter le château de Briqueville, dont votre frère voulait se défaire à tout prix. Le reste de la somme n'a pas complétement suffi pour payer les réparations que vous voyez, et j'ai dû prendre quelque chose sur les cinq cents livres provenant de votre travail à la verrerie ; mais vous trouverez dans ces papiers le compte exact des dépenses par sous et deniers... Voilà, Robert, toute la vérité ; et maintenant refuserez-vous encore d'accepter les dons de la Providence et de votre sainte mère ?

Le cadet de Briqueville ferma les yeux et joignit les mains comme s'il priait. Puis il se leva, et, le visage baigné de larmes, il se jeta dans les bras du prieur, en s'écriant ;

— Après avoir remercié Dieu et ma mère, laissez-moi vous remercier vous aussi, mon bon parent, mon noble bienfaiteur, vous par qui se sont accomplis ces prodiges !... Est-il possible ? Je suis le seul et légitime possesseur du château de Briqueville !... Ah ! notre père avait-il le don de prophétie quand, à son lit de mort, il nous comparait, mon frère et moi, à Jacob et à Ésaü ? En effet,

Briqueville m'a vendu son droit d'aînesse. Et toi, ma mère, qui vois ma joie du haut du ciel, sois bénie... sois bénie ! — Les sanglots étouffèrent sa voix ; mais bientôt, essuyant ses yeux, il reprit avec vivacité : — Pardon, mon bon oncle, mais il existe encore bien des obscurités dans votre récit. Comment, sur une somme primitivement si faible, avez-vous pu pourvoir à mes dépenses quand j'étais enfant, et plus tard, quand j'étais jeune homme, me fournir les moyens de tenir mon rang dans la noblesse ?

— Pour cela, et pour cela seulement, mon cher Robert, il faut vous résigner à être mon obligé ; rien au monde ne m'eût déterminé à toucher au dépôt fait par votre mère. Les fort modestes sommes dont vous parlez ont été prises sur mes économies personnelles, et le chapitre de la communauté dont je suis le prieur indigne a bien voulu s'associer dans une certaine mesure à mes bonnes intentions... Voyons, Robert, votre orgueil s'offensera-t-il de devoir quelque chose à votre vieil oncle et au chapitre de Sainte-Marie de Roquencourt ?

— Je ressens pour vous, mon révérend père, une vive et profonde gratitude ; mais, si j'ai de la mémoire, le chapitre commençait à trouver bien lourde la charge de subvenir à mes besoins, quand j'étais ici faible et convalescent.

— Ah ! je sais ce que vous voulez dire, — répliqua le prieur en souriant, — vous n'avez pas oublié la mauvaise volonté du frère pourvoyeur quand il s'agissait d'envoyer des provisions... Le frère pourvoyeur, non plus que les autres inférieurs, n'était pas dans la confidence des desseins du chapitre ; son opinion n'avait pas plus de valeur que celle de Chamuzot, ce méchant petit clerc qui trouvait votre séjour trop prolongé dans cette maison dont vous étiez alors déjà le seul et véritable maître... Mais ces bavardages des subalternes ont eu de bons résultats pour vous, et il ne vous appartient plus de vous en plaindre.

— Autre chose donc, mon révérend père ; pour quel motif avez-vous caché à tout le monde un événement aussi important que le rachat du manoir de Briqueville en mon nom ? Pourquoi me l'avoir caché à moi-même quand vous m'avez vu tant de fois abattu jusqu'au désespoir ?

— Votre mère y avait pourvu, mon cher Robert ; effrayée des inconvénients que pouvait avoir pour vous la possession prématurée de cette somme, votre unique ressource dans l'avenir, elle m'avait recommandé de ne pas vous révéler son existence avant que vous eussiez atteint l'âge de vingt-deux ans, et vous avez cet âge seulement depuis quelque jours. D'ailleurs, s'il faut le dire, Robert, je craignais quelque nouvelle incartade de votre frère, qui, poussé par de continuels besoins d'argent, furieux de vous savoir en possession de cette somme, aurait pu se porter à de terribles extrémités envers vous, et il n'y a pas longtemps que je suis rassuré sur ce point. D'autre part, je n'étais point fâché, mon enfant, que vous sentissiez un peu l'aiguillon de la nécessité, et vous me pardonnerez si j'ai été cruel en cela. Il importait de vous faire comprendre ce qu'il y a de triste et d'humiliant dans la pauvreté, afin de vous déterminer à combattre l'oisiveté, les goûts fastueux, les vices qui sont une cause de ruine pour la noblesse. Mon calcul s'est trouvé juste, Robert ; vous avez bravement pris votre parti d'une situation en apparence désespérée ; vous n'avez pas reculé devant un travail manuel pour assurer votre indépendance, et maintenant, j'en ai la certitude, vous ne mésuserez pas du peu de bien que vous devez à la prévoyance de votre mère.

— Cependant, mon oncle, — dit le cadet de Briqueville, qui ne pouvait tout à fait se défendre contre certaines velléités d'orgueil, — ces motifs n'existent plus aujourd'hui, et il nous est permis d'apprendre à tous le bon lot que Dieu m'envoie. Ceux qui m'ont méconnu, humilié pendant si longtemps, sauront enfin...

— Y songez-vous, Robert ? En divulguant ainsi votre situation nouvelle, ne vous donnerez-vous pas un ridicule auprès de ceux qui vous verront travailler comme par le passé à la verrerie de Roquencourt ? car, encore une fois, ne vous exagérez pas l'importance de cette propriété. Qu'arriverait-il si vous abandonniez la verrerie pour vous réfugier ici et vivre, comme vos ancêtres, en seigneur châtelain ? De quelles ressources feriez-vous usage ? Non-seulement le château ne produit aucun revenu, mais encore il exige des dépenses quotidiennes, sans compter que vous avez à pourvoir aux gages et à l'entretien de la pauvre Madelon, chargée de le garder. Il vous faut donc continuer à souffler le verre chez maître Michaud, du moins jusqu'à nouvel ordre, et, dans cet état de choses, est-il nécessaire d'aller publier que vous êtes rentré en possession de cette vieille demeure ? Vous exciteriez la pitié ; avez-vous donc à cœur, pauvre enfant, d'exciter l'envie, peut-être d'éveiller des inimitiés dangereuses ?

— Vous avez raison, toujours raison, mon révérend père, — répliqua le cadet de Briqueville. — Je ne parlerai donc pas de ce revirement de fortune, jusqu'à ce que les circonstances soient devenues plus favorables. Il me suffira de savoir que, si jamais une femme voulait s'associer à ma modeste destinée, je pourrais du moins l'abriter sous mon propre toit, ou que, si je devais demeurer seul, je pourrais passer ici paisiblement mes derniers jours, après avoir vécu dans le travail et l'économie... Mais, selon vous, mon oncle, je n'aurais plus à craindre les entreprises de Briqueville, mon frère aîné ; sur quelles raisons fondez-vous cette croyance, car vous ne pouvez avoir oublié sa haine contre moi ?

— Ces raisons sont de nature à vous affliger, Robert, mais elles sont tout à fait décisives. Je sais depuis quelque temps pourquoi le capitaine de Briqueville n'exécute pas ses menaces. Un gentilhomme, officier du même régiment que celui de Chamuzot, a donné à un religieux de mon ordre, qui me les a transmis, des renseignemens précis à ce sujet. Briqueville subit la peine de ses débordemens et de ses débauches ; à la suite de plusieurs duels qu'il ont soulevé contre lui des vengeances puissantes, il a été forcé de vendre sa charge, et il est détenu, au nom du roi, dans une prison d'État.

En écoutant ces nouvelles, qui étaient pourtant de nature à assurer sa tranquillité pour l'avenir, Robert baissa la tête avec consternation.

— Mon révérend père, — répondit-il, — Briqueville a été bien dur envers moi, mais aucun ressentiment ne saurait tenir devant une pareille infortune, et je suis profondément affligé de sa disgrâce. Je n'ai aucun crédit pour le tirer de ce mauvais pas ; mais ne pourrai-je du moins lui envoyer quelques secours d'argent ? Il me reste encore, m'avez-vous dit, plusieurs centaines de livres économisées sur mon travail ; je désire les faire parvenir au malheureux prisonnier. Seulement, comme peut-être il se trouverait humilié d'accepter de moi ces misérables secours, ne prendrait des précautions afin qu'il ignorât toujours de quelle main ils lui seraient venus.

— Ce sont là, mon fils, les sentimens d'un vrai chrétien ; tous les bonheurs vous sont dus parce que vous êtes pitoyable dans la prospérité... Mais laissez-moi le soin d'assister votre coupable frère. A ne vous rien cacher, je lui ai déjà envoyé quelque argent par l'intermédiaire des religieux de mon ordre ; mais nous devons agir avec prudence. Si jamais il sortait de prison, il serait capable... N'appelons pas trop son attention sur vous, je vous en conjure, et remettez-vous-en à moi du soin de lui venir en aide sans vous exposer à son injuste ressentiment. On convient que, tout en cachant encore au public le rachat du château par le cadet de Briqueville, on révélerait ce secret à quelques personnes sûres. Ainsi, il est été cruel de ne pas le confier à la vieille Madelon, si dévouée aux intérêts de son jeune maître. Ces diverses questions étant décidées, le prieur dit tout à coup : — Voici l'heure de vêpres, Robert, et il est temps de rentrer au couvent... Toutefois, il me reste encore une importante communication à vous faire.

— De quoi s'agit-il, mon révérend père ?

— J'irai droit au but, car j'ai hâte... Voyons, mon enfant, il est donc vrai que vous aimez une certaine jeune fille et que vous avez déjà pensé au mariage ?

Robert devint rouge comme une cerise mûre.

— Et si cela était, mon oncle ? — balbutia-t-il en baissant la tête.

— Il n'y aurait pas grand mal, mon cher Robert, — répliqua le vieux moine avec bonté, — du moment que votre amour est honnête et a pour but le mariage. Seulement vous eussiez dû d'abord vous assurer que celle sur qui vous aviez jeté vos vues pouvait répondre à votre tendresse... Allons, Robert, promettez-moi d'être raisonnable... Je suis chargé de vous transmettre une décision qui n'est pas conforme à vos désirs. J'ai mission de vous dire qu'*elle* ne peut accepter vos offres, et que, dans l'intérêt même de votre bonheur, vous devez renoncer à *elle* pour toujours.

Ces paroles étaient fort claires ; néanmoins le cadet de Briqueville demeurait interdit et muet comme s'il ne les eût pas comprises.

— Révérend père, — dit-il enfin brusquement, — c'est de Paola, c'est de mademoiselle Vicenti qu'il s'agit, n'est-ce pas ?

— Eh ! de qui s'agirait-il sinon de cette jeune Italienne qui vous a soigné jadis avec tant de zèle, pour laquelle vous vous êtes battu récemment ? On dirait, en vérité, qu'il y a confusion dans votre esprit quand on parle d'une femme à laquelle vous avez promis le mariage.

— Non, non, mon oncle, — balbutia le cadet de Briqueville avec embarras ;— je vous expliquerai plus tard... En effet, j'ai proposé à mademoiselle Vicenti de l'épouser, et je suis prêt encore à tenir cet engagement. Mais ne dites-vous pas, révérend père, que Paola repousse ma demande ?

— Oui, Robert, mademoiselle Vicenti, dont le jugement est solide et l'âme fière, refuse, après de mûres réflexions, l'honneur que vous vouliez lui faire ; et, dans son embarras pour vous communiquer cette décision, elle est venue me prier de vous l'apprendre. Je ne vous le cacherai pas, mon cher Robert, cette pauvre enfant ayant bien voulu me consulter, je lui ai représenté à mon tour combien cette alliance disproportionnée pouvait avoir de fâcheuses conséquences...

— Et pourtant, mon révérend père, avec votre permission je ne dois pas encore m'arrêter devant ce refus, inspiré peut-être par une délicatesse excessive, et il importe que je voie moi-même Paola Vicenti au plus tôt.

— Robert... Robert, vous l'aimez donc ?

— Pas comme vous l'entendez, mon cher oncle ; j'ai pour elle une bonne et solide amitié, fondée sur l'estime, sur des services réciproques, et c'est tout. Mais Paola se trouve grandement compromise à cause de moi ; peut-être mes démarches pour la protéger ont-elles été imprudentes ; quoi qu'il en soit, Paola est indignement calomniée, et en pareil cas mon devoir est de lui offrir l'unique réparation qui dépende de moi.

— Soit, mon cher Robert ; cependant si vous n'aimez pas cette jeune fille... Enfin, je me suis acquitté de ma tâche, et je suis convaincu que vous agirez avec sagesse et loyauté... Mais si je fais tant, je devrais déjà être à moitié chemin de Roquencourt. — Robert appela Nicolas et lui donna l'ordre de préparer la monture du prieur. Lui-même se disposait à quitter le château, quand le père Ambroise lui dit avec bienveillance : — Peut-être, mon cher enfant, ne seriez-vous pas fâché de rester quelques heures encore à Briqueville pour vous recueillir et jouir librement du changement survenu dans votre sort ? S'il en était ainsi, je vous dispenserais de vêpres pour aujourd'hui, et je retournerais au monastère en compagnie de ce jeune pêcheur converti, le rousseau Nicolas, ou même tout seul, car les chemins ne sont pas mauvais. — Cet arrangement plut fort à Robert, car, à la suite de tant de secousses, de tant d'événemens imprévus et précipités, il éprouvait le besoin d'un peu de solitude et de méditation

silencieuse ; il fut donc convenu que le père Ambroise retournerait à Roquencourt avec Nicolas. On sortit dans la cour, où le rousseau attendait, tenant par la bride la mule sellée et harnachée. Le ciel s'était encore assombri, et la brise de mer, dont la violence s'était considérablement accrue, mugissait autour des créneaux du vieux manoir. Quand le prieur eut donné sa bénédiction à Madelon et à Rosette accourues pour assister à son départ, et quand il se fut hissé péniblement en selle, il dit au cadet de Briqueville : — Le temps n'est pas sûr, mon cher Robert, ne vous attardez pas, je vous prie, car une tempête se prépare pour ce soir ou pour la nuit prochaine.

— Ah ! mon oncle, il ne saurait y avoir de danger pour moi ; mais on dirait d'un coup de vent qui commence, et il faut plaindre les pauvres marins qui se trouveront surpris près des côtes par ce mauvais temps.

— Puisse Dieu les assister, mon enfant, et les préserver de tout mal, ainsi que vous !

Et le bon prieur s'éloigna, précédé de Nicolas, qui ne paraissait pas très content de cette retraite prématurée.

V

LA PROMESSE.

Le soir du même jour, comme la nuit tombait, Vicenti et sa fille Paola se trouvaient seuls dans leur petite maison à Roquencourt. Cette habitation, composée seulement d'un rez-de-chaussée, ne renfermait que trois pièces : une cuisine ou salle d'entrée qui donnait sur la rue et deux chambres sur le jardin, dont une était occupée par Paola ; c'était dans celle-là que se tenaient en ce moment le père et la fille.

Le vent impétueux qui s'était élevé pendant la journée était devenu une véritable tempête, et s'abattait sur la maison avec un fracas assourdissant. Quand il se taisait par intervalles, on entendait au loin un bruit grave et cadencé qui n'était pas moins imposant ; c'était la mer qui se brisait avec fureur sur la côte. Quoique le couvre-feu ne fût pas encore sonné, peu de lumières brillaient dans les maisons et le bourg était désert, sauf de rares passans qui regagnaient leur demeure.

La chambre de Paola, dont les fenêtres restaient hermétiquement closes, était meublée avec simplicité ; mais chaque détail empruntait un charme particulier à la gracieuse personne qui habitait ce réduit. Dans un angle se trouvait une sorte de petite chapelle que Paola, pleine de foi naïve, avait ornée avec amour. Une madone en cire, habillée de quelques oripeaux brillans, était posée sur une table que recouvrait une nappe blanche. À droite et à gauche de la statuette, deux vases de verre façonné étaient garnis de fleurs, tandis que le bénitier, dont le contenu avait failli coûter si cher à la pauvre Italienne, était suspendu à la muraille. Deux chandeliers de cuivre, supportant chacun une bougie allumée, étaient placés encore sur cet autel domestique et éclairaient la chambre d'une lueur blanche et parfumée.

Paola, agenouillée devant la madone, les mains jointes, les yeux égarés, priait avec ferveur. Par momens elle se frappait la poitrine, des sanglots s'échappaient de sa gorge, elle semblait être en proie à de cruels accès de désespoir. Puis, abattue par ces mouvemens passionnés, elle venait s'asseoir sur un escabeau, et demeurait dans une immobilité complète, jusqu'à ce que, un nouveau transport s'emparant de son âme, elle se jetât encore à genoux et multipliât les démonstrations de douleur et de piété.

Cet état violent durait depuis longtemps déjà, et Vicenti, assis à l'autre bout de la chambre, suivait des yeux avec tristesse chaque geste de sa malheureuse fille. Sans doute il avait épuisé tous les moyens de consolation et reconnu son impuissance à calmer cette espèce de délire, car il ne cherchait plus à faire entendre la voix de la raison et se contentait de murmurer de temps en temps : *Poveretta! poveretta!*

Néanmoins, pendant une crise plus longue et plus navrante que les autres, le verrier perdit courage; il courut à sa fille et la prit dans ses bras en lui disant en italien :

— Poala, ma bien-aimée Paola, n'as-tu donc compassion ni de moi ni de toi-même en t'abandonnant à cette douleur insensée? La Vierge et ton saint patron ont-ils donc détourné les yeux de toi?

Paola appuya son front sur le sein de son père, et répandit enfin d'abondantes larmes qui semblèrent la soulager.

— Pardon! — balbutia-t-elle dans la même langue; — je voudrais vous cacher combien je souffre, mais... je souffre tant!

— Maudit soit celui qui cause ta peine et la mienne! Puisse-t-il à son tour...

— Paix! mon père, — interrompit Paola en lui posant la main sur la bouche, — gardez-vous de le maudire, car ce n'est pas lui... Ah! pourquoi, pourquoi avons-nous eu la fatale idée de quitter Venise? — Elle se dégagea du bras de Vicenti, alla s'asseoir et rêva longuement. — Comme nous étions heureux au temps de mon enfance! — reprit-elle d'un air pensif; — vous, père, vous étiez un des ouvriers les plus habiles et les plus estimés de Murano; ma mère, encore jeune et belle, partageait sa tendresse; nous vivions dans la prospérité et dans la paix. Vous souvient-il de notre joie à tous quand, les dimanches et les jours de fête, nous allions passer la journée à Venise, notre belle Venise, si riante et si fière avec ses palais de marbre, ses canaux animés et ses églises majestueuses remplies de chefs-d'œuvre? Vous souvient-il de mon plaisir et de ma frayeur quand, sur la *Piazza*, nous regardions passer la foule bariolée des masques qui nous accablaient de *confetti*, de fleurs et de dragées? Avez-vous oublié le jour où, montés dans une gondole, nous suivîmes le vaisseau tout doré *le Bucentaure?* Le doge, accompagné de toute la seigneurie, allait, selon l'usage, épouser la mer Adriatique et jeter dans les flots son anneau ducal. Comme cette cérémonie me parut imposante! quelle splendide journée! quelle gaieté sur tous les visages!.... Ah! pourquoi avons-nous quitté Venise?

Ses larmes recommencèrent à couler, mais cette fois elles semblaient être sans amertume.

— Ne parle plus de cela, — dit Vicenti en soupirant; — ces temps sont passés et ne peuvent plus revenir... Nous sommes proscrits; nous ne reverrons jamais la belle Venise, et d'ailleurs y retrouverions-nous ceux que la mort a frappés?

— Vous avez raison, père; notre félicité a fini du jour où ma mère bien-aimée nous a quittés pour aller au ciel. D'abord le chagrin s'est emparé de vous; vous n'aviez plus de goût au travail; la vue de votre pays natal, de la fabrique où vous exerciez votre profession, vous était devenue insupportable. Moi, de mon côté, je trouvais un vide affreux dans cette maison où ma mère n'était plus; je songeais nuit et jour à cette France dont elle m'avait parlé tant de fois, qu'elle n'avait jamais cessé d'aimer. J'avais un ardent désir de voir ce pays de sa naissance, et quand cet émissaire français vint à Murano dans le but d'embaucher secrètement des ouvriers verriers, ce fut moi qui vous pressai avec ardeur d'accepter ses propositions. Serait-ce là le crime dont Dieu a voulu me punir, lorsque, à notre arrivée dans cette patrie de ma mère, il a répandu sur nous tant de tribulations et tant de maux?

— Ne crois pas cela, ma Paoletta, — dit Vicenti avec douceur. — Ne pourrait-on pas dire plutôt que Dieu nous a protégés quand, à Honfleur, nous avons reconnu les deux sbires envoyés à ma poursuite par la seigneurie?

Plus tard, lorsque l'un d'eux nous a eu découverts et suivis à la piste, n'est-ce pas Dieu, ou la madone, ou quelque saint bienfaisant qui nous a envoyé ce brave jeune homme, monsieur de Briqueville?

— C'est juste, mon père : en effet, la Providence ne nous a pas abandonnés, même au milieu de nos plus grandes misères, et sans doute elle ne nous abandonnera pas dans l'avenir; elle nous a donné, dans ce pays si peu hospitalier, un protecteur brave et puissant. Ce n'est pas la faute de ce protecteur si un amour insensé... Mais vous n'avez pas oublié, mon père, ce que vous m'avez promis pour lui?

Le bonhomme se refroidit subitement.

— Tu le veux donc, Paola? — reprit-il avec malaise.

— C'est le plus ardent, le plus cher de mes désirs.

— Mais songe, fille chérie, à quels dangers tu vas m'exposer... Mes révélations feront grand bruit. Or, qui sait si les sbires de la seigneurie ne sont pas encore cachés dans le voisinage? Ils étaient deux; l'un peut n'être pas mort, quoiqu'on ne l'ait pas retrouvé; l'autre... l'autre nous écoute peut-être!

Vicenti tressaillit et essuya son front baigné d'une sueur froide; mais sa fille vint s'asseoir sur un de ses genoux, et, lui passant le bras autour du cou, lui dit d'un ton caressant :

— Mon père, j'y ai bien réfléchi; vos alarmes sont vaines. Depuis deux ans ces gens ont dû se lasser de leurs recherches inutiles, et sans doute ils sont retournés à Venise. On vous a oublié; d'ailleurs l'autorité française ne se gênerait pas, m'a-t-on dit, pour faire pendre les sbires du conseil des Dix comme de simples malfaiteurs, et ceux qu'on pourrait avoir envoyés à votre poursuite ne doivent pas l'ignorer. Enfin comment deviner, quand un gentilhomme verrier de Roquencourt aura opéré certaines découvertes, qu'elles seront dues à Marco Vicenti le Vénitien?

L'influence habituelle de Paola sur l'esprit timide de son père se manifesta cette fois encore; Vicenti parut rassuré.

— Du moins, ma chère *Paoletta*, — reprit-il, — me promets-tu d'être raisonnable quand j'aurai accompli ton vœu?

— Je le serai, mon bon père; d'ordinaire je peux maîtriser mes sentiments, me commander à moi-même, aujourd'hui seulement, par suite de certaines circonstances, mon courage a failli, et je vous ai affligé du spectacle de ma faiblesse. Cela n'arrivera plus, je l'espère... Mais, à votre tour, jurez-moi que vous ne retomberez pas dans ces hésitations qui m'aigrissent et me blessent. Jurez-le-moi devant la madone et sur mon front même, que vous avez tant chérie! — La solennité de cette adjuration parut d'abord effrayer Vicenti. Cependant Paola insista si chaleureusement qu'il finit par céder et prononça le serment exigé. — Merci, mon père, — répliqua l'Italienne; — je suis sûre que vous ne chercherez pas à éluder un engagement aussi sacré. Ces secrets devaient être ma dot; il m'est bien permis d'en disposer à ma volonté, puisque je suis résolue à vous dévouer ma vie tout entière; — Vicenti semblait avoir quelque objection à élever, mais il ne dit rien. Il voyait sa fille plus calme, et il craignait le retour de ces accès de désespoir qui la désolaient. Bientôt Paola se redressant regarda d'un air étonné autour d'elle.—Quoi donc! est-il déjà nuit? — reprit-elle, — il y a longtemps que le prieur a passé devant la maison en revenant de Briqueville; mais il était seul, et monsieur Robert se sera peut-être attardé au château ou dans les environs... Robert connaît maintenant mon refus... Mon père, mon bon père, — continua-t-elle en portant la main à son front avec un reste d'égarement, — pensez-vous qu'il aurait pu m'aimer plus tard?

— Je ne comprends guère qu'on puisse ne pas t'aimer, ma Paola, — répliqua le verrier; — mais, à vrai dire, le jeune seigneur, quoique nous soyons compagnons de travail, quoiqu'il se montre toujours doux, poli, obligeant, ne m'a jamais adressé aucune confidence à ton sujet.

Paola fit un mouvement brusque.

— Allons ! n'y pensons plus, — murmura-t-elle, — tout est fini entre nous ; n'est-ce pas moi qui l'ai voulu ?... J'espérais qu'en rentrant à Roquencourt il se serait arrêté ici ; mais il n'y a pas songé, sans doute... Aussi bien à quoi bon ? Il connaît ma décision, il s'y soumet ; de quoi pourrais-je me plaindre ?

En ce moment un coup de vent s'engouffra dans la maison, comme si la porte extérieure eût cédé tout à coup ; les cloisons craquèrent, les bougies allumées devant la madone menacèrent de s'éteindre. On crut d'abord que le vent seul avait ouvert la porte, mais elle se referma aussitôt, et on entendit un bruit de pas dans la salle d'entrée.

— *Santa Maria !* serait-ce *lui* ? —dit Paola en se levant d'un bond.

En effet, elle entrevit dans la pénombre de la première pièce la forme noble et élégante du cadet de Briqueville.

Paola, si ferme tout à l'heure, redevint faible et tremblante pendant que Robert présentait à ses hôtes les complimens d'usage. Vicenti sentit qu'il devait faire seul les honneurs de la maison, en attendant que sa fille eût recouvré sa présence d'esprit, et il dit avec embarras :

— Votre promenade s'est prolongée bien tard aujourd'hui, monsieur le cadet, et le travail pourra s'en ressentir demain à la verrerie.

— Ce n'est pas mon corps mais mon âme qui a éprouvé aujourd'hui de rudes secousses, — répliqua Robert en regardant Paola, — car j'ai appris des choses bien capables de troubler profondément mon esprit. Puis ce soir, comme je venais à Roquencourt, j'ai entendu dire qu'un navire était en perdition sur la côte, en face du Bas-Briqueville ; je suis descendu au village pour m'assurer si je ne pourrais pas être de quelque secours.

— Et avait-on dit vrai ? — demanda Vicenti.

— Un brick de commerce a jeté l'ancre au milieu des bas-fonds et des rochers, où il résiste encore au vent et aux lames ; mais, si cette tempête continue, il ne pourra tenir longtemps. Par malheur, la mer est si rude que toute embarcation serait immédiatement chavirée ; aussi les pêcheurs et les douaniers réunis sur le rivage se sont-ils contentés d'allumer de grands feux, et ils se préparent à recueillir les naufragés si, comme il n'est que trop probable, le navire vient à se briser.

— Et sait-on, — demanda Paola distraitement, — à quelle nation appartient ce navire et d'où il vient ?

— Il est certain qu'il est français, et l'on suppose qu'il vient du Havre ou de Honfleur. Quant à moi, ne pouvant être d'aucune utilité en ce moment, j'ai pris le parti de rentrer à Roquencourt.

— Que Dieu pardonne leurs péchés à ceux qui sont en danger de mort ! — dit Paola pieusement, — je prierai pour eux.

Il y eut un moment de silence.

— Paola, — dit enfin le cadet de Briqueville, — j'avais un autre but, en entrant chez toi si tard, que de vous apprendre ce fâcheux événement... Aujourd'hui, mon vénérable oncle le prieur m'a transmis un refus à la proposition que je vous avais faite et que je comptais soumettre ensuite à monsieur Vicenti... Ce refus est-il bien réel ?

— Oui, — répliqua Paola en détournant les yeux.

— Avez-vous bien réfléchi, Paola, à ses conséquences possibles ? N'avez-vous pas cédé à des instances, à des obsessions étrangères ? Votre volonté est-elle bien libre ? Rappelez-vous quelles indignes calomnies a osé répandre contre vous, calomnies que ce mariage seul pourrait faire cesser.

— La réputation d'une pauvre créature telle que moi est-elle d'un si grand prix ? Je mépriserai la médisance, et la médisance tombera d'elle-même.

— Ne vous rabaissez pas ainsi vous-même, belle et généreuse Paola, et ne dédaignez pas mon offre loyale... Écoutez. Un changement important vient de s'opérer dans ma position. L'autre jour, lorsque je sollicitais votre main, je ne possédais pour tout héritage que mon nom de famille ; depuis quelques heures, je suis en possession de la meilleure partie du fief autrefois tenu par mes ancêtres, et je viens encore une fois vous supplier de vouloir bien être la compagne de ma vie.

Il raconta en peu de mots comment, par l'intervention du père Ambroise, il se trouvait possesseur du château et de la seigneurie de Briqueville.

La franchise des procédés de Robert rendit à Paola toute son énergie. Saisissant la main du jeune gentilhomme, elle la retint dans les siennes.

— Croyez-vous, - reprit-elle, — que des considérations de richesse pourraient influer sur ma détermination. Fussiez-vous le plus pauvre paysan de vos anciens domaines, je n'aurais pas pour vous moins d'admiration et de gratitude... Ah ! Robert, un mot prononcé par vous, un seul, aurait eu plus d'effet sur moi que tout cet étalage de fortune et de naissance ! Mais ce mot vous ne le prononcerez pas.

— Paola, je ne saurais comprendre...

— Vous me comprenez fort bien au contraire ; tenez, Robert, je vous prouverai combien j'ai foi dans votre sincérité... donnez-moi solennellement votre parole que vous n'aimez pas en secret une autre femme, et je vous croirai, et de ce moment je m'engage irrévocablement à vous !

Robert se taisait.

— Paola, — répliqua-t-il avec effort, — je ne veux pas vous tromper, et mon honneur me défendrait d'affirmer pareille chose. J'ai ou vous promettre tous les égards, toute l'estime, toute l'amitié que vous seriez en droit d'attendre d'un mari honnête homme, mais je ne saurais promettre sans réticence une circonstance qui me met plus que jamais en défiance contre moi-même...

— Ah ! vous voyez bien que vous l'aimez encore, *elle* ! — s'écria impétueusement l'italienne ; — *elle*, cette enfant frivole et oublieuse !... Mais il suffit... Robert, vous ne me vaincrez pas en générosité, mon parti est pris, je veux vous prêter mon aide afin que vous épousiez Mathilde d'Helmières.

Le cadet de Briqueville demeura stupéfait.

— Chère Paola, — balbutia-t-il, — aucune intervention ne serait capable... D'ailleurs, je ne devrais pas souffrir.

— Ne dédaignez pas mes offres, monsieur de Briqueville, — répliqua-t-elle avec une légère teinte d'amertume et d'ironie ; — ne sais-je pas quelle est la nature des obstacles qui s'élèvent entre les jeunes gentilshommes et les nobles demoiselles de votre France ? Un peu plus ou un peu moins d'or, de terres ou de crédit, suffit pour rendre faciles ou impossibles de pareilles alliances. Devenez riche, l'abîme qui existe entre vous et mademoiselle d'Helmières sera comblé. Déjà vous vous trouvez dans de meilleures conditions pour être écouté d'elle, car vous êtes rentré en possession d'une partie des domaines de votre famille ; il ne vous manque plus, pour obtenir l'objet de votre ambition, que d'acquérir le crédit et la fortune, je vous donnerai l'un et l'autre.

— Vous, Paola ?

— Vous riez sans doute de mon assurance ; moi, pauvre étrangère, fille d'un simple verrier, je dois vous paraître bien présomptueuse quand j'ose faire de semblables promesses, et cependant, Robert, je n'exagère rien, je ne suis dupe d'aucune illusion. Avez-vous oublié les honneurs et les récompenses que promet le gouvernement français à ceux qui trouveront moyen de fabriquer dans ce royaume les glaces de Venise ?

— Non, Paola ; et maître Michaud nous répète chaque jour que le roi serait disposé aux plus grands sacrifices pour assurer à la France cette magnifique industrie.

— Eh bien ! Robert, — reprit Paola dont les yeux brillaient d'enthousiasme, —ce sera vous qui recueillerez ces honneurs et ces récompenses; ce sera vous qui le premier aurez la gloire de fabriquer ces merveilles de notre art vénitien sur une terre française... Mon père est enfin décidé à vous communiquer ses secrets... Dites-le lui, père, — ajouta la jeune Italienne avec chaleur ; — dites-le lui bien afin qu'il ait désormais espoir et confiance.

— Certainement, certainement, ma Paoletta, — répliqua Vicenti d'un air forcé, — j'imposerai pourtant à monsieur le cadet certaines conditions.

— Quoi ! mon père, voulez-vous donc vous parjurer, encourir la damnation éternelle ?... Vous remplirez votre promesse, vous la remplirez... dès demain.

Paola parlait avec tant de force que le verrier ne sut pas résister cette fois encore.

— Demain donc,—répliqua-t-il en soupirant,—demain, puisque tu le veux.

Un sourire s'épanouit sur les lèvres frémissantes de Paola, et elle jeta au cadet de Briqueville un regard de triomphe.

— A mon tour, mademoiselle, — reprit Robert tout troublé, — je ne sais si je dois accepter sans réserve des avantages si extraordinaires. Je désirerais d'abord m'entendre avec Vicenti sur...

— C'est inutile, — interrompit Paola avec une irrésistible autorité; — honneurs et richesses, tout vous appartiendra sans partage; je l'ai résolu. Nous avez-vous mesuré, vous, votre abnégation et votre courage ? Le jour du succès seulement, il vous sera permis de songer à celui qui aura été l'instrument de votre opulence et de votre grandeur... Robert, Robert, — ajouta-t-elle plus bas dans une sorte de délire, — vous le me vaincrez pas en grandeur d'âme, vous ne m'avez pas vaincue ! — Ni le cadet de Briqueville ni Vicenti n'osaient parler en présence de l'exaltation fiévreuse de Paola, exaltation que la moindre contradiction pouvait rendre dangereuse. Du reste, la jeune fille semblait épuisée, et elle finit par tomber à demi évanouie sur un siége. — Adieu, monsieur de Briqueville, — dit-elle d'une voix sourde et du congédiant du geste ; — ayez pitié de moi, et n'essayez pas de me faire revenir sur une détermination irrévocable... Nous ne serons plus désormais que des amis ; mais vous verrez que mon amitié ne se démentira pas... Vous épouserez Mathilde d'Hermières. — Et elle cacha son visage entre ses mains. Robert voulut lui adresser encore quelques paroles; mais Vicenti, effrayé de l'état de sa fille, le supplia de se retirer. Robert céda, et, comme il sortait, il entendit la pauvre enfant qui balbutiait d'une voix à peine intelligible : — Ces Françaises ne savent pas aimer !... au lieu que moi...

Quand Vicenti rentra, après avoir conduit Robert jusqu'à la porte de la rue, il trouva Paola tout à fait sans connaissance.

IV

LE COUP DE VENT.

La nuit fut très orageuse, et le vent ne cessa pas un instant de souffler en tempête. Aux premières lueurs du jour, la mer était vraiment furieuse. Comme les habitans matineux de Roquencourt allaient se rendre à leurs travaux, un homme haletant et tout en sueur arriva du village du Bas-Briqueville pour demander du secours. Le navire qui était en détresse depuis la veille était échoué; plusieurs hommes de l'équipage avaient péri, et l'on craignait fort de ne pouvoir sauver le reste. On priait les habitans de Roquencourt de se joindre aux pêcheurs du Bas-Briqueville pour opérer le sauvetage des survivans ;

de plus on réclamait du vin, des alimens, des habits et les autres choses pouvant être nécessaires aux naufragés.

Dès que cette nouvelle se fut répandue dans le bourg, tout le monde fut sur pied, et l'on se mit en route pour le Bas-Briqueville. Nous voudrions pouvoir dire que cet empressement avait uniquement pour cause un sentiment louable ; mais la vérité nous oblige à reconnaître que la curiosité, et surtout l'espoir du butin, étaient pour beaucoup dans ce beau zèle. A cette époque, en effet, les lois sur les épaves n'étaient pas rigoureusement observées ; les habitans des côtes considéraient comme leur appartenant les débris de toute sorte, marchandises, provisions ou simples bois de charpente que la mer rejetaient sur la grève après un naufrage, et c'était l'espoir de s'emparer furtivement de quelque objet de valeur qui poussait une partie de la population de Roquencourt vers la mer.

Néanmoins il ne faut pas croire que tous ceux qui se dirigeaient vers le Bas-Briqueville cédassent à des mobiles aussi peu honorables. Plusieurs pères dominicains de Sainte-Marie, parmi lesquels se trouvait le prieur, étaient partis les premiers pour donner les secours de la religion à ceux qui pourraient en avoir besoin dans ce désastre, tandis que des frères lais les suivaient chargés de provisions. Les verriers, gentilshommes ou non, étaient accourus de même, et tout ce qu'il y avait dans le voisinage de nobles, de bourgeois, de fonctionnaires avaient cru de leur devoir de se rendre sur le rivage.

Habituellement le cadet de Briqueville ne se faisait pas attendre en pareille circonstance. Par suite des vives agitations de la veille, il s'était endormi fort tard, et il reposait depuis une heure à peine quand on vint l'éveiller pour lui apprendre la sinistre nouvelle. Quelques minutes suffirent à Robert pour terminer sa toilette, et il partit aussitôt accompagné de son fidèle Nicolas, car il avait conscience de pouvoir rendre quelques services. Il était excellent nageur ; dans son enfance, il avait pris souvent plaisir à manier une rame ou à faire la manœuvre sur les bateaux de pêche. Enfin son nom lui donnait une certaine influence sur les habitans du Bas-Briqueville, anciens vassaux de sa famille, et cette influence pourrait être utile aux naufragés.

Robert et son compagnon allaient si vite qu'ils dépassèrent bientôt la plupart de ceux qui les avaient devancés ; quand ils atteignirent les huttes qui composaient le hameau, un spectacle terrible frappa leurs regards. Des grains, chargés de pluie et de vent, venaient à chaque instant bouleverser l'atmosphère. La mer, habituellement douce et paisible dans cette saison, était turbulente comme aux plus mauvais jours de l'hiver. Les lames, hautes, droites d'une couleur plombée ou d'un vert très sombre au large, avaient autour des écueils qui longent cette partie de la côte une blancheur de neige. Elles roulaient à intervalles réguliers avec un bruit sourd, comparable à celui du canon, et elles lançaient leurs flocons d'écume fort loin dans les terres. Du reste, elles étaient si énormes, que l'on ne pouvait voir les objets à plus de vingt pas, et le navire échoué lui-même restait complétement masqué par ces montagnes d'eau mobiles, changeantes, qui se succédaient sans relâche.

Un petit nombre de personnes seulement se trouvaient au bord du ruisseau qui servait de havre ; quelques autres erraient çà et là le long du rivage avec des intentions de rapine qui n'étaient pas douteuses ; mais le gros de la foule se tenait sur une falaise voisine, d'où l'on pouvait voir la haute mer, et où une scène émouvante paraissait captiver leur attention. Malgré cette affluence des habitans du pays, on ne faisait aucun préparatif pour aller au secours des naufragés. Les grands bateaux de pêche et les canots avaient été tirés sur la grève, à l'abri des lames. Un de ces canots semblait pourtant avoir été mis à la mer quelque temps auparavant ; mais il était renversé sens dessus dessous, et le flot en se retirant l'avait laissé à moitié enfoui dans le sable. En ce moment, plusieurs marins s'efforçaient de le relever et de le replacer sur sa quille ; mais ils travaillaient avec une nonchalance qui n'annonçait pas le désir d'en faire un usage immédiat.

Ce fut pourtant vers ces gens que Robert s'avança d'abord. Il avait reconnu parmi eux le patron Guérin, le patriarche et le chef de cette petite population maritime, homme intrépide et plein d'expérience dans les choses de sa profession. Comme les pêcheurs le saluaient respectueusement, il dit au vieillard avec vivacité :

— Eh bien ! patron, est-ce le moment de songer à relever cette chaloupe?... Hâtez-vous de lancer à la mer un autre canot... qu'attendez-vous donc ? Je ne reconnais pas votre courage et votre dévouement ordinaires.

Guérin secoua sa tête blanche.

— Vous êtes de la bonne race, monsieur le cadet, — dit-il avec la lenteur et la gravité normandes, — mais vous parlez comme un jeune homme. Cette barque est à moi, ou plutôt à mes enfans et, si nous la perdions, qui nous la remplacera ? Elle est encore solide, et elle l'a bien prouvé quand, après nous avoir chavirés dans l'eau, elle a talonné sur le roc pendant deux heures et résisté aux coups de mer !

— Quoi ! — demanda Robert, — avez-vous déjà tenté d'aller au secours des naufragés ?

— Regardez-moi, monsieur de Briqueville, — répondit le patron en montrant ses cheveux et ses vêtemens imbibés d'eau, — et regardez aussi mes fils Baptiste et Thomas... nous avons bu un rude coup ce matin, et ceux qui sont là échoués sur le *Dos-de-la-Baleine*, (vous connaissez bien ce rocher, monsieur le cadet, car vous y êtes allé plus d'une fois avec les enfans), peuvent à peine dire qu'ils voient la mort de plus près que nous ne l'avons vue tout à l'heure.

— Vous et vos fils, patron Guérin, vous êtes de braves gens ; mais il ne faut pas vous en tenir à une seule épreuve. Mettez bien vite un autre barque à flot... vous serez plus heureux cette fois.

Le patron continua tranquillement de travailler à relever sa chaloupe.

— Je supporte la misère depuis soixante-dix ans,—répliqua-t-il,—et la vie n'a pas plus de prix à mes yeux qu'une planche pourrie ; mais si j'étais disposé à risquer encore ma pauvre vieille peau, croyez-vous que je consentirais de même à risquer l'existence de mes garçons?... Vous n'avez donc pas vu comme la mer est dure ? Tenez, vous n'êtes pas matelot, monsieur le cadet, mais vous ne craignez pas trop l'eau salée dans l'occasion ; montez donc sur la falaise et examinez mûrement l'état des choses..... Si ensuite vous venez me dire, la main sur la conscience : « Patron Guérin, il y a une chance, une seule, pour que vous puissiez sauver quelqu'un de ces pauvres diables et que vous vous sauviez vous-même, » puisse l'enfer me confondre si je ne me rembarque pas avec ceux qui consentiront à me suivre !

Robert ne voulut pas tarder une minute à reconnaître par lui-même la grandeur du péril. Comme il allait gravir le rocher, Nicolas, qui ne le quittait pas plus que son ombre, lui montra d'un air d'effroi deux êtres humains étendus sans mouvement derrière un mur: c'étaient des cadavres.

— Patron, — demanda Robert, — sont ce déjà des victimes de ce funeste naufrage ?

— Oui, oui, monsieur, — répliqua le vieux pêcheur ; — il y en a encore plusieurs autres qui ballottent les lames, et que nous retrouverons à marée basse.

— Du moins est-on sûr de la vie a tout à fait abandonné ceux que vous avez recueillis?

— Le révérend père Antoine les a examinés, monsieur, et ils ont définitivement *avalé leur gaffe* ; ce n'est plus à ceux-là qu'il faut songer, sinon pour leur dire des prières et leur donner une sépulture chrétienne.

Robert fit le signe de la croix, et, détournant la tête, il se mit à gravir la falaise.

Le sommet du rocher, sur lequel brillait encore un

grand feu, était, comme nous l'avons dit, couvert de spectateurs de tout âge et de toute condition. L'arrivée du cadet de Briqueville produisit quelque sensation dans cette foule attentive ; néanmoins la plupart des assistans l'accueillirent d'un air triste et en silence. Lui-même, après avoir salué le prieur et serré la main à quelques amis, s'avança pour avoir sa part du lugubre tableau qui captivait leurs regards.

Quoique le ciel fût lumineux sous son épaisse couche de nuages, la terre et la mer étaient encore plongées dans les teintes brumeuses du crépuscule. D'abord on ne distinguait rien ; c'était un chaos de vagues monstrueuses qui se ruaient les unes sur les autres, de rochers noirs qui paraissaient et disparaissaient successivement sous des masses d'écume. On était d'ailleurs aveuglé par le brouillard salin que la turbulence des eaux projetait dans l'atmosphère, en même temps qu'assourdi par le grondement du ressac et par les mugissemens du vent qui menaçait de renverser les assistans.

Néanmoins Robert, grâce aux indications de ses voisins, finit par remarquer, à un quart de lieue environ de la terre, une masse sombre et immobile sur laquelle les lames semblaient particulièrement s'acharner. Il connaissait toute cette partie de la côte et savait que l'écueil appelé vulgairement le *Dos-de-la-Baleine* devait se trouver à cette place ; mais, autant qu'il pouvait en juger dans ce demi-jour, le rocher n'avait plus sa forme accoutumée. En effet, un navire d'une centaine de tonneaux avait été jeté pendant la nuit sur l'écueil, et, penché sur le flanc, il s'était comme incrusté dans le roc. La mer, qui baissait en ce moment, semblait devoir le laisser à sec plus tard ; en attendant elle le battait encore avec une telle rage qu'elle l'avait déjà démoli en partie ; elle ne cessait de lui arracher des planches, des espars, et menaçait d'une minute à l'autre de le disloquer tout à fait.

Robert était surtout préoccupé du sort des pauvres naufragés. Il ne pouvait les distinguer à l'œil nu, mais un marin lui ayant prêté obligeamment une lunette d'approche, il se rendit compte de leur périlleuse position. Ils se tenaient sur le côté du bâtiment le moins exposé au choc des vagues, ce qui ne les empêchait pas d'être complètement submergés à chaque coup de mer. Le navire avait perdu ses mâts, soit que les marins eux-mêmes les eussent coupés pour l'alléger, soit qu'ils eussent été emportés par les flots ; mais beaucoup de cordages pendaient le long du bord, et c'était à ces cordages que les pauvres gens se tenaient cramponnés. Robert compta six personnes dans cette affreuse situation, et sans doute c'était tout ce qui restait de l'équipage. Elles étaient là depuis plusieurs heures, transies de froid, épuisées de fatigue et d'angoisses. Soit illusion, soit réalité, il semblait parfois aux spectateurs de la falaise que les infortunés tendissent vers eux leurs mains suppliantes ; ils croyaient même entendre leurs voix plaintives au milieu des hurlemens de la tempête.

Par malheur, le cadet de Briqueville reconnut qu'il était absolument impossible de les sauver ; une barque n'eût pu s'avancer à dix pas du rivage sans être immédiatement renversée et mise en pièces.

Il se confirmait dans cette désolante conviction, quand un cri de ses voisins l'avertit qu'un nouveau désastre venait d'arriver. En effet, une grosse lame avait déferlé sur le navire, et quand elle s'était retirée on avait constaté la disparition d'un des naufragés.

— Ils ne sont plus que cinq ! — dit une voix.

Le prieur se mit à réciter la prière des agonisans, que les assistants répétèrent après lui avec la plus grande ferveur.

Robert ne s'agenouilla pas comme les autres.

— Les prières sont pour les morts, —dit-il tout haut avec agitation, — mais ceux de ces marins qui vivent encore attendent autre chose de nous... Advienne que pourra !... je tenterai l'épreuve.

Et il quitta la falaise.

Le père Ambroise interrompit sa prière pour le rappeler :

— Robert, mon enfant, où allez-vous ? — s'écria-t-il ; — revenez, je vous en conjure... je vous l'ordonne.

Le cadet de Briqueville ne l'écouta pas, ou peut-être les paroles du prieur se perdirent-elles dans le fracas des élémens, et il continua de courir, suivi de l'inévitable Nicolas. En arrivant au bord du ruisseau, il trouva le patron Guérin qui parlait avec vivacité au milieu d'un groupe.

— Ce n'est pas possible, monsieur le baron, — disait le vieux pêcheur ; — j'ai essayé déjà ; nous y resterions tous.

— Ce n'est pas dix pistoles que j'aurais dû vous offrir, patron Guérin, — répliqua l'interlocuteur que Robert reconnut alors pour monsieur d'Helmières, — c'est vingt pistoles, et je suis prêt à les donner sur-le-champ.

— Vingt pistoles sont bien de l'argent, — répliqua le patron d'un air de regret, — et je n'ai jamais possédé à la fois une telle somme, Mais m'offrissiez-vous tout l'or de la terre, je ne voudrais pas exposer mes enfans à une mort certaine... Et, tenez, — ajouta-t-il en désignant Robert qui s'approchait d'eux en ce moment, — voici monsieur de Briqueville, qui s'y connaît ; demandez-lui s'il me conseille de mettre ma barque à flot.

— Je ne vous le conseille point, patron Guérin, — répliqua Robert avec résolution ; — mais, quand je devrais partir seul, je veux sauver ces chrétiens en détresse.

— Vous, monsieur de Briqueville ? — répliqua le pêcheur stupéfait.

— Pourquoi non ? vous n'avez pas oublié patron, que je sais manier une rame... Et s'il se trouve de braves garçons, — ajouta-t-il en élevant la voix, — disposés à m'accompagner, ils seront les bienvenus ; mais j'entends que l'on ne force personne.

Il y eut un moment de silence parmi les marins, car personne ne se faisait illusion sur la gravité du péril.

— Quant à moi, — dit le rousseau Nicolas avec gaieté, — je suis mon maître partout où il va ; et, dût-il me conduire au fin fond de la mer, je le suivrais encore.

— Ma foi ! — dit Baptiste, le second fils du patron, — si monsieur de Briqueville y va, du diable si je n'irai pas aussi !

— Et moi de même, — dit Thomas, l'aîné.

— A l'ouvrage donc, mes gars! — s'écria Robert ; — ne perdons pas une minute... lançons le canot !

Il rejeta lestement son épée sur le sable, son chapeau, son pourpoint, et jusqu'à ses chaussures, qui eussent pu l'embarrasser, et dans un costume léger, peu différent de celui des pêcheurs, il se mit à pousser la barque vers le ruisseau.

Le patron Guérin parut enfin revenir à lui-même.

— Attendez, attendez donc ! — s'écria-t-il ; — le jeune seigneur a vraiment le diable au corps... Eh bien ! ma foi puisqu'il est si résolu, il faut agir à sa guise... Seulement, toi, Thomas, — ajouta-t-il en s'adressant à son fils aîné, — tu resteras à terre et je prendrai ta place. Tu es père de famille, les petits ont besoin de toi. Moi, j'ai fait mon temps, et Baptiste est encore garçon ; c'est donc à nous de risquer l'aventure. Le cadet et Baptiste tiendront les avirons ; moi, je serai au gouvernail, et le rousseau Nicolas sera chargé d'écoper le canot ; oui, car nous recevrons plus d'un paquet avant d'arriver là-bas... si nous y arrivons !

Thomas insista pour partir au lieu de son père ; mais le vieillard exerçait d'une manière passablement despotique son autorité patriarcale. D'ailleurs la femme et les enfans de Thomas se cramponnèrent à lui en pleurant, et il ne put résister.

— Je m'en dédis pas, — reprit monsieur d'Helmières ; — vous aurez les vingt pistoles que je vous ai promises.

— Suffit, suffit, monsieur le baron, — répliqua le vieillard, — si nous ne revenons pas, vous remettrez la chose

aux enfans et vous protégerez les plus jeunes, car vous êtes un bon et charitable seigneur... Mais, voyez-vous, si monsieur de Briqueville s'était borné à me proposer de l'argent, les gens qui sont là, sur leur bâtiment désemparé, auraient pu attendre longtemps .. Il a dit : « Allons ! » et il a pris lui-même un aviron... il faut bien le suivre !

— Monsieur de Briqueville est vraiment un jeune homme plein de noblesse et de courage, — dit le baron en regardant Robert, qui travaillait lui-même aux préparatifs de départ, — et ses torts ne sauraient être imputés ni à sa raison, ni à son cœur.

C'était la seconde fois, depuis deux jours, que monsieur d'Helmières adressait la parole au cadet de Briqueville, après avoir évité pendant si longtemps tous rapports avec lui. Robert allait lui répondre, il ne le put. Le prieur, qu'on avait averti de la détermination téméraire de son neveu, accourait avec les autres moines et les gentilshommes verriers.

— Mon enfant, — s'écria-t-il, — vous ne pouvez avoir l'idée de vous exposer ainsi ! Restez, mon bien-aimé Robert, je vous en conjure.

— Morbleu ! Briqueville, vous n'y pensez pas, — dit le marquis de Loustel, — vous entreprenez là une besogne de vilain.

— Vous vous exposez à boire de l'eau plus que de raison, — ajouta d'Hercourt.

— Et qui nous protégera si vous vous noyez ? — dit l'Italien Vicenti. Il poursuivit plus bas : — Que devien dra la Paola ?

Mais ces remontrances et ces prières n'étaient pas capables de faire renoncer le cadet de Briqueville à son dessein. Il exposa rapidement que le trajet jusqu'au vaisseau naufragé était fort court, que la marée devenait favorable, que la tempête diminuait sensiblement, enfin que le danger, quoique réel, n'était pas assez grand pour arrêter des hommes de cœur. Les amis de Robert, le voyant si décidé, n'osèrent plus insister ; et le prieur lui-même céda en soupirant ; néanmoins tous les assistans ne se payèrent pas de semblables raisons.

Une personne, enveloppée dans un manteau à capuchon qui cachait son costume et ses traits, s'approcha de Robert ; elle lui saisit le bras et lui dit d'une voix pénétrante qui le fit tressaillir :

— Robert, Robert, je vous en conjure, n'allez pas là... Songez à ceux qui vous aiment !

Robert reconnut avec étonnement sous l'ample capuchon les traits charmans de Mathilde d'Helmières. Poussée par la curiosité ou peut-être par un vague pressentiment de ce qui arrivait, Mathilde avait voulu accompagner son père à la grève, et elle savait que son ancien fiancé était sur le point de braver une mort presque inévitable.

Robert, revenu de sa première surprise, répondit avec émotion :

— Qu'importe maintenant à mademoiselle d'Helmières que je vive ou que je meure ! Autrefois peut-être elle eût été en droit...

— Ingrat ! ingrat ! — interrompit Mathilde en versant des larmes ; — ah ! les instances de votre belle Italienne auraient sans doute plus de pouvoir sur vous !

— Vous vous trompez, Mathilde ; la pauvre fille dont vous parlez n'a jamais eu, n'aura jamais sur mes volontés l'influence que vous exerciez jadis, car elle n'est et ne peut être pour moi qu'une amie.

— Eh bien ! alors, — répliqua mademoiselle d'Helmières avec véhémence, — pourquoi, Robert, avez-vous oublié des engagemens sacrés ? Pourquoi m'avez-vous laissée seule, exposée aux persécutions de mes proches ? Deviez-vous croire aux apparences ? Ne saviez-vous pas que certaines paroles m'étaient imposés par mon père, par les convenances ? N'étaient-ils pas justifiés encore par le dépit que devait me causer votre intimité avec cette Italienne ? Cependant j'ai résisté aux ordres de ma famille, j'ai repoussé avec énergie tous les

28

autres prétendans; cette conduite n'était-elle pas suffisamment claire? D'ailleurs il avait été convenu que tant
que je ne vous rendrais pas la bague de votre mère...
Or, je ne vous l'ai pas rendue, Robert; je l'ai encore...
voyez!

Et allongeant la main par-dessous sa mante, elle lui
montra de nouveau la bague de la défunte dame de Briqueville.

Robert était à moitié fou d'orgueil et de joie; mais au
même instant une grande clameur s'éleva près de lui. Un
coup de mer, aussi terrible que les précédens, venait
encore de tomber sur le navire naufragé, et un autre
victime avait disparu.

— Ils ne sont plus que quatre! — dit une voix lamen-
table.

— Allons! monsieur de Briqueville, allons! — appela
le patron Guérin.

Robert hésitait.

— Vous voyez bien, — reprit Mathilde avec chaleur, —
que je n'ai pas renoncé à mes droits sur vous, que je n'ai
pas cessé de vous aimer... Restez donc, je le veux.

Un nouvel appel se fit attendre.

— C'est impossible, Mathilde, — répliqua Robert précipitamment. — Mais vous avez réveillé dans mon cœur
de trop belles espérances pour que je ne cherche pas
à éviter la mort... je reviendrai, je reviendrai, j'en suis
sûr.

En même temps il sauta dans le bateau, que l'on était
parvenu à mettre à flot. Mademoiselle d'Helmières poussa
un cri et voulut le retenir; le baron, qui ne l'avait quittée
qu'un moment, s'empressa de se rapprocher d'elle et lui
parla bas avec vivacité.

Le canot partit; mais à peine les rameurs eurent-ils
donné quelques coups d'aviron que les vagues qui remon-
taient le ruisseau jetèrent de nouveau l'embarcation sur
la grève et faillirent la briser. Cependant les intrépides
marins ne se découragèrent pas; ils redoublèrent d'efforts
pour gagner la mer, et finirent par réussir. Par momens
la barque se trouvait dans une position presque perpen-
diculaire, et vingt fois les spectateurs, s'attendant à la
voir sombrer, crièrent d'une voix haletante: « Revenez!
revenez! » Mais ou les marins n'entendaient pas ou ils
ne tenaient pas compte de ces avertissemens. Bientôt ils
disparurent derrière les grosses lames qui se ruaient
contre le rivage, et on courut sur la falaise pour suivre
les diverses phases de cette périlleuse entreprise.

VII

LE NAUFRAGÉ.

Le jour venait rapidement, et l'on put revoir les braves
marins à une portée de fusil de la côte. Ils luttaient péniblement contre la houle; cependant, à mesure qu'ils
s'éloignaient, les secousses que recevait le canot paraissaient moins rudes et moins brutales. Parfois on eût dit
que l'embarcation allait s'élancer hors de l'eau, et l'on
voyait jusqu'à sa quille; puis elle s'enfonçait dans une
des profondes vallées de la mer, et on eût pu croire qu'elle
s'était engloutie. Mais elle ne tardait pas à reparaître, et les
spectateurs de la falaise retrouvaient chacun à son poste
dans le petit équipage. Tandis que le patron maintenait
le gouvernail d'une main ferme, les deux rameurs ap-
puyaient sur les avirons avec un ensemble et une vigueur
extraordinaires; et son côté, Nicolas ne cessait de vider
l'eau qui passait par-dessus le bordage, et qui, sans cette
précaution, n'eût pas tardé à faire sombrer la frêle chaloupe.

Une demi-heure se passa dans cette lutte audacieuse

contre les élémens; le vent avait un peu faibli, mais la
houle ne s'abaissait pas. On avançait avec lenteur, et les
rameurs devaient être déjà cruellement fatigués en raison de leurs efforts puissans et soutenus; mais leur témérité, impunie jusque-là, donnait lieu d'espérer qu'ils
mèneraient à bien leur difficile entreprise, et on observait
leurs manœuvres avec une anxiété croissante.

La barque approchait de la partie la plus dangereuse
du trajet, celle où se trouvaient les écueils et où la mer
bouillonnait avec fureur. Mais le patron Guérin connaissait trop bien la situation de chacun de ces rochers pour
ne pas les éviter avec prudence. De temps en temps on le
voyait se lever à demi sur son banc et chercher au milieu
de ces tourbillons d'écume certains points de repère; puis
il se rasseyait, et le canot continuait de manœuvrer sans
faire de grands progrès, mais du moins sans jamais se
laisser entraîner en arrière.

Bientôt les naufragés eux-mêmes s'aperçurent que l'on
venait les sauver. Comme nous l'avons dit, ils ne se trouvaient plus que quatre sur le bâtiment, et ils devaient
être épuisés de froid, de fatigue et de terreur. Mais sans
doute l'un d'eux, moins engourdi que les autres, avait
averti ses compagnons de l'approche du bateau, car on
les vit s'agiter et lever les bras en l'air, comme pour encourager ceux qui venaient à leur secours. Ceux-là, de
leur côté, semblèrent redoubler d'ardeur, et, au bout de
quelques instans, ils furent à moins de cinquante pas du
navire échoué.

La foule réunie sur la falaise était haletante; tous attendaient avec des alternatives d'espoir et de découragement le résultat final de cette crise. En voyant l'embarcation si près du but qu'elle paraissait presque la toucher,
quelqu'un s'écria:

— Ils les sauveront, de par le ciel! ils les ont déjà rejoints!

— Oui, oui, ils les sauveront! — répétèrent les assistans
avec un frémissement de joie.

Les marins du canot paraissaient également pleins
d'espoir, et déjà ils encourageaient de la voix les pauvres
naufragés quand arriva une catastrophe inattendue. Depuis quelques instans accourait du large une masse d'eau
sombre s'élevant comme une montagne au dessus des
autres lames. On se la montrait du doigt, on la suivait
des yeux. Tout à coup elle atteignit les écueils, sembla se
hausser encore sur sa large base; puis, croulant à
grand bruit, elle s'abattit sur le navire, qui disparut tout
entier.

La plupart des spectateurs se cachèrent le visage dans
leurs mains; et ceux qui eurent le courage de contempler
l'effet de ce coup de mer poussèrent un cri de douleur.
La formidable vague avait continué sa course; mais,
après son passage, on avait en vain cherché trace du bâtiment. Cette masse épouvantable avait achevé de l'écraser; coque, agrès, naufragés, tout avait été emporté,
roulé, brisé par cette force irrésistible, et le vieux Guérin
ne distin-
guait plus à la surface de la mer que des débris épars
dont la couleur foncée tranchait sur la blancheur de l'é-
cume.

— Dieu ne l'a pas voulu, que son saint nom soit béni!
— dit le prieur.

Et il étendit les mains pour donner l'absolution aux
malheureux engloutis.

Cependant les regards s'étaient portés aussitôt sur la
barque où se trouvaient Robert et ses braves compagnons.
Elle avait elle-même failli périr, et, si le vieux Guérin ne
l'avait tournée avec promptitude, de manière à ce qu'elle
reçût le choc par l'avant, elle eût été inévitablement sub-
mergée. Toutefois les avirons furent arrachés des
chevilles, elle fut rejetée en arrière, à moitié remplie
d'eau. Il y eut un moment de trouble à bord, et, si une
seconde lame avait suivi la première, elle eût eu bon
marché de cette embarcation; mais ce trouble ne fut pas de longue
durée. Les rameurs, qui n'avaient pas lâché les avirons,
les remirent promptement en place; le patron, pesant sur

le gouvernail, fit prendre à l'embarcation sa position première, tandis que Nicolas redoublait d'activité pour vider l'eau qui l'alourdissait.

Alors seulement le petit équipage put avoir conscience de la catastrophe accomplie. Il n'était plus nécessaire de pousser en avant, car les restes du navire brisé flottaient à présent de tous côtés. On se contentait donc de maintenir autant que possible la barque à la même place. Bientôt Robert confia son aviron à l'autre rameur, se leva debout au risque d'être renversé, et indiqua du geste un endroit peu éloigné. L'embarcation tourna sur elle-même et s'élança vers ce point sans hésiter. Tout à coup le cadet de Briqueville se pencha si rapidement qu'on crut qu'il se précipitait dans les flots, et, quand il se redressa, il tenait dans ses bras un objet lourd qu'il déposa non sans peine au fond du canot; tout le monde avait pu voir que c'était un homme; mais cet homme était-il mort ou vivant?

L'éloignement ne permettait pas de s'en assurer.

Le canot courut encore quelques bordées, et Robert, toujours debout, semblait scruter du regard chaque planche, chaque tonneau que la mer ballottait çà et là, comme s'il eût espéré trouver encore des malheureux cramponnés à ces débris; mais sans doute ses investigations furent sans résultat, car il finit par se rasseoir, reprit son aviron, et il fut évident que l'embarcation revenait à terre.

Quand on n'eut plus de doute à cet égard, la plupart des spectateurs de la falaise poussèrent un soupir de soulagement, et Mathilde, qui s'appuyait toute tremblante sur le bras du baron, offrit mentalement à Dieu des actions de grâce.

Cependant le retour ne présentait pas moins de périls; la mer brisait encore contre le rivage avec une force effrayante, et il semblait impossible d'atterrir par cette horrible houle.

Aussi, quand le canot s'approcha de la grève, tous les curieux descendirent-ils de leur observatoire pour se rendre au lieu de débarquement. La frêle chaloupe avait recommencé ses bonds insensés, et bientôt tous les efforts de ses rameurs ne purent la faire avancer d'un pas, refoulée qu'elle était par les courans et par le reflux. Il y eut parmi ceux qui la montaient une courte conversation; puis l'un d'eux se jeta brusquement à la mer, et s'avança en nageant vers l'espèce d'anse que formait l'embouchure du ruisseau.

Les marins du rivage avaient vu cette action avec la plus grande surprise. Le nageur avait-il voulu alléger la barque, ou bien, n'espérant pas qu'elle pût se tirer d'affaire, avait-il abandonné ses compagnons pour se sauver tout seul? Thomas, le fils aîné du patron Guérin se frappa le front.

— J'y suis, — dit-il; — celui-là vient apporter une amarre pour haler la chaloupe... Je gagerais que c'est encore monsieur de Briqueville qui a tenté ce beau coup!... Alerte, vous autres! il faut veiller au grain, car tout à l'heure le brave gentilhomme ne sera pas sur un lit de roses. — Comme il achevait ces mots, une tête se montra au sommet d'une grosse lame, et un cri rauque se fit entendre. Thomas, avec l'expérience que lui donnait une longue habitude, vit d'un coup d'œil les dispositions qu'il y avait à prendre. — Là, là, — dit-il à ses compagnons, en leur indiquant l'embouchure du ruisseau l'endroit où la lame allait se briser; — tenons-nous par la main, formons la chaîne... et soyons fermes.

Les marins exécutèrent cet ordre avec promptitude. Le flot s'abattit impétueusement, les couvrant jusqu'à la ceinture et les inondant d'écume. Mais Thomas, qui était le dernier anneau de cette chaîne humaine, ne perdit pas son sang-froid; comme la vague, après s'être brisée, se retirait, il aperçut le pauvre nageur qui, étourdi du choc, était emporté par le courant. Il le saisit au moment où une seconde lame allait le rouler de nouveau, et il le mit rapidement hors des atteintes de la mer.

Ce nageur intrépide en effet n'était autre que Robert;

il avait attaché autour de son corps une longue corde qui devait servir à opérer le sauvetage du canot.

Une minute de repos suffit au courageux cadet pour qu'il reprît ses sens; il dit alors :

— Merci, Thomas... j'avais compté sur toi... Maintenant, ne perdons pas de temps. Halez avec vigueur... Il y a dans le canot un pauvre naufragé dont l'état exige de prompts secours; c'est tout ce que nous avons pu sauver de l'équipage.

La corde que venait d'apporter Robert, et dont l'autre bout était attaché au canot encore invisible, fut enroulée autour du cabestan; puis les assistans de tout âge, de tout sexe, de toute condition, vinrent s'y atteler pour faire entrer l'embarcation dans le petit havre du ruisseau, et formèrent une longue file dont Thomas réglait les mouvemens par des cris et des pas cadencés.

Plusieurs fois on fut obligé de s'arrêter; le canot, à mesure qu'il s'approchait de terre, était si horriblement secoué qu'il semblait devoir briser l'amarre. Enfin pourtant il apparut à la crête d'une lame comme une baleine aux abois que retient le harpon du pêcheur. Le vieux Guérin dirigeait toujours le gouvernail, tandis que Baptiste et Nicolas étaient constamment occupés à vider l'eau qui entrait de toutes parts. Heureusement la corde était solide, et l'embarcation fut déposée sur le sable par un coup de mer.

Aussitôt tout le monde s'élança pour la tirer plus avant, et on y parvint avec une rapidité merveilleuse. Ceux qui venaient d'accomplir cette périlleuse excursion étaient mourans de fatigue et aussi mouillés que Robert lui-même; mais ils étaient sauvés, et ils avaient sauvé un de leurs semblables; ils ne croyaient pas avoir à se plaindre.

Une demi-heure plus tard, les environs du Bas-Briqueville avaient complétement changé d'aspect.

Le soleil, qui venait de se lever, illuminait la terre et les eaux de splendides clartés.

La tempête n'avait pas cessé, le vent soufflait encore avec violence, mais la mer s'était retirée un peu, laissant à sec les sables et les galets sur lesquels elle bondissait tout à l'heure avec tant de frénésie. La plupart des spectateurs, les bourgeois et les verriers de Roquencourt, étaient retournés à leurs occupations. Cependant un certain nombre de personnes s'entretenaient encore autour du cabestan; d'autres stationnaient devant une cabane où l'on avait transporté le naufragé; d'autres enfin rôdaient le long des grèves, examinant les solives, les coffres et les objets de toute nature que les flots abandonnaient sur le rivage.

Bientôt Robert sortit d'une maison où l'on avait transporté ses effets quand il s'était embarqué dans le canot; il avait trouvé moyen de remplacer ceux de ces vêtemens qui étaient trempés d'eau de mer; aussi paraissait-il frais et dispos comme si peu d'instans auparavant il n'eût pas accompli un travail presque surhumain. Il vit venir à lui Vicenti, qui paraissait tout joyeux.

— Ah! monsieur de Briqueville, — dit l'Italien en se frottant les mains, — j'ai fait une grande découverte... venez voir.— Il entraîna Robert vers l'endroit où l'on avait déposé les cadavres des naufragés en attendant qu'on leur donnât la sépulture. Ils étaient quatre maintenant, et, selon toute apparence, on devait en trouver d'autres encore quand la tempête serait apaisée. Le cadet de Briqueville ne pouvait s'expliquer la joie du père de Paolo en présence de ces tristes restes; mais au milieu de ces cadavres, qui paraissaient être ceux de simples matelots, Vicenti lui montra un homme assez bien vêtu dont les vêtemens trahissaient une coupe étrangère. Celui-là avait le visage criblé de cicatrices et il était borgne de l'œil gauche. — Le reconnaissez-vous, monsieur le cadet? — demanda le verrier d'un air de triomphe. — Voyez; votre coup de fusil lui avait crevé l'œil et lui avait rudement perforé la figure... Il s'était guéri pourtant, et peut-être méditait-il quelque nouveau crime quand il a péri avec le navire qui le portait.

Robert n'eût pas reconnu sans doute le sbire vénitien qui avait tenté d'assassiner Vicenti, mais Vicenti paraissait sûr de son fait, et Briqueville dut le croire sur parole.

— Voilà un événement, — dit-il en détournant les yeux, — qui mettra fin, je l'espère, à vos transes continuelles ?

— Sans doute, sans doute, je voudrais seulement avoir la preuve que l'*autre* était avec lui, car ils étaient deux... *ambo*... vous savez ? Qu'est devenu l'autre ?

— Eh bien ! — demanda Robert, — n'a-t-on pu avoir aucun renseignement sur le navire naufragé, sur sa destination, sur son port d'armement ? Le marin que nous avons sauvé n'a-t-il pas repris connaissance et n'a-t-il fourni aucun détail ?

— Il est dans la maison de Guérin ; on dit qu'il est vivant, mais il n'a pu parler encore... Entrons le voir, monsieur de Briqueville, et peut-être apprendrons-nous de lui quelque chose.

Ils se dirigèrent vers la cabane du patron. Néanmoins, Robert était distrait et regardait à droite et à gauche. Tout à coup d'un groupe de femmes qui causaient à l'écart sortit Mathilde toujours enveloppée de sa mante... Elle s'approcha rapidement du cadet de Briqueville, et lui dit bas avec chaleur :

— Robert, vous avez dédaigné ma prière ; cependant je n'ai pas voulu retourner au château sans vous avoir exprimé toute mon admiration pour votre acte héroïque ; le ciel vous a manifestement protégé, et je l'en remercie de toute mon âme.

Vicenti s'était un peu éloigné par discrétion ; Robert répondit d'une voix émue :

— Est-il possible, mademoiselle, que vous ayez conservé quelque intérêt pour moi ? Vous me l'avez dit avant que je m'exposasse à ce danger, vous me le dites encore, et je n'ose y croire quand je songe à ces deux dernières années !

— Robert, ne serait-ce pas moi plutôt qui serais en droit de vous adresser de cruels reproches ? Encore une fois, pourquoi avez-vous douté de moi quand je conservais religieusement la bague qui était le signe de notre engagement mutuel ? Depuis deux ans je repousse avec obstination une alliance arrêtée depuis longtemps entre ma famille et une famille amie ; j'ai désespéré un honnête gentilhomme qui éprouve pour moi un amour sincère ; j'ai affligé et irrité mon excellent père par mes refus constans, par ma persévérance dans un sentiment qui lui semble contraire à la dignité de sa race... Et pendant ce temps-là, Robert de Briqueville, on me disait que, pris d'une folle passion pour une Italienne de naissance obscure, vous songiez à vous mésallier en épousant cette fille ; que vous vous compromettiez chaque jour et que vous vous battiez pour elle. Vous aviez embrassé une profession pour laquelle j'avais manifesté une extrême répugnance ; vous ne cherchiez plus à me voir, à me parler ; vous ne teniez plus aucun compte du passé... J'étais blessée, humiliée, et je versais bien des larmes dans le secret de mon cœur. Le jour où j'allai en nombreuse compagnie visiter la verrerie de Roquencourt, je voulus vous témoigner des dédains insultans ; Dieu sait par quelles secrètes souffrances je les ai expiés ! Enfin hier, n'y tenant plus, j'ai résolu de changer d'attitude envers vous, et de mettre fin à un doute qui me navrait ; je vous ai montré la bague de votre mère, j'ai provoqué moi-même des explications que vous ne paraissiez plus désirer et que votre témérité d'aujourd'hui est venue rendre plus chaleureuses et plus fécondes.

Nous essayerons vainement d'exprimer la joie que ressentait le cadet de Briqueville en écoutant mademoiselle d'Helmières.

— Pardonnez-moi, chère Mathilde, — murmura-t-il ; — je n'ai jamais cessé de vous aimer, même quand j'essayais de vous oublier, de vous haïr, il a suffi d'un mot, d'un signe de vous pour réveiller dans mon cœur...

— Mathilde ! — appela-t-on tout à coup.

Les jeunes gens se retournèrent ; le baron sortait de la maison du pêcheur et se dirigeait vers eux d'un pas rapide. Mathilde mesura de l'œil la distance qui les séparait encore de monsieur d'Helmières, et dit avec volubilité :

— Robert, je ne sais comment nous vaincrons les préjugés de mon père contre votre famille et contre vous ; mais il est bon, malgré sa sévérité, et rien n'est perdu... Robert, — ajouta-t-elle plus bas, — je ne suis plus ignorante comme autrefois, et je peux maintenant lire une lettre... défiez-vous de ma nourrice Franquette ; elle m'aime, mais elle est toute dévouée aux volontés de mon père.

Avant que Robert eût pu répondre, le baron les rejoignit.

— Eh bien ! Mathilde, — dit-il avec humeur, — à quoi penses-tu donc ? Nous devrions depuis longtemps être de retour au logis. — Il prit le bras de sa fille et voulut l'entraîner, sans adresser cette fois un mot de politesse au cadet de Briqueville, sans même lui accorder un regard. Cependant, apercevant Vicenti qui attendait à quelque distance, il lui dit brusquement : — Eh ! l'homme, si vous êtes ce verrier italien dont on a parlé tant, entrez chez Guérin, et vous y trouverez peut-être un compatriote. Le naufragé a repris ses esprits ; mais il s'exprime dans une langue du diable, à laquelle personne ne comprend rien... Peut-être serez-vous plus heureux.

Et il partit avec Mathilde, qui n'osa même pas retourner la tête.

Le pauvre Marco Vicenti était retombé dans ses anciennes terreurs.

— L'avez-vous entendu, monsieur le cadet ? — dit-il, — le naufragé est Italien... si c'était l'*autre* !... Oh ! venez, venez, monsieur, je vous en prie, et veillez bien sur moi.

Ils entrèrent chez le patron.

Un grand nombre de personnes se trouvaient déjà réunies dans l'unique pièce de l'humble habitation. Au centre, sur un matelas jeté à terre, était étendu le naufragé, qu'on avait enveloppé de couvertures de laine. C'était un homme dans la force de l'âge, robuste, à barbe noire, et d'une physionomie toute méridionale. Le prieur et le père Antoine, assis des deux sièges à ses côtés, lui présentaient de temps en temps un cordial. Les pêcheurs, encore revêtus de leurs habits mouillés, buvaient et mangeaient autour d'une table sur laquelle on avait servi les provisions apportées du couvent. Au milieu des convives figurait Nicolas, qu'on avait affublé d'un costume complet de mousse, et qui, dans cet équipage, déjeunait de fort bon appétit en attendant son maître. Autour de ces deux groupes principaux trottinaient, pieds nus, les femmes de la maison, qui s'empressaient pour servir tout le monde.

Pendant que Robert échangeait quelques mots avec son oncle, Vicenti observait en tremblant le naufragé, qu'il supposait être le compagnon du sbire trouvé mort sur la grève ; mais, en dépit de ses préventions, il ne le reconnaissait pas d'une manière certaine. À la vérité, cet individu avait le teint très brun, annonçant, comme nous l'avons dit, une origine méridionale. À la vérité ses cheveux étaient taillés à la mode française, et ses habits, qu'on avait exposés devant le feu pour les sécher, n'avaient pas la forme italienne. Enfin l'inconnu, que le prieur interrogeait en ce moment, répondait en français, quoique avec un léger accent étranger.

Il résultait des indications qu'il avait pu fournir déjà que le navire perdu était un brick de commerce parti la veille au matin du port de Honfleur à destination de Bordeaux. L'équipage se composait de huit hommes et de deux passagers, dont l'un était celui même qui parlait, et qui seul était parvenu à se sauver. On attribuait le naufrage à l'imprudence du capitaine qui, ayant été constamment ivre depuis le moment du départ, avait longé les côtes de trop près, et s'était laissé surprendre par le coup de vent. Il avait chèrement payé sa faute, car, emporté par une lame dès le commencement de la tempête, il en avait été la première victime.

Quant à l'unique survivant de ce désastre, il déclarait se nommer Lopès, être né dans la province du Languedoc, et exercer la profession de marchand colporteur. Il venait de Rouen, où il avait acheté une pacotille, et il se rendait à Bordeaux, où il comptait s'embarquer ensuite pour les îles de la Méditerranée. Du reste, ses marchandises avaient péri dans le naufrage, et, sauf quelques pièces d'or et d'argent qu'il portait dans une ceinture de cuir, il ne possédait plus rien au monde ; de même il n'avait conservé aucun papier qui pût justifier ses assertions.

Toutefois, elles paraissaient simples, naturelles, et les assistans n'avaient aucun motif de les révoquer en doute. Seul, Vicenti, qui écoutait avec une extrême attention ces explications, n'en paraissait pas satisfait, et il secouait la tête d'un air de doute et d'inquiétude. Après une pause accordée à Lopès pour se reposer, Vicenti s'approcha de lui et lui demanda tout à coup :

— *Siete Italiano, signor ?* (Êtes-vous Italien, monsieur ?)

Lopès tressaillit et ouvrit la bouche pour répondre ; mais il ne prononça pas une parole, et ses yeux, démesurément ouverts, se fixèrent sur Vicenti avec une expression si étrange et si farouche à la fois que le verrier recula de terreur.

Lopès parut un moment très agité ; ses yeux continuaient de lancer des éclairs, et les sentimens les plus énergiques se reflétaient tour à tour sur son visage bronzé. Enfin, pourtant, il domina cette émotion, sans que ses regards se détachassent de Vicenti, et il répondit par un signe de tête négatif à la question du verrier.

Vicenti, pâle et tremblant, était incapable de continuer l'interrogatoire ; ce fut le prieur qui s'en chargea.

— Cependant, mon ami, — dit il au naufragé, — vous comprenez cette langue, et tout à l'heure, quand vous n'aviez pas encore complètement repris vos sens, vous avez prononcé des paroles qui m'avaient paru être italiennes ?

— C'était du patois languedocien, — balbutia Lopès avec effort. — Dieu s'est prononcé ! — ajouta-t-il aussitôt avec une préoccupation évidente.

Lopès paraissait beaucoup souffrir ; cependant Robert demanda à son tour :

— Parmi ceux de vos compagnons que la mer a rejetés sans vie sur la grève, il en est un qui paraissait être récemment devenu borgne par accident ; le connaissez-vous ?

— Oui, oui, — ajouta Vicenti avec une imprudente vivacité ; — vous ne nierez pas que celui-là du moins ne fût Italien ?

Il ne fut pas possible de deviner si Lopès profita ou non de cette maladresse.

— L'homme dont vous parlez, — répliqua-t-il faiblement, — était en effet passager comme moi, et je crois qu'il était Italien ; mais je ne le connaissais pas... — Et il ajouta encore d'une voix sombre, avec égarement : — Dieu le veut !... c'est Dieu qui a tout conduit.

Cette fois, il devint évident pour la plupart des assistans que le naufragé était en proie au délire, et qu'il fallait remettre ces questions à un autre moment. On le laissa donc en repos, sans s'apercevoir qu'il continuait de regarder Vicenti avec une fixité singulière, en marmottant des paroles inintelligibles.

Il fut convenu que Lopès demeurerait chez le patron Guérin jusqu'à ce qu'il fût en état d'être transporté à Roquencourt. Les pêcheurs furent invités à recueillir les débris du naufrage et les corps que pourraient encore rejeter les flots ; du reste le prieur se chargeait d'annoncer le désastre à l'autorité compétente, afin que toutes les prescriptions des édits royaux en pareille matière fussent observées.

Ces arrangemens terminés, toutes les personnes étrangères au hameau du Bas-Briqueville se mirent en chemin

pour retourner au bourg. Vicenti, qui marchait à l'arrière-garde avec Nicolas, était plus abattu que jamais, et il n'écoutait pas le rousseau, qui lui contait à sa manière sa périlleuse excursion dans la barque du patron Guérin. Cependant, comme l'on arrivait à la verrerie, il se tourna vers son jeune compagnon, et lui dit avec une profonde tristesse :

— Ah ! Nicolas, il vaudrait peut-être mieux que ton maître et toi vous eussiez laissé cet homme au fond de la mer avec les autres. On a beau dire, il me sera fatal.

VIII

LE SOUPER.

Une réunion joyeuse avait lieu à l'auberge de Gorju : le vicomte de la Briche, pour fêter son rétablissement, avait invité tous les gentilshommes verriers de Roquencourt à une collation où le bon vin ne devait pas ê re épargné. L'assemblée était présidée par maître Michaud, bien que ses titres à la noblesse fussent, comme nous le savons, secrètement contestés par la plupart de ses subordonnés ; mais l'intérêt savait au besoin imposer silence à l'amour-propre, et les aristocratiques convives acceptaient sans trop d'opposition la prééminence du maître verrier, qui du reste l'exerçait avec réserve et modestie.

C'était le soir, après les travaux ; les verriers, revêtus de leur costume de ville, avoient pris place autour d'une table chargée de viandes froides et de bouteilles. La salle du banquet ne brillait pas par la somptuosité ; les murailles en étaient nues et enfumées ; il n'y avait d'autres siéges que des bancs grossiers, usés par les hauts-de-chausse de plusieurs générations de buveurs ; mais la noblesse du temps ne se montrait pas difficile sur les lieux où elle *faisait la débauche*, et le cabaret de Gorju n'était guère moins luxueux que ceux du Cours-la-Reine ou des Porcherons à Paris. Du reste la nappe était propre, le vin enlevait tous les suffrages, et quatre chandelles qui ballottaient dans des chandeliers de fer-blanc éclairaient magnifiquement le festin. Par les fenêtres ouvertes entrait librement la brise de mer, qui était maintenant douce et caressante. Gorju et sa femme, lui en tablier blanc et en bonnet de coton, elle en jupon galamment retroussé et en coiffe de deux pieds de haut, s'agitaient pour servir les gentilshommes, et ne se gênaient pas pour prendre part à la conversation quand l'occasion s'en présentait. Les habitués ordinaires du cabaret, ne pouvant décemment être admis dans cette illustre compagnie, avaient été relégués dans un jardinet situé derrière la maison, et le cabaretier ou la cabaretière daignait parfois faire attention à leurs réclamations réitérées, en leur servant avec humeur une mesure de cidre. En revanche, les buveurs de la roture avaient la consolation de pouvoir jeter un coup d'œil dans le festin, et même d'entendre quelques bribes de la conversation des très hauts et puissans seigneurs messieurs les souffleurs de verre.

Une place demeurait obstinément vide entre l'amphitryon et maître Michaud. Plusieurs convives, tout en mangeant et buvant mieux encore, avaient fait l'observation que monsieur le cadet était fort en retard.

— J'espère pourtant, — dit la Briche, dont le front pâle se couvrit d'un léger nuage, — que Briqueville ne me fera pas l'injure de me manquer de parole. Ce serait contredire la franche et cordiale réconciliation qui s'est opérée entre nous depuis notre rencontre.

— Il viendra, monsieur le vicomte, il viendra, je vous assure, — dit maître Michaud avec empressement ; — il m'a chargé d'excuser son retard auprès de vous et de tous les gentilshommes ; mais il ne saurait tarder maintenant... S'il faut l'avouer, il en ce moment fort absorbé par une grave affaire .. que vous connaîtrez plus tard.

— Quelque soi-disant bonne action encore, — dit Loustel en haussant les épaules; — ce jeune galant est toujours prêt à risquer sa vie sur la terre ou sur l'eau pour le premier croquant venu ou pour la moindre demoiselle affligée?

— Il s'agit plutôt, — dit d'Hercourt à moitié ivre déjà, — d'une de ces damnées expériences qu'il poursuit avec tant de zèle. L'autre jour, comme nous travaillions au même ouvreau, ne se mit-il pas en tête d'essayer de *couler* les vitres au lieu de les *souffler*, comme on a toujours fait? Il travailla longtemps après les autres pour tenter la chose, et du diable si je ne crois pas qu'il aurait pu réussir!

— Bah! — dit la Briche, — ce qui retient Briqueville à cette heure, ce n'est pas une expérience sur un nouveau procédé de fritte ou de soufflage. Il s'agit plutôt d'une amourette, et un semblable motif pourrait seul justifier son retard d'une manière convenable.

— Une amourette! — répéta Loustel, — le gaillard en a donc à revendre!... O la jeunesse! la jeunesse! A-t-il déjà remplacé cette jolie petite Italienne qui a si singulièrement disparu du pays, avec son bonhomme de père, depuis une quinzaine de jours.

Cette question parut déplaire à maître Michaud.

— Vous savez bien, mon gentilhomme, — répliqua-t-il avec impatience, — que monsieur le cadet s'est battu avec monsieur de la Briche précisément pour imposer silence à de certains bruits... Mais, — ajouta-t-il en clignant des yeux, — il ne faut pas parler de corde dans la maison d'un pendu. Quant à Vicenti, son absence n'est pas un secret. Je lui ai donné mission de se rendre à Caen afin d'acheter pour la verrerie certaines matières premières, car il est fort connaisseur, et sa fille a voulu l'accompagner dans ce voyage. Il n'y a rien là que de très simple, comme vous voyez.

Loustel sourit d'une manière singulière.

— Je vous crois, maître Michaud, — répliqua-t-il; — mais, morbleu! si ce Vicenti et surtout sa fille n'étaient pas si loin, j'aurais juré que je savais où se rendait ce sournois de cadet, que l'on rencontre chaque matin et chaque soir par les chemins.

— Ah! monsieur le marquis,—dit la Gorju en essuyant avec son tablier une assiette d'étain, — qu'importe qu'une créature soit près ou loin quand elle a le secret de jeter des sorts? Rien qu'avec un mot de grimoire, elle ferait venir un homme du fin fond des Grandes-Indes.

— Paix! maîtresse Gorju, — interrompit la Briche, — la pauvre jeune fille dont vous parlez n'emploie pour plaire d'autre sorcellerie que sa beauté, sa haute raison, son humeur généreuse et charitable; les femmes de Roquencourt devraient bien employer les mêmes sortilèges.

— On sait pourquoi vous dites cela, monsieur de la Briche, — répliqua la Normande; — vous aussi vous avez tâté du philtre.

— Je n'ai tâté que de votre vin... dont vous allez nous apporter encore six bouteilles, la mère, et sans tarder. — L'hôtesse et son mari sortirent pour exécuter cet ordre. La Briche poursuivit : — Le mauvais vouloir des gens du pays pour mademoiselle Vicenti devient intolérable ; et nous du moins, messieurs, nous devrions protester contre ces sots propos. De mes explications avec le cadet de Briqueville, les bruits répandus sur Paola Vicenti sont d'absurdes calomnies, et pour preuve il m'a fait entendre qu'il aimait une autre femme.

— Ah! ah! Et qui donc? — demandèrent plusieurs voix.

— C'est son secret et non le mien.

— Cela ne prouve rien, — dit Loustel avec son sourire méphistophélique; — on peut aimer plusieurs femmes; et moi qui vous parle, dans un autre temps, ailleurs, j'en ai aimé jusqu'à cinq à la fois.

Des rires bruyants accueillirent cette confidence.

— Bon! bon! nous connaissons cela, marquis, — répliqua la Briche; — mais ce n'est pas d'amourettes de ce genre qu'il s'agit. . Le cadet est un garçon sérieux autant qu'il est franc, et ce qu'il affirme on ne saurait le révoquer en doute. Je n'ajoute donc aucune foi aux méchans propos dont Briqueville et mademoiselle Vicenti ont été l'objet, et je serai reconnaissant envers mes amis de ne pas les répéter devant moi.

Ces paroles avaient été prononcées d'un ton ferme, au milieu du silence de l'assemblée; une voix sonore s'éleva de l'autre bout de la salle.

— Merci, la Briche, — disait-on. En même temps le cadet de Briqueville entra d'un pas rapide; il était fort élégamment mis, avec une perruque parfumée, un nœud d'épaule, et des canons de dentelle. Il confia son chapeau et son épée à Nicolas, qui lui servait de laquais à la ville comme d'apprenti à l'atelier, et il vint serrer la main à la Briche. — Mon cher vicomte, et vous, messieurs, — dit-il avant de s'asseoir à sa place, — notre cher patron, maître Michaud, a bien voulu, je pense, vous transmettre mes excuses pour mon retard involontaire. J'ai fort regretté la nécessité qui m'a retenu si longtemps loin de cette noble compagnie. Mais monsieur Michaud sait qu'il n'a pas dépendu de moi d'agir autrement.

Le maître verrier confirma cette assertion par un signe de tête.

Ces excuses, que la politesse pointilleuse de l'époque rendait indispensables, furent bien accueillies des assistans. Aucun d'eux ne risqua même une allusion au motif mystérieux qu'alléguait Robert; et, Briqueville s'étant assis, le banquet se poursuivit avec une cordialité et une gaieté nouvelles.

Or, pendant que les gentilshommes verriers se réjouissaient ainsi, Nicolas était sorti dans le jardinet, où les consommateurs roturiers vidaient leurs pots de cidre à la lueur des étoiles. Le rousseau n'eût pas mieux demandé que de les imiter; mais il était devenu fort économe en devenant rangé et travailleur, et il ne se souciait pas de faire les frais du régal. Comme il cherchait des yeux quelque connaissance disposée à payer l'écot pour lui, une circonstance particulière attira son attention.

Nous savons que la salle occupée par les gentilshommes verriers était située au rez-de-chaussée du jardin de l'auberge, et, comme les fenêtres restant ouvertes à cause de la chaleur, les buveurs du jardin ne se gênaient pas pour regarder et écouter ce qui se passait dans cette salle. Parmi les curieux, il s'en trouvait un qui, tout en se cachant, mettait un intérêt extraordinaire à cet espionnage; c'était Lopès, l'individu échappé si miraculeusement au naufrage lors de la dernière tempête.

La situation de Lopès ne s'était pas éclaircie depuis le jour de la catastrophe. L'autorité avait commencé une enquête sur l'événement, et des renseignemens avaient été demandés à Honfleur, le port d'armement du navire qui avait péri. Mais, à cette époque, les formalités judiciaires marchaient avec une extrême lenteur, et, en attendant la fin de cette enquête, faute de croire aux dires du naufragé. Une quinzaine de jours s'étaient écoulés ainsi, et Lopès, qui possédait un peu d'argent, vivait modestement à Roquencourt jusqu'à ce que l'on eût pris une décision à son égard.

De la part de tout autre, cette curiosité ardente n'eût pas alarmé Nicolas; mais quelques mots échappés à Vicenti en sa présence lui avaient rendu suspect ce personnage énigmatique. Aussi se mit-il à espionner l'espion, et cela avec d'autant plus de zèle que Robert semblait être surtout l'objet des observations de Lopès.

La conversation dans la salle prenait des allures plus vives à mesure que les têtes s'échauffaient.

— Sur ma foi! Briqueville, — dit Loustel surexcité par une légère pointe d'ivresse, —vous devriez bien m'expliquer ce qui se passe là-bas au château dont vous tirez votre nom? Depuis quelque temps on y travaille sans cesse; dans les chemins environnans on rencontre des gens et des chariots qui vont ou qui viennent, que diable y a-t-il donc de ce côté?

Cette question causa un certain embarras à Robert; il regarda maître Michaud et finit par répondre en affectant l'indifférence :

— Personne n'ignore, mon cher Loustel, que le possesseur actuel de Briqueville fait faire de nombreuses réparations au manoir... qui en avait grand besoin.

— Allons! marquis, — dit la Briche d'un ton de reproche, — est-il convenable de rappeler à ce pauvre cadet certains souvenirs fâcheux? Où en serions-nous, tous tant que nous sommes, si nous devions nous inquiéter de ce qui se passe dans les châteaux de nos familles? Quant à moi, j'ai beau me monter la tête et tâcher de m'étourdir, je ne peux songer à la vieille tour de la Briche, dont on m'a renvoyé quand j'avais à peine quinze ans, je ne puis même prononcer son nom sans avoir envie de pleurer.

— Sambleu! — dit d'Hercourt d'un ton bourru, — si je pleurais mon château héréditaire, je le pleurerais avec des larmes de vin..., car je l'ai vendu pour boire.

— Le vieux nid à hiboux qui a donné son nom à ma famille, — ajouta Loustel, — avait été réduit en cendres plus de cent ans avant ma naissance, aussi ne comprends-je rien à vos sensibleries... Mais je n'aurais pas cru le cadet de Briqueville si chatouilleux sur ce point; il est allé bien des fois depuis quelque temps à l'ancien logis de son père, et il ne paraît pas prendre ces visites trop au tragique.

— En effet, — répliqua Robert; — après être resté près de deux ans sans oser approcher de Briqueville, je me suis ravisé, et j'ai voulu me tenir au courant des travaux qu'on y exécute.

— Vous y êtes donc entré? — dit le marquis de Loustel, dont le visage de parchemin exprimait une malice taquine; — en ce cas, vous êtes plus heureux que moi. L'autre dimanche, en me promenant dans le voisinage, j'eus aussi la fantaisie de voir où en étaient ces interminables travaux; mais je trouvai la porte soigneusement close. Je ne me décourage pas facilement, et, certain que la noble mesure était habitée, je frappai des pieds et des poings contre la porte pendant un quart d'heure. A la fin une femme, non moins vieille que le manoir, vint m'ouvrir.

— C'était Madelon, l'ancienne gouvernante de mon père, — interrompit Robert dont le malaise redoublait.

— Eh bien! la gouvernante de votre honoré père, mon cher Briqueville, aurait dû mieux connaître la politesse à l'égard des gens de qualité; car, lorsque j'eus témoigné le désir de visiter le château, elle me répondit qu'il lui était défendu de laisser entrer qui que ce fût, et elle me ferma la porte au nez.

— Il faut excuser cette bonne femme, marquis; comme elle vit à peu près seule, elle est devenue à moitié sauvage. Mais dans le cas où vous persisteriez à visiter Briqueville, je vous proposerais de vous y accompagner moi-même, et j'oserais vous y promettre un accueil plus hospitalier.

— Sur mon âme! si j'avais eu vingt ans de moins, je ne me serais pas retiré pacifiquement comme je le fis après cet affront. J'aurais enfoncé la porte ou escaladé la muraille, et cela d'autant plus volontiers que j'avais entrevu dans la cour une belle fille, qui, en m'apercevant, s'était sauvée bien vite.

— Une belle fille! — répétèrent les verriers sur des tons différens.

— Bah! je gagerais, — reprit Robert en s'efforçant de rire, — que monsieur de Loustel a vu la petite Rosette, la sœur du roux Nicolas?

— Si la petite Rosette est rousse comme son frère, ce n'était pas elle; la péronnelle en question avait les plus magnifiques cheveux noirs du monde. Par malheur, il ne m'a pas été possible d'examiner son visage, car elle s'enfuyait.

— Des cheveux noirs! — répéta la Briche; — tiens,

tiens, il faudra que j'aille un de ces jours rôder du côté de Briqueville... Ce vieux coquin de procureur Gaillardet aurait-il caché là quelque belle sultane, quelque charmante odalisque? De par le diable! ce serait œuvre méritoire de faire une descente chez ce vieux grippe-sou, tout bailli qu'il est maintenant.

— Prenez garde, la Briche. — reprit Loustel avec son sourire narquois; — j'imagine que vous pourriez encore une fois vous trouver en rivalité avec le cadet de Briqueville!

Ces insinuations malveillantes, où se manifestait l'humeur chagrine et contrariante de Loustel, avait poussé à bout la patience de Robert. Il lança sur le marquis un regard irrité, et allait peut-être lui demander compte de cette espèce de persécution, quand un geste furtif de Michaud sembla le rappeler à lui-même. Son front cessa de se crisper; il sourit et fut le premier à tourner en plaisanterie les suppositions les moins bizarres du vieil humoriste.

Ce sujet de conversation commençait à s'épuiser, à la grande satisfaction du cadet, quand la cabaretière s'interrompit tout à coup au milieu de sa besogne. Elle se posa en face de la table, et dit avec cette assurance d'une femme qui savait que plusieurs de ses auditeurs lui devaient de l'argent ou pouvaient lui demander crédit :

— Ne parlez-vous pas du vieux château de Briqueville, mes gentilshommes? Eh bien! je gagerais que pas un de vous n'a entendu parler de ce qui s'y est passé ces jours derniers?

— Qu'était-ce donc, maîtresse Gorju? — demanda l'un des convives.

— Bah! quelque sorcellerie encore, — dit Robert avec un peu d'inquiétude; — notre chère hôtesse ne rêve pas autre chose.

— Je ne rêve pas, monsieur le cadet, — reprit la Gorju d'un air de dignité, — et ce que j'ai vu d'autres pourront le voir comme moi. Aussi, quand on devrait me couper en morceaux...

— Eh bien! la mère, dites-nous ce que vous avez vu de si terrible.

— L'autre soir, en revenant d'Helmières, mon homme et moi, nous aperçûmes au-dessus du château, à peu près à l'endroit où s'élevait jadis le clocher de la chapelle, une flamme bleuâtre qui demeurait immobile et éclairait les tours d'une lueur tout à fait extraordinaire. Nous crûmes d'abord que le feu était au bâtiment, et nous fûmes sur le point de donner l'alarme. Mais cette flamme n'augmentait ni ne diminuait; seulement, de bleuâtre qu'elle était, elle devenait quelquefois verte et quelquefois rouge. Ce n'était donc pas un incendie, et nous restâmes plus d'une heure à la regarder sans qu'elle s'éteignît; quand nous partîmes, elle brillait encore, et toujours au-dessus de l'ancienne chapelle. Explique qui pourra l'apparition de cette lumière; mais plusieurs de nos voisins et voisines l'ont remarquée comme nous, non pas cette nuit-là, mais les nuits suivantes; interrogez-les, et Gorju est là pour dire si je mens.

Gorju s'empressa de confirmer le récit de sa femme.

— Bah! — dit Robert en essayant encore de plaisanter, — la vieille Madelon aura un peu forcé le feu de sa cuisine; c'est sans doute la cause de cette flamme bleue, verte et rouge qui a tant occupé maîtresse Gorju.

— Votre Madelon ne passe pas pour très bonne catholique, monsieur de Briqueville, — répliqua la Gorju; — et cependant je ne crois pas qu'elle ait jamais eu l'idée de faire sa cuisine, la nuit, dans la chapelle du château.

— Et quelle conclusion tirez-vous de là, maîtresse Gorju? Voyons, parlez sans crainte, je ne me fâcherai pas.

— Je ne voudrais pas vous offenser, monsieur le cadet; mais bien des bruits ont couru sur le manoir de Briqueville dans les anciens temps, et, si l'on osait dire sa pensée...

— Osez, osez, bonne femme; encore une fois, je vous le permets.

— Eh bien donc! cette flamme qui se montre ainsi chaque nuit, précisément au-dessus de la chapelle, me paraît assez significative... Ce sont de pauvres âmes en peine qui demandent des messes, et, si vous m'en croyez, vous leur en ferez dire au plus tôt.

Un éclat de rire général accueillit cette explication de l'hôtesse, et l'on finit par tourner en plaisanterie l'histoire de la flamme surnaturelle.

Cependant le couvre-feu venait de sonner à la grosse cloche du prieuré, et, bien que les gentilshommes verriers eussent certains privilèges, le moment était venu pour eux, comme pour les autres consommateurs, de quitter le cabaret. On se leva donc de table, on remercia la Briche de son hospitalité, puis on se sépara, et chacun regagna son logis.

Nicolas avait été fort choqué de certaines expressions malsonnantes de maîtresse Gorju à l'égard de sa tante Madelon, et en tout autre moment il n'eût pas manqué d'élever la voix pour l'honneur de sa parenté. Mais il du ajourner ses protestations et peut-être ses vengeances, oc cupé qu'il était de surveiller Lopès, dont les allures lui devenaient de plus en plus suspectes.

Lopès en effet avait écouté très attentivement les propos des gentilshommes verriers sur la subite disparition de Vicenti et de sa fille, puis sur la flamme étrange que l'on prétendait avoir été vue à Briqueville. Il était rêveur, et, sans cesser de prêter l'oreille, il semblait chercher un moyen de 'aire concorder ensemble certaines circonstances qui peut-être n'avaient aucun rapport entre elles.

Nicolas, voulant avoir le cœur net de ses soupçons, avait fini par s'approcher de Lopès et par entamer avec lui une conversation oiseuse en apparence. Lopès, de son côté, en reconnaissant l'apprenti et le serviteur du cadet de Briqueville, l'avait accueilli aussi amicalement que semblait le lui permettre son caractère sombre et taciturne. D'ailleurs le rousseau savait prendre au besoin un air si simple et si naïf qu'on ne pouvait se défier de lui. L'entretien s'établit donc entre eux sans trop de peine, pendant la dernière partie du souper, et Nicolas se mit à raconter, à propos du château de Briqueville, des histoires de revenans, de goublins et de fées, qui, plusieurs fois, appelèrent le sourire sur la figure renfrognée de Lopès.

Au moment où l'assemblée se sépara, le rousseau était convaincu, d'après certaines questions détournées de Lopès, que cet homme avait une arrière-pensée dont il n'était pas facile de pénétrer la nature, mais qui devait intéresser des personnes auxquelles lui, Nicolas, était tout dévoué.

Lorsque le cadet de Briqueville, après avoir pris amicalement congé des autres gentilshommes, appela Nicolas pour l'accompagner à la verrerie, où ils logeaient tous les deux, Nicolas ne répondit pas à cet appel.

IX

UNE SOIRÉE DANS LES BOIS.

Nicolas était sorti de l'auberge en compagnie de Lopès, sa nouvelle connaissance. A peine eurent-ils fait quelques pas dans le village, maintenant désert et silencieux, que Lopès demanda, en adoucissant sa voix naturellement dure et impétueuse:

— La soirée est belle; voulez-vous donc, mon petit camarade, rentrer de si bonne heure? Pourquoi ne nous promènerions-nous pas un instant sur le chemin?

Nicolas, à son tour, répondit avec une apparente simplicité qu'il craignait les reproches de son maître, qu'il fallait être de bonne heure le lendemain à la verrerie; mais ces raisons n'étaient mises en avant que pour être réfu-

tées, et bientôt ils se dirigèrent côte à côte vers la campagne.

Le ciel était clair et tout diamanté d'étoiles; mais il n'y avcit pas de lune et la terre était plongée dans l'obscurité. Quand les promeneurs furent hors du bourg, Lopès glissa son bras sous celui de son compagnon, et lui dit d'un ton déjà moins caressant:

— C'est de ce côté, je crois, que se trouve le château de Briqueville; vous allez m'y conduire, n'est-il pas vrai, *piccolo?*

— Je ne m'appelle pas *Piccolo,* monsieur, — répliqua le rousseau avec une feinte simplicité, — mais Nicolas.

— Bon ! Ne faites pas attention; je me suis servi par inadvertance d'une expression amicale de mon pays. Quant au château de Briqueville, vous ne pouvez en ignorer le chemin, car vous y allez souvent, et je sais que vous êtes le parent de la personne chargée de le garder.

— Le château est bien loin, et si nous y frappions à pareille heure on ne nous ouvrirait pas.

— Je n'ai nullement l'intention d'y entrer; je veux seulement voir de loin cette flamme dont on parlait tout à l'heure au cabaret de Gorju.

Nicolas s'arrêta net.

— Si vous avez un tel désir, — dit-il, — ce ne sera pas moi qui vous servirai de guide. Je ne m'exposerai pas pour vous plaire à avoir les reins cassés ou le cou tordu.

— Vous voulez rire, jeune homme, — reprit Lopès en cherchant à l'entraîner, — prenez garde que je n'aime pas les moqueries.

Mais Nicolas demeura immobile.

— Écoutez, maître Lopès, — dit-il avec une vivacité qui était bien jouée si elle n'était pas naturelle, — vous habitez le pays depuis quelques jours seulement et vous ne le connaissez pas encore; mais moi je suis fort bien à quoi nous nous exposerions tous les deux en allant de ce côté, au milieu de la nuit Si cette flamme existe, elle est produite par des êtres qui n'aiment pas qu'on les épie et qui savent punir les curieux; le moins qu'il pourrait nous arriver serait de nous embourber dans un marais ou de tomber dans quelque ravin, et de nous briser bras et jambes.

Lopès cherchait, malgré l'obscurité, à voir le visage de son interlocuteur.

— *Corpo !* mon jeune muguet, — dit-il avec impatience; — persistez-vous à vous moquer de moi?

— Je ne me moque pas; mais si, pendant des nuits entières, vous aviez été tourmenté par le goublin qui venait tirer ma couverture, cogner à ma porte ou gémir dans la salle voisine; si vous aviez vu la *bête havette* qui a failli me noyer dans le ruisseau une fois que j'avais volé des pommes dans le clos de la mère Bidois; si enfin vous aviez été poursuivi comme moi par un loup garou une autre fois que j'allais poser des collets dans la forêt d'Helmières... Ah çà ! vous ne croyez donc ni aux sorciers, ni aux goublins, ni à rien du tout?

L'autre gardait un silence farouche, tout à coup il saisit Nicolas par le collet et le secoua comme un roseau.

— Vous êtes d'humeur joyeuse, — dit-il avec rudesse; — mais je n'en aurai pas le démenti maintenant... Marchez, marchez vite, ou, de par le diable! je vous ferai passer complètement l'envie de rire.

Et cette fois il entraîna le rousseau, qui sentait toute résistance impossible.

Peut-être, en effet, le pauvre Nicolas avait-il voulu se railler de son compagnon, mais il se trouvait pris à son propre piège, et il crut devoir montrer une entière résignation.

— Allons! soit, — dit-il, — je vous conduirai à Briqueville, puisqu'il le faut; mais vous vous en repentirez peut-être, je vous en avertis.

Ils marchèrent un moment en silence.

— Ne nous fâchons pas, jeune homme, — dit enfin Lopès d'un ton radouci ; — je ne vous veux pas de mal, car vous avez contribué à me sauver du naufrage, et je souhaiterais au contraire pouvoir vous témoigner ma gratitude. Ecoutez-moi donc : J'ai à remplir une mission importante dans ce pays, et, si vous consentiez à m'aider, je vous en récompenserais d'une manière généreuse.

— Ah çà ! monsieur Lopès, — répliqua Nicolas avec un étonnement naïf, — quelle affaire avez-vous donc danc ce pays? Ne sait-on pas que vous y êtes venu bien malgré vous et par hasard, car certainement le navire qui vous a porté ici avait une autre destination?

— Oui, — répliqua Lopès, — aussi ai-je pensé que la volonté expresse de Dieu et de la madone avait conduit les derniers événemens et m'avait tracé elle-même mon devoir. Après une longue attente, j'avais désespéré du succès, et je retournais dans mon pays, quand le désastre est arrivé. Seul j'ai été sauvé de la mort ; un inexplicable hasard m'a jeté dans le coin du monde où je pouvais accomplir ma tâche, et une des premières personnes que j'ai aperçues en rouvrant les yeux a été celle que je cherchais depuis si longtemps... Jeune homme, jeune homme, je vous le dis, le doigt de la Providence est là, et vous pouvez m'aider sans risquer le repos de votre âme!

Celui qui parlait avait maintenant un accent de conviction profonde, de sombre fanatisme, qui donna un léger frisson à Nicolas.

— Eh bien! qu'attendez-vous de moi, maître Lopès ? — demanda-t-il.

En ce moment on atteignait un point où la route se partageait en deux branches ; l'une allait à Briqueville, l'autre au château d'Helmières, à travers la forêt de ce nom. Lopès s'arrêta tout à coup :

— Quelle est celle de ces routes qui conduit au château de Briqueville ? — dit-il.

— Celle-ci, — répliqua Nicolas sans hésiter.

Et il prit celle qui menait à Helmières. Son air assuré parut calmer les soupçons de Lopès.

— A la bonne heure, — reprit-il, — eh bien ! il ne sera pas nécessaire de pousser jusqu'au château ; il suffira que vous me le montriez de loin ; je veux seulement m'assurer si cette flamme dont on parle est bien une réalité... En attendant, je n'exige de vous rien de plus que des renseignemens sur des choses et des personnes qui vous sont parfaitement connues ; mais prenez garde de me répondre avec sincérité. — En même temps il se mit à questionner Nicolas sur la verrerie de Roquencourt et sur les nombreux ouvriers qu'on y employait. Il s'informa si depuis deux ans quelque découverte sérieuse, quelque amélioration importante avait été faite dans cette usine, et il insistait particulièrement pour savoir si des essais n'avaient pas été tentés dans le but de fabriquer des glaces et des cristaux de luxe. La conversion de l'ancien sacripant n'était pas encore si complète qu'il n'eût pu, au besoin, inventer un bon gros mensonge pour donner le change au questionneur ; mais il se contenta d'affirmer la vérité, à savoir qu'on fabriquait à Roquencourt des vitres, des verreries et des bouteilles comme on les fabriquait déjà tant auparavant. Lopès demeura pensif. — C'est singulier, — murmura-t-il comme à lui-même ; — mais alors, corpo ! qu'attend-il donc? Maintenant, jeune homme, — poursuivit-il tout haut ; — répondez-moi avec la même franchise ; vous connaissez Vicenti, cet ouvrier italien qui est arrivé ici avec sa fille, il y a déjà près de deux ans?

— Je ne saurais le nier, car Vicenti travaille au même ouvrier que moi, sous les ordres de monsieur le cadet.

— Bien ; et n'avez-vous pas entendu parler d'une amourette qui aurait existé entre votre maître et Paola Vicenti.

— Oui, oui, on a beaucoup bavardé là-dessus, comme aussi l'on a prétendu que le père et la fille savaient la magie et avaient un grimoire. S'ils sont sorciers ou non, je ne saurais le décider ; mais certainement mon maître n'aime pas mademoiselle Paola, quoi qu'on ait pu dire,

et, si elle lui a donné un philtre, le philtre était éventé et ne valait rien, car monsieur le cadet aime une demoiselle du voisinage, qui est autrement huppée, autrement belle et autrement noble que la petite Vicenti... Je le sais bien, moi, puisque je porte les lettres !

Lopès ne put retenir un mouvement de joie.

— S'il en était ainsi, — murmura-t-il, — je serais encore arrivé à temps... Une autre question, jeune homme, — ajouta-t-il, — et, cette fois encore, songez bien à ce que vous allez me répondre, car j'attache à cette réponse une extrême importance... Savez-vous où se trouvent en ce moment Vicenti et sa fille !

— Ils ont quitté Roquencourt, la chose est certaine.

— Mais où sont-ils allés?

— A Caen, à Cherbourg, à Coutances, je ne suis pas sûr de la ville.

— Et qu'y font-ils?

— Maître Michaud a, dit-on, chargé l'Italien d'opérer certaines acquisitions pour la verrerie... Peut-être aussi le père et la fille ont-ils voulu se soustraire aux avanies des gens de Roquencourt.

— L'une et l'autre supposition pourraient être vraies, — dit Lopès avec réflexion ; — mais le Vicenti et la Paola ne seraient-ils pas revenus secrètement ici ?

— Dans ce cas, ils ne sauraient se cacher si bien qu'ils ne fussent promptement découverts, — répliqua Nicolas avec un malaise évident ; — vous n'avez pas d'idée comme on est curieux chez nous.

— Pourquoi, par exemple, ne seraient-ils pas cachés à Briqueville ?

— Qui a pu vous dire ...?

Nicolas s'arrêta brusquement.

— Parlez donc ! — dit Lopès en frappant du pied.

Le pauvre rousseau, malgré son effronterie, était fort embarrassé, et il regrettait beaucoup de s'être aventuré par cette nuit sombre en pareille compagnie. Néanmoins il répondit avec effort :

— Comment pouvez-vous croire de telles sottises? Le château appartient au procureur Gaillardet, qui défend expressément d'y laisser entrer personne.

— Ce n'est donc pas au château que va le soir et le matin le cadet de Briqueville, quand on le voit rôder dans la campagne ?

L'observation de Lopès parut de nouveau déconcerter Nicolas ; cependant, après une courte pause, il répondit avec aplomb :

— Vous avez pu entendre tout à l'heure monsieur de la Briche affirmer que mon maître était amoureux d'une demoiselle de qualité demeurant dans le voisinage... N'est-il pas facile de deviner le but de ses promenades ?

Lopès eut l'air de se contenter de ces explications, et l'on chemina quelques momens encore sans rien dire.

Les promeneurs se trouvaient alors en plein bois, et l'horizon était fermé de tous côtés par des massifs d'arbres. A peine voyait-on à se conduire, et la difficulté devint plus grande encore quand Nicolas prit une allée ombragée, tortueuse, au-dessus de laquelle on n'apercevait qu'une étroite bande du ciel. Lopès, malgré sa préoccupation, finit par concevoir des doutes sur la bonne foi de son guide.

— Ne serons-nous pas bientôt en vue du château ? — demanda-t-il avec défiance.

— Tout à l'heure... Il est là derrière ce bouquet d'arbres.

— Il me semblait qu'on n'avait pas besoin de traverser la forêt pour se rendre à Briqueville ?

— Nous avons tourné un peu à gauche afin d'éviter la lande hantée par le spectre appelé la Milloraine... A cette heure de la nuit, la Milloraine aurait pu avoir la fantaisie de nous jouer quelque méchant tour.

Lopès n'avait pas lâché le bras du rousseau, il le serra sous le sien avec plus de force, en répétant d'un ton sombre :

— Malheur à vous si vous cherchez à m'échapper! — Il

29

reprit bientôt : — Je ne suis pas ce que je parais être, jeune homme ; j'obéis à des personnages puissants, aussi magnifiques dans leurs récompenses que terribles et inexorables dans leurs châtimens. Quoique nous soyons ici bien loin de leur demeure habituelle, ils nous voient, ils nous entendent peut-être, et leur colère est suspendue sur nos têtes. La mission qu'ils m'ont donnée, je suis resté bien longtemps sans l'accomplir, les obstacles et les dangers se sont multipliés devant moi ; j'ai cru que je serais dans la nécessité de reparaître devant eux avec la honte de n'avoir pas réussi. Mais la bonté divine m'a fait retrouver la trace que j'avais perdue, et, dussé-je y périr, j'exécuterai l'ordre de Dieu... et de la seigneurie. L'homme que je cherche, c'est Vicenti, et il faut que vous m'aidiez à le retrouver... entendez-vous ? Il le faut ou malheur à vous !

— Nicolas tremblait de tous ses membres ; il fit un effort inutile pour se dégager. — Voudriez-vous essayer de lutter de vigueur avec moi ? — dit Lopès avec dédain.

— Ce n'est pas cela ; mais n'avez-vous rien vu, rien entendu ?... Tenez, là... près de ce buisson ?

Nicolas s'était arrêté et désignait quelque chose qui se glissait avec un faible bruissement dans le feuillage.

— C'est un lièvre ou un chevreuil qui a vu gagnage, — dit Lopès avec impatience.

— C'est plutôt le varou... ou le bélier noir... ou même la bête de Saint-Germain, — répliqua le rousseau, qui tremblait de plus en plus.

Mais sa frayeur était-elle causée par la superstition ou par autre chose ? On se remit en marche.

— Vous ne m'avez pas répondu ? — reprit Lopès.

— Que voulez-vous que je vous réponde ? Vicenti n'a dit à personne où il allait. Et... mais qu'aperçois-je là ? — ajouta-t-il en s'arrêtant de nouveau et en cherchant, mais en vain, à délivrer son bras.

— Où donc ? — demanda Lopès en le retenant comme dans un étau.

— Ne voyez-vous pas cet objet blanc placé en travers du sentier ?

— Par la madone ! c'est une flaque d'eau laissée par le dernier orage.

— Non, non ; c'est cette apparition que nous appelons *les bières*... Signons-nous, monsieur, et revenons sur nos pas, ou nous mourrons dans les trois jours.

Mais il ne lui fut permis ni de s'arrêter ni de revenir en arrière ; au contraire, on l'obligea de marcher encore en avant, et quand on fut auprès de l'objet blanc qui avait tant effrayé le rousseau, il se trouva qu'en effet c'était une flaque d'eau où se reflétait le ciel.

Lopès était trop rusé lui-même pour ne pas soupçonner que tout ce manège avait pour but de lui échapper ; sa colère ne tarda pas à éclater.

— Sais-tu, misérable enfant, — dit-il d'une voix sourde, — que nous sommes dans cette forêt, au milieu de la nuit ; que personne ne nous a vus sortir ensemble, que ta vie est absolument dans mes mains, et que, moi qui te parle, je fais aussi peu de cas de la vie d'un homme que de celle du plus vil animal ! D'ailleurs, si, dans quelques jours on trouvait ton corps caché sous des feuilles sèches, crois-tu que personne au monde songerait à m'accuser de ta mort ?

Le malheureux Nicolas n'essaya plus de cacher la terreur qu'il éprouvait.

— Eh bien ! monsieur Lopès, — balbutia-t-il, — qu'attendez-vous de moi ? Je ferai tout ce que vous me commanderez.

— A la bonne heure... D'abord, il faut que dans cinq minutes nous soyons en vue du château de Briqueville.

— Cinq minutes, c'est bien peu, mon bon monsieur ; car, s'il faut le dire, nous nous sommes égarés.

Nicolas pouvait l'affirmer en toute assurance ; depuis Roquencourt on avait constamment tourné le dos à Briqueville, et on était engagé en ce moment dans le plus épais des taillis d'Helmières.

— Tâche donc de retrouver ton chemin au plus vite,

— reprit Lopès, — et n'abuse pas de ma patience... Mais ce n'est pas tout : tu sais, j'en suis sûr, où trouver ce Vicenti qui a disparu tout à coup du pays à mon arrivée ; dis-moi où il est, dis-le moi à l'instant, ou tu vas mourir !

Il s'était arrêté brusquement, et tandis que d'une main il retenait toujours le rousseau, de l'autre il appuyait contre la poitrine de Nicolas un objet dont celui-ci sentait la pointe acérée à travers ses habits.

— Holà ! vous me faites mal ! — balbutia-t-il ; — je ne voudrais pas mentir, et...

— Tu sais donc quelque chose ? Réponds... réponds ! ou tu es perdu.

Et la pointe s'enfonçait peu à peu, de manière à causer une vive douleur au malheureux enfant.

Ce que la ruse et la résolution n'avaient pu faire la souffrance le fit. Nicolas bondit avec tant d'énergie et d'une manière si subite qu'il dégagea son bras. Il voulut fuir, mais il n'avait pas aperçu un de ces trous que les bûcherons creusent pour déraciner les gros arbres, et il tomba dedans la tête la première. Heureusement Lopès qui le poursuivait éprouva le même accident ; tandis que Lopès demeurait étourdi de sa chute, le rousseau, plus alerte, se traînait sur les genoux et sur les mains, sortait de l'excavation, et, s'élançant dans les broussailles, très fourrées en cet endroit, disparaissait aux yeux de son adversaire.

Celui-ci pourtant ne tarda pas à se relever et à se remettre aux trousses de Nicolas, en marmottant des imprécations en langue étrangère. Il ne pouvait le voir, mais il l'entendait se frayer passage dans les ronces, ce qui finit par le serrer de très près. Le rousseau ne trouva d'autre expédient que de se tapir dans une touffe de fougères, au pied d'une copée, et de demeurer complètement immobile, en retenant son souffle. La ruse réussit ; l'obscurité était si profonde dans ce taillis que la vue ne pouvait servir à grand'chose. Aussi Nicolas eut-il bientôt la satisfaction de reconnaître que son ennemi tournait sur lui-même ne sachant plus évidemment de quel côté chercher.

Lopès, découragé, essaya d'employer de nouveau la douceur envers son guide :

— Eh ! jeune homme ! *piccolo !*... Nicolas ! — appelat-il en donnant à sa voix les intonations les moins menaçantes, — où diable êtes-vous ? Allez-vous donc prendre au sérieux cette plaisanterie ? J'ai seulement voulu vous effrayer ; est-ce qu'on tue les enfans de votre âge ? Allons ! revenez vite, et que tout soit fini ! Nous rentrerons ensemble à Roquencourt... Comment parviendrais-je à me tirer seul de cette damnée forêt ? — Nicolas entendait distinctement tout cela ; mais il se gardait bien de bouger. Il trouvait la *plaisanterie* de Lopès un peu trop lugubre, et pour rien au monde il ne se fût décidé à donner signe d'existence. Lopès ne cessait de rôder autour de lui, et une fois il posa le pied, sans le savoir, sur la main du pauvre garçon. Nicolas eut la force de retenir un cri et de supporter dans une immobilité complète cette atroce douleur. Son persécuteur ne tarda pas à s'éloigner un peu ; mais il eût été imprudent au rousseau de reprendre sa course, car le bruit le plus léger pouvait attirer l'attention au milieu du silence profond de la nuit. Lopès paraissait maintenant exaspéré ; il frappait du pied, il grinçait des dents et proférait dans sa langue des jurons qui devaient être formidables. — C'est maudit enfant, — disait-il, — va soulever tout le pays contre moi, et si l'on vient à découvrir que je suis... Nous avons eu assez de peine, ce pauvre Luigi et moi, à nous soustraire aux recherches de la justice française... Je promets un cierge à san Stephano si le saint me fait retrouver ce garnement, pour que je lui traverse la gorge avec mon poignard !

Nicolas comprenait parfaitement le sens de ces paroles à l'accent énergique de celui qui parlait, et il continuait de se tenir coi dans le feuillage. Cependant Lopès eût pu encore longtemps tourner dans le même cercle, quand une bête fauve partit à quelque distance, écartant avec force les herbes et les buissons. Il crut que Nicolas s'était enfin décidé à détaler, et il se mit à poursuivre l'animal en lui adressant des interjections françaises et italiennes qui, en tout autre moment, eussent fort diverti le rousseau.

Nicolas profita de cette méprise ; il fut prompt à se redresser, et, tandis que Lopès s'éloignait d'un côté, il s'enfuyait de l'autre avec rapidité.

Après avoir couru quelques instans, il s'arrêta pour s'orienter. Comme il avait fort pratiqué ces bois pendant son enfance, la chose ne fut pas difficile pour lui, malgré les ténèbres. Il se hâta donc de sortir du fourré.

— Hum ! — disait-il en se glissant furtivement le long des interminables allées, — il m'en a cuit d'avoir fait le finaud avec ce butor de Lopès ! Une chose du moins me console, c'est que, s'il veut dormir cette nuit, il lui faudra dormir dans les bois.

Il atteignit enfin la lisière de la forêt et, au moment de s'engager dans la partie découverte du pays, il s'arrêta de nouveau pour s'assurer qu'on ne le poursuivait plus. Un morne silence régnait toujours autour de lui, seulement, à une grande distance en arrière, on entendait de faibles accens de voix humaine. Lopès avait il rencontré quelqu'un dans ces solitudes, ou bien, perdu dans le taillis, appelait-il à son aide ? Le rousseau ne s'en inquiéta pas davantage, et, assuré que le danger était loin, il continua sa route vers Roquencourt.

Il était près de minuit, et Nicolas eut quelque peine à se faire ouvrir la porte de la verrerie. Après y être parvenu, il se dirigea en tapinois vers le petit appartement de son maître, espérant gagner sans être aperçu l'espèce de soupente où il couchait. Mais il trouva le cadet de Briqueville encore levé et étudiant un gros Traité de la verrerie tiré de la bibliothèque de maître Michaud.

Robert, à la vue du délinquant, abandonna la lecture, et fixa sur lui un regard sévère.

— Je croyais, — lui dit-il froidement, — que vous aviez renoncé à vos allures vagabondes d'autrefois ; je me suis trompé, à ce qu'il paraît ; mais, je vous le déclare, si vous reprenez vos funestes habitudes...

— Pardonnez-moi, monsieur le cadet, — répliqua Nicolas d'un ton piteux, — je viens de passer un vilain quart d'heure, allez !

Alors seulement Robert s'aperçut que le pauvre enfant avait les mains et le visage couverts d'écorchures, qu'il était défait, tout en nage, et que ses vêtemens étaient déchirés. Il changea de ton aussitôt :

— Pour Dieu ! mon garçon, que t'est-il donc arrivé ? et d'abord quel est ce sang que je vois à ta souquenille ?

— Je ne sais trop, monsieur le cadet ; ce pourrait bien être la marque du couteau ou du poignard avec lequel l'autre a failli me tuer.

— Te tuer ? qui donc aurait voulu...? mais avant tout laisse-moi voir ce que tu as là à ta poitrine ? — Le sarreau et la chemise de toile rousse avaient été perforés par une pointe aiguë, qui avait pénétré de quelques lignes au-dessous du sein gauche. — Tu as couru un danger réel, — dit Robert avec émotion ; — si la main qui a produit cette blessure eût appuyé un peu plus, c'en était fait du toi... Mais hâte-toi de me raconter ton aventure. — Ainsi encouragé, Nicolas exposa dans le plus grand détail son excursion dans les bois. Quand il parla de la curiosité de Lopès au sujet de la flamme mystérieuse observée sur le château de Briqueville, Robert l'interrompit : — Ah ! ah ! lui aussi a été frappé de cette circonstance ? — reprit-il. — Déjà ce soir les gentilshommes verriers se sont beaucoup trop occupés de cette flamme... C'est bon ! il faudra y pourvoir... Mais continue, mon pauvre Nicolas ; comment cet homme en est-il venu à menacer ta vie ? — Le rousseau acheva son récit, que Robert avait écouté avec un étonnement mêlé d'effroi. — Mais ce Lopès est un scélérat ! — s'écria-t-il ; — abuser ainsi de sa force contre un jeune garçon venu avec lui sans défiance ! Ah çà ! ce pauvre Vicenti, avec ses terreurs continuelles, avait donc raison ? L'individu que nous avons eu tant de

peine à sauver du naufrage est bien le second sbire... Enfin, à présent qu'il est connu, il ne sera plus dangereux pour personne.

— Vous croyez donc, monsieur le cadet, que je n'aurais rien à craindre de lui si je le rencontrais désormais dans les rues de Roquencourt ?

— Je suis convaincu, au contraire, qu'il aura désormais plus peur de toi que toi de lui. Toutefois, ne dis rien à la verrerie de ce qui s'est passé cette nuit ; n'en parle à personne, à personne au monde... m'as-tu bien compris ?

Avant de renvoyer Nicolas à son lit, dont le pauvre diable avait grand besoin, le cadet de Briqueville voulut lui panser sa blessure ; mais Nicolas déclina tout honteux un pareil honneur, assurant qu'il ne souffrait point, et, afin d'en donner la preuve, il se mit à sauter et à danser dans la chambre. Robert le laissa donc aller ; quant à lui, il passa encore plusieurs heures à réfléchir sur ce qu'il avait à faire dans cette grave conjoncture.

X

L'INFORMATION.

Le lendemain matin, Robert, après avoir prévenu maître Michaud qu'il ne paraîtrait pas ce jour-là dans les ateliers, se rendit au couvent. En traversant la cour, il vit deux chevaux attachés à des anneaux de fer près du montoir, ce qui annonçait que des visiteurs venaient d'arriver à la communauté, et dans l'antichambre il trouva un garde-chasse portant la livrée du baron d'Helmières. Il connaissait bien ce garde, qui semblait attendre une audience du prieur, et il n'eût pas été fâché de causer avec lui. Mais ce serviteur de la famille d'Helmières était là en compagnie du pourvoyeur, le plus curieux et le plus bavard des frères lais ; aussi Robert se contenta-t-il de répondre gracieusement à son salut respectueux, et il entra dans la bibliothèque où il savait trouver son oncle.

Le père Ambroise, en effet, n'était pas seul : un homme de loi et un scribe assis devant une table rédigeaient un acte sous sa dictée ; c'étaient le procureur Gaillardet, celui-là même à qui le cadet de Briqueville avait tant d'obligations, et son clerc Chamuzot.

Gaillardet, quoique déjà vieux, avait toute la verdeur, toute l'activité d'un âge moins avancé, son œil gris, à peine visible sous les touffes de son ample perruque, rayonnait de finesse et de pénétration. Il portait la robe noire, alors exclusivement affectée aux magistrats, car Gaillardet, comme nous le savons, n'était pas seulement procureur du couvent, mais encore bailli du prieuré de Roquencourt, qui avait droit de basse et moyenne justice sur plusieurs fiefs du voisinage. Du reste, cette charge de bailli, avouons-le, était à peu près une sinécure : Gaillardet avait rarement, très rarement, l'occasion de l'exercer, et surtout il manquait de moyens pour faire exécuter ses sentences au criminel. Aussi se bornait-il habituellement à tancer vertement les délinquans dignes d'indulgence qu'il avait mandés à sa barre ; quant aux auteurs des délits graves, il les envoyait à une justice voisine où la répression était plus sérieuse.

Robert, après avoir salué son oncle, tendit la main à Gaillardet, avec qui il avait fait connaissance depuis peu, tandis que Chamuzot, jeune coquin au regard oblique, pliait en deux sa maigre échine flottant dans un sarreau noir.

— C'est un heureux hasard qui vous a conduit ici ce matin, maître Gaillardet, — dit Robert ; car je venais entretenir mon oncle d'une affaire grave, dans laquelle nous aurons besoin de vos conseils et peut-être de votre ministère.

— Ah ! ah ! de quoi s'agit-il donc ? — demanda Gaillardet avec vivacité : — est-ce que certaine personne élèverait certaines prétentions au sujet d'un certain château...

— Ce n'est pas cela, — répliqua le cadet de Briqueville ; — il s'agit d'une affaire qui regarde le bailli de Roquencourt... J'ai à vous dénoncer une tentative d'assassinat.

— Une tentative d'assassinat ! Peste ! — s'écria le procureur.

— Une tentative... contre vous, mon enfant ? — demanda le prieur effrayé.

— Non, non, mon bon oncle ; mais contre une personne qui m'appartient et que mon devoir est de protéger.

Et Robert exposa en détail les événemens de la nuit précédente. Après l'avoir écouté, le prieur et le juge réfléchirent quelques instans.

— Véritablement, — reprit le père Ambroise, — ce Lopès, si c'est ainsi que l'étranger se nomme, est un homme dangereux... La situation du pauvre Nicolas, seul avec lui dans la forêt, au milieu de l'obscurité, m'a donné le frisson.

— Eh bien ! mon révérend père, — dit le procureur,— nous allons éplucher cet aventurier de la bonne façon... Mais il importe avant tout que je voie le jeune Nicolas en personne, et que je l'interroge dans les règles. — On dépêcha un frère lai pour chercher le rousseau à la verrerie. En attendant son retour, Gaillardet reprit : — Je crois, comme monsieur le cadet, mon révérend, que cette affaire se rattache d'une manière intime à l'événement qui a marqué l'arrivée de l'Italien Vicenti et de sa fille à Roquencourt. A cette époque, bien que je ne fusse pas encore bailli en titre, je fus chargé d'informer sur l'assassinat dont l'intervention de monsieur de Briqueville avait seule empêché l'accomplissement. Par malheur, ce Vicenti semblait avoir un secret motif de cacher la vérité ; on ne put tirer de lui et de sa fille que des renseignemens vagues et insuffisans. Quand on l'interrogea sur le nom et le rang de l'assassin, il se troubla et ne sut que répondre. Je dressai pourtant un procès-verbal que j'envoyai à toutes les justices du parlement de Rouen, avec un mandat d'amener décerné contre le coupable. Mais je n'en ai jamais reçu de nouvelles, et je croyais cette affaire bien et dûment remise à plus ample informé, comme nous disons en termes de palais, quand elle se réveille aujourd'hui à propos de personnes différentes.

— Vicenti m'a donné la certitude, —dit Robert,—que l'individu borgne, dont on a retrouvé le corps après le dernier naufrage était réellement l'Italien que j'avais blessé au visage. Il n'a pas reconnu Lopès aussi positivement, il est vrai ; mais, j'en suis convaincu, si l'on procède à des informations légales, on découvrira que ces deux hommes s'étaient associés pour un dessein coupable.

— C'est possible, mais je ne vois pas encore quels motifs auraient eu ces gens-là d'assassiner Vicenti ou Nicolas, ou toute autre personne. — Robert dut expliquer que Lopès et l'autre Italien défunt étaient, selon toute apparence, des sbires envoyés par le gouvernement vénitien pour empêcher Vicenti de trahir les secrets de l'industrie verrière, dont Venise avait le monopole. — Mais alors, — s'écria Gaillardet, — le cas serait des plus graves ! Nous sommes en paix avec l'État de Venise, et il y aurait là une violation flagrante du droit des gens, violation dont le roi saurait tirer une prompte vengeance. Si votre sbire, réel ou prétendu, osait invoquer une pareille garantie, il serait bel et bien pendu dans les vingt-quatre heures, n'y eût-il plus de cordes dans toute la Normandie. — En ce moment Nicolas entra et confirma par sa déposition tout ce qu'avait dit son maître. On examina de nouveau sa blessure, et le juge reconnut qu'il y avait urgence de lancer un mandat d'amener contre Lopès. L'acte fut bien

vite dressé, signé, et le cachet du bailliage y fut apposé séance tenante. — Maintenant, — dit Gaillardet d'un air moqueur, — le plus difficile reste à faire. Nous n'avons sous la main ni archer de la prévôté, ni maréchaussée, ni exempt, ni personne qui puisse opérer l'arrestation du coupable. — La Thémis de Roquencourt tient d'une main la balance pour peser les causes, mais elle ne tient pas de l'autre l'épée pour exécuter ses sentences... D'ailleurs, où trouver ce coquin ? Il est douteux qu'il ait osé rentrer au bourg après sa tentative criminelle.

— Vous pouvez bien le dire, monsieur le bailli, — répliqua Nicolas ; — tout à l'heure j'ai rencontré la mère Bonnard, l'hôtesse de Lopès, et elle prétend ne l'avoir pas vu depuis hier au soir. Ma foi ! il n'y aurait rien d'impossible qu'il fût encore à cette heure dans la forêt, car je l'ai laissé dans un endroit où l'on rencontre plus d'épines et de ronces que de violettes... Mais, avec votre permission, maître Gaillardet, je viens de voir dans l'antichambre une personne qui pourrait me besoin prêter main-forte à la justice : c'est Pascal, un des gardes-chasse de monsieur d'Helmières, un compagnon solide... auquel j'ai joué plus d'un tour autrefois.

Il va sans dire que ces dernières paroles étaient prononcées à voix basse, et, comme eût dit Vicenti, in petto ; aussi ne furent-elles pas remarquées, et Gaillardet s'écria tout joyeux :

— Morbleu ! voilà une bonne idée ; je n'avais pas pensé aux gardes de monsieur d'Helmières. Cependant, le délit ayant été commis sur les terres du baron, il semble tout naturel...

— Et moi j'oubliais, — dit le prieur, — que ce garde attend depuis une heure, et que cette longue attente pourrait mécontenter son maître. Qu'il entre donc, et nous saurons si l'on peut compter sur lui.

On introduisit Pascal, gaillard athlétique, fort capable d'accomplir la mission qu'on lui destinait. Le prieur, après lui avoir demandé des nouvelles de la famille d'Helmières, s'informa du motif de sa venue.

— Sauf le respect de Votre Révérence, — répondit Pascal, — je viens, de la part de monsieur le baron, vous donner avis que, mon camarade Labranche et moi, nous avons arrêté la nuit dernière un braconnier dans la forêt. Ce braconnier n'est pas du pays ; mais, comme en dernier lieu il a habité Roquencourt, je suis chargé de vous demander votre bon plaisir au sujet de ce vagabond.

Tous les assistans firent un mouvement de surprise.

— Il serait, parbleu ! curieux, — s'écria Gaillardet, — que ce braconnier fût précisément... Pascal, comment se nomme-t-il ?

— Il prétend s'appeler Lopès, monsieur le bailli, et c'est, paraît-il, l'homme que monsieur de Briqueville a retiré de la mer il y a quelques jours.

— Raro antecedentem scelestum, — murmura l'homme de loi, qui se piquait de littérature.

Il interrompit sa citation pour demander à Pascal des détails sur cette importante capture.

— Or donc, — reprit le garde, — Labranche et moi nous faisions une tournée, la nuit dernière, dans le voisinage de la mare au Sanglier, quand nous entendîmes comme un bruit de voix à quelque distance. Nous nous arrêtâmes tout à coup, mais le bruit avait cessé. « Ce sont des braconniers. » me dit Labranche. « — C'est tout de même drôle, » que je répondis ; « les braconniers sont malins, et ils ne s'amuseraient pas à jaser tout haut. » Cependant nous avançâmes ; quelque chose courait dans les halliers, et ce n'était ni une bête fauve ni une bête noire ; c'était certainement un chrétien. « Prends à droite, » que je dis à Labranche, » moi je prendrai à gauche, et nous verrons bien. » Nous partons chacun de notre côté ; tout à coup j'entends Labranche crier comme un possédé. Je me hâte d'arriver, et je trouve mon pauvre camarade se débattant contre un grand coquin qui l'avait déjà terrassé et voulait le frapper avec un couteau. Je me suis jeté sur le malfaiteur ; à nous deux nous l'avons mis à la raison, et, après lui avoir lié les mains, nous l'avons conduit à Helmières.

— Mais comment savez-vous que c'était un braconnier? — demanda le prieur.

— Eh ! Votre Révérence, qu'aurait-il pu faire à cette place s'il n'en avait voulu au gibier de monsieur le baron? D'ailleurs il était comme un furieux, il s'était rué sur Labranche avant toute explication, et avait failli le tuer. D'ailleurs il était comme un furieux, il s'était rué sur Labranche s'il ne se fût pas senti en faute.

— Je sais bien à qui il en voulait, moi, — murmura Nicolas; — je l'ai échappé belle !

— Quand il s'est vu prisonnier, — poursuivit Pascal, — il a changé de ton; il a dit qu'il s'était trompé, qu'il avait cherché à se venger d'un jeune drôle qui par méchanceté l'avait égaré dans les bois; mais nous ne l'avons pas écouté, et nous l'avons enfermé dans une cave qui sert de cachot, et où il a passé la nuit sur une botte de paille. Ce matin, monsieur d'Helmières à son réveil a questionné le malfaiteur; mais celui-ci n'a répondu que des sottises; il parlait d'une manière obscure, puis il roulait de gros yeux menaçans...

— Il suffit, Pascal, — dit le prieur — je vais causer de cette affaire avec monsieur le bailli... En attendant, descendez à la cuisine, où l'on vous donnera quelque chose à manger; vous serez prévenu quand on aura pris une décision. — Pascal s'inclina et sortit avec Nicolas, qui retournait à la verrerie. — Eh bien ! que ferons-nous, maître Gaillardet? — demanda le prieur.

— La chose est simple maintenant, — répliqua le procureur; — il n'y a qu'à conduire ce Lopès à la prison du couvent, et à l'y retenir jusqu'à ce que nous soyons complètement édifiés sur son compte.

— En effet, — dit le cadet de Briqueville, — ce serait une grande imprudence si on le laissait libre d'accomplir les mauvais desseins qu'il médite certainement.

— Messieurs, — dit le prieur à son tour, — vous avez raison peut-être au point de vue des lois et au point de vue de la prudence; cependant je dois aussi examiner les choses au point de vue de la charité chrétienne. De quoi cet étranger est-il coupable ? En définitive, il n'est pas prouvé qu'il soit Italien, sbire de Venise, et qu'il soit chargé d'assassiner Vicenti; peut-être n'a-t-il voulu qu'effrayer Nicolas, peut-être est-ce involontairement qu'il a blessé dans l'obscurité ce jeune étourdi. Enfin, en attaquant le garde Labranche, il croyait évidemment avoir retrouvé le rousseau, dont la fuite l'avait exaspéré. Pour moi, je ne vois dans cet homme qu'un pauvre naufragé, dénué de ressources, auquel les malheurs passés, l'incertitude du présent et de l'avenir ont sans doute un peu troublé la cervelle : mon opinion est-elle si déraisonnable ?

Gaillardet et Robert lui-même ne purent s'empêcher de convenir que des présomptions plutôt que des faits positifs s'élevaient contre Lopès.

— Eh bien ! mon révérend père, — dit le bailli, — si vous le voulez, je vais me rendre sur-le-champ à Helmières; je verrai cet individu, sbire, aventurier, naufragé, braconnier, ou quel qu'il soit son titre; je l'interrogerai dans les formes, et j'agirai selon ma conscience, après examen.

— Faites cela, mon cher Gaillardet, — répliqua le prieur; — je sais combien vous êtes habile, et ce pécheur ne saura pas dérober ses secrets à votre regard pénétrant. Allez donc à Helmières, l'acte que vous étiez en train de rédiger relativement aux dîmes peut aisément se remettre.

Gaillardet se disposa sur-le-champ à partir.

— Je regrette de ne pas vous accompagner, monsieur le bailli — dit le cadet de Briqueville, — car cette affaire excite vivement mon intérêt.

— Pourquoi alors ne viendriez-vous pas avec moi ?

— Vous ignorez que monsieur d'Helmières ne me voit

pas de bon œil depuis l'affaire du capitaine Briqueville... D'ailleurs je n'ai pas de cheval.

— Vous prendriez le cheval de mon clerc, et Chamuzot resterait ici à rédiger l'acte des dîmes sous la dictée du révérend père, qui s'y entend à merveille... Vous me serviriez de secrétaire, et vous fourniriez des indications précieuses pour arriver à la connaissance de la vérité.

Robert était violemment tenté. Il avait, comme on peut le croire, certains motifs secrets pour désirer s'introduire au château d'Helmières; il regarda son oncle, qui lui dit en souriant :

— Je ne vois aucun inconvénient à cette visite, Robert; pourquoi ne vous assureriez-vous pas vous-même des intentions d'un personnage suspect qui a usé de violence envers votre valet, et que l'on soupçonne de vouloir tuer un verrier de Roquencourt? Votre intervention dans cette affaire est donc toute simple, et monsieur d'Helmières ne saurait s'en offenser.

Comme Briqueville ne demandait pas mieux que d'être persuadé, tout s'arrangea facilement. On envoya Pascal en avant pour annoncer à Helmières la venue du magistrat et de son clerc improvisé, tandis que Chamuzot, le clerc véritable, se préparait en grommelant à écrire sous la dictée du prieur.

Le trajet de Roquencourt à Helmières s'accomplit rapidement et sans encombre. Quand le cadet de Briqueville et le bailli pénétrèrent dans la cour, un valet accourut pour prendre leurs chevaux. Le baron lui-même vint sur le seuil de la porte recevoir ses hôtes; mais en accomplissant ces devoirs de politesse, il avait encore un air de gêne qui contrastait avec sa franchise et sa bonhomie habituelles. Robert lui-même n'était pas moins embarrassé en balbutiant les complimens d'usage. Heureusement le procureur-bailli savait se mettre à l'aise, et son entrain pouvait suppléer à la réserve de l'un comme à l'embarras de l'autre ; aussi un accord apparent ne tarda-t-il pas à s'établir entre les visiteurs et le maître du logis.

Tout en causant, on était entré dans un vaste salon boisé en chêne, et l'on avait pris place devant une immense table sur laquelle on avait préparé plume, papier et écritoire. Pendant que Gaillardet contait au baron les particularités encore inconnues qui relativement à Lopès, le cadet de Briqueville promenait un regard furtif autour de la salle. Il aperçut seulement dans l'embrasure profonde d'une fenêtre la figure refrognée du vieil André, ce rébarbatif garde du corps de mademoiselle d'Helmières.

— Ainsi donc, bailli, — reprit le baron après avoir écouté le récit de Gaillardet, — nous pourrions bien avoir mis la main sur un malfaiteur de la plus méchante espèce ?... Quel malheur que mon fils le conseiller ne soit pas ici ? Non pas, maître Gaillardet, que je doute de votre habileté ; mais ces coquins sont parfois si retors... Enfin nous allons voir... André, — poursuivit-il en s'adressant au domestique, — dis à Pascal et à Labranche d'amener le prisonnier; qu'il soit bien attaché et qu'on s'assure de nouveau qu'il n'a pas d'arme sur lui ! — Comme André sortait pour exécuter cet ordre, une porte intérieure s'ouvrit, et Mathilde entra résolument. Elle était fort parée ; et, sans s'inquiéter des sourcils froncés de monsieur son père, elle répondit par une gracieuse révérence aux saluts de Robert et Gaillardet. — Que venez-vous faire ici, mademoiselle ? — demanda le baron en grossissant sa voix; — est-ce donc ici votre place ?

— Pourquoi m'empêcheriez-vous d'assister à l'audience de monsieur le bailli, cher père ? — demanda Mathilde d'un ton mutin ; — je m'ennuie d'être toujours seule. Ce sera pour moi une distraction d'assister à l'interrogatoire de l'accusé.

Et elle s'assit à l'autre bout du salon.

— Morbleu ! — pensait le baron, — ce n'est pas de l'accusé qu'elle se soucie.... Mais, avant qu'elle sorte, j'aurai ma revanche.

En ce moment les deux gardes-chasse parurent avec le prisonnier. Lopès était fort pâle, et le désordre de ses vêtemens rappelait ses nombreuses aventures de la nuit précédente. On lui avait attaché les mains de peur qu'il ne se portât à quelque acte de violence envers ceux qui devaient l'interroger. Malgré tout cela, il conservait une attitude fière; ses yeux creux et brillans reflétaient l'obstination et une sorte de fanatisme sauvage. L'impression qu'il produisit sur tous les assistans ne lui fut pas favorable; et Mathilde elle-même, si accessible pourtant à la pitié, n'éprouva qu'un sentiment d'effroi à la vue de ce malheureux épuisé de fatigue et d'insomnie, souffrant et garrotté.

Le bailli commença l'interrogatoire, tandis que le cadet de Briqueville, non sans de fréquentes distractions, remplissait les fonctions de greffier. Lopès répondait avec une hauteur dédaigneuse, et semblait s'inquiéter fort peu que l'on ajoutât foi à ses paroles. Il répéta qu'il était né dans le midi de la France, qu'il était colporteur, qu'il avait perdu ses marchandises et ses papiers dans le naufrage du bâtiment de Honfleur. Il se défendit assez mollement d'avoir connu l'Italien borgne qui avait tenté autrefois d'assassiner Vicenti; aussi ne crut-on pas à ses assertions. Du reste, tout en soutenant qu'il était Français, il employait fréquemment des expressions italiennes, et son accent ne devait laisser aucun doute sur sa véritable nationalité.

— Je vois, — dit le bailli d'un ton sévère, — que vous vous obstinez dans des mensonges qui ne peuvent manquer d'être prochainement contredits. J'attends de l'amirauté de Rouen des renseignemens précis au sujet de l'équipage et des passagers du navire qui a péri sur cette côte, et d'ailleurs le prévôt, à qui je compte vous livrer, trouvera bien moyen de vous délier la langue... Mais poursuivons. Quelle était votre intention en amenant Nicolas dans la campagne?

— Je voulais seulement, — reprit l'accusé avec un léger mouvement d'impatience, — qu'il me montrât cette flamme mystérieuse qui, dit-on, apparaît la nuit au-dessus du château de Briqueville.

— Connaissiez-vous donc, — demanda Robert précipitamment, — la cause de cette flamme?

Lopès resta un moment sans répondre.

— Non, — dit-il enfin d'une voix sombre; — à moins...

— Achevez...

— A moins que ce ne soit encore un signe d'en haut pour m'avertir que là doit s'accomplir ma mission.

— Vous dites? — demanda le juge ébahi. — Mais le prisonnier refusa de donner l'explication de ses paroles. Gaillardet continua: — Et c'est parce que Nicolas, soit par hasard, soit à dessein, vous a conduit dans la forêt d'Helmières au lieu de vous conduire à Briqueville, que vous avez voulu le tuer?

— Moi! le tuer! — répliqua Lopès avec un sourire de dédain; — croyez-vous que je me serais abaissé jusque-là? Encore une fois, j'ai seulement voulu effrayer ce jeune drôle qui m'avait égaré.

— Vous aviez un autre motif; vous vouliez obliger Nicolas à vous donner certains renseignemens sur un ouvrier verrier du nom de Vicenti... Pourquoi teniez-vous tant à connaître la retraite de cet homme?

— L'ordre du maître doit être sacré pour le serviteur, — répliqua Lopès avec emphase. — La main frappe, mais l'esprit la dirige.

Le bailli regarda ses assesseurs d'un air effaré.

— Voilà, — dit-il avec raillerie, — une réponse claire comme le jour, et, après de semblables explications, nous n'avons plus rien à désirer. Mais cela ne prendra pas, l'ami; vous ne vous tirerez pas de nos mains avec des phrases à la Nostradamus. Les accusations portées contre vous subsistent dans toute leur intégrité; et si vous n'avez rien autre à alléguer pour votre justification, je vais me trouver dans la nécessité de vous envoyer à la prison du prieuré, à Roquencourt... Qu'en pensez-vous, messieurs?

— ajouta-t-il avec déférence en se tournant vers le baron et vers Robert. L'un et l'autre reconnurent que l'indulgence pouvait être funeste, et que la justice devait avoir son cours. — Eh bien! — reprit le bailli, — le mandat était déjà lancé, et il ne reste plus qu'à l'exécuter. Avec votre permission donc, monsieur d'Helmières, je requiers au nom du roi vos gardes, Pascal et Labranche, de conduire l'accusé à Roquencourt, où il sera détenu jusqu'à plus ample informé.

— A vos ordres, monsieur le bailli.

Les gardes se mirent en devoir d'obéir aux réquisitions du magistrat.

— Cependant, — leur dit Mathilde d'un ton de commisération, — prenez soin que ce malheureux ait de quoi manger et boire avant de partir, et une coiffure, chapeau ou bonnet, car il ne saurait aller ainsi nu-tête et en plein soleil jusqu'au bourg.

Mais cette bienveillance de mademoiselle d'Helmières ne parut exciter aucun sentiment de gratitude chez Lopès, ni même attirer son attention. Au contraire, il roulait des yeux farouches, et, au moment de sortir, il dit avec égarement:

— Quoi que vous fassiez, juges et seigneurs de la terre, je vous défie! Ma mission s'accomplira malgré vous et contre vous. La puissance d'en haut qui m'a déjà sauvé du naufrage, qui m'a jeté sur cette côte, qui s'est révélée à moi par de prodiges, saura bien, quand l'heure sera venue, briser mes liens, ouvrir les portes de ma prison, frapper d'aveuglement mes gardiens... Et celui qui doit périr périra, celui qui est condamné subira sa condamnation... Sainte madone, priez pour moi!

Et il suivit les gardes, laissant tous les assistans frappés d'étonnement, de terreur et de pitié.

Il y eut un moment de silence dans la salle après son départ.

— Ma foi! — dit enfin Gaillardet, — ce n'est peut-être qu'un fou; mais alors c'est certainement un fou dangereux.

— On doit tout craindre de cette exaltation inexplicable, — répliqua le cadet de Briqueville.

Robert, nous devons le dire, n'avait pas accordé à l'interrogatoire l'attention que ses fonctions de scribe et son intérêt personnel dans cette affaire eussent peut-être exigée. Tout en laissant courir la plume sur le papier, il observait à la dérobée mademoiselle d'Helmières, qui, de son côté, montrait une distraction extrême. Malheureusement il y avait entre eux toute la largeur de la salle, et aucune autre communication n'était possible que celle des yeux. Ils usaient donc de cet unique moyen de correspondance, sans se douter que le baron les épiait. Bientôt monsieur d'Helmières dit en pinçant les lèvres:

— Je suis surpris que ni monsieur le bailli, ni monsieur le cadet n'aient remarqué une circonstance qui m'a frappé.

— Quelle circonstance, monsieur le baron, — demanda Gaillardet surpris.

Robert lui-même releva la tête.

— C'est que Lopès, en insistant pour approcher du château de Briqueville, devait avoir un motif pressant. Or, ce motif ne pouvez l'ignorer ni l'un ni l'autre, vous, bailli, parce que vous êtes le propriétaire du château, vous, monsieur le cadet, parce que ces derniers temps vous avez beaucoup fréquenté l'ancienne demeure de votre famille.

Le baron avait un ton incisif qui pouvait donner à penser. Aussi Gaillardet et Robert manifestèrent-ils un certain embarras.

— Il est vrai, — répliqua le bailli, — que j'ai acheté le manoir au capitaine Briqueville, mais j'y vais rarement, à cause de mes affaires, et je ne sais nullement ce qui s'y passe.

— Quant à moi, — dit Robert, — je dirige en effet assez souvent mes promenades de ce côté, mais j'entre seulement au château pour voir Madelon, l'ancienne gouvernante de mon père, et je m'y arrête peu d'instans.

— Vraiment! J'aurais cru au contraire... Ce sera donc moi, messieurs, qui vous dirai quels motifs pouvait avoir Lopès de s'enquérir du château, et cette observation ne sera pas d'un petit intérêt dans sa cause.

— Quoi donc! monsieur le baron, — demanda Robert les yeux baissés, — auriez-vous découvert d'où provient cette flamme mystérieuse qu'on aperçoit la nuit au-dessus du toit de la chapelle?

— Je n'ai passé à Briqueville que de jour, et véritablement j'ai vu au-dessus des bâtimens une fumée plus épaisse que ne pouvait en produire la maigre cuisine de Madelon... Du reste, la vieille gardienne est devenue depuis peu d'une dureté incroyable envers les passans et les visiteurs. Dernièrement, elle a poussé l'insociabilité jusqu'à refuser de recevoir la mère Franquette, la propre nourrice de ma fille, quoiqu'elles fussent amies de temps immémorial.

— Oui, — répliqua le bailli avec aplomb, — la bonne femme exécute rigoureusement la consigne que je lui ai donnée. Il venait sans cesse des oisifs qui dérangeaient les ouvriers occupés aux réparations...

— Mais les réparations sont terminées et les ouvriers sont congédiés depuis longtemps.

— C'est juste, c'est juste; j'aurai oublié de lever la consigne, et cette Madelon est si ponctuelle!....

Le baron regarda fixement Gaillardet.

— Bailli, — lui dit-il, — vous n'avez pas besoin de chercher des excuses dont j'apprécie la valeur... En deux mots, je sais qui vous cachez si bien derrière les portes épaisses du vieux château.

— Qui je cache?.... Ah çà! je cache donc quelqu'un ou quelque chose?

— N'essayez pas de le nier... J'ai vu, de mes yeux vu.

— Vraiment! eh bien! morbleu! je serais ravi de savoir ce que vous avez vu.

Le bailli parlait avec tant de candeur apparente que monsieur d'Helmières finit par douter.

— Ah çà! maître Gaillardet, — reprit-il, — ignoreriez-vous réellement quelle habite en ce moment Briqueville? Il me paraissait monstrueux en effet qu'un homme de votre âge, de votre caractère, un officier de justice...

— Ah! ah! vous aviez conçu des soupçons contre moi? Pour Dieu! monsieur le baron, parlez nettement, je vous en prie.

Robert semblait être au supplice; mais sa position particulière lui interdisait toute espèce d'observation. Mathilde écoutait avec intérêt.

— Eh bien! donc,— reprit le baron,— sachez que, il y a trois jours, comme mes chiens chassaient un ragot dans la forêt, la bête se forlongea du côté de Briqueville. Je devançai les piqueurs, si bien que je pus servir la bête d'un coup de couteau avant leur arrivée; puis je sonnai quelques fanfares pour appeler mes gens. En levant les yeux par hasard vers le château, je vis à la fenêtre d'une tour une jeune et jolie fille que je reconnus parfaitement à l'étrangeté de sa coiffure.

— Une jeune et jolie fille! — répéta le bailli, — qui était-elle donc?

— C'était l'Italienne dont on a tant parlé, et qu'on appelle, je crois, Paola Vicenti.

Mathilde tressaillit, Robert perdit contenance.

— Et que diable pouvait faire là cette Italienne? — demanda Gaillardet.

— Sambleu! bailli, — répliqua monsieur d'Helmières d'un ton goguenard, — vous devez le savoir mieux que personne.

— Moi! je ne me doutais même pas... Peut-être Madelon, qui est passablement despote, aura-t-elle par bonté d'âme recueilli cette jeunesse dans le château, où les logemens ne manquent pas, et c'est pour cela qu'elle tient la porte si soigneusement close.

Le pauvre bailli ne pouvait avouer la vérité, à savoir

que le château de Briqueville ne lui avait jamais appartenu, et comme il ne brillait pas par la facilité à inventer des mensonges, de grosses gouttes de sueur coulaient sur son front.

— On aura certainement abusé de la confiance de maître Gaillardet, — dit tout à coup Mathilde d'une voix sèche et brève; — sans doute d'autres personnes ayant du crédit au château de Briqueville ont jugé à propos de donner asile à cette personne, si belle et si séduisante qu'on l'accuse d'être une enchanteresse... Madelon n'eût jamais commis une faute de ce genre si elle n'y eût été poussée; et il existe là-dessous un mystère que l'on connaîtra bientôt... qu'il n'est pas difficile de pénétrer déjà! Peut-être monsieur de Briqueville, qui va si souvent à l'ancienne demeure de sa famille, pourrait-il donner des éclaircissemens sur ce point?

L'intervention de Mathilde avait été si soudaine et si passionnée que le baron en demeura interdit. Quant à Robert, après un moment d'hésitation, il répondit avec effort:

— Que puis-je dire, mademoiselle? Cependant, j'en ai la certitude, le séjour de mademoiselle Vicenti au château, s'il est réel, est tout à fait innocent, et j'espère, quand la vérité se sera manifestée...

Le baron l'interrompit.

— Qu'importe tout cela, — reprit-il avec impatience,— et surtout quel intérêt de pareils détails ont-ils pour mademoiselle d'Helmières?... Je voulais, mon cher bailli, vous faire comprendre que Lopès, en insistant pour être conduit au château, avait peut-être l'espoir d'y rencontrer ce Vicenti, qu'il recherche avec tant d'ardeur; car si la fille se trouve à Briqueville, sans doute le père n'en est pas loin.

— En ce cas, monsieur le baron, — répliqua le bailli en souriant, — Lopès avait singulièrement choisi son heure, et ce n'était pas au milieu de la nuit... Mais allons! je prendrai des informations précises à cet égard, et je saurai ce qui se passe dans mon château, où il se passe tant de choses. En attendant, votre observation sera consignée au procès-verbal de l'interrogatoire, et peut-être nous mettra-t-elle sur la voie des découvertes.

Un des gardes rentra et annonça que tout était prêt pour le départ. Gaillardet et le cadet de Briqueville se levèrent. Robert, depuis quelques instans, regardait obstinément du côté de mademoiselle d'Helmières, qui s'obstinait, elle, à détourner les yeux. Étant parvenu enfin à fixer l'attention de Mathilde, il glissa derrière la large écritoire un morceau de papier sur lequel il venait d'écrire précipitamment quelques lignes. Cela fait, il allait s'éloigner, quand mademoiselle d'Helmières dit à haute voix:

— Monsieur le cadet oublie un de ses papiers.

Et, dérangeant l'écritoire, elle montra l'écrit que l'on venait de cacher là pour elle; Robert fut obligé de le reprendre piteusement. Néanmoins il profita du moment où Gaillardet prenait congé du baron pour dire bas à Mathilde:

— Vous êtes cruelle, mademoiselle; attendez du moins pour me juger que la vérité vous soit connue tout entière.

Mademoiselle d'Helmières se détourna d'un air irrité, et rentra sans répondre dans son appartement, tandis que le baron disait à l'écart en ricanant:

— Je savais bien que j'aurais ma revanche!

XI

LA NOBLESSE DE MICHAUD.

Un matin, maître Michaud se promenait à pas précipi

tés dans le bureau qui avoisinait les ateliers de la verrerie, et semblait être de la plus massacrante humeur. Il tenait à la main une grande lettre, surchargée de timbres et de cachets, qui venait d'arriver d'une ville voisine, et il la froissait convulsivement entre ses doigts, en marmottant par intervalles des paroles sans suite. Les deux commis aux écritures, tout en griffonnant, tremblaient d'attirer sur eux cette colère qui grondait dans le vide; n'eût été leur plume qui grinçait sur le papier, ils n'eussent manifesté leur présence par aucun bruit, par aucun mouvement.

Néanmoins ils avaient espéré vainement rester inaperçus; tout à coup le maître verrier s'arrêta en face de l'un d'eux et lui dit d'une voix saccadée qui n'annonçait rien de bon :

— Blondin, sais-tu si monsieur le cadet de Briqueville est arrivé ?

— Je ne crois pas, monsieur le chevalier, — répliqua Blondin d'un ton humble et soumis; — depuis quelque temps ce gentilhomme vient toujours très tard à la verrerie... quand il vient.

— Idiot! fainéant! butor! — s'écria Michaud sans que son inférieur pût deviner la cause de cette colère, — qui t'a demandé cela? Si un gentilhomme arrive tôt ou arrive tard, qu'importe à un drôle de ta sorte? Va voir si monsieur de Briqueville est ici, et ne réplique pas.

Il n'avait pas achevé de formuler sa volonté que déjà Blondin était hors du bureau. Quelques minutes plus tard, il rentrait tout haletant :

— Je l'ai cherché inutilement, — dit-il, — dans sa chambre et dans les ateliers; il n'est pas à la verrerie, monsieur le chevalier.

La colère de Michaud parut redoubler.

— Chevalier! — répéta-t-il, — et qui t'a permis, misérable vaurien, de me donner ce titre? As-tu donc six mille livres tournois à payer pour moi? Dis, les as-tu,—répétat-il en secouant le pauvre diable avec fureur, — et si tu ne les as pas, comment oses-tu me jeter ce titre à la face ?

Blondin aurait pu répondre que le maître verrier, depuis plusieurs années, exigeait absolument de ses inférieurs cette qualification; mais craignant qu'une réponse quelconque n'irritât Michaud davantage, il aima mieux croire dans son for intérieur que le patron était devenu fou et il garda le silence. Michaud, apaisé par cette apparente soumission, lâcha enfin le malencontreux commis, qui s'empressa de regagner sa place.

Michaud n'était pas fou cependant, mais il était en proie à une grande exaspération dont nous allons faire connaître la cause.

A cette époque de l'administration de Louis XIV, les usurpations de titres de noblesse s'étaient multipliées d'une façon effrayante, et l'on avait éprouvé le besoin de mettre un terme à cette monomanie nobiliaire qui s'était emparée d'une partie de la nation. Ce n'était pas que l'on attachât une grande importance aux titres divers dont s'étaient affublées certaines personnes qui n'y avaient aucun droit; mais la noblesse jouissait d'importans privilèges, comme par exemple de ne payer aucune sorte d'impôts, et Colbert, qui était alors en train de réorganiser les finances, trouvait que les tailles, les aides et autres charges pesaient sur un beaucoup trop petit nombre de contribuables. Aussi un arrêt du conseil avait-il décidé récemment qu'une commission serait nommée pour rechercher les usurpateurs de la noblesse. Les commissaires, tant à Paris qu'en province, devaient mander devant eux tous les nobles ou soi-disant tels pour justifier de leurs droits; munis de pleins pouvoirs, ils décidaient en dernier ressort les questions de possession ou d'usurpation de titres; ils pouvaient même condamner les délinquans à une grosse amende. Or, depuis quelques mois, plusieurs de ces terribles commissaires avaient été envoyés en Normandie, et l'un des moins traitables, monsieur Renaut de Candolle, conseiller du roi en ses conseils, s'était installé à Bayeux,

d'où il avait cité à sa barre toute la gentilhommerie des environs. Naturellement maître Michaud, ou le chevalier Michaud, si l'on aime mieux, avait été sommé de présenter les chartes en vertu desquelles il revendiquait les privilèges de la noblesse. Il était allé plusieurs fois à Bayeux, avait échangé plusieurs lettres avec monsieur le conseiller-commissaire, et c'était après la réception de la dernière lettre, arrivée le matin même, que le maître verrier avait manifesté l'agitation et la colère dont nous avons essayé de donner une idée.

Cette agitation et cette colère n'étaient pas près de se calmer, lorsqu'enfin le cadet de Briqueville entra dans le cabinet. En le voyant, Michaud courut à lui.

— Soyez le bienvenu, mon gentilhomme, — s'écria-t-il; — si vous aviez tardé davantage, je risquais de mourir d'un coup de sang... Je n'ai plus d'espoir qu'en vous.

— Bon Dieu! maître Michaud, — demanda Robert avec surprise, — d'où vous vient cet émoi?

— Imaginez, monsieur le cadet, que je suis menacé du déni de justice le plus flagrant, le plus monstrueux, le plus... Mais, — poursuivit Michaud d'un ton différent, en remarquant la présence des commis, — que font là encore ces marauds à longues oreilles? Ils veulent m'espionner sans doute? Allons, décampez, et lestement... décampez, vous dis-je, ou je vais vous étriller d'importance... — Les deux scribes ne se firent pas répéter la menace, et disparurent avec une rapidité merveilleuse. Michaud surprit le sourire un peu moqueur que cette retraite précipitée avait appelé sur les lèvres de Robert, et il essaya de montrer plus de calme : — Excusez-moi, monsieur de Briqueville, — reprit-il, — mais la nouvelle que je viens de recevoir m'a bouleversé... Prenez donc place, je vous prie, et causons... vous seul pouvez me tirer de l'abîme où je suis tombé. Aussi pardonnez mon impatience, et dites-moi bien vite si vous avez réussi ?

— A peu près, maître Michaud. Cependant...

— Ne me parlez plus d'obstacles, de difficultés, de retards, mon cher Briqueville, — interrompit le verrier avec véhémence, — il faut que l'expérience ait lieu prochainement et d'une manière éclatante; il le faut, dans votre intérêt, dans le mien, dans l'intérêt de tous les verriers de Roquencourt.

— Mais enfin quelle circonstance nouvelle peut nécessiter tant de précipitation ?

— Vous ne savez donc pas ?... On renie nos privilèges, monsieur! Il ne suffisait pas que le fisc nous eût écrasé, il veut encore aujourd'hui jusqu'à méconnaître notre droit le plus sacré, notre droit à la noblesse !

— Que dites-vous? — demanda Robert alarmé ; — la profession de verrier serait-elle devenue incompatible avec la qualité de gentilhomme ?

— Non, non, monsieur de Briqueville, on n'est pas encore allé jusque-là, mais on y viendra sans doute. Non, les gentilshommes de naissance n'ont pas à craindre encore de déroger en soufflant le verre; mais croiriez-vous que l'on me refuse le titre de noble, à moi fils et petit-fils de maîtres verriers, à moi qui depuis vingt ans dirige cette fabrique? Croiriez-vous qu'on me menace, si je prends encore ce titre, d'une amende de six mille livres et même de peines corporelles? En quel temps vivons-nous, bon Dieu! C'en est fait de notre belle industrie! Mais monsieur Colbert, le contrôleur général des finances, ne permettra pas cette criante injustice; il a déjà écouté nos plaintes au sujet des impôts dont nous écrasent les fermiers généraux; je vais lui écrire que, si on laisse faire ces soi-disant commissaires, les verriers disparaîtront de toute la surface du royaume. C'est une abomination, une infamie... un crime de lèse majesté ! — En même temps le désolé maître verrier exposa au cadet de Briqueville comment il avait été invité, quelque temps auparavant, par monsieur Renaut de Candolle, commissaire et conseiller du roi en mission ès province de Normandie, à justifier des chartes en vertu desquelles lui, Michaud, prétendait au titre de chevalier. Il avait présenté les lettres de fondation de la verrrerie de Roquencourt, signées du roi Henri troisième en l'année 1582 et scellées du grand scel; mais les Michaud n'étant pas descendans directs du premier concessionnaire de la charte de Roquencourt, on refusait de les reconnaître pour gentilshommes par le soul fait qu'ils avaient été maîtres de ladite verrerie. En passibee de cause, Michaud avait essayé d'invoquer la *possession centenaire* pour conserver son titre; mais, vérification faite, il s'était trouvé qu'il lui manquait une dixaine d'années environ pour compléter les cent ans de vie « noble et sans reproche » par lesquels s'acquérait définitivement la noblesse. Aussi monsieur le conseiller du roi venait-il de défendre à lui, Michaud, de prendre désormais le titre de *messire*, de *chevalier* ou d'*écuyer*, sous peine de six mille livres d'amende, et l'avait bel et bien fait porter sur le registre des tailles comme ignoble et passible de tous les impôts réclamés aux roturiers. — Comprenez-vous qu'on ose me traiter ainsi? — disait le verrier avec désespoir; — si le roi le savait!... mais le roi le saura, car je dénoncerai cette avanie à monseigneur Colbert, qui est le protecteur naturel, le défenseur de l'industrie française. Précisément on assure que le contrôleur général se trouve en ce moment-ci à Rouen, où il inspecte les manufactures de lin, de coton ou de laine. Je lui porterai mes plaintes, et j'obtiendrai justice; il mettra certainement à la raison cet ignare commissaire.

— Modérez-vous, maître Michaud; vous outragez un homme de haut rang, chargé d'une mission de Sa Majesté... Mais, de grâce, — poursuivit Robert, — que puis-je à tout cela?

— Quoi! mon cher Briqueville, ne sentez-vous pas de quelle importance il est maintenant que nous réussissions au plus vite dans notre grande entreprise? Je prétends vous laisser, comme nous en sommes convenus, tout l'honneur de cette découverte; mais l'aide et l'assistance que je vous ai données, loin que vous en êtes trop généreux pour renier, me feront le plus grand bien aux yeux du gouvernement du roi, et mettront fin certainement aux odieuses tracasseries dont je suis l'objet... Aussi avais-je hâte de vous voir et de vous demander si nous pouvons enfin proclamer votre découverte, annoncer le jour de l'expérience publique.

— Eh bien! maître Michaud, dans une quinzaine de jours, je l'espère...

— Quinze jours! — s'écria le verrier, — y pensez-vous, mon gentilhomme? Et pendant ces quinze jours je serai dans des angoisses mortelles, je n'oserai plus signer mon nom, je n'oserai plus porter mon épée! Non, non, je ne saurais attendre aussi longtemps. Il faut profiter, pour frapper le grand coup, du moment où monseigneur le contrôleur général se trouve encore en Normandie, une fois que le ministre serait rentré à Paris, qu'il serait absorbé de nouveau par les affaires de l'Etat, il ne donnerait plus une attention suffisante au grave événement qui va s'accomplir dans l'industrie verrière. Ne m'avez-vous pas dit, monsieur le cadet, que vous connaissiez déjà tous les secrets de Vicenti?

— Je les connais, maître Michaud; mais il y a loin, vous le savez comme moi, de la théorie à la pratique; il se présente à chaque instant des difficultés d'exécution, et je ne saurais les surmonter sans l'assistance de Vicenti. Or, il est tellement bouleversé qu'on ne peut tirer grand' chose de lui. Il a su, je ne sais comment, peut-être par une indiscrétion de Madelon ou de Nicolas, la tentative singulière qui a causé l'arrestation de Lopès, et il n'a plus un moment de repos; nuit et jour il est obsédé par des visions; parfois il refuse absolument de continuer les essais. Vous comprenez que dans de pareilles conditions les travaux ne marchent pas vite; et le pauvre homme commet souvent des bévues dont la réparation absorbe beaucoup de temps...

— Eh bien! il ne faut pas attendre qu'il soit devenu tout à fait fou, — dit Michaud. — Si les précautions prises pour garantir son repos et sa sûreté ne lui paraissent pas

suffisantes, on doit désespérer de satisfaire son esprit malade et pusillanime. Que peut-il exiger de plus? Il est dans un château fort où vos ancêtres ont résisté jadis à des armées entières, et il faudrait du canon pour forcer sa retraite. Mais vous, monsieur le cadet, qui avez à la fois tant de bon sens, de fermeté et de résolution, pouvez-vous céder ainsi à ses absurdes exigences?

— Ne dois-je pas être indulgent pour lui? Sans aucun titre de ma part, il m'accorde une préférence qui peut-être fera ma fortune et illustrera mon nom... Cependant, maître Michaud, je vais le presser afin qu'il fixe le jour de l'expérience publique. Quel jour vous semblerait le plus convenable?

— Nous ne pourrions sans inconvénient le retarder plus d'une semaine; et, d'un autre côté, il faut me laisser le temps de prévenir les grands personnages qui doivent assister à cette solennité... va donc pour une semaine, et dans huit jours, à partir d'aujourd'hui, la fête aura lieu.

— C'est encore un terme bien rapproché.

— Il le faut, Briqueville... mon ami... mon enfant! Si quelque chose vous manque pour compléter vos expériences, tout ce que je possède est à vous; mes outils, mes provisions, mes ouvriers, ma bourse, je mets tout à votre disposition. Quant à Vicenti, ne lui épargnez pas les promesses. Après le succès, il n'aura plus besoin de travailler, si telle est sa fantaisie: nous pourvoirons à ses besoins; nous doterons sa fille... Mais arrangez-vous pour être prêt au jour indiqué, si vous ne voulez pas que je meure de chagrin, de honte et de colère.

— Soit donc, maître; j'essayerai de décider Vicenti.

— Ne lui demandez pas son avis; il trouverait encore d'interminables difficultés. Annoncez-lui hardiment que le terme est fixé, irrévocable, et il saura bien se soumettre à la nécessité... Allons, prévenez-le sur-le-champ, mon cher cadet; retournez bien vite à Briqueville.

— J'y ai déjà fait une apparition ce matin; ces allées et ces venues continuelles finiront par éveiller la malignité des habitans de Roquencourt.

— Il n'est plus temps de s'inquiéter de semblables misères; on saura bientôt ce qui vous appelait au château, soit de jour, soit de nuit, et l'on n'aura pour vous que des éloges et des félicitations.

— En attendant, — répliqua Robert avec amertume, — les personnes auxquelles je désirerais le plus inspirer d'estime ont conçu de funestes soupçons... Aussi dois-je souhaiter autant que personne que la lumière se fasse promptement sur ma conduite.

— Allons, allons, tout ira selon nos vœux... Quant à moi, je ne veux pas tarder davantage à écrire mes lettres d'invitation. Comme je vous l'ai dit, je préviendrai monseigneur Colbert lui même, et monseigneur attachera sans doute assez d'importance à notre découverte pour envoyer ici un commissaire spécial chargé de lui en rendre compte. Je vais inviter monsieur de Beaumont, l'intendant de la généralité de Caen, et monsieur le grand prévôt, et tous les maîtres verriers de Normandie... Morbleu! je veux adresser aussi une invitation à cet intraitable conseiller-commissaire, monsieur Renaut de Candolle. Pourquoi pas? Il sera témoin de nos triomphes, et certes, parmi les gentilshommes dont il est chargé de vérifier les parchemins, il n'en trouvera pas un qui ait rendu à l'Etat des services égaux aux nôtres!

Michaud rappela ses commis à grands cris, et, quand ils furent réinstallés derrière leurs bureaux, il se mit à leur dicter ses lettres avec toute la gravité que pouvait avoir César quand il était entouré de ses nombreux secrétaires.

Robert, laissant le maître verrier à ses occupations, se hâta de quitter la fabrique, et reprit le chemin de Briqueville. Jamais il n'avait accompli ce trajet d'un air plus soucieux; peu à peu son pas se ralentissait; on eût dit que plus il avançait, plus il reconnaissait les embarras et les difficultés de la mission dont il venait de se charger.

Il se trouvait assez loin déjà de Roquencourt, quand un

jeune homme, qui sortait des bois d'Helmières et se dirigeait par un chemin latéral vers le château, apparut tou à coup à quelque distance. Ce jeune homme, tout en sifflotant, allait passer sans voir le cadet de Briqueville, mais Robert appela vivement :

— Nicolas ! — Aussitôt Nicolas, car c'était lui, s'arrêta court. Avant qu'il fût remis de la surprise que lui causait cette rencontre inattendue, Robert lui demanda précipitamment : — Eh bien ! mon garçon, as-tu réussi ? as-tu trouvé une lettre à la place ordinaire ?

— Oui, oui, monsieur, — répliqua Nicolas ; — j'ai trouvé une lettre et je vous l'apporte... mais c'est celle que j'avais déposée moi-même hier dans la cachette.

Et il tendit à son maître une lettre encore amollie par l'humidité de la nuit.

— Pourquoi ne l'as-tu pas laissée? — dit Robert avec dépit; — on eût fini peut-être par la prendre.

— Il n'y faut pas penser, monsieur. Pendant que j'étais là, la demoiselle d'Helmières est sortie tout à coup de derrière les buissons, et elle m'a fait des yeux... mais des yeux ! Comme je restais tout penaud, elle m'a dit avec colère : « Je sais que tu as placé dans ce tronc d'arbre une lettre de ton maître... remporte-la, je ne veux pas la lire; et si jamais tu remets le pied dans le parc, je donnerai l'ordre aux gardes de te fouetter d'importance. » Comment ne pas obéir ? j'ai pris le chiffon de papier et je me suis sauvé.

— Elle est toujours fâchée contre moi, — murmura Robert avec accablement ; — il importe pour elle aussi que je mette un promptement aux mystères dont je suis forcé de m'entourer... Mais, — ajouta-t-il en s'adressant à Nicolas, — mademoiselle d'Helmières n'a-t-elle pas dit autre chose?

— Si, si, monsieur le cadet, mais je crains...

— Parle sans crainte, je veux tout savoir.

— Eh bien ! comme j'allais partir, elle a ajouté : « J'enverrai prochainement à ton maître une bague qui lui appartient, et il pourra l'offrir à la personne qui habite en ce moment le château de Briqueville; par malheur, j'ai oublié cette bague au logis. » Puis elle s'est éloignée de son côté; mais, en tournant la tête, j'ai vu qu'elle pleurait.

— Elle pleurait,.. en es-tu sûr ! Alors rien n'est encore désespéré. Cependant le dépit, l'amour-propre offensé, les sollicitations de son père, qui me déteste, pourraient la déterminer... Allons, n'hésitons plus.

Il tira des tablettes de sa poche et écrivit rapidement au crayon ce qui suit :   .

« Monsieur le baron d'Helmières recevra demain une
» invitation pour assister à une solennité qui aura lieu
» dans huit jours au château de Briqueville. Je vous en
» conjure, accompagnez votre père à cette réunion.
» Vous saurez alors la vérité, et j'ose espérer que vous
» pardonnerez à

» ROBERT DE BRIQUEVILLE. »

Il arracha la feuille sur laquelle il venait d'écrire et la remit à Nicolas.

— Tu vas retourner au parc, — lui dit-il, — et tu glisseras ceci dans le tronc d'arbre, à la place habituelle.

— Mais songez donc, elle ne lira pas.

— Elle n'a pas voulu ouvrir une lettre cachetée; mais elle ne résistera pas à la tentation de jeter un coup d'œil sur ce papier tout ouvert.

— Soit, monsieur. Si pourtant les gardes me frottaient les épaules?

— Ils n'y songent pas. Cours vite, puis tu viendras me joindre à Briqueville. Nicolas voulait faire de nouvelles questions, mais son maître lui tourna le dos ; il se hâta donc de cacher le billet et reprit un peu à regret le chemin d'Helmières. Robert, de son côté, continua sa marche vers le château, dont on apercevait maintenant les tours crénelées. Tout en avançant, il paraissait chercher quelque chose au-dessus de ces massifs bâtimens. — Pas de fumée, — murmura-t-il avec inquiétude; — aurait-il donc laissé éteindre son four ? — Quelques minutes plus tard, il venait frapper à l'épaisse porte de chêne si soigneusement close. On tarda longtemps à répondre. Enfin quelqu'un toussa de l'autre côté, et une voix cassée demanda qui était là. Robert se nomma, mais ce fut seulement après l'avoir reconnu par un petit guichet pratiqué au-dessus de la serrure que l'on consentit à entr'ouvrir la porte. — Bon Dieu ! Madelon, — dit le cadet de Briqueville en se glissant dans l'ouverture, — n'exagérez-vous pas les précautions que je vous ai recommandées ? Craignez-vous donc un assaut d'Anglais ou de brigands pour vous barricader ainsi en plein jour ?

— Ah ? monsieur Robert, je n'en saurais jamais faire assez, — répliqua la vieille femme en replaçant les lourdes barres qui assujettissaient intérieurement la porte; — il me tourne la tête avec ses craintes d'enfant; Dieu me pardonne! il a peur de laisser entrer le vent et le soleil !

— Et où est-il à cette heure, Madelon ?

— Dans la chapelle; mais ce n'est pas son travail qui l'occupe, je vous le garantis; il ne songe qu'à se lamenter, et...

Robert ne l'écoutait plus; il traversa la cour d'un pas rapide, puis une longue galerie, et entra dans la chapelle dont le prieur, autrefois, avait tant regretté de ne pouvoir opérer la restauration.

Cette chapelle avait maintenant un aspect tout particulier. Elle était encombrée de caisses, de creusets, d'instrumens à l'usage des verriers; au centre s'élevait un massif de briques construit récemment et qui avait la forme d'un four à verrerie. Ce four, de petite dimension, était déjà en activité, et sa cheminée, qui perçait la voûte de l'édifice, ne devait pas être étrangère à cette flamme mystérieuse dont l'apparition pendant la nuit causait tant d'alarmes dans le voisinage. Néanmoins le four était à demi éteint en ce moment; les piles de bois destinées à l'alimenter étaient jetées en désordre sur les dalles, avec les cendres de fougère et de varech, les sables, le calcin et les autres matériaux employés pour la fabrication du verre.

Une certaine obscurité régnait dans la chapelle, à cause du four qui masquait en partie les fenêtres ogivales, et Robert n'aperçut d'abord que Paola. La jeune Italienne, debout en face de la porte, se penchait d'un air inquiet pour reconnaître le survenant. A la vue de Robert, elle rougit un peu, et, s'adressant à une personne encore invisible, elle s'écria :

— Je vous le disais bien, mon père, c'est monsieur le cadet; qui donc pourrait venir, sinon lui ?... Allons ! ne voulez-vous pas saluer monsieur de Briqueville ?

Et, s'approchant de Robert, elle lui tendit la main, que le maître du château porta distraitement à ses lèvres.

Cependant on ne se pressait pas de se rendre à l'appel de Paola.

— Ah ! c'est monsieur de Briqueville, — répéta une voix gémissante qui partait d'un coin sombre; — mais est-il seul, ma fille ? Es-tu bien sûre qu'il soit seul?

— Oui, oui, je suis seul, mon cher Vicenti, — répliqua Robert; — mais, au nom de tous les saints du paradis, à quoi pensez-vous donc?

Rassuré par le son de cette voix connue, Marco Vicenti se décida enfin à sortir de sa cachette. Il était maigre, décharné; il avait le teint blême ; ses yeux caves et hagards avaient une expression d'égarement, sa barbe et ses cheveux étaient en désordre ; la blouse de verrier qu'il portait par-dessus ses autres vêtemens était en lambeaux; enfin son extérieur attestait un abandon complet de lui-même.

Il examina le cadet de Briqueville avec une défiance farouche; puis il dit d'un ton où perçait un reste d'effroi :

— Ce n'est pas l'heure où d'ordinaire vous venez au château, monsieur le cadet; auriez-vous donc une mauvaise nouvelle à m'apprendre? Est-ce que le sbire se serait échappé de la prison de Roquencourt ? Est-ce que l'on saurait...

— Personne ne s'est échappé et je n'ai aucune mauvaise nouvelle à vous transmettre, mon bon Vicenti, — répliqua Robert en haussant les épaules ; — voyons, revenez à vous. Encore une fois vous n'avez rien à craindre sinon les chimères que votre imagination vous crée... Mais que vois-je, Vicenti ? votre four va s'éteindre et vous n'avez pas même songé à *fritter* les matières que nous devons fondre la nuit prochaine.

— Je n'ai pu encore décider mon père à se mettre à l'ouvrage, — dit Paola tristement ; — il est en proie à un découragement inconcevable ; et c'est moi-même qui ai jeté du bois depuis quelques heures pour empêcher le four de se refroidir.

— Qu'exige-t-on de moi ? — reprit Vicenti en s'asseyant et en appuyant ses mains sur ses genoux d'un air morne; — je suis condamné, je suis perdu ! Celui qui doit me tuer attend son jour et son heure, et, quand j'y penserai le moins, il me frappera... Vous avez beau le retenir en prison, j'ai beau moi-même demeurer soigneusement enfermé dans ce château fortifié, je n'échapperai pas à ses coups. Vous ne savez pas, vous autres, ce que c'est que la seigneurie de Venise et le conseil des Dix ! Leurs agens ouvrent les portes les mieux fermées, renversent les murailles les plus solides. En quelque endroit que vous soyez, ils vous suivent; invisibles, ils vous guettent dans l'ombre. Si vous échappez à l'un, il en vient un autre, et puis un autre, jusqu'à ce que vous soyez tombé sous leur poignard... Oh! maudit soit le jour où j'ai attiré sur moi la colère des inquisiteurs de Venise, qui ne pardonnent jamais ! Ils me poursuivront jusqu'à mon dernier souffle... Il n'y a plus qu'une chance de leur échapper, — poursuivit-il en se levant précipitamment, — c'est de partir sans que personne sache où je porterai mes pas; peut-être, dans cet immense royaume de France, les bravi finiront ils par perdre mes traces... Mais plus je tarde, plus ce projet devient difficile à exécuter.... Ma fille, partons la nuit prochaine, partons ce soir... Tu ne veux pas qu'on poignarde ton père, n'est-ce pas ? Monsieur le cadet nous aidera; il est bon, il m'a défendu déjà, il nous procurera les moyens d'accomplir secrètement notre projet... Il faut partir... Je veux partir! —Et le malheureux se promenait d'un pas saccadé, la poitrine haletante, l'œil égaré, comme s'il eût déjà vu briller dans l'ombre de la chapelle le poignard qui devait le frapper. Sa fille le prit dans ses bras, et le força doucement à se rasseoir, en lui adressant des paroles pleines de tendresse. Robert lui-même saisit la main du verrier :

— Allons ! mon cher Vicenti, — dit-il, — reprenez courage ; ne pouvez-vous penser et agir en homme, que diable ! Si un danger était à craindre, et il commencerait seulement pour votre fille et pour vous quand vous ne seriez plus à l'abri de ces fortes murailles... Je vous demande seulement huit jours, mon cher œuvre commune: Ce délai expiré, je vous fournirai les moyens de quitter ce pays sans danger, de vivre tranquille avec Paola dans le coin de la France où vous vous serez réfugiés ; je m'entendrai à cet égard avec Michaud; nous ne négligerons rien pour assurer votre bien-être ; mais nous avons besoin de huit jours encore.

En même temps il apprit à Vicenti comment il avait été convenu avec Michaud que les expériences relatives à la fabrication des glaces de Venise seraient faites solennellement quelques jours plus tard, et comment de nombreuses invitations devaient être déjà envoyées aux personnages marquans de la province. Alors l'Italien donna les signes d'une véritable folie. Il se remit à courir dans la chapelle, en criant :

— Jamais, jamais...! Que deviendrais-je en présence de tous ces grands personnages, en présence de cette foule de gens inconnus ?... L'attention se fixerait sur moi, on devinerait qui je suis. Non, non, je ne veux pas qu'on

me voie, qu'on prononce mon nom, que l'on soupçonne même ma présence ! Je veux partir à l'instant, dussé-je partir seul, à pied, sans pain et sans vêtemens... Monsieur de Briqueville n'a plus rien à apprendre de moi ; il connaît ces secrets qui feront sa fortune et sa gloire... Je veux partir. — Comment combattre cette détermination obstinée, aveugle, qui se fondait non sur des motifs raisonnés mais sur des inspirations d'un esprit pusillanime? Cependant Paola et Robert, après avoir laissé passer le premier moment, essayèrent de rappeler Vicenti à des idées plus calmes. Paola surtout lui parlait avec un accent de tendresse et de fermeté, entremêlant ses discours de phrases italiennes qni semblaient produire une vive impression sur lui. Aussi finit-il, de guerre lasse, par se montrer moins déraisonnable.—Il est possible, *Paola mia*,— reprit-il enfin, — que j'exagère un peu le danger, et, d'autre part, j'aurais vraiment bien des choses encore à montrer au cadet de Briqueville ; mais demeurer seul avec toi et deux autres femmes, dans ce château, si près de mon ennemi...

— Eh bien ! mon cher Vicenti, — répliqua Robert, si cette solitude vous effraye, je viendrai m'établir ici avec votre apprenti Nicolas, et je veillerai moi-même à votre sûreté.

— Quoi ! monsieur le cadet, — demanda Paola en rougissant, — vous songeriez à vous installer complétement à Briqueville ?

— Oui, oui, venez-y ! — s'écria Marco Vicenti avec vivacité ; — venez-y, je vous en conjure ! Vous êtes courageux, vous savez vous servir habilement de toute espèce d'armes ; auprès de vous je n'aurai plus peur. Seulement je ne saurais assister à cette assemblée de grands personnages, je ne consentirai jamais à paraître en public... Non, cela serait au-dessus de mes forces.

— Consentez du moins, — reprit Robert, — à rester jusque-là et à compléter nos expériences. La veille du jour désigné, je m'engage sur l'honneur à vous donner congé si vous persistez dans votre résolution.

— Dans ce cas je pourrais... Mais on gardera étroitement le prisonnier là-bas à Roquencourt, n'est-ce pas ? On le mettra dans un cachot bien profond, avec des fers aux mains et aux pieds, et on ne le laissera parler à personne ?

La frayeur rendait féroce le pauvre Vicenti, et Robert ne put s'empêcher de sourire.

— Toutes les précautions seront prises, — répliqua-t-il, — afin que cet homme demeure dans l'impuissance absolue de vous nuire.

— A la bonne heure ! Eh bien ! dans ces conditions, je puis me risquer encore quelques jours... Mais vous ne me quitterez pas ?

— Je resterai à Briqueville jusqu'à la fin des travaux.

— Allons ! je suis tranquille ; quand vous êtes près de moi, je me sens plus fort, plus courageux. — En ce moment le marteau retentit bruyamment contre la porte extérieure : Vicenti fit un bond en arrière et tressaillit de nouveau.— Qui vient encore ? —reprit-il d'une voix étouffée. — C'est à moi qu'on en veut!... on me cherche... où me cacher?

Et il voulait s'enfuir; Robert le retint en lui disant avec impatience :

— Vicenti, n'avez-vous pas de honte ? C'est Nicolas.

En effet, Nicolas entra bientôt en sautillant dans la chapelle. Sans s'inquiéter des frayeurs du verrier, il vint annoncer au cadet que ses ordres étaient exécutés. Pendant ce court dialogue entre Robert et le neveu de Madelon, Vicenti s'était peu à peu rassuré :

— Ne m'avez-vous pas dit, — demanda-t-il à Robert,— que ce jeune homme resterait aussi au château avec nous ? Il est moqueur, mais alerte, rusé, et il saurait flairer le danger si le danger devenait plus menaçant.

— Oui, mon cher Vicenti, Nicolas ne nous quittera plus, car aussi bien nous ne pourrions nous passer désormais de ses services.

L'Italien se redressa tout à coup.

— Eh bien ! donc, — reprit-il, — songeons à notre besogne ; nous n'avons pas de temps à perdre d'ici au jour de mon départ... Ranimons bien vite le feu ; toi, Nicolas, jette du bois... Nous allons faire la fritte des matières destinées aux glaces. Je vous promets une fonte si nette et si pure que jamais Murano n'aura rien produit de plus parfait... Surtout, monsieur le cadet, que l'on tienne soigneusement fermée la porte du château !

Et le bonhomme se mit à l'ouvrage avec une activité fiévreuse, assisté de Nicolas. Comme Briqueville lui même passait dans une pièce voisine pour prendre ses vêtements de travail, il dit à Paola, qui suivait des yeux avec inquiétude chaque mouvement de son père :

— Grâce à vous, chère Paola, le voilà redevenu maniable.

— Il est vrai, — répliqua la jeune fille d'une voix sourde, — mais cet état ne peut durer. Si mon malheureux père ne mourait pas du poignard des sbires, il mourrait certainement de ses insomnies, de ses incessantes terreurs... Voyez comme déjà il est maigre, pâle, affaibli !... Ah ! Robert, l'œuvre de votre élévation nous coûtera peut-être bien cher à lui et à moi !

— Que voulez-vous dire, Paola ? craindriez-vous réellement...

— Rien, ne m'interrogez pas, — répliqua l'Italienne avec une sorte d'égarement ; — je ne veux penser à rien, je ne veux rien prévoir, rien deviner... mais que le ciel ait pitié de nous ! — Elle reprit avec effort, après une courte pause : — Vous avez reçu tout à l'heure, Robert, des nouvelles de... du château d'Helmières ; ces nouvelles sont-elles satisfaisantes ?

— Hélas ! non, mon amie, — répondit le cadet sans se douter du supplice qu'il infligeait à sa confidente ; — on est toujours fâché contre moi, on refuse de recevoir mes lettres...

— Ayez bon courage ! dit la jeune fille avec un sourire douloureux ; — cette colère tombera quand la vérité sera connue, et vous venez de fixer un délai prochain à la manifestation de cette vérité. Quand vous serez riche et puissant, on ne manquera pas de se rapprocher de vous. On saura combien était peu de chose dans vos affections une humble créature que la nécessité et votre propre intérêt ont retenue quelque temps sous votre toit... Je disparaîtrai avec mon père, et l'oubli tombera sur nous, tandis que vous jouirez de toutes les prospérités.

Elle sourit encore, et, sans laisser à Robert le temps de répondre, elle s'enfuit... peut-être pour aller pleurer dans un coin de cette vaste demeure.

Quelques instans plus tard, la flamme mystérieuse qui avait tant excité la curiosité des gens du pays brillait avec plus d'éclat que jamais au-dessus du château de Briqueville.

XII

LE RETOUR.

La veille du jour désigné pour la fabrication de la première glace française, beaucoup de personnes notables arrivèrent à Roquencourt. C'étaient d'abord les maîtres verriers de toute la Normandie, puis de hauts fonctionnaires parmi lesquels se trouvaient le grand prévôt, des conseillers au parlement de Rouen, et même, suivant le désir de Michaud, monsieur Renaut de Candolle, le commissaire royal chargé de poursuivre les usurpateurs de la noblesse. Les industriels se logèrent à la verrerie, les magistrats et les dignitaires au couvent et dans les châteaux du voisinage. Un courrier dépêché au prieur avait

annoncé que monsieur de Beaumont, intendant de la généralité de Caen, était en route avec un personnage délégué par monsieur le contrôleur général des finances pour assister aux expériences, qu'ils couchaient le soir même à Bayeux, et qu'ils se trouveraient le lendemain dans la matinée à Roquencourt. Cette nouvelle avait achevé de mettre tout en émoi dans le bourg bas normand, on se demandait avec curiosité qui pouvait être ce délégué du puissant ministre Colbert.

Le soir, un grand souper réunit dans le réfectoire du couvent tous les voyageurs de quelque importance. Le prieur et les pères dominicains firent les honneurs de leur maison avec cette courtoisie onctueuse et prévenante qui caractérisait alors les moines, et comme le vin était délicieux, la chère délicate, rien ne pouvait manquer à leur accueil. Cependant on se retira de bonne heure, et, quand les hôtes du monastère eurent été reconduits à leurs chambres, le prieur réunit dans la bibliothèque ses conseillers ordinaires, afin d'aviser avec eux aux moyens de rendre la réception du lendemain encore plus somptueuse, car l'intendant et son noble compagnon devaient prendre un repas à Sainte-Marie de Roquencourt, peut-être même y coucher.

Ces arrangemens retinrent assez tard le prieur et son chapitre ; quand on se sépara, il n'était pas loin de minuit. Au dehors, la nuit était sombre ; une pluie froide fouettait les vitres du couvent. Débarrassé des mille soins divers qui l'avaient réclamé pendant la soirée, le père Ambroise se disposait à se coucher, quand on sonna violemment à la porte extérieure. Soit que le frère portier fût déjà endormi, soit qu'il fût occupé ailleurs, il ne se pressait pas d'ouvrir. Alors on se remit à sonner avec une vigueur et une constance telles qu'il devenait tout à fait impossible de ne pas les entendre. Le prieur allait lui-même s'enquérir de la cause de ce vacarme, quand un bruit de voix qui parlementaient lui fit supposer que le visiteur nocturne était enfin parvenu à attirer l'attention ; puis des pas précipités résonnèrent dans la galerie voisine, et le frère portier entra tout effaré.

— Mon révérend père, — dit il, — un mendiant demande le gîte pour cette nuit.

— Et depuis quand, — répliqua le prieur avec sévérité, — avez-vous besoin de mon consentement en pareil cas ? Pourquoi faites-vous attendre ce malheureux à la porte par cet horrible temps ? Hâtez-vous de lui ouvrir et de lui donner un souper et un lit.

— Un souper, rien n'est plus facile, mon révérend père ; mais un lit, c'est une autre affaire. Notre sainte maison est remplie, autant qu'elle peut en contenir, d'hôtes respectables qu'il ne nous serait pas permis de déplacer. D'ailleurs ce mendiant a une si effroyable mine...

— Qu'importe la mine ? Vous devez penser seulement, cher frère, qu'il a faim, qu'il a froid, qu'il est fatigué, et prendre pitié de ses souffrances. Ouvrez-lui la porte, vous dis-je, les provisions ne manquent pas, et l'on trouvera bien dans le couvent un endroit convenable pour le coucher.

— J'obéis, mon révérend père ; mais je ne vous ai pas dit... cet homme demande à vous parler.

— A moi !

— A vous-même, et comme je lui répondais que personne ne pouvait vous voir à pareille heure, il m'a dit en jurant que, fussiez-vous déjà couché, vous ne manqueriez pas de vous relever pour le recevoir.

— Voilà qui est singulier ! et s'est-il nommé ?

— Non, mais il m'a remis le cachet que voici, en affirmant que vous le reconnaîtriez bien.

Il présenta au prieur un lourd anneau d'argent dont le chaton ciselé représentait des armoiries.

Le père Ambroise s'approcha de la lumière ; à peine eut-il jeté un coup d'œil sur le cachet qu'il pâlit.

— Bonté divine ! — s'écria-t-il, — ce sont les armes de... c'est LUI ! Quels nouveaux malheurs nous annonce sa présence ?... Cher frère, — ajouta-t-il aussitôt, —

amenez-moi cet inconnu ; il pourrait s'impatienter d'attendre... amenez-le moi ; puis vous lui apporterez à souper ici même.

— Quoi ! mon révérend père, vous voulez... Mais je supplie Votre Révérence de me pardonner si je lui représente que ce mendiant pourrait être dangereux. Il est couvert de haillons, il a une figure sinistre...

— Gardez-vous des jugemens téméraires, mon frère, et ne vous écartez pas de la charité chrétienne. Allez vite et songez que la curiosité, comme l'incontinence de langue, est un péché mortel. — Le frère s'inclina humblement et se dirigeait déjà vers la porte quand le prieur le rappela :

— Toute réflexion faite, — dit-il, — après avoir conduit ici... la personne qui demande l'hospitalité, vous vous tiendrez dans l'antichambre avec le frère Eustache, et vous accourrez l'un et l'autre au premier appel... Vous m'avez bien compris?... Ave, cher frère.

Le père Ambroise paraissait extrêmement troublé. Demeuré seul, il se mit à écouter avec anxiété les plus faibles rumeurs qui s'élevaient dans cette vaste maison. Du reste son attente ne fut pas longue ; bientôt il entendit de nouveau le pas ferme et mesuré du frère, suivi d'un pas traînant, irrégulier, au son mat, comme eussent pu en produire sur les dalles de vieilles chaussures mouillées, et le moine introduisit l'inconnu.

Ce personnage avait un aspect à la fois piteux et repoussant. Il se drapait dans un petit manteau déchiré et ruisselait de pluie ; son haut-de-chausse et ses bas étaient troués, souillés de boue. Son chapeau n'avait plus de forme, et les boucles flasques de sa perruque de filasse retombaient à plat sur ses épaules. Sa figure, qu'il essayait de cacher, était maigre, ridée, d'un jaune livide, et ni les ciseaux ni le rasoir n'avaient touché sa barbe depuis six mois. Ses yeux, caves, enfoncés, paraissaient éteints, bien qu'ils jetassent par intervalles un éclat menaçant. Toute sa personne attestait les privations, la fatigue, la misère ; mais une sorte d'orgueil, un sentiment de révolte se révélaient encore dans son attitude, malgré son abaissement actuel.

Dès qu'il entra, le prieur, saisissant un massif chandelier, examina rapidement son nouvel hôte. Celui-ci soutint cet examen avec calme, et un sourire effleura ses lèvres par-dessous sa moustache. Il ôta son vieux feutre dégouttant d'eau et dit d'un voix rauque :

— Dieu vous garde, révérend père !

Le prieur recula d'un pas, et, déposant le chandelier sur la table, il murmura machinalement :

— Plus de doute, c'est en effet... — L'autre posa le doigt sur sa bouche ; le père Ambroise put s'arrêter à temps. — Cher frère, — dit-il en s'adressant au portier, — exécutez mes ordres. — Le frère s'inclina et sortit. A peine eut-il disparu que le prieur reprit avec précipitation :

— Pour Dieu ! chevalier de Briqueville, comment se fait-il que vous arriviez à pied, au milieu de la nuit, dans ce misérable équipage, et que vous sembliez ne vouloir pas être reconnu?

— C'est justement parce que j'arrive à pied et en misérable équipage, mon oncle et révérend père, que je ne tiens pas à être reconnu, sans compter que j'ai encore bon nombre d'autres raisons... Mais, de par le diable! — ajouta-t-il en se laissant tomber dans un fauteuil, — je suis brisé, rompu, anéanti, et je ne saurais prononcer un mot avant d'avoir bu et mangé... Depuis ce matin je marche par cette pluie battante, et je suis encore à jeun.

— Prenez patience, on va vous servir à souper. . D'où venez-vous en dernier lieu ?

Briqueville lui lança un regard oblique, comme pour s'assurer jusqu'à quel point le prieur était au courant de ses affaires.

— De fort loin d'ici, — répliqua-t-il évasivement, — et toujours à pied... C'est là, corbleu! ce qui m'humilie le plus... Moi, un Briqueville, un gentilhomme, marcher comme un croquant! Mais ce piètre costume me faisait repousser de tous les gens de qualité. Dans les auberges,

je gagnais quelquefois mon gîte et mon souper en jouant aux cartes et aux dés avec de bons drilles qui se trouvaient là ; souvent aussi je n'étais pas le plus fin, et je me laissais plumer par des escrocs ; aussi, depuis trois jours, ai-je perdu mon dernier sou... et j'ai vécu de ce que je ramassais dans les champs... une fort maigre chère, monsieur le prieur !

Quoiqu'il essayât de plaisanter, sa voix s'éteignait, et il semblait près de tomber en faiblesse. Le bon moine fut touché de l'état où il le voyait.

— Ah ! Briqueville, Briqueville, — dit-il en soupirant, — je voudrais être certain que vous n'avez pas mérité ces fatigues, ces humiliations, ces souffrances !

Comme le chevalier allait répondre, le portier et le frère Eustache entrèrent portant du pain, quelques viandes froides et une bouteille de vin. A la vue de la nourriture, les yeux de l'affamé s'animèrent, mais il eut la force de détourner encore la tête afin de cacher ses traits.

Bientôt le couvert fut mis, et le prieur invita son hôte à prendre place. On n'eut pas besoin de répéter à Briqueville cette invitation, il s'assit et se mit à manger avec une avidité qui semblait fort amuser les frères ; mais le prieur les congédia, et ils se retirèrent dans l'antichambre, comme on le leur avait prescrit précédemment.

Le père Ambroise, demeuré seul avec son parent, ne songea pas à reprendre la conversation interrompue, et Briqueville, de son côté, s'occupait uniquement de satisfaire son formidable appétit. Le prieur était devenu pensif ; il réfléchissait aux cruels embarras, aux dangers peut-être que ce retour imprévu allait causer à Robert. Il s'épouvantait des conséquences possibles de cet événement, au milieu des circonstances critiques où se trouvait le cadet de Briqueville, et il profitait de ce moment de repos pour songer à la conduite qu'il devait tenir lui-même.

Cependant le voyageur avait englouti avec une rapidité étonnante tout ce qu'on lui avait servi ; comme le père Ambroise n'y prenait pas garde, il lui dit d'un ton suppliant :

— De grâce, mon révérend, encore une bouteille !

Le prieur sourit et agita une sonnette... Aussitôt les deux frères lais apparurent avec une rapidité témoignant de la méfiance que leur inspirait le voyageur déguenillé. Eustache, après avoir entendu l'ordre du supérieur, apporta ce qu'il demandait, puis il retourna se mettre au guet dans la pièce voisine avec son compagnon.

Briqueville vida lestement la seconde bouteille, et alors il parut se trouver dans cet état de choses où l'on n'éprouve plus aucune répugnance à écouter des questions et à y répondre.

— A présent, monsieur le chevalier, — demanda le prieur avec gravité, — vous voudrez bien, je l'espère, me donner enfin quelques explications, et m'apprendre notamment quels sont vos projets en revenant dans ce pays où, j'ai regret de le dire, vous n'avez pas laissé de bons souvenirs.

Briqueville vida lestement un dernier verre de vin.

— Hum ! mon révérend père, — répliqua-t-il, — vous avez hâte, je crois, de me faire payer votre hospitalité... Qu'importe que je sois venu à Roquencourt pour ceci ou pour cela ? Ne suffit-il pas qu'il ait besoin d'assistance pour avoir droit à un bon accueil dans votre monastère, et m'en repousseriez-vous par cela seul que je suis votre parent et le chef de la famille de Briqueville ?

— Tous les malheureux ont droit en effet à notre assistance ; mais de notre côté nous avons bien le droit de nous informer si ceux qui la réclament en sont vraiment dignes ; or je comprends difficilement, chevalier de Briqueville, qu'un motif honnête vous amène dans un pays où vous vous êtes créé des ennemis puissans.

— Ah çà ! le vieux d'Helmières me garderait-il encore rancune pour cette ancienne affaire? Combien de gentilshommes de fort bonne maison ont fait cent fois pis. On doit pardonner quelque chose à la jeunesse... Mais rassurez-vous, parent; je ne compte pas me montrer en public sous ce costume, qui, je l'avoue, ne convient guère à ma qualité. Vous voudrez bien me procurer des vêtemens plus présentables, et je ne vous importunerai pas longtemps de ma présence quand j'aurai accompli ma tâche à Roquencourt.

Les dernières paroles de Brieqville avaient éveillé les inquiétudes du prieur.

— Mais encore une fois quelle est cette tâche?—demanda le père Ambroise.

— Bon! mon révérend, —répliqua le chevalier en croisant les jambes et en se renversant dans son fauteuil,—ne dois-je pas me souvenir de temps en temps de la famille dont je suis chef, et venir m'assurer par moi-même si certaines personnes portent dignement mon nom?

— Et c'est vous, chevalier de Brieqville, —dit le prieur avec véhémence, quoique à voix basse, — c'est vous qui avez de tels scrupules? Pensez-vous que j'ignore ce que vous êtes devenu depuis la mort de votre père, et comment vous avez porté vous-même un nom dont vous vous montrez si jaloux? Obligé de vendre votre charge de capitaine, vous avez été jeté en prison pour avoir commis un meurtre sur un gentilhomme, à la suite d'une querelle de jeu.

— Ce que vous appelez meurtre, mon révérend père, — répliqua le chevalier en bâillant, — était un duel...

— Un duel où vous aviez négligé d'observer les règles d'usage.

— Bah! j'étais ivre en me battant contre ce gentilhomme; ne doit-on pas être indulgent pour le vin?

— Il me semble qu'au contraire... Mais il n'importe! A la suite de ce déplorable événement vous fûtes emprisonné.

— La famille de mon adversaire était si puissante!

— De la Bastille, où l'on vous enferma d'abord, vous fûtes transféré à Pierre-Encise, d'où vous êtes parvenu sans doute à vous échapper. Voilà pourquoi tout à l'heure vous avez refusé de dire votre nom au frère portier, et pourquoi vous craigniez tant d'être reconnu en entrant ici.

Brieqville eut un mouvement d'effroi.

— De par tous les diables! mon révérend, êtes-vous donc sorcier? Comment pouvez-vous donc savoir tout cela?

— Rien de plus simple; je n'ai pas besoin d'être sorcier pour me trouver parfaitement au courant de vos aventures. Notre ordre a des maisons dans toutes les parties du royaume; je me suis mis en communication avec les supérieurs de ces maisons, et j'ai su par eux tout ce qui vous touchait. C'est aussi par leur moyen que j'ai pu vous faire parvenir, en diverses fois, des secours d'argent. Vous les avez reçus sans doute?

— Oui, certes; c'est même le dernier envoi, plus fort que les autres, qui m'a permis de corrompre un de mes geôliers et de m'évader de cette odieuse forteresse de Pierre-Encise... Ainsi, mon révérend, c'était de votre part que m'arrivaient parfois quelques écus, comme une manne céleste, dans la solitude de ma prison? J'attribuais ces dons anonymes à un ami de débauche, à une maîtresse oubliée. Mordieu! si j'avais deviné que cet argent était argent de moine...! Eh bien! puisque vous vous êtes déjà si bien conduit envers moi, vous continuerez, j'espère, à me donner part à vos largesses. Votre couvent est riche, parent; vous avez la libre disposition de ses revenus, et vous pourez sans peine...

— Les revenus de la communauté appartiennent à la communauté, monsieur le chevalier; quant à moi, mes ressources sont bornées,.. D'ailleurs je dois vous dire la vérité; mon dernier envoi ne se composait pas seulement de mes économies, il renfermait encore celles de votre généreux frère, qui, malgré votre haine dénaturée...

— Mon frère! — répéta le chevalier, — ah çà! il a donc de l'argent, le petit cadet? Qu'est-il devenu? Est-il moine! est-il mousquetaire?.

— A votre tour, — dit le prieur en le regardant fixement, — ne savez-vous rien?

— Que diable saurais-je! On ne cause guère en prison, et on ne reçoit ni on n'écrit de lettres. Je suis dans l'ignorance la plus absolue de ce qui s'est passé ici pendant ces deux dernières années..... Mais d'où donc maître Robert aurait-il tiré de l'argent? Il n'avait ni sou ni maille lorsque je l'ai quitté; se serait-il fait voleur de grands chemins, ou, ce qui serait plus odieux encore, aurait-il embrassé cette méprisable profession de verrier, malgré mes ordres? Mort de ma vie! il aurait dans ce cas un terrible compte à me rendre!

Le père Ambroise comprit qu'il avait commis une faute en révélant la part de Robert dans les sommes envoyées au chevalier; il répliqua néanmoins avec fermeté:

— Vous n'avez aucun compte à demander, monsieur, et votre frère ne vous doit aucune obéissance; la loi actuelle, loi injuste et cruelle selon moi, vous donnait seulement la possession entière des biens de votre famille, et vous savez comment vous avez employé cet héritage. Si donc vous veniez ici animé d'intentions hostiles contre ce brave jeune homme, je le défendrais de tout mon pouvoir, je vous en avertis.

Cette réponse parut éveiller les passions fougueuses du chevalier; sa figure pâle s'empourpra; cependant il parvint à se contenir, et il reprit avec effort:

— Bien, bien, mon révérend père, ne nous brouillons pas; nous traiterons ces questions à loisir dans un autre moment, car la fatigue m'accable et le sommeil me gagne...

— On va vous conduire au logement qui a dû être préparé pour vous. Mais avant de nous séparer, monsieur de Brieqville, ne m'expliquerez-vous pas plus nettement ce que vous comptez faire à Roquencourt?

— Vous êtes dur pour moi, révérend père, — répliqua Brieqville avec amertume; — malgré mes torts, si j'en ai vraiment, ne me devez-vous pas aussi un peu de cette bienveillance que vous avez pour le cadet? Vous connaissez ma position: échappé de prison, j'étais dans l'obligation d'éviter Paris et les grandes villes, où je courais risque d'être arrêté; en quel lieu me réfugier sinon dans mon pays natal? Je comptais un peu sur vous, mon révérend père; puis je voulais aussi tirer quelque argent de ce procureur Gaillardet, qui pour une somme misérable a acquis de moi le château de Brieqville. Enfin j'éprouvais, je l'avoue, quelque curiosité d'apprendre ce qu'était devenu Robert... Voilà toute la vérité, mon révérend père. Maintenant, si ma présence ici vous est importune, il vous sera facile moyen de vous débarrasser de moi. Je vous demanderai seulement de me procurer des vêtemens convenables, de lester ma poche de quelques écus, et je disparaîtrai au plus vite; car peut-être en effet ne serait-il pas prudent à moi de séjourner à Roquencourt.

Ces paroles, prononcées avec un accent de sincérité, rassurèrent un peu le père Ambroise. Le chevalier, à bout de ressources, traqué de toutes parts et ne sachant où porter ses pas, pouvait réellement n'avoir eu d'autre intention, en revenant dans son pays natal, que de réclamer l'assistance de ses proches. Cependant le prieur reprit:

— Cela est-il bien vrai, monsieur? N'avez-vous en effet aucun mauvais dessein contre personne? En ce cas, ce ne sera pas en vain que vous aurez invoqué mon secours, et je vous satisferai dans le plus bref délai. Seulement, ne songez pas à revenir sur le marché conclu jadis avec Gaillardet au sujet du château de Brieqville, car ce marché a été exécuté loyalement jusqu'ici, et Gaillardet défendrait ses droits. Or, comme il est bailli du prieuré, il ne manquerait pas de vous faire arrêter aussitôt que vous lui auriez donné signe d'existence... Et à ce propos, Brieqville, je vous apprendrai que vous êtes arrivé ici dans un moment défavorable; aussi devrez-vous vous tenir soigneusement caché, surtout pendant la journée de demain.

— Et pourquoi cela, mon révérend père?

— Parce qu'une grande fête se prépare à Roquencourt ou dans les environs; notre maison est déjà pleine d'hôtes dont le voisinage serait dangereux pour vous. Vous n'êtes pas difficile à reconnaître, à cause de cette cicatrice que vous essayez en vain de cacher sous votre perruque et sous cette barbe de lansquenet. Or, parmi ces hôtes, je vous signalerai le grand prévôt de la sénéchaussée, des conseillers au parlement, et même le bailli Gaillardet, qui ne manquerait pas de vous reconnaître au premier coup d'œil. Enfin on attend encore ici demain, outre la noblesse du voisinage, monsieur l'intendant de la généralité et un autre personnage éminent envoyé par le contrôleur général des finances... C'est là, vous le voyez, une très haute compagnie dans laquelle il ne serait pas prudent de vous montrer.

— Serait-il possible? — reprit Briqueville; — voilà donc pourquoi tout à l'heure en passant j'ai vu tant de carrosses dans la cour et sous les hangars, tant de chevaux dans les écuries... Mais, pour Dieu! mon révérend père, quelle fête va-t-on célébrer ici?

— Une fête qui n'est pas ordonnée par l'Eglise, — répliqua le prieur d'un ton bref; — il s'agit d'une découverte qui intéresse, à ce qu'on dit, l'industrie verrière de toute la France... Ainsi donc, Briqueville, soyez prudent, et demeurez caché jusqu'à ce que ces grands personnages soient partis, car tout mon crédit ne pourrait vous soustraire aux conséquences de votre témérité.

— Il suffit, mon révérend père; je me tiendrai coi dans la chambre que l'on va me donner. Je suis si fatigué de mon long voyage pédestre que je resterais volontiers couché pendant un jour ou deux... Oui, oui, j'éviterai la présence du grand prévôt et même du bailli Gaillardet, je vous le promets sans peine.

Ces arrangemens achevèrent de rassurer le prieur; au moment de toucher la sonnette pour appeler les frères servans, il ajouta d'un ton plus ouvert:

— Comme vous ne pouvez porter ici votre vrai nom, chevalier de Briqueville, vous vous appellerez de la Morinière tant que vous demeurerez sous notre toit. Ce de la Morinière était un gentilhomme qui a disparu depuis longtemps, et qui était parent d'un de nos pères aujourd'hui défunt... Si je commets une faute en faisant ce mensonge, je prie Dieu de me la pardonner, car je n'ai que des intentions louables. — Sans attendre de réponse, il agita la sonnette, et les frères lais parurent. — Que l'un de vous, mes frères, — dit-il, — conduise monsieur de la Morinière à sa chambre.

— Monsieur de...

— De la Morinière, un gentilhomme, — répéta Briqueville avec beaucoup de gravité en se redressant.

Il fit au prieur un signe d'intelligence, salua, et sortit avec Eustache, qui marchait en avant, une lampe à la main.

Le frère portier demeurait debout devant le prieur, qui lui dit après un mouvement de réflexion:

— Où avez-vous placé monsieur de la Morinière, mon cher frère?

— Je ne sais si je n'aurai pas encouru le blâme de Votre Révérence, — répliqua le portier avec embarras; — mais, ne sachant où loger ce nouveau venu, j'ai eu l'idée...

— Achevez donc!

— Eh bien! révérend père, le seul lit disponible était celui qui se trouve dans la chambre du prisonnier Lopès; il a bien fallu tirer parti de ce lit comme des autres.

— Quoi donc? — demanda le prieur effrayé, — avez-vous conduit monsieur de... la Morinière dans la chambre qui sert de prison?

— C'est une chambre comme une autre, sauf qu'elle a des barreaux aux fenêtres et que la porte en est un peu plus solide. D'ailleurs, s'il faut tout dire, mon révérend père, il me paraît sage d'avoir l'œil sur ce monsieur de la Morinière; quoique vous le connaissiez peut-être, sa mine ne prévient pas en sa faveur, et, quant à moi, je

ne laisserais pas volontiers nos chandeliers d'argent à sa portée.

— Cependant, cher frère, vous n'eussiez pas dû, sans me consulter, installer ce gentilhomme dans la prison où se trouve déjà un malfaiteur. Si monsieur de la Morinière apprenait de son compagnon de chambre en quel endroit et avec qui vous avez jugé à propos de le loger...

— Lopès n'est pas causeur, mon révérend père; habituellement on ne peut tirer un mot de lui... En vérité, on devrait bien nous débarrasser de cet homme, qui nous oblige à une surveillance comme si nous étions des geôliers de prison royale. Son affaire ne sera-t-elle pas bientôt instruite, et ne fera-t-on pas maison nette de ce farouche Italien? Mais vous savez mieux que moi comme il convient d'agir... seulement ne craignez pas qu'il y ait aucune communication ce soir entre ce monsieur de la Morinière et Lopès; et si demain, au jour, le gentilhomme se plaignait du voisinage, on s'excuserait sur la nécessité et on le conduirait ailleurs.

— Allons! soit, puisque le mal est sans remède. Dans tous les cas, on ne négligera pas d'enfermer soigneusement le prisonnier.

— Non, non, Votre Révérence, et j'ai bien recommandé au frère Eustache de donner en sortant un double tour de clef à la serrure... Vous verrez que monsieur de la Morinière ne se sera aperçu de rien, et d'ailleurs je ne le crois pas difficile.

Le prieur, malgré toutes ces raisons, n'était pas satisfait de cet arrangement; il redoutait, sans savoir nettement pourquoi, des rapports possibles entre Briqueville et le mystérieux aventurier. Cependant il congédia le frère, après lui avoir donné quelques ordres relatifs au service, et lui-même demeura libre de prendre un peu de repos.

XIII

LA PRISON DU PRIEURÉ.

Comme l'avait supposé le portier, Briqueville n'avait manifesté ni étonnement ni répugnance quand Eustache l'avait introduit dans une chambre dont un des lits se trouvait déjà occupé. A cette époque, il n'était pas insolite que l'on couchât deux hôtes inconnus l'un à l'autre dans une même chambre, voire dans un même lit; et l'affluence de tant d'étrangers au couvent de Sainte-Marie eût justifié cette nécessité au besoin.

Aussi le chevalier n'eut-il même pas l'idée de demander qui dormait dans le lit voisin du sien. La fatigue l'accablait; le vin qu'il avait bu, après une longue abstinence, l'avait étourdi; il chancelait sur ses jambes, ses yeux se fermaient. Sans écouter les paroles oiseuses du frère, qui croyait devoir lui faire les honneurs du logis, il se glissa derrière les grands rideaux de serge, quitta lestement ses haillons mouillés, et se laissa tomber sur la couche qui lui était destinée. Il n'entendit pas Eustache lui dire bonsoir, il n'entendit pas la clef tourner deux fois dans la massive serrure; il dormait déjà d'un sommeil lourd, irrésistible, sans intermittences et sans rêves.

Il était grand jour quand le bruit qui se faisait dans le monastère, le mouvement des carrosses et des chevaux qui arrivaient sans cesse, finirent par éveiller le chevalier de Briqueville. Il écarta vivement son rideau, et essaya de se rappeler comment il se trouvait dans ce lieu inconnu. Près de la fenêtre, garnie de barreaux de fer, se tenait un homme dont les vêtements étaient à peine moins délabrés que les siens, dont la mine était non moins rébarbative que la sienne. Cet homme semblait regarder assidûment les personnes qui allaient et venaient dans la cour au-dessous de lui.

Briqueville, la tête encore alourdie par le sommeil, avait peine à recueillir ses idées, il dit à haute voix comme à lui-même :

— Où diable suis-je donc? — Lopès lui jeta un regard froid et distrait; mais il ne jugea pas convenable de répondre à une question qui sans doute ne s'adressait pas à lui. Briqueville, toujours irascible, fut choqué du silence dédaigneux de son compagnon de chambre. Il se redressa sur son lit, et dit en tortillant son épaisse moustache :—Ohé! l'ami, m'avez-vous entendu?... Mais, au fait, qui êtes-vous vous-même et comment vous trouvez-vous ici?

Lopès le regarda de nouveau d'un air indécis, ne sachant si cette question était sérieuse. Toutefois le ton et les manières de l'ancien capitaine lui imposèrent, et il répondit laconiquement :

— Vous ne pouvez ignorer, monsieur, que vous êtes dans la prison du prieuré de Roquencourt.

Briqueville fit un bond sur sa couche.

— Hein! — s'écria-t-il, — c'est ici une prison?... pas possible! — Lopès lui indiqua d'un geste silencieux les fenêtres grillées, la voûte, les épaisses murailles, la solide porte de chêne. — C'est impossible, vous dis-je, — poursuivit le chevalier en passant avec promptitude ses misérables vêtements encore humides, et en sautant à bas du lit; — il y a là une erreur sans doute... De par tous les démons de l'enfer! si l'on s'était ainsi joué de moi...

A demi vêtu, il courut vers la porte et essaya de l'ouvrir; mais il reconnut qu'elle était réellement fermée en dehors. Un blasphème s'échappa de ses lèvres.

— Quoi! — demanda Lopès au bout d'un moment, — n'avez-vous pas été arrêté par autorité de justice?

— Je suis venu de mon plein gré au couvent hier au soir; j'y suis entré en qualité d'hôte, d'ami, et peut-être mieux encore... J'ai soupé dans la chambre du prieur, qui m'a bien régalé de promesses... C'est une trahison, une infamie; mais, par la mordieu! je me vengerai; je mettrai le feu au couvent... j'exterminerai toute cette engeance maudite de moines nasillards et trompeurs! — Il allait et venait dans la prison comme un tigre dans sa cage. — J'en aurai le cœur net, — reprit-il enfin; — il faut que je sache si, oui ou non, je suis considéré comme prisonnier.

Il saisit un escabeau, en frappa bruyamment la porte, et appela de toute sa force; mais nul ne répondit.

— On ne saurait vous entendre, — dit Lopès toujours à la fenêtre; — il y a trop de bruit et trop d'activité en ce moment dans la maison. Mais venez par ici... un superbe carrosse entre dans la cour, et voici le prieur et les pères qui s'avancent pour recevoir les voyageurs... Eh bien! pourquoi n'appelez-vous pas maintenant? vous seriez facilement entendu.

Briqueville, à son tour, était accouru à la fenêtre, et, malgré son exaspération, il demeurait stupéfait devant le spectacle imposant qui frappait ses regards.

La prison était située au second étage d'une espèce de tourelle qui formait l'angle du monastère. De là on dominait toute la cour d'honneur, où se pressait une foule considérable. C'était un pêle-mêle de moines en frocs blancs, de gentilshommes aux vêtements galonnés, de dames en coiffes hautes et en vertugadins, de magistrats et d'hommes de loi en simarres et en perruques monumentales. Au milieu de cette masse confuse couraient des laquais et des pages aux livrées bariolées, des frères servans, des enfans; au dehors, on apercevait une foule à peine moins compacte de curieux et de curieuses, composée de tous les habitants de Roquencourt et des bourgades du voisinage.

Comme l'avait dit Lopès, l'attention générale en ce moment était concentrée sur un grand et beau carrosse qui venait d'arriver. Ce carrosse, dont la boue des mauvais chemins normands avait fort endommagé les dorures, était attelé de huit chevaux et escorté de six pages, sans compter les valets qui se tenaient devant et derrière la majestueuse machine. Ce train magnifique annonçait des voyageurs d'une grande importance; en effet, entre autres personnages éminens, la voiture contenait l'intendant de la généralité et le commissaire royal chargé de vérifier la réalité de la découverte annoncée.

Le prieur, qu'on avait prévenu de l'approche de ces hôtes illustres, les attendait à la tête de son chapitre pour les complimenter. Cependant, quand le carrosse s'arrêta, ce ne fut pas d'abord M. de Beaumont, la première autorité administrative de la province, qui mit pied à terre; ce fut un seigneur à mine sévère, au regard impérieux. Il était complètement vêtu de noir, avec un petit manteau de soie jeté sur l'épaule gauche. Il ne portait ni cordons, ni décorations, mais l'assurance de son maintien annonçait un homme plus habitué à commander qu'à obéir. A peine son talon rouge eut-il touché le sol, que l'intendant, monsieur de Beaumont, tout brodé d'or et décoré des ordres du roi, s'élança du carrosse à son tour, tenant son chapeau à la main. Ce fut à lui que le prieur adressa son compliment, et il l'engagea, ainsi que les autres voyageurs, à accepter un déjeuner au monastère avant de se rendre à Briqueville. L'intendant répondit avec politesse à l'invitation du père Ambroise; mais on observa que, en parlant, il se tournait d'un air suppliant vers le personnage vêtu de noir, comme pour solliciter son assentiment, tandis que celui-ci, le sourcil froncé, paraissait supporter avec impatience toute ces lenteurs et ce cérémonial.

Du reste la présence du commissaire royal avait causé une subite agitation parmi les gentilshommes et les dignitaires qui se pressaient autour de lui. Un frémissement courait dans l'assemblée, on se parlait à l'oreille avec vivacité, tous les fronts s'étaient spontanément découverts. Peut-être même les assistans eussent-ils manifesté leur respect d'une manière plus bruyante, si certaines considérations, par exemple la crainte de violer un incognito rigoureux, ne les eussent arrêtés. A peine Briqueville lui-même eut-il envisagé ce seigneur qu'il s'écria :

— Vraiment, si je n'étais ici à cent lieues de Marly et de Saint-Germain, je jurerais... Mais non, non, je me trompe sans doute.

— Cet homme noir qui accompagne l'intendant est donc un grand personnage? — demanda Lopès.

— Sans aucun doute; aussi avais-je cru d'abord... Mais, encore une fois, je me trompe. Celui que je pense n'aurait jamais daigné venir de si loin et pour si peu de chose.

Lopès paraissait en proie à de sombres réflexions :

— Et dire, — reprit-il à voix haute, — que cette fête, cette réunion de gens puissans, cette joie, ce triomphe, je n'ai pu, comme c'était mon devoir, empêcher tout cela! Mais mon zèle aura son heure ne peuvent tarder maintenant... Ce n'est pas pour rien que j'ai été sauvé de la mer et jeté dans ce pays par la tempête... Dieu et la Vierge l'ont décidé, ma mission finira par s'accomplir. — Briqueville, tout occupé des événemens de la cour, ne l'écoutait pas. Lopès reprit bientôt : — Eh bien! qui vous empêche d'appeler? — Mais le chevalier avait prudemment réfléchi; il venait de reconnaître au milieu de tout ce monde le grand prévôt de la sénéchaussée, le bailli Gaillardet, et d'autres magistrats contre lesquels il devait se tenir en garde. Or, s'il excitait un scandale en ce moment, il ne pouvait manquer d'être reconnu de sa famille, et dans ce cas le prieur, fût-il animé pour lui des sentimens les plus bienveillans, serait dans l'impuissance de le protéger. Aussi ne songea-t-il plus à élever la voix; il regarda les nobles voyageurs entrer dans le réfectoire avec le prieur et son chapitre, puis il se retira de la fenêtre sans même répondre à l'autre prisonnier.

— Pour Dieu! l'ami, — reprit-il après un nouveau silence, — expliquez-moi la cause de cette grande assemblée! De quoi s'agit-il? Que va-t-on faire? J'ai entendu dire qu'un verrier avait découvert un secret de quelque importance dans son vil métier, mais je ne peux croire que pour une bagatelle de ce genre la noblesse et les plus éminens fonctionnaires de la province se soient donné rendez-vous à Roquencourt.

— Cela est vrai pourtant, — répliqua Lopès d'une voix sourde; — on va fabriquer des glaces de Venise... et je ne peux l'empêcher!

— Cette découverte, — demanda Briqueville distraitement, — est sans doute l'œuvre de quelqu'un de ces souffleurs de verre qui ont l'audace de s'intituler gentilshommes.

— Oui, mais c'est un ouvrier vénitien, un misérable, un traître échappé des verreries de Murano, qui a révélé au cadet de Briqueville ce précieux secret.

Le chevalier se leva impétueusement.

— Que dites vous? — s'écria t il, — le cadet de Briqueville s'est fait verrier?

— Ne le saviez-vous pas? Mes gardiens, qui me tiennent volontiers au courant de ce qui se passe, assurent même qu'il est fort habile... Mais le véritable coupable, c'est cet odieux Vicenti, dont le cadet de Briqueville a séduit la fille... aussi le châtiment de Vicenti est-il déjà prêt.

Le chevalier se promenait dans la chambre en rugissant de fureur.

— Ah! je comprends tout à présent, — murmurait-il; — je m'explique les réticences de ce vieux coquin de prieur à mon égard, ses promesses hypocrites; je m'explique pourquoi il m'a fait enfermer par surprise dans cette prison... car je suis bien en prison... Il a voulu être certain que je ne pourrais gêner l'œuvre déshonorante à laquelle mon indigne frère va prendre part; mais, par les cornes de Belzébuth! on verra si l'on se moque ainsi de moi, on verra si je suis encore le chef de ma race, si je sais tenir mes sermens et punir les offenses! — S'arrêtant tout à coup devant Lopès, il lui demanda : — A quelle heure vous apporte-t-on d'ordinaire votre nourriture?

— Le frère Eustache ne peut manquer de venir bientôt, à moins qu'il ne soit retenu par le surcroît d'occupations.

— Vient-il seul habituellement?

— Il est accompagné quelquefois du frère portier.

— N'importe! Maintenant, l'ami, répondez-moi avec franchise; ne risqueriez-vous pas quelque chose pour obtenir votre liberté?

— Je risquerais ma vie, — répliqua Lopès dont les yeux brillèrent, — si j'avais seulement l'espoir d'être libre pendant une demi-journée... Cette demi-journée passée, on ferait de moi ce que l'on voudrait.

— Ainsi donc vous m'aideriez si je tentais de nous rendre libres l'un et l'autre.

— Je vous aiderais.

Le chevalier exposa son plan, qui était simple mais paraissait infaillible; Lopès promit de suivre exactement les instructions qu'on lui donnait.

Ces arrangemens pris, Briqueville regarda son voisin avec défiance :

— Ecoutez, l'ami, — poursuivit-il, — je ne sais qui vous êtes et pourquoi l'on vous retient ici... Quant à moi, si j'ai commis quelques peccadilles, ce sont des peccadilles de gentilhomme, et elles ne sauraient établir aucune égalité entre vous et moi. Or donc, aussitôt que nous serons hors d'ici, chacun de nous pourra tirer à droite ou à gauche, selon sa fantaisie; m'avez-vous compris?

— Vous prévenez mes désirs, — répliqua Lopès de sa voix sombre; — pour accomplir ma tâche, je n'ai nul besoin de compagnon... vous irez à vos affaires et moi aux miennes.

Un bruit de pas se fit entendre dans le corridor voisin, et aussitôt une clef s'introduisit dans la serrure. Briqueville adressa un signe rapide à Lopès pour l'engager à se tenir prêt; au même instant la porte s'ouvrit et frère Eustache entra dans la prison; il était seul, et il avait un grand panier au bras.

Le religieux, après avoir refermé la porte, déposa son

panier sur la table et en tira diverses provisions en disant avec volubilité:

— Pax vobiscum, mes frères !... Ah! monsieur de la Morinière, il faut que vous soyez bien avant dans les bonnes grâces de notre révérend prieur, car, au milieu de ses soucis de toute sorte, il m'a recommandé de ne vous laisser manquer de rien... Et pourtant jamais pareil jour ne s'est levé sur notre sainte maison... Quel d'honneur pour d'humbles religieux tels que nous !... Laus tibi Domine !

Eustache avait étalé sur la table les provisions qu'il avait apportées et en avait fait deux parts : l'une, composée de mets substantiels et délicats, était destinée à Briqueville : l'autre, moins recherchée, était à l'intention de Lopès. Mais ni Briqueville, ni Lopès, quoique affamés peut-être, ne paraissaient s'en apercevoir.

— Ah çà ! cher frère, — demanda le chevalier d'un ton contenu, — je ne suis donc pas prisonnier, comme j'avais tout lieu de le croire?

— Vous, prisonnier ! non pas, mon gentilhomme, — répliqua le moine en souriant d'une façon singulière ; — seulement, quand vous êtes arrivé hier au soir, il n'y avait pas d'autre lit à vous offrir dans toute la maison. Savez-vous que la nuit dernière plusieurs de nos pères ont été obligés de s'installer dans la sacristie ?

— Comme cela, cher frère, je pourrais sortir de cette... chambre si j'en avais le désir?

— Certainement, certainement ; mais Sa Révérence vous prie de n'en rien faire. La maison regorge de gentilshommes, et, comme vous êtes gentilhomme vous-même, ce qu'il paraît, votre costume actuel jurerait au milieu de leurs broderies et de leurs velours. D'ailleurs, le père prieur affirme qu'il serait imprudent d'attirer l'attention sur vous.

— Le prieur, en effet, — répliqua Briqueville avec ironie, — est plein de prévoyance et de bonté pour moi... Mais, en définitive, on m'empêcherait de sortir s'il m'en prenait la fantaisie?

— Et pourquoi sortiriez-vous? — répliqua le frère évasivement, — de cette fenêtre ne pouvez-vous voir avec commodité tout ce qui se passe dans la cour? C'est un fort beau spectacle. Et savez-vous qui est arrivé dans ce grand carrosse doré avec monsieur l'intendant? On défend de le dire, mais le secret est déjà connu de tout le monde : c'est monseigneur le contrôleur général, des finances, c'est le grand ministre Colbert en personne !

— Colbert! — répéta Briqueville avec stupéfaction; — je ne m'étais donc pas trompé! Le premier ministre ici, à Roquencourt, et cela pour voir un misérable ouvrier souffler des vitres ou des bouteilles!

— Il ne s'agit pas de vitres ou de bouteilles, — reprit Eustache avec quelque aigreur, — mais de glaces de Venise ; et ce travail ne sera pas exécuté par un « misérable ouvrier » mais par un gentilhomme verrier, monsieur le cadet de Briqueville, qui appartient à une des premières familles de la basse Normandie. Monseigneur le contrôleur général, qui s'y connaît, ne traite pas si légèrement cette découverte; il était à Rouen quand il a su la nouvelle, et il n'a voulu s'en rapporter à personne pour constater la vérité de cette précieuse invention... Il s'est mis en route sur-le-champ, et vous voyez qu'il arrive à l'heure fixée. Aussi dit-on que monsieur le cadet sera immensément riche s'il réussit, la chose semble certaine; peut-être même sera-t-il décoré des ordres du roi...

— Les ordres du roi, à lui! — s'écria le chevalier dans un état de fureur inexprimable; — lui cet enfant, cet aventurier, ce gentilhomme déchu, ce petit cadet de famille, lui devenir riche, recevoir les complimens du premier ministre, obtenir sa faveur peut-être !... C'est à n'y pas croire... c'est impossible... c'est faux... ! Par la mordieu ! ma tête se détraque et je perds la raison.

Le moine tout interdit allait peut-être demander la cause de ces transports incompréhensibles pour lui, quand un grand fracas de voitures et de chevaux s'éleva dans la cour. Frère Eustache courut à la fenêtre.

— Ah ! — dit-il, — pendant que nous bavardons le déjeuner a fini, et déjà notre illustre compagnie se dispose au départ. Monseigneur Colbert paraissait si impatient !... Oui, le voilà qui remonte dans son carrosse, et tous les autres se préparent à l'accompagner. Quel superbe cortége cela va faire !

Une ardente curiosité suspendit les emportemens du chevalier.

— Que dites-vous ? — demanda-t-il, — cette fameuse expérience ne doit-elle pas avoir lieu à Roquencourt, à la verrerie de maître Michaud ?

— Mais non, mais non ; ne savez-vous pas..., ? elle doit avoir lieu au château de Briqueville.

— A Briqueville que j'ai... qui appartient aujourd'hui au procureur Gaillardet ? Le château est-il donc devenu une verrerie ?

— Hum ! la chose ne serait pas incroyable. On parle d'un fourneau dont la flamme, aperçue au milieu de la nuit, a donné lieu à bien des suppositions... Mais vous ignorez encore, mon gentilhomme, que le château n'appartient pas à maître Gaillardet, peut-être même ne lui a-t-il jamais appartenu. Le possesseur du vieux manoir est actuellement monsieur le cadet de Briqueville, qui vient d'y établir sa demeure. On a voulu longtemps cacher cette circonstance à cause du chevalier de Briqueville l'aîné, un pêcheur endurci, un débauché capable de tous les excès, et qui aurait pu se mettre à la traverse ; mais à présent ce n'est plus un mystère, monsieur Robert de Briqueville est seul et légitime maître du vieux manoir de sa famille.

De tous les coups que le prétendu la Morinière avait reçus en plein cœur depuis quelques minutes, celui-là fut le plus douloureux. Il reprit d'une voix à peine intelligible :

— C'est faux !... Tu mens comme un réprouvé, moine imbécile !... Robert était pauvre, comment eût-il racheté Briqueville?

— Notre digne prieur pourrait peut-être le dire, — répliqua le frère effrayé de la violence de son interlocuteur ; — quant à moi, je n'en sais rien.

— Le prieur ! Oui, ce doit être le prieur qui a mené tout cela ! — s'écria Briqueville avec égarement. — Que les malédictions de l'enfer tombent sur lui ! Ah ! mon père avait raison ; Jacob a supplanté Esaü... le cadet a volé l'héritage de l'aîné... mais, je me vengerai !... De par tous les diables ! je vais me venger à l'instant ! — Puis, se tournant vers Lopès : — A moi ! compagnon, — s'écria-t-il avec force, — il est temps ! — Lopès était attentif, et, à vrai dire, il s'étonnait déjà des hésitations de son nouvel allié. Avant que frère Eustache eût pu deviner leur projet, tous les deux s'élancèrent sur lui, et un mouchoir plié en forme de bâillon fut attaché sur sa bouche. L'opération, toutefois, ne s'exécuta pas si promptement que le pauvre religieux n'eût trouvé le temps de pousser un grand cri ; mais le vacarme causé par les carrosses et les chevaux dans la cour couvrit cet appel. Bientôt Eustache fut solidement garrotté avec des serviettes et des linges ; puis les deux associés, le laissant sur le carreau dans l'impuissance de se mouvoir et de donner l'alarme, s'emparèrent de ses clefs et sortirent de la prison. Le couvent se composait d'un grand nombre de bâtimens irréguliers formant un dédale d'escaliers, de galeries et de corridors où Lopès n'eût pas manqué de s'égarer s'il s'y fût aventuré sans guide. Mais le faux de la Morinière, qui pendant son enfance s'était familiarisé avec tous ces détours, prit sans hésiter le chemin qui devait les conduire au plus tôt, lui et son associé, hors du monastère. Il ne fallait pas songer à traverser la grande cour, où ils eussent été indubitablement reconnus. Ils s'engagèrent donc dans un passage intérieur, gagnèrent l'église alors déserte ; puis, ouvrant une petite porte qui donnait sur une ruelle, ils se trouvèrent libres. En ce moment, de

grandes acclamations parties de l'autre côté du couvent annonçaient le départ des nobles voyageurs pour Briqueville. Les deux fuyards marchèrent d'abord côte à côte et en silence, cherchant avec inquiétude si nul ne pouvait les épier. Heureusement pour eux la population tout entière s'était portée sur le passage du cortége, et ce quartier du bourg était comme abandonné. Briqueville s'arrêta brusquement : — L'ami, — dit-il d'un ton sec, — vous savez nos conventions ? Vous n'êtes pas un compagnon convenable pour un gentilhomme ; nous allons donc tirer chacun de notre part... Aussi bien je ne me soucie pas d'avoir personne auprès de moi pour gêner mes actions.

— Et moi de même, — répliqua Lopès, dont les yeux brillaient d'un éclat sauvage ; — un mot seulement, mon gentilhomme ; quel est le chemin de Briqueville ?

— Ah ! ah ! vous allez donc à Briqueville ?

— Peut-être.

— Cornebleu ! e n'est pas à Robert, à celui qu'on appelle le cadet de Briqueville, que vous en voulez, n'est-ce pas ?

— Non, ce n'est pas à lui, et pourtant...

— A la bonne heure, car il m'appartient... à moi seul ! Vous n'avez qu'à observer la foule qui se rend au château... Nous nous y reverrons peut-être ; en attendant, allez à Dieu ou au diable, et laissez-moi en paix !

L'assassin de profession et le gentilhomme dégénéré se séparèrent ; puis chacun d'eux, dans la crainte d'être aperçu, suivit à travers champs une ligne parallèle à la route, qui était couverte d'une brillante file de voitures, de cavaliers et de piétons.

On admirait surtout le carrosse doré de Colbert, et la population de Roquencourt s'étonnait fort de voir dans cet immense véhicule Michaud et les autres maîtres verriers, avec lesquels le ministre s'entretenait familièrement. En effet, Colbert, ne croyant pouvoir trop honorer le commerce et l'industrie, avait congédié les hauts fonctionnaires qui l'avaient accompagné jusque-là, et avait donné leur place auprès de lui aux chefs de l'industrie verrière dont ce jour était la fête. Michaud semblait triomphant, et par la portière il lançait des regards moqueurs au commissaire royal, monsieur de Candolle, qui était tristement ballotté dans un vieux coche appartenant à un hobereau du voisinage.

XIV

LA CHAPELLE DE BRIQUEVILLE.

Cependant tout se préparait au château de Briqueville pour que l'attente de ses illustres visiteurs ne fût pas trompée. Depuis plusieurs jours des ouvriers verriers, chargés d'entretenir le feu et de faire les gros ouvrages, y étaient installés par ordre de Michaud. Le matin même, les principaux gentilshommes de l'usine, le marquis de Loustel, le vicomte de la Briche et d'Hercourt, qui devaient assister au cadet, étaient arrivés au château, et l'on s'était immédiatement mis à l'œuvre afin qu'aucun obstacle imprévu ne pût entraver le succès de l'entreprise.

A l'heure où nous pénétrons dans le vieux manoir, c'est-à-dire à peu près au moment où Colbert quittait le couvent avec les autres invités, les gentilshommes verriers qui devaient prendre part à l'opération étaient réunis dans la chapelle servant d'atelier. Tous, comme Briqueville lui-même, étaient en grande perruque, en talons rouges et en épée. D'Hercourt, quoiqu'il eût seulement une légère pointe d'ivresse, ne se reconnaissait plus lui-même sous le beau costume neuf qui remplaçait ses guenilles habituelles. En dépit de cet équipement incommode, les gentilshommes allaient et venaient autour du four, disposant les nombreux outils qui seraient bientôt nécessaires. Nicolas, qui pour la première fois de sa vie portait des bas, des souliers et une chemise blanche, car il devait aussi assister son maître, courait incessamment de l'un à l'autre, ne sachant auquel entendre. La chapelle, dont les fenêtres ogivales gardaient encore quelques restes de vitraux coloriés, était, comme nous l'avons dit déjà, un peu obscure, grâce aux nombreux et massifs piliers qui la soutenaient; mais quand les chauffeurs jetaient des brassées de bois dans le four et enlevaient le couvercle des ouvreaux, une lumière rouge et éblouissante se répandait dans l'ancienne église, en même temps que des bouffées de chaleur insupportable s'exhalaient de la fournaise.

Le cadet de Briqueville était en train d'expliquer à la Briche et à Loustel, qui devaient lui servir, l'un de *cueilleur*, l'autre de *paraisonnier* ou *bossier*, leur nouvelle besogne. Le vicomte, complètement rétabli de sa blessure, montrait un zèle et une activité extraordinaire à remplir ses instructions, tandis que Loustel, plus méthodique et plus compassé, jurait parfois entre ses dents. Cependant la Briche, qui venait de plonger la canne dans le creuset, pour juger de l'état de la fonte, s'éloigna brusquement du four en faisant une piteuse grimace.

— Corbleu! — dit-il, — me voilà bien avancé! j'ai roussi ma plus belle perruque... ma plus belle, car elle est unique. Ah çà! Briqueville, est-il absolument nécessaire que j'aie tant d'onces de cheveux étrangers sur la tête pour besogner comme il faut? De par le diable! ce ne sont pas les gentilshommes verriers qui ont inventé les perruques.

— À votre aise, mon cher la Briche, — répliqua Robert en examinant avec soin le verre fondu qui se trouvait au bout de la canne; — débarrassez-vous, en dépit de l'étiquette, de cette abondante chevelure, car aussi bien monseigneur Colbert, monsieur l'intendant, les gentilshommes et les belles dames que nous attendons seraient suffoqués par l'affreuse odeur dont vous nous gratifiez.

— Et moi, — dit Loustel de son ton morose et grondeur, — ne vais-je pas aussi brûler mon pourpoint de velours? Du diable si le contrôleur des finances m'en donnera un autre quand celui-ci sera troué!

— Songez, messieurs, à l'honneur de la noblesse verrière, — dit également le cadet. — Vous le savez, je ne compte pas garder pour moi seul les secrets que j'ai eu le bonheur de pénétrer, et par suite nous aurons tous bientôt des pourpoints frais et des perruques neuves... Mais, allons! — ajouta-t-il en élevant la voix, — il est temps de *faire la cérémonie* et d'*arrêter le verre*. — Chauffeur, ne jetez plus de bois et fermez les ouvreaux! Le verre est pur, bien transparent; vienne la compagnie maintenant, nous sommes prêts.

En ce moment on avertit Robert qu'un gentilhomme attaché au contrôleur général venait d'arriver, accompagné de deux laquais à la livrée du ministre, pour faire un service d'honneur au château pendant tout le temps de sa visite.

— C'est bien, — répliqua le cadet de Briqueville, — présentez mes compliments à ce gentilhomme, et dites-lui qu'il peut disposer de mon logis comme appartenant à son maître. Seulement, je demande que ma vieille gouvernante Madelon se tienne près des gardiens de la porte, afin de désigner les personnes notables du pays qui pourront être admises dans le manoir. — La proposition fut transmise aussitôt et poliment acceptée. Comme Robert achevait ses dispositions, Nicolas s'approcha de lui et lui dit quelques mots à voix basse. — Oui, oui, — répliqua le cadet de Briqueville de même, — j'y vais à l'instant... Pauvre Vicenti! chère Paola!

Après avoir adressé quelques recommandations aux gentilshommes verriers, il sortit précipitamment. Au bout d'un corridor, il poussa une porte et pénétra dans une pièce mal éclairée par une étroite fenêtre. Là se trouvaient Vicenti et Paola, tous deux habillés déjà comme pour un voyage. Le verrier avait ajouté à son costume, simple et de couleur peu voyante, un manteau de bure dans lequel il comptait s'envelopper tout entier. Paola était vêtue à la mode normande, quoiqu'elle eût conservé ce voile ou mezzarotte noir que portent encore aujourd'hui les Vénitiennes, ornement lugubre qui convient au deuil de la malheureuse Venise. Dans ses ajustemens, mademoiselle Vicenti, malgré son teint pâle et ses yeux battus, était toujours charmante. On voyait des paquets épars au milieu de cette pièce obscure; et la petite Rosette, la sœur de Nicolas, travaillait à fermer une dernière valise.

Quand Robert parut, Paola se troubla et ses yeux se remplirent de larmes. Vicenti tendit la main au jeune gentilhomme.

— Adieu, monsieur de Briqueville, — dit-il avec agitation, — nous ne saurions rester ici un instant de plus; nous ne sommes que trop restés peut-être... Nous aurions dû partir hier, comme je l'avais résolu; mais vous craigniez tant de manquer l'expérience si je ne vous donnais mes conseils jusqu'à la dernière heure, et d'autre part la Paoletta m'a tant prié... Enfin le succès est infaillible maintenant, et rien ne peut plus nous retenir. La carriole que vous avez bien voulu mettre à notre disposition nous attend au bas de la côte, nous allons sortir par la poterne, et nous nous éloignerons avant l'arrivée de ces seigneurs qui vont remplir le château.

— Pourquoi, mon bon Vicenti, — dit Robert avec cordialité, — ne resteriez-vous pas encore quelques instans pour être témoin d'un succès qui est votre ouvrage? Je vous le répète, vous ne courez aucun danger; car, le danger fût-il réel, vous auriez moins à le redouter ici, dans cette maison où vous êtes entouré d'amis, que partout ailleurs. Et pourtant, à cette heure, vous risquez de rencontrer par les chemins une foule de gens dont vous êtes connu. Les coureurs du ministre sont arrivés déjà, et lui-même ne saurait tarder.

— Oui, oui, restons encore, je vous en supplie, *mio padre*! — dit Paola en se suspendant au cou du verrier; — je voudrais voir monsieur de Briqueville comblé d'honneurs par tous ces seigneurs français, je voudrais le voir fier, triomphant, heureux enfin!... Je m'éloignerai avec moins de regrets quand je me serai assurée par moi-même qu'il n'aura plus à regretter sa pitié, son dévouement pour de pauvres proscrits!

Robert pressa contre ses lèvres la main de la jeune fille.

— À quoi bon, chère Paola? — dit Vicenti avec impatience, — tout réussira, je te le promets. Monsieur le cadet n'ignore plus aucun de ces secrets précieux que j'aurais dû révéler qu'à mes enfans... Je ne veux pas rester ici, attirer l'attention sur moi; ce serait trop dangereux. Monseigneur Colbert ne doit pas soupçonner ma présence, ne doit pas même entendre prononcer mon nom; il pourrait se souvenir que, après avoir quitté Venise à l'instigation de ses agens, la rencontre des sbires de la seigneurie sur le sol français m'a décidé à rebrousser chemin et à rompre mes engagements. Il n'est pas bon de manquer de parole aux grands personnages... ainsi donc, partons sans retard. J'ai la lettre de recommandation que Sa Révérence le prieur m'a donnée pour un riche bourgeois de Caen; maître Michaud m'a remis une bonne somme d'argent, tant en son nom qu'au nom de monsieur le cadet; enfin Baptiste, le fils du patron Guérin, va nous conduire jusqu'à la ville, et il promet de nous défendre au besoin; tout est prévu, te dis-je. Si par hasard nous rencontrions des personnes de connaissance, tu baisserais ton voile et moi je me cacherais la figure dans mon manteau... Partons.

Vicenti paraissait si déterminé que Robert n'osa plus insister.

— Soit donc! — reprit-il; — mais du moins, Vicenti, laissez-moi espérer que vous reviendrez bientôt avec votre bonne et généreuse Paola. Bien des changemens vont sans doute s'accomplir ici ; j'espère arranger les choses de telle sorte que je puisse acquitter ma dette de reconnaissance envers vous, envers votre noble fille... En attendant, n'oubliez pas, l'un et l'autre, que je serai pour vous un fidèle ami qui ne vous manquera jamais au premier appel.

— Un ami, oui, — répliqua la jeune Italienne en sanglotant et d'une voix à peine distincte, — un ami toujours !... Soyez heureux, monsieur de Briqueville, et mes vœux seront comblés !

Robert allait répondre avec effusion, quand Nicolas entra tout haletant.

— Monsieur le cadet, — s'écria-t-il, — les carrosses et les chevaux sont arrêtés au bas de la côte, et tous les beaux seigneurs montent ici à pied... ! Les gentilshommes verriers vous attendent pour aller les recevoir.

— Me voici, — répliqua Robert précipitamment ; — Paola, Vicenti, — ajouta-t-il, — ne pourrais-je vous dire adieu encore une fois avant votre départ ?

— Peut-être, — dit Paola en s'essuyant les yeux ; — mon père voudra bien céder à mes prières... Nous ne partirons qu'après l'expérience.... Aussi bien nous ne saurions passer maintenant à travers la foule sans devenir l'objet de la curiosité générale.

— Mais, *corpo !* — s'écria Vicenti avec angoisse, — tu veux donc ma mort, Paola ? tu veux donc... ?

Robert n'entendit pas la fin de cette discussion; des voix nombreuses l'appelaient dans le corridor voisin. Il adressa au père et à la fille un signe amical, et sortit avec Nicolas, qui disait tout joyeux :

— Ah ! monsieur le cadet, que de gloire pour le château de Briqueville ! Jamais, au temps de vos ancêtres, il n'a reçu si haute compagnie. Mais, bon Dieu ! que deviennent au milieu de tout cela le goublin, et le spectre blanc, et le spectre du marchand, qui depuis tant d'années étaient en paisible possession du vieux manoir.

Comme on peut croire, Robert avait autre chose à penser qu'au goublin et aux autres apparitions d'une si grande importance pour le rousseau. Aussi ne répondit-il pas ; il rejoignit les gentilshommes verriers, et vint se poster avec eux à la porte d'entrée, en ce moment toute grande ouverte et gardée par des laquais à la livrée de Colbert.

Il était temps; le cortège ne se trouvait pas à plus de vingt pas du château. Les carrosses, trop lourds pour franchir le pont de bois, s'étaient arrêtés de l'autre côté du ruisseau, et les voyageurs avaient mis pied à terre. Les cavaliers, ne voulant pas poursuivre leur route à cheval quand les personnages les plus éminens allaient à pied, avaient confié leurs montures à leurs valets et faisaient résonner leurs éperons sur le sol caillouteux du chemin. En première ligne marchait le ministre, dont le costume noir et la figure sévère contrastaient avec les habits galonnés, le haut panache et la mine souriante de monsieur de Beaumont, qui l'accompagnait. Immédiatement après ce petit groupe venaient Michaud et les autres maîtres verriers, avec lesquels Colbert s'entretenait sans se retourner, position fatigante mais commandée par l'étiquette. Ensuite venaient, dans l'ordre de préséance, le prieur de Roquencourt, le commissaire royal des usurpations de la noblesse, le grand prévôt de la sénéchaussée, les conseillers aux parlemens, les baillis, les gentilshommes; quelques dames élégantes trottinaient au milieu de cette brillante cohue, dont une moitié à peine devait trouver place dans l'enceinte étroite de la chapelle. Tandis que la tête du cortège atteignait l'entrée du château, on voyait une foule immense se dérouler au loin dans l'avenue, sur le pont et jusque sur le revers de la colline opposée.

Robert, en sa qualité de maître du manoir, débita au ministre un compliment fort convenable, pour le remercier de l'honneur insigne qu'il lui faisait. Colbert répon-

dit avec un sourire d'aménité qui ne paraissait pas habituel à sa grave physionomie :

— Bien, bien, monsieur de Briqueville ; ma condescendance et celle de ces messieurs sera récompensée, je l'espère. Voilà maître Michaud qui m'a beaucoup parlé de vous et de votre mérite... Michaud est votre ami, et peut-être avant que nous nous séparions aurez-vous un autre ami qui se souviendra de vos services.

Le cadet s'inclina profondément, et, Colbert paraissant faire plus de cas des actions que des paroles, il se mit en devoir de le conduire à la chapelle sans retard ; mais il lui fallait attendre encore que Michaud eût présenté au ministre Loustel, la Briche et les autres nobles verriers. Pendant ce cérémonial, Robert aperçut une jeune dame, richement vêtue, à laquelle un gentilhomme, tout brodé et empanaché, essayait de frayer passage à travers les flots pressés des assistans. Le cadet s'élança impétueusement pour leur ouvrir un chemin ; il avait reconnu monsieur d'Helmières et Mathilde.

Grâce à l'intervention du maître du château, le baron et sa fille se trouvèrent bientôt au premier rang. Ce petit triomphe parut flatter l'amour-propre du gentilhomme campagnard ; il secoua la main de Robert avec la cordialité d'autrefois, tandis que Mathilde adressait à son ancien fiancé un timide sourire. Le cadet de Briqueville, transporté, lui dit à voix basse :

— Merci... merci, Mathilde !

Ce fut tout ; Colbert venait de se remettre en marche, et Robert dut reprendre sa place à côté de lui, le chapeau à la main.

On se dirigea vers la galerie de la chapelle, et le gros des invités put enfin pénétrer dans la cour. Tant que ceux qui se présentaient furent de hauts fonctionnaires, des nobles du voisinage, ou même des maîtres verriers, le gentilhomme et les laquais chargés de garder la porte ne s'opposèrent pas à leur entrée. Mais quand la cohue de paysans, de pêcheurs et de femmes qui s'étaient joints au cortège se présentèrent à leur tour, les laquais, sur un signe de leur chef, croisèrent leurs cannes à pomme d'argent et les empêchèrent de passer. Il y eut des réclamations, des plaintes, des prières que l'on n'écouta pas. Quelques curieux plus hardis voulurent forcer la consigne ; des coups de canne prestement appliqués les rappelèrent au devoir, et les huées de la foule prouvèrent que leur humiliante infortune n'excitait ni pitié ni sympathie.

Parmi ceux qui insistaient avec le plus de force pour obtenir l'entrée du château, on remarquait deux hommes misérablement vêtus. Ils semblaient être étrangers au pays, car ils ne parlaient à personne, et ils agissaient isolément, comme s'ils ne se fussent pas connus l'un l'autre. Ils prenaient également soin de cacher leur visage, et, se drapant dans leur cotille, ils enfonçaient leur chapeau sur leurs yeux. Néanmoins, tandis que l'un employait toutes sortes de supplications basses pour arriver à ses fins, l'autre avait un ton fier et presque menaçant.

Leurs importunités étaient restées sans résultat, quand celui qui s'exprimait avec tant d'arrogance aperçut Madelon ; la vieille gouvernante, suivant l'ordre de son maître, se tenait près de la porte pour reconnaître les arrivans. Le solliciteur, au lieu d'écouter les injonctions des valets qui voulaient l'éloigner, s'approcha davantage et, élevant le bras, appela impérieusement :

— Madelon ! Madelon !

La gouvernante tressaillit au son de cette voix.

— Qui m'appelle ? — demanda-t-elle toute tremblante.

— Moi, — répliqua-t-on ; — dis à ces gens que l'on ne saurait me refuser l'entrée du château de Briqueville... A MOI !..., je veux entrer.

— Et qui donc êtes-vous ? — balbutia Madelon, quoique peut-être, à en juger par son effroi, elle soupçonnât déjà quel était son interlocuteur. Sans répondre autrement, celui-ci souleva un peu son chapeau, et laissa voir une large cicatrice qu'il avait au front. Madelon poussa un cri : — Grand Dieu ! — dit-elle, — est-ce bien possible ? — Puis s'adressant aux gardiens : — Laissez-le entrer, — ajouta-t-elle, — personne n'a le droit... Sainte Vierge! que va-t-il arriver? — Mais presque aussitôt une réflexion s'offrit à son esprit : — Non, non, qu'il n'entre pas ! — s'écria-t-elle ; — arrêtez-le, il va commettre un crime... il va... arrêtez-le, vous dis-je ! — Cet ordre venait trop tard ; Briqueville s'était empressé d'écarter la foule compacte qui remplissait la cour, de franchir la porte intérieure, et de disparaître dans le château, dont tous les détours lui étaient familiers. Un des valets essaya de le poursuivre, mais dès les premiers pas il reconnut l'inutilité de ses recherches, et il regagna son poste. — Madelon éprouvait de mortelles inquiétudes. — Il faut que je prévienne monsieur le cadet,—pensait-elle,—l'autre serait capable... Mais comment pénétrer jusqu'à lui maintenant? On ne me laissera pas approcher... Et Nicolas qui travaille avec son maître ! Mon Dieu ! quel parti prendre ?

Comme elle était en proie à ces craintes, l'autre solliciteur, dans lequel on a sans doute deviné Lopès, s'efforçait de profiter de l'occasion pour se glisser dans le château.

— Permettez-moi de passer, mes beaux messieurs ! — disait-il d'un ton doucereux aux gardiens de la porte ; — je suis avec le gentilhomme qui vient d'entrer... Il m'attend... il a besoin de moi.

Un des valets, fatigué de cette insistance, se tourna vers Madelon et lui demanda s'il fallait accorder l'entrée à cet importun.

— Qui est-il? que veut-il? — dit Madelon distraitement.

— J'accompagne le gentilhomme qui était là tout à l'heure, ma bonne dame, — répliqua Lopès avec humilité ; — il doit regretter beaucoup de m'avoir laissé en arrière.

— Quoi ! vous le connaissez? — demanda la gouvernante en fixant sur lui des yeux effarés.

— Certainement... c'est monsieur de la Morinière.

— De la Morinière ! — répéta Madelon avec impatience ; —retirez-vous, vous ne le connaissez pas.

Et elle lui tourna le dos.

Lopès voulait protester, mais les gardes le repoussèrent avec brutalité :

— Au large ! drôle, — reprit l'un d'eux ; — ta ruse ne réussira pas... et prends garde de tenir tes épaules hors de la portée de ma canne, ou il t'en cuira !

Force fut à Lopès de céder à ces injonctions menaçantes ; aussi bien la foule commençait à l'examiner avec une curiosité singulière. Il se décida donc enfin à se retirer, et descendit lentement la colline en murmurant :

— On aura beau faire, ma mission s'accomplira. La madone continue évidemment à me protéger, puisqu'elle vient encore de me délivrer de ma prison!... Sainte madone, achevez votre œuvre, donnez-moi le moyen d'exécuter les ordres de la seigneurie de Venise !

Et il se dirigea machinalement vers un endroit solitaire. Là, un homme du pays, assis sur le gazon, gardait un cheval attelé à une carriole de voyage et semblait attendre quelqu'un.

XV

LA PREMIÈRE GLACE FRANÇAISE.

Déjà l'épreuve qui avait réuni tant de personnages éminens à Briqueville était commencée dans l'ancienne chapelle du château. En face de l'ouverture principale du four à verrerie, on avait disposé le *marbre* à faire la *paraison*, les *mitaines*, les baquets d'eau et les outils de diverse nature nécessaires pour l'opération. Les gentilshommes verriers étaient à leur poste, ainsi que Nicolas, qui devait remplir en cette circonstance, comme nous le savons, les fonctions de sous-aide ou d'apprenti. Autour de l'enceinte, à peine suffisante, destinée aux travailleurs, on avait disposé des fauteuils, des bancs et tous les sièges plus ou moins vermoulus qu'on avait pu découvrir dans le vieux manoir. Mais ces sièges étaient réservés au ministre d'abord, puis aux dignitaires, puis enfin à quelques dames du voisinage, parmi lesquelles se trouvait Mathilde d'Helmières. Les autres assistans demeuraient debout et se hissaient les uns sur les socles des piliers, les autres sur les saillies de l'architecture, pour mieux voir l'expérience attendue. Non-seulement la chapelle, mais encore la galerie voisine et la cour ellemême étaient pleines de monde ; on s'étouffait, on s'écrasait. Bien que les vitraux, brisés depuis longtemps, permissent à l'air de circuler en liberté, la chaleur était si grande que tous autres que des verriers pouvaient se croire en danger de périr asphyxiés. Mais le contrôleur général supportait avec un stoïcisme parfait cette température suffocante, et nul n'osait s'en plaindre.

Les mesures étaient si bien prises, que tout se trouva prêt au moment précis où les illustres invités se furent assis à leur place. Le cadet de Briqueville, après s'en être encore assuré d'un coup d'œil, se tourna vers Colbert : —

— J'attends vos ordres, monseigneur ! — dit-il avec respect. Le ministre fit signe que l'on pouvait commencer. Aussitôt le grand ouvreau fut ouvert, et une lumière ardente éclaira les sombres profondeurs de l'ancienne église, les piliers gothiques et les groupes de spectateurs attentifs. La Briche, sans redouter ces vapeurs embrasées, s'avança, tenant à la main sa longue canne de fer à manche de bois, et la plongea dans la matière fondue que contenait un creuset placé au centre du four. Puis il la passa rapidement à Loustel, qui se mit à tourner sur la plaque de fonte appelée *marbre* le verre liquéfié. Trois fois les deux verriers pratiquèrent cette double opération, jusqu'à ce que Robert de Briqueville, qui les suivait des yeux avec une attention extrême, leur dit vivement : —

— Assez, messieurs.

Alors il saisit lui-même la canne, ainsi chargée par un bout de verre en fusion, et, soufflant dans l'autre, il la balança par un mouvement régulier, de manière à former ce qu'on appelle, en terme de verrier, un *manchon* (1). Il avait, en exécutant cette partie du travail, une aisance, une dextérité, une grâce qui lui valurent la secrète admiration des belles spectatrices.

Nous n'entrerons pas dans le détail des manœuvres que Robert et ses acolytes durent accomplir. Nous dirons seulement qu'après la première, la seconde et la troisième *chaude*, le manchon fut ouvert avec prestesse par Nicolas, au moyen d'une barre de fer rougie, puis un rouleau pesant fut promené sur la surface de la glace, afin de l'*étendre* d'une manière uniforme. Enfin la glace étant terminée, les aides de Robert la poussèrent dans une partie du four moins échauffée que l'autre, où elle devait être recuite ; après cette opération, il n'y avait plus qu'à la laisser refroidir lentement.

Ces manœuvres si compliquées s'étaient exécutées avec un ensemble merveilleux. Chaque travailleur savait exactement ce qu'il avait à faire et remplissait sa tâche sans hésitation et sans retard. Quatre fois on recommença et chaque fois on obtint pour résultat une glace de trente pouces environ de hauteur, ce qui était alors une dimension remarquable. Néanmoins, pendant la fabrication de la quatrième glace, le cadet de Briqueville, qui jusqu'à ce moment avait montré une assurance et une vigueur sin-

(1) Cette fabrication des glaces par le soufflage est encore aujourd'hui, à quelque différence près, celle des verres à vitres. Ce fut seulement quatorze ans plus tard qu'Abraham Tevart inventa le *coulage* des glaces.   E. B.

gulières, donna des signes de faiblesse. Soit que la température épouvantable à laquelle il s'exposait avec cet incommode costume de cour eût troublé son cerveau, soit que la fatigue le gagnât, il pâlit tout à coup, ses jambes semblèrent fléchir sous lui, et sa lourde canne de fer faillit lui échapper. Cette espèce de vertige qui s'emparait de lui ne fut pas inaperçu de tous les assistans. Comme le cadet de Briqueville paraissait incapable de poursuivre son travail, une voix douce et vibrante dit près de lui :

— Courage, Robert ! courage !

C'était mademoiselle d'Helmières.

— Courage, Robert ! — répéta une autre voix qui partait de derrière un pilier éloigné.

Mathilde, en entendant comme l'écho de ses propres paroles, darda son regard vers le coin obscur d'où venait cet écho, et entrevit une femme enveloppée dans un voile noir.

— Elle encore ! — murmura-t-elle ; — l'insolente, oser me braver jusqu'ici !

Du reste, les paroles des deux femmes n'avaient été ni entendues ni comprises au milieu du murmure de l'assemblée : mais elles étaient parvenues jusqu'à Robert, et elles produisirent en lui un changement favorable. Il remercia par un sourire presque imperceptible, puis, se redressant, il se remit à l'ouvrage avec la même assurance, la même présence d'esprit qu'auparavant. Quelques minutes plus tard, l'expérience était complète, et les nobles ouvriers pouvaient enfin prendre un peu de repos.

Pendant ces diverses opérations, Colbert, immobile et silencieux, en avait suivi avec intérêt toutes les phases. Autour de lui les visages ruisselaient de sueur, et l'attitude des spectateurs trahissait de l'accablement ; mais son front de bronze restait sec et froid, son regard ferme et attentif. Aussi l'assemblée cherchait-elle à imiter de son mieux cette gravité majestueuse, et pas un des magistrats présents, si peu sensible qu'il fût en secret aux progrès de l'industrie nationale, n'osait manifester par un mot ou par une plainte le malaise qu'il éprouvait sous sa lourde simarre et sous sa perruque à la chancelière.

Robert s'approcha de ses compagnons pour les remercier brièvement de leur concours si fatigant et si pénible.

— Oui, oui, c'est un beau coup de feu, — grogna Loustel, — et pourtant c'est ici comme à la guerre : le général a la récompense et le soldat la besogne.

— Allons, allons ! ce pauvre cadet a bien aussi sa rude part dans le travail, — dit la Briche ; — mais, mon Dieu ! Briqueville, — ajouta-t-il plus bas, — qu'éprouviez-vous donc tout à l'heure pendant le soufflage de la dernière glace ? J'ai cru que vous alliez vous trouver mal, et vous avez failli m'envoyer la canne avec sa paraison brûlante à la face !

— Rien, rien, la Briche, — répliqua Robert en regardant Mathilde qui semblait être redevenue triste et mécontente ; — excusez-moi.

Cependant le contrôleur général était impatient de voir les glaces que l'on venait de faire en sa présence. Il fut très surpris et très fâché lorsqu'on lui annonça qu'elles ne pouvaient être retirées du four ou récauisson avant plusieurs heures, car un refroidissement subit causerait certainement leur rupture.

— Holà ! messieurs les verriers, — répliqua-t-il en fronçant le sourcil, — croyez-vous que les affaires de l'État me laissent tant de loisirs ? Monsieur de Beaumont et moi nous devons ce soir être loin d'ici... Arrangez-vous : il faut qu'avant une heure je connaisse le résultat définitif de votre expérience, car j'ai hâte.

Le ministre Colbert, aussi bien que son maître Louis XIV, était passablement despote, et il ne souffrait pas qu'on alléguât une impossibilité. Les verriers se concertèrent donc afin de le satisfaire. Il fut convenu qu'on sacrifierait deux des quatre glaces récemment fabriquées, et on

promit au contrôleur général que dans le délai fixé il pourrait juger par lui-même de l'importance des résultats obtenus.

Cette promesse tranquillisa l'homme d'État, et, en attendant qu'elle fût réalisée, il se mit à causer avec les verriers sur les moyens de donner un grand développement à leur industrie et sur les améliorations qu'il importait d'y introduire pour la rendre plus florissante.

De son côté la foule des assistans s'était aussi un peu relâchée de la réserve que lui imposait la présence du ministre. On allait et venait derrière les rangs des spectateurs privilégiés qui demeuraient assis, et des conversations particulières s'étaient établies dans les groupes, à l'exemple du groupe principal.

Or, pendant cet intervalle de repos, on eût pu remarquer un homme qui se glissait de pilier en pilier, demeurant le plus possible dans l'ombre, se gagnant insensiblement du terrain, jusqu'à ce qu'il fût à quelques pas seulement du cercle où se trouvait Colbert. Cet homme ne parlait à personne, ne paraissait rien entendre de ce qui se disait autour de lui ; mais ses yeux étaient toujours tournés vers le même point, c'est-à-dire vers l'endroit où se trouvaient les gentilshommes verriers, acteurs principaux de cette scène. Sans doute il eût bien voulu les joindre, mais une triple rangée de sièges occupés par de hauts personnages l'empêchait d'avancer davantage. Force était, donc à Briqueville, car on l'a reconnu sans doute, d'attendre une occasion favorable d'exécuter son projet quel qu'il fût ; et, accroupi dans une niche veuve du saint de pierre qui l'avait occupée jadis, il ressemblait au serpent venimeux qui, replié sur lui-même, épie le moment de s'élancer sur sa proie.

Le délai convenu n'était pas écoulé encore que l'on apportait devant le contrôleur général les deux glaces qui devaient être l'objet d'un examen approfondi. Elles s'étaient brisées quand on les avait retirées brusquement du four, et à mesure qu'elles se refroidissaient on entendait un petit grincement annonçant des brisures nouvelles. Néanmoins elles pouvaient servir aux essais décisifs, et Colbert commanda aux maîtres verriers qui se trouvaient là de les examiner sur-le-champ. Michaud, avec beaucoup de sagesse, se récusa, prétendant qu'il était trop intéressé au succès de la découverte pour pouvoir être un juge impartial, et le ministre approuva ces scrupules.

Les maîtres verriers ne furent pas longs à former leur conviction. Après avoir fait certaines observations minutieuses, ils déclarèrent que les glaces soumises à leur appréciation étaient d'une pureté et d'une limpidité parfaites, égales en tout aux plus beaux produits des fabriques vénitiennes.

Le ministre écouta cette déclaration avec une émotion évidente.

— Ne vous trompez-vous pas, messieurs ? — dit-il d'un ton où perçait la joie ; — êtes-vous unanimes dans votre opinion ? Un des maîtres verriers répondit, au nom de ses compagnons, qu'aucun doute n'était possible et que la nouvelle découverte ne laissait rien à désirer. — En ce cas, messieurs, — dit Colbert en se levant, — voilà une belle journée pour l'industrie française. Le roi sera content d'apprendre par quelle importante conquête vous honorez son règne déjà si glorieux... En attendant, j'ordonne que les deux glaces qui restent, après avoir été traitées avec les précautions d'usage, seront polies et étamées, puis offertes à Sa Majesté pour orner le nouveau palais qu'elle est en train de bâtir à Versailles. — Des applaudissemens, des vivats éclatèrent de toutes parts ; le ministre fit un signe et le silence se rétablit aussitôt. — Je sais, — poursuivit Colbert, — que le premier auteur de ce succès est un ouvrier vénitien nommé Vicenti, que j'avais moi-même fait embaucher par mes agens à la fabrique de Murano, et qui, en arrivant en France, s'est subitement dérobé aux recherches. Mais je sais aussi que cet homme, d'un caractère pusillanime, n'eût jamais consenti à révéler ses secrets si monsieur de Briqueville ne l'y avait obligé par reconnaissance. L'honneur de cette victoire appartient donc à monsieur de Briqueville seul, et c'est lui surtout que le roi veut récompenser. — Sur un nouveau signe du contrôleur général, Robert s'avança, les yeux baissés. Le ministre lui prit la main et la retint dans les siennes : — Monsieur de Briqueville, — reprit-il d'une voix ferme au milieu du silence le plus profond, — vos ancêtres ont été, dit-on, de vaillans hommes de guerre ; mais jamais ils n'ont été couverts d'autant de gloire que vous venez d'en acquérir. Les temps sont changés, messieurs, — ajouta-t-il en se tournant vers l'assistance, — ce n'est pas seulement en combattant sur terre et sur mer que vous pouvez servir le roi et l'État ; c'est en développant les forces vives du pays, l'agriculture, le commerce et l'industrie. Monsieur de Briqueville, le roi vous donne cinquante mille écus pour élever une verrerie, et il vous accorde un privilège de cent ans que vous exploiterez, vous et vos hoirs, sans déroger de la noblesse... Les lettres patentes vous seront expédiées dans le plus bref délai.

En même temps, Colbert, par un mouvement plein de dignité, attira vers lui le cadet de Briqueville et l'embrassa sur les deux joues.

Tant de faveurs accordées à un jeune gentilhomme qui, deux ans auparavant, se trouvait dans une position misérable, excitèrent un enthousiasme bruyant. On entourait Robert ; on l'accablait de félicitations ; les verriers trépignaient de joie ; mais celui des assistans qui se montrait le plus exalté était le baron d'Helmières. Il secouait à le démancher le bras de Robert, et disait avec transport :

— Cinquante mille écus, monsieur le cadet ; et le roi saura votre nom !... et monseigneur Colbert vous a embrassé !... Corbleu ! morbleu ! sacrebleu !

Robert remercia le bonhomme avec effusion, mais il regardait Mathilde, qui ne semblait pas partager la joie de son père et demeurait triste et muette à sa place. Du reste, Robert était lui-même préoccupé ; malgré les transports qu'il lui inspirait, il ne paraissait pas complètement heureux, et sa distraction l'empêchait de remarquer dans la foule le terrible Briqueville, dont il n'était plus séparé que par deux ou trois spectateurs enthousiastes.

Toujours obsédé de la même pensée, le cadet revint bientôt vers le ministre, qui disait en ce moment à maître Michaud :

— Je crois, monsieur, que je peux vous prouver ma satisfaction pour votre part dans cette belle découverte d'une manière qui vous sera particulièrement agréable. On assure que vous êtes l'objet de certaines poursuites, d'après les ordres de monsieur le commissaire royal chargé de rechercher les usurpations de la noblesse. Les privilèges de la verrerie de Roquencourt seront donc renouvelés en votre nom, et le titre de chevalier vous sera accordé pour vous et pour vos successeurs dans la direction de cette usine... En attendant, monsieur Renaut de Candolle voudra bien surseoir à toutes poursuites en ce qui vous regarde.

De toutes les récompenses que le sage Colbert pouvait accorder à Michaud, celle-là devait en effet lui être la plus agréable.

— Que de reconnaissance, monseigneur ! — s'écria le maître verrier transporté ; — vous l'entendez, messieurs es gentilshommes ; vous ne me refuserez plus le titre de chevalier à présent !

Il jeta un regard de triomphe vers monsieur de Candolle, qui s'était incliné respectueusement ; ce fut en ce moment que Briqueville se rapprocha du contrôleur général.

— Monseigneur, — lui dit-il avec timidité, — je suis pénétré de gratitude pour les faveurs dont vous avez bien voulu me combler au nom du roi ; mais pardonnez si j'ose vous demander en échange une grâce qui aura mille fois plus de prix à mes yeux.

— Quoi ! jeune homme, — dit Colbert en fronçant ses noirs sourcils, — n'êtes-vous pas encore satisfait ? Il y a plus d'un duc et pair qui a demandé au roi cinquante mille écus et n'a pu les obtenir.

Le cadet de Briqueville mit un genou en terre.

— Monseigneur, — reprit-il, — je vous en conjure, ne soyez pas irrité contre moi... Vous avez récompensé plus généreusement qu'elle ne le méritait une découverte dont un hasard heureux m'avait rendu possesseur. Reprenez ces dons et permettez-moi de choisir la récompense qui sera le plus chère à mon cœur.

— Eh bien ! que demandez-vous ? — dit Colbert froidement.

— Monseigneur, j'ai un frère aîné que l'on m'a appris, depuis ma plus tendre enfance, à chérir et à respecter. S'il a eu des torts, s'il a commis des fautes, ce n'est pas à moi de le condamner. Or, ce frère est détenu dans les prisons royales pour des crimes dont je veux le croire innocent. Mettez le comble à vos bontés, monseigneur, en m'accordant, au lieu de l'or et des privilèges que vous m'offrez, la grâce de mon frère, le chevalier de Briqueville.

Un profond silence s'était établi de nouveau dans l'assemblée, et l'on pouvait entendre chaque parole des deux interlocuteurs.

— Ah ! n'est-ce que cela ? — demanda le ministre, dont les traits se détendirent ; — mais, si l'on m'a dit vrai, mon jeune gentilhomme, ce frère aîné est un joueur, un duelliste, un débauché, qui, avant de se faire emprisonner pour ses méfaits, s'était rendu coupable envers vous-même des plus odieuses violences ?

— Monseigneur, — répliqua Robert avec beaucoup de feu, — on a calomnié le chevalier de Briqueville auprès de vous. Mes démêlés avec lui sont affaire de famille ; et peut-être lui avais-je donné des motifs secrets de me traiter comme il m'a traité... Quant aux autres fautes qu'on lui reproche, ne sauraient-elles être attribuées à la jeunesse, à l'entraînement, aux emportemens passagers d'un caractère passionné ?

— Il suffit, monsieur, — répliqua Colbert en relevant le cadet avec bonté ; — le roi est magnifique dans les dons qu'il prodigue au vrai mérite et aux nobles sentimens. Il ne saurait retirer les faveurs qu'il vous a déjà accordées déjà, et, de plus, il fait grâce au chevalier de Briqueville.

— Ah ! merci, merci, monseigneur ! — s'écria le cadet en pleurant de joie.

— Merci, Robert !... merci, MON FRÈRE ! — s'écria en même temps une voix nouvelle.

Et le chevalier de Briqueville, avec sa longue barbe, ses vêtemens délabrés, ses traits pâles, surgit tout à coup devant eux.

L'assemblée éprouva une grande surprise bientôt suivie d'effroi. D'abord nul ne pouvait reconnaître dans cette espèce de mendiant le fier officier qui avait tant occupé le voisinage ; et quand quelques-uns des assistans l'eurent reconnu, ils ne manquèrent pas de le soupçonner des plus funestes desseins.

— Robert, prenez garde à vous ! — s'écria le prieur.

Et il s'élança, les bras tendus, pour protéger son pupille. D'Helmières, Michaud et les gentilshommes verriers, parmi lesquels la Briche se montra le plus prompt, accoururent dans le même but. Briqueville, qui avait saisi la main du cadet, leur dit avec un accent de tristesse :

— Que craignez-vous, messieurs ? Me supposez-vous assez dépourvu de raison et de cœur ...? Eh bien ! oui, je l'avoue, — reprit-il aussitôt d'un air égaré, — tout à l'heure, en me glissant comme un larron dans cette maison de mes pères, j'avais conçu les plus noirs projets, et, si j'avais possédé une arme, si dans mon abaissement il m'était resté du moins mon épée de gentilhomme, j'aurais été capable... — Un frémissement sourd courut dans la foule. — Pardonne-moi, Robert... Pardonnez-moi, monseigneur ! — poursuivit Briqueville en s'agenouillant à son tour, — j'ai été bien promptement et bien complétement changé.. Lorsque tout à l'heure, en proie aux inspirations de la jalousie et de l'orgueil blessé, je méditais une lâche vengeance, j'ai entendu avec quelle chaleur, quelle générosité, Robert intercédait pour moi. Ces honneurs, qui l'élevaient tant au-dessus de son frère humilié, vagabond, proscrit, ces faveurs royales qui devaient lui permettre de rendre son ancien lustre à notre race déchue, il voulait y renoncer pour obtenir ma grâce. Alors j'ai senti quelque chose se briser dans mon âme ; j'ai eu honte de mes emportemens, de ma pensée ; ma colère s'est évanouie ; j'ai reconnu que j'avais le plus noble et le meilleur des frères.

Briqueville était attendri pour la première fois de sa vie peut-être, et des larmes sincères brillaient au fond de ses yeux caves. Robert le serra dans ses bras en pleurant lui-même :

— Chère Paola, — lui dit-il, — qui pourrait maintenant vous adresser un reproche ? Tous vos torts sont effacés par le pardon du roi et de monseigneur Colbert.

— Un moment, — dit le ministre sèchement ; — quand j'ai accordé cette grâce, j'ignorais que le chevalier de Briqueville se fût échappé de prison, comme sa présence ici me donne lieu de le croire... Je ne saurais donc maintenir cette faveur sans avoir pris l'avis de monsieur le grand prévôt et des magistrats ici présens...

— Monseigneur, — dit Robert en joignant les mains, — n'avons-nous pas déjà votre parole, celle du roi lui-même que vous représentez ?

— Monseigneur, — ajouta Briqueville, chez qui le vieil homme se réveillait sans doute, — avez-vous consulté les magistrats et les juges quand un gentilhomme qui vous touche de près a commis des fautes peut-être plus irrémissibles que les miennes ?

Colbert tressaillit malgré son impassibilité de marbre ; cette allusion à un scandale causé récemment par un de ses fils, le chevalier de Colbert, marquis de Seignelay, avait atteint son cœur paternel. Il resta un moment sans répondre.

— Vous êtes hardi, monsieur, — dit-il enfin d'une voix altérée, — mais je ne m'abaisserai pas jusqu'à punir cette insolence... Votre frère a raison ; la grâce a été accordée au nom du roi, le roi ne revient pas sur sa parole.

Cette déclaration, qui rendait la liberté au chevalier de Briqueville et le mettait désormais à l'abri de toutes poursuites, ne parut causer aucune joie aux assistans, excepté Robert qui embrassait son frère avec cordialité. Le chevalier ne fut pas le dernier à remarquer l'aversion qu'il inspirait.

— Messieurs, — dit-il avec amertume en s'adressant aux spectateurs, — ne craignez pas que je séjourne longtemps au milieu de vous. Je sais combien votre opinion à tous m'est contraire, et combien de personnes de qualité établies dans le voisinage auraient de me voir de mauvais œil. Je leur demande humblement pardon de mes offenses passées, et en même temps il se tournait vers Mathilde et le baron d'Helmières, — je le supplie de me faire étendre à Robert la colère et le mépris que j'ai seul mérités. Je compte quitter le pays dans le plus bref délai et n'y jamais revenir. Le roi a besoin de soldats ; je supplie monseigneur le contrôleur général de me faire admettre dans la garde noble, afin que j'aie du moins l'occasion, si j'ai mal vécu jusqu'ici, de mourir d'une mort honorable et digne d'un Briqueville.

— Oh ! vous ne mourrez pas, — s'écria Robert, — vous demeurerez auprès de moi pour...

— C'est impossible, mon frère, — dit le chevalier avec fermeté ; — je craindrais trop que la comparaison de votre sort au mien, de ma conduite à la vôtre ne réveillât certains souvenirs, certains sentimens qui l'emporteraient sur mes résolutions présentes. Je ne veux même pas séjourner au château de Briqueville, et le révérend père Ambroise, notre parent, consentira, je l'espère, à

m'accorder l'hospitalité au couvent pendant quelques jours encore.

Le prieur fit un signe affirmatif.

— Allons, — dit le ministre avec quelque impatience en se levant, — c'est trop nous occuper d'intérêts privés. Je donnerai des ordres pour que les vœux du chevalier de Briqueville soient accomplis, par considération pour son frère... Mais, encore une fois, assez sur ce sujet... Monsieur l'intendant, nous devons songer à partir.

Tout le monde était debout, et l'assemblée se disposait à accompagner le ministre jusqu'à son carrosse, quand une rumeur, s'élevant de l'extérieur, se propagea rapidement jusque dans la chapelle. Bientôt on entendit des cris aigus, des sanglots, et une femme, les cheveux épars, les vêtemens en désordre, apparut au milieu des assistans qui se rangeaient sur son passage. Robert courut au-devant d'elle ; il avait reconnu Paola Vicenti.

— Chère Paola, — lui dit-il, — que vous est-il arrivé ?

— Un juge ! — s'écria-t-elle ; — y a-t-il ici un magistrat, un homme puissant pour m'accorder justice ?... Mon père vient d'être assassiné, sous mes yeux, dans mes bras !

— Puis, regardant le jeune verrier, elle ajouta avec un accent étrange : — Ah ! Robert.... Robert de Briqueville !

Et elle tomba sans connaissance.

On doutait d'abord de la réalité de cette sinistre nouvelle ; mais le doute ne tarda pas à devenir impossible. Des paysans et des pêcheurs entrèrent, portant le corps inanimé de Vicenti, qu'ils déposèrent tout ensanglanté sur les dalles de la chapelle. Derrière eux venait un autre groupe, qui conduisait un prisonnier garrotté avec un luxe de précaution extraordinaire ; il est inutile d'ajouter que ce prisonnier était Lopès.

Voici ce qui s'était passé :

Paola, malgré les instances de son père, avait voulu assister invisible à la solennelle expérience qui venait d'avoir lieu en présence du ministre. Après s'être assurée que tout avait réussi au gré de ses désirs, elle avait rejoint Vicenti, qui s'impatientait ; puis tous les deux, chargés de leurs légers bagages, étaient sortis par la petite porte du château et avaient gagné le pied de la colline où Baptiste attendait avec la carriole. Rien autour d'eux n'était de nature à les alarmer ; la foule curieuse stationnait dans l'avenue, de l'autre côté de l'éminence, et cette partie de la campagne était déserte. Seulement, un homme, qui semblait être un voisin ou un ami, avait pris place à côté de Baptiste, et ils s'entretenaient paisiblement tous les deux. A la vue du père et de la fille, ils se levèrent d'un air empressé, et, tandis que Baptiste se hâtait de brider le cheval, l'autre s'était retiré un peu à l'écart, derrière un buisson.

Vicenti sans défiance s'approchait pour déposer ses bagages dans le chariot, quant tout à coup le compagnon de Baptiste bondit vers lui avec impétuosité, et murmura en italien ces paroles sinistres :

— Voilà ce que t'envoie la seigneurie de Venise !

Vicenti, embarrassé de ses paquets, n'eut pu faire un mouvement pour se défendre ou pour fuir ; il reçut dans la poitrine deux coups de couteau portés avec une vigueur et une dextérité qui décelaient une grande habitude de la part de l'assassin.

Le malheureux verrier s'affaissa sur lui-même en disant d'une voix entrecoupée :

— Ah ! je savais bien que la seigneurie se vengerait !

Paola courut pour soutenir son père, et se mit à pousser des cris déchirans. Pendant ce temps, Baptiste, d'abord stupéfait, essayait de désarmer et d'arrêter le sbire.

— Ah ! coquin, — s'écria-t-il, — est-ce donc pour cela que tu désirais tant savoir qui j'attendais ici ? Maudit soit le jour où nous t'avons sauvé du naufrage ! Mais si tu n'as pas été noyé comme un rat de cale, tu seras pendu comme un chien ou j'y perdrai mon nom !

Lopès voulut se défendre avec son couteau ensanglanté, un couteau de cuisine qu'il avait dérobé lors de son évasion avec Briqueville ; mais il avait affaire à un adversaire supérieur en force et en agilité, qui n'eut pas de peine à s'emparer de lui et à maîtriser ses mouvements.

— Eh bien ! soit, — dit enfin Lopès avec résignation en cessant toute résistance; — ma mission est accomplie et la madone doit être contente..., qu'importe maintenant ce que l'on fera de moi !

Lorsque des gens qui se trouvaient à quelque distance accoururent aux cris de Paola et de Baptiste, tous les secours étaient inutiles pour le pauvre Vicenti, et il venait de rendre le dernier soupir.

On comprendra sans peine que tout fût en rumeur dans la chapelle du château, où cet événement tragique avait subitement changé la joie commune en tristesse. Pendant que les spectateurs se pressaient autour du cadavre de Vicenti et autour du prisonnier, Colbert et le grand prévôt, que le ministre avait appelé auprès de lui, écoutaient les dépositions de Michaud et des autres verriers au sujet de Lopès. Robert, laissant Paola toujours évanouie aux mains de Madelon et de Rosette, s'approcha du ministre :

— Monseigneur, — dit-il avec énergie, — au nom de cette pauvre orpheline, comme en mon propre nom, je vous demande justice. Ce crime me causera un remords éternel ; car c'est pour moi que Vicenti a été frappé.

— Le coupable recevra son châtiment, monsieur, — répondit le ministre ; — mais comment cet assassin se trouve-t-il ici? J'ai appris autrefois l'arrivée des deux sbires vénitiens au port de Honfleur, en poursuite de l'ouvrier Vicenti. On avait perdu la trace de l'un et des autres, malgré l'ordre que j'avais donné de les rechercher; seulement j'ai été prévenu, il y a peu de temps, que les deux sbires, effrayés des poursuites dont ils étaient l'objet, s'étaient rembarqués pour l'Italie.

— Il est vrai, monseigneur, — répliqua le cadet de Briqueville; — mais le navire vint s'échouer sur cette côte, et nous eûmes le malheur de sauver du naufrage le monstre que vous voyez là.

— Pourquoi ne l'ai-je pas su? — demanda Colbert.

— Monseigneur, — dit le bailli Gaillardet, — avis de l'événement a été donné à l'amirauté de Rouen, qui eût dû le transmettre à la justice royale.

— Et l'amirauté de Rouen, par ses lenteurs ou son indifférence, est cause de ce malheur... Ah! messieurs, messieurs, un jour viendra, j'espère, où ces nombreuses juridictions qui se croisent partout sur le sol français disparaîtront enfin, et où il n'y aura plus dans le royaume qu'une autorité et une justice, celles du roi.

— On avait pourtant arrêté le malfaiteur, — dit le prévôt de la sénéchaussée, — et il était détenu à la prison de Roquencourt; j'ignore comment il a pu s'évader.

— Et moi de même, — répliqua le prieur; — j'avais pourtant recommandé la plus grande vigilance...

— Ah! je le sais, moi, — dit Briqueville avec désespoir à l'oreille du père Ambroise; — je suis né en effet pour le malheur et la honte de ma famille.

Le prieur ne comprenait pas ces paroles et allait en demander l'explication, quand un moine, accourant tout essoufflé, lui raconta comment on venait de trouver le frère Eustache garrotté et à demi suffoqué dans la prison, à la place de Lopès et de la Morinière qui avaient disparu. Ambroise poussa un profond soupir et fit signe au moine de se taire; puis, se tournant vers Briqueville, il lui dit avec tristesse :

— Comme vous seriez à plaindre, chevalier de Briqueville, si la miséricorde de Dieu n'était infinie !

Cependant Colbert avait fait venir devant lui Lopès, dont la contenance était toujours ferme et hautaine, et il demanda brusquement :

— Or çà, l'homme, qui es-tu et comment t'appelles-tu ?

— Je m'appelle Domenico Sampieri, et je suis sbire de la seigneurie de Venise.

— A la bonne heure; à défaut d'autres mérites, tu as du moins le mérite de la sincérité... Mais quels motifs avais-tu de commettre ce crime abominable?

— J'obéissais à la sainte madone d'abord, — répliqua le prétendu Lopès avec exaltation, — puis au sérénissime conseil des Dix.

Colbert semblait vouloir poursuivre cet interrogatoire; mais il s'interrompit :

— En voilà bien assez, — reprit-il ; — ce coquin avoue tout, et il ne sera pas nécessaire de le mettre à la torture pour arriver à la connaissance complète de la vérité... S'il ne nous trompe pas, comme nous avons lieu de le croire, le gouvernement de Venise en aurait agi envers nous avec une rare insolence. Aussi verrai-je à Paris monsieur l'ambassadeur du doge et je lui demanderai compte de cet audacieux mépris du droit des gens.

Quoique la culpabilité du prétendu Lopès fût bien avérée, Colbert voulut encore avoir quelques détails sur le séjour des deux sbires en France, et particulièrement sur l'inaction où ils étaient restés pendant près de deux ans, inaction qui avait permis à Vicenti de se rassurer et de livrer au cadet de Briqueville les secrets de son industrie.

Il résulta des réponses de Lopès qu'une mésintelligence, causée par une sorte de rivalité jalouse, avait éclaté entre les deux sbires lorsqu'ils s'étaient rejoints, après la tentative infructueuse de l'un d'eux. Celui qui avait été blessé par Robert était resté longtemps malade dans une ville voisine, soit qu'il sût que la seigneurie de Venise eût promis une forte récompense au meurtrier de l'ouvrier fugitif, soit que chacun d'eux eût une ardente émulation d'accomplir sa mission sanguinaire, le blessé avait refusé de faire connaître à son compagnon le lieu probable de la retraite de Vicenti. Ayant perdu l'œil par suite de sa blessure, et se voyant incapable d'agir lui-même, il avait persisté dans ses refus, malgré les instances de son fanatique compagnon. Sur ces entrefaites, les soupçons qu'ils inspiraient l'un et l'autre ayant donné lieu à certaines tracasseries de la part de la police, pourtant assez bénévole, de ce temps-là, ils s'étaient décidés à s'embarquer sur le navire qui avait péri. On sait le reste.

Ces divers points une fois éclaircis, Colbert dit avec une sorte d'impatience :

— Finissons-en ; monsieur le grand prévôt, cet homme est à vous. Comme il y a flagrant délit, ce que vous appelez, je crois, cas prévôtal, les formalités judiciaires ne seront pas longues. Le coupable pourra se dispenser de recourir en grâce auprès de Sa Majesté.

— Justice sera faite, monseigneur, — répliqua le magistrat en s'inclinant.

Et le meurtrier fut livré à deux archers de la prévôté qui avaient accompagné leur chef.

Quelques instants plus tard, Colbert remontait dans son carrosse, et partait suivi de sa nombreuse et brillante escorte. Lorsque Robert, après avoir accompagné le ministre jusqu'au pont de bois, revint au château, il n'y trouva plus qu'un petit nombre de personnes. Paola, en proie à la fièvre et au délire, avait été transportée par Madelon et Rosette dans la chambre qu'elle avait occupée précédemment. Quant au chevalier de Briqueville, il était retourné au prieuré, et comptait y demeurer caché jusqu'au jour prochain où il quitterait le pays pour toujours.

Robert s'attendait du moins à retrouver au manoir le baron d'Helmières et Mathilde; à son grand regret ils s'étaient éclipsés de l'autre sans lui dire adieu. Il n'y avait plus dans la chapelle que les gentilshommes verriers, qui adressèrent de nouveau à leur jeune compagnon des félicitations enthousiastes; mais il ne les écoutait pas et ne pouvait retenir ses larmes en songeant combien son éclatant succès avait coûté cher au malheureux Vicenti et à la pauvre Paola.

XVI

LE DERNIER DÉVOUEMENT.

Quelques semaines s'étaient passées.

On se trouvait au mois d'octobre, saison où les bois, déjà dépouillés d'une partie de leur feuillage, sont plus faciles à parcourir pour les chiens et pour les chasseurs. Cependant un matin, comme le soleil venait de sécher la rosée dans la campagne, le baron d'Helmières, contre l'ordinaire, avait laissé ses chevaux dans l'écurie, ses chiens dans le chenil, et ne songeait pas à réveiller des fanfares de sa trompe les échos de la forêt héréditaire; il traversait les bois à pied, en donnant le bras à sa fille. Mathilde avait désiré rendre visite à sa nourrice, qui était souffrante et incapable de sortir; et, depuis le jour où ce trajet avait exposé mademoiselle d'Helmières de si grands dangers, elle ne s'aventurait plus à se rendre seule chez Franquette, et cette fois c'était le baron lui-même qui avait voulu l'accompagner.

Peut-être avaient-ils compté l'un et l'autre sur ce moment de solitude pour traiter un sujet qui les préoccupait secrètement; mais ni le père ni la fille ne paraissaient se soucier d'aborder ce point important. Le baron, en vrai Normand, attendait que Mathilde provoquât une explication, afin de profiter des avantages que lui donnerait cette initiative; mais Mathilde, en sa qualité de femme, avait instinctivement autant de diplomatie que son père en avait par expérience, et elle n'avait garde de tomber dans le piége. La conversation était donc languissante, pendant qu'ils cheminaient le long des buissons et dans les allées herbeuses de la forêt. Le baron se contentait de faire de temps en temps des observations qui ne devaient pas avoir grand intérêt pour sa fille. Celle-ci, de son côté, paraissait uniquement occupée des oiseaux qui chantaient dans le feuillage, des fleurs d'automne qui s'épanouissaient encore le long des sentiers, des épines qui accrochaient parfois sa robe; mais un pli léger de son front charmant et certains gestes brusques trahissaient une impatience qui ne pouvait échapper à l'œil exercé du baron.

Les promeneurs étaient déjà loin du château, quand monsieur d'Helmières dit avec une indifférence affectée :

— Sais-tu la nouvelle, Mathilde?

— Quelle nouvelle, mon père? — demanda la jeune fille en relevant la tête avec vivacité.

— Mon tenancier, Jean-Pierre, est de retour de Caen depuis hier, et il a vu rouer, sur la grande place de la ville, ce scélérat d'Italien qui avait assassiné le verrier Vicenti. Au dire de Jean-Pierre, le coquin est mort très chrétiennement, en répétant qu'il avait rempli son devoir et que la bonne Vierge le récompenserait... N'est-ce pas une idée monstrueuse de ces Italiens de mettre ainsi Dieu et les saints de complicité dans leurs mauvaises actions?

Mathilde s'était attendue peut-être que la nouvelle en question aurait un rapport plus direct avec l'objet de ses rêveries, car elle répondit avec une sorte de sécheresse :

— Oui sans doute, mon père.

Il y eut un nouveau silence; mademoiselle d'Helmières faisait la moue. Comme on arrivait à l'endroit où elle avait failli être enlevée par le chevalier de Briqueville, le baron reprit :

— Voilà une place, mon enfant, qui devrait te rappeler de fâcheux souvenirs, et te la rappeler en même temps le dévouement d'un bon et honnête jeune homme pour lequel j'ai été longtemps injuste... Et à ce propos, Mathilde, sais-tu que le chevalier de Briqueville l'aîné a quitté récemment Roquencourt? Il paraissait bien repentant de ses fautes passées, et tu te souviens qu'il nous a

présenté publiquement des excuses, en présence de monseigneur Colbert et de toute la noblesse du pays, le jour de la grande assemblée au château : aussi ne devons-nous pas, en bons chrétiens, revenir sur nos anciens griefs à son égard. Du reste, il a été admis dans la garde noble, et il est parti pour l'armée. Le cadet, toujours généreux, a voulu le retenir; mais Briqueville a persisté dans sa résolution, et l'on assure qu'il a juré de ne remettre jamais le pied ici.

— C'est un grand bonheur pour... pour tout le monde, mon père, — répliqua Mathilde devenue moins distraite.

Cependant, comme elle s'obstinait à demeurer sur la défensive, le baron finit par aller droit au but.

— Ah çà! mon enfant, — dit-il d'un ton plus ferme, — c'est aujourd'hui qu'expirent les trois jours de réflexion que j'ai demandés au prieur de Roquencourt lorsqu'il est venu solliciter ta main au nom de son neveu le cadet de Briqueville; as-tu pris une décision? que dois-je répondre?

C'était là sans doute que Mathilde attendait le baron, car sa nonchalance apparente disparut enfin.

— Vous direz que je refuse, mon père, — répliquat-elle; je ne veux pas, je ne dois pas être la femme de monsieur le cadet de Briqueville.

— Parbleu! ma chère, — dit le baron avec dépit, — tu n'as pas toujours pensé de cette façon, et l'on pourrait bonnement t'accuser de caprice. Robert de Briqueville est un jeune gentilhomme comme on en voit peu, honnête, courageux, bien fait...

— À votre tour, mon père, vous n'avez pas toujours parlé ainsi; souvenez-vous du mal que vous me disiez de Robert autrefois, quand vous vouliez m'obliger à épouser le vicomte de Vergnes.

— Bah! j'étais alors irrité contre ce pauvre garçon à cause de son frère aîné. D'ailleurs, mon enfant, les circonstances ont diablement changé depuis ce temps-là. Robert était alors sans ressources, vivant à l'aventure, et un père prudent pouvait ne pas être très pressé de lui accorder sa fille. Aujourd'hui il n'en est plus de même; notre jeune cadet est devenu possesseur du château de ses ancêtres, et déjà il pense à racheter une portion des terres aliénées de son fief; le roi lui a donné cinquante mille écus, il est en crédit auprès du contrôleur général, que j'ai vu de mes yeux l'embrasser et lui adresser les éloges les plus flatteurs... tout ceci, ma chère, mérite fort considération, et je ne comprends pas que toi, qui aimais tant le cadet de Briqueville quand il était pauvre et sans avenir, tu te sois mise à le détester quand il est riche, bien vu de tout le monde, et quand je suis le premier à te conjurer de lui accorder ta main?

Mathilde fondit en larmes.

— Mon père, — dit-elle avec explosion en s'arrêtant, — ignorez-vous le motif de mon refus? C'est que je ne veux pas disputer le cœur de Robert à cette créature de basse condition, à la fille de ce verrier, sur le compte de laquelle courent tant de bruits honteux, et qui, dit-on a employé des sortiléges pour lui troubler l'esprit.

— Mais, encore une fois, en dépit de tous les sortiléges du monde, Robert ne se soucie pas d'elle, et j'ai la preuve qu'au contraire...

— Quoi! mon père, — interrompit Mathilde, — allez-vous nier l'évidence? Ils s'aiment, je vous le répète, et aucun doute n'est plus possible pour moi. Rappelez-vous ce que vous me disiez de cette scandaleuse liaison quand vous me défendiez de penser au cadet de Briqueville; c'était moi alors qui refusais d'y croire, et vous me poussâtes si bien à bout que je voulus m'assurer par moi-même si vos accusations étaient fondées. D'abord, malgré les apparences, je m'imaginais qu'il avait été calomnié par l'opinion publique, mais depuis il s'est tant et si souvent compromis pour cette Paola Vicenti que j'ai dû reconnaître mon erreur... A ne parler que des dernières preuves de leur entente secrète, vous souvenez-vous que, le jour de la réunion au château de Briqueville, nous avons vu de nos yeux l'Italienne, cachée derrière un pilier, assister à l'expérience au milieu de tant de personnages illustres? Et quand, dans un moment d'entrainement, j'ai adressé des paroles d'encouragement à Robert, qui pâlissait et paraissait près de tomber en faiblesse, elle aussi, cette femme obscure, cette aventurière, n'a-t-elle pas eu l'audace de lui adresser les mêmes paroles? Enfin, un peu plus tard, quand elle est venue demander vengeance pour ton père assassiné, avez-vous oublié avec quelle chaleur Robert défendait sa cause? Quand elle s'est évanouie, comme il la soutenait avec amour, comme il semblait désespéré lui-même! Il ne voyait plus qu'elle, il ne pensait plus qu'à elle; il ne songeait plus au grand ministre, à la noble assistance, il ne songeait même plus à nous, et nous avons pu nous éloigner sans qu'il daignât s'apercevoir de notre départ. Depuis ce temps, il a gardé cette femme dans sa maison, et il montre, dit-on, pour elle autant de respect que pour une duchesse. Que voulez-vous de plus, mon père?... Il l'aime, vous dis-je, il l'aime plus qu'il n'a jamais aimé personne.

Les sanglots l'interrompirent. Le baron, après lui avoir laissé quelques instans pour se remettre, reprit d'un ton moitié caressant, moitié grondeur :

— Voyons, mignonne, sois raisonnable, que diable! Si le cadet de Briqueville aimait vraiment cette petite, qui l'empêcherait de l'épouser? Nul ne pourrait s'y opposer maintenant, et il est assez riche pour se passer une fantaisie de ce genre. Pourquoi surtout m'aurait-il fait demander ta main par son oncle le prieur de Sainte-Marie-de-Roquencourt? Si Briqueville témoigne tant d'égards à Paola Vicenti, il ne manque pas de raisons pour cela; il doit tout au père, et il eût été bien ingrat s'il se fût montré indifférent aux malheurs de la fille. Du reste cette pauvre créature n'est pas aussi indigne d'estime que tu as l'air de le croire, et le vicomte de la Briche se trouverait très heureux de l'épouser, mais elle ne veut pas de lui...

— Parce qu'elle aime Robert, mon père; sans cela ne serait-elle pas plus empressée de donner sa main à un gentilhomme de bonne maison tel que monsieur de la Briche?... Qu'il ne soit donc plus question de tout cela, je vous en supplie, et répondez au prieur que... que j'ai seulement de la haine et du mépris pour le cadet de Briqueville.

Et ses larmes coulèrent de plus belle.

— En ce cas, Mathilde, — reprit le baron après une pause, — tu es prête sans doute à rendre l'anneau que Robert t'a donné autrefois et que tu prétendais avoir perdu?

— Certainement, je le rendrai... si je le retrouve... car je ne me souviens plus où je l'ai mis... j'y tiens si peu !

— Et puis, — ajouta d'Helmières en observant Mathilde à la dérobée, — tu n'auras plus aucune objection à faire contre un mariage avec le vicomte de Vergnes, et nous pourrons enfin réaliser nos anciens projets.

— Mon Dieu! oui; pourquoi n'épouserais-je pas monsieur de Vergnes, puisque cela vous plaît? Je ne l'aime ni ne le hais... Je l'épouserai, j'y consens.

Malgré ce ton ferme et résolu de mademoiselle d'Helmières, le baron ne paraissait pas bien convaincu que la détermination de sa fille fût irrévocable. Il allait peut-être émettre des doutes à cet égard, quand on atteignit la maisonnette habitée par la nourrice.

Devant la porte stationnait une petite voiture de voyage d'un aspect assez misérable. Cette voiture était attelée d'un cheval, qui en ce moment s'amusait à brouter la haie du jardin de Franquette; elle avait pour gardien un vieux bonhomme à l'air béat, vêtu de noir et ayant l'apparence d'un bedeau ou d'un sacristain. Comme la mère Franquette recevait rarement des visites, cette circonstance étonna monsieur d'Helmières et Mathilde.

— Voilà du nouveau, — dit le baron; — qui, diable! peut être chez Franquette?

— Bah ! — répliqua Mathilde avec distraction, — quelque fermière du voisinage sera venue voir la pauvre vieille malade... Mais avançons, mon père, et nous le saurons.

Quand on passa devant le gardien de la voiture, il se leva et salua gauchement, en retirant le pied en arrière; mais il ne dit rien, et monsieur d'Helmières, aiguillonné par la curiosité, s'empressa d'entrer chez Franquette.

La malade, soutenue par de volumineux oreillers, était comme assise dans son grand lit, dont les épaisses courtines adoucissaient l'éclat du jour autour d'elle. Une paysanne qui la servait filait à la quenouille dans un coin, tandis qu'une religieuse, à demi cachée sous un long voile blanc, se tenait près du lit, le dos tourné à la fenêtre. A la vue des visiteurs, la religieuse se leva et s'inclina en silence; Mathilde, sans remarquer la présence de cette inconnue, s'approcha de Franquette et lui demanda affectueusement des nouvelles de sa santé.

— Merci, ma fille, — répliqua la nourrice en patois, — cela va mieux... Mais regardez donc... vous ne voyez donc pas cette dame qui vous attend et qui désire vous parler?

Mathilde se retourna.

— Ma fille, — dit le baron à son tour, — ne reconnais-tu pas cette religieuse?

— Paola Vicenti! — s'écria Mathilde avec un mouvement de colère et de répulsion.

Paola releva son voile.

— Oui, c'est moi, mademoiselle, — répliqua-t-elle en souriant tristement.—Avant de dire au monde un éternel adieu, j'ai voulu vous voir, afin de prévenir s'il se peut des malentendus dont vous souffririez peut-être autant que personne.

Mathilde, raide et froide, se taisait; le baron s'empressa d'intervenir.

— Mademoiselle Vicenti, — reprit-il, — ne craignez pas de vous expliquer en ma présence... Ma fille et moi nous sommes prêts à vous entendre.

Paola prit place sur un siége de bois, tandis que mademoiselle d'Helmières s'asseyait machinalement en face d'elle.

Il y eut un nouveau silence; Paola ne se pressait pas de parler, non qu'elle hésitât dans l'accomplissement de son projet, mais elle était profondément émue. Elle dit enfin d'une voix altérée :

— Mademoiselle, ne vous offensez pas si je touche sans ménagements aux sentiments les plus intimes de votre cœur, mais je n'ai que des intentions pures et mes instans sont comptés... Vous, si noble et si belle, vous avez pris ombrage, je le sais, de la généreuse protection que monsieur de Briqueville a bien voulu accorder à une pauvre étrangère. Peut-être ma conduite est-elle contraire aux usages; mais j'ai voulu, avant de me retirer dans un cloître, vous exposer des faits qui ont été mal connus ou mal compris de vous; et puissent mes paroles dissiper les nuages qui s'élèvent entre des personnes également dignes de toutes les prospérités! — En même temps elle se mit à raconter avec simplicité l'histoire de ses rapports avec le cadet de Briqueville. Elle énuméra les services que Robert avait rendus à son père, à elle-même, et elle expliqua par quel enchaînement de bons offices réciproques s'était établie l'intimité apparente, cause de tant de scandale aux yeux des gens du voisinage, aux yeux de Mathilde elle-même. — Je l'avouerai, mademoiselle, — poursuivit-elle en baissant les yeux, — la reconnaissance n'a peut être pas été le seul mobile de mes actions; mais quoique monsieur de Briqueville, à une époque où il se croyait oublié de vous, en soit venu jusqu'à me proposer de m'épouser, lui, j'en suis sûre, n'a jamais eu pour moi d'autre sentiment que de la pitié, de l'estime, un sentiment fraternel; c'était à vous qu'il réservait toute sa tendresse. Le dépit qu'il éprouvait de votre abandon, l'hostilité constante de votre famille, avaient pu seuls le pousser à une résolution désespérée;

mais, au premier signe d'encouragement de votre part, il vous est revenu avec toute l'ardeur d'autrefois. Je vous en conjure donc, mademoiselle, n'écoutez pas d'indignes soupçons dont les conséquences pourraient être bien funestes.

Il y avait quelque chose de touchant dans la voix et l'attitude de Paola; le baron était ému, et Franquette elle-même tournait vers Mathilde un regard anxieux. Mais Mathilde n'avait pas cessé de tenir ses yeux baissés, et elle fronçait le sourcil avec obstination. Enfin elle dit d'un ton sec :

— Comment pouvez-vous connaître mes sentiments, mademoiselle, et que signifie votre démarche présente? Savez-vous si j'attache le moindre intérêt à ces détails que je ne demandais pas? Celui qui vous envoie a pu vous tromper et se tromper lui-même; dans tous les cas, il n'aura nullement à se féliciter de votre intervention.

Cette injustice d'une femme jalouse, au lieu d'exciter la colère de la belle Italienne, parut augmenter son humilité.

— Oh! ne me parlez pas ainsi, mademoiselle, — reprit Paola; — si vous saviez ce qui se passe en moi, vous me plaindriez sans doute... Monsieur Robert de Brieville ignore ma démarche; il eût été trop généreux pour ne pas s'y opposer de tout son pouvoir, s'il avait pu la soupçonner... Oh! écoutez-moi, Mathilde, écoutez-moi comme vous écouteriez les dernières paroles d'une mourante... Je vais aussi être morte pour le monde, et je désire détacher mon cœur de tous les liens terrestres, afin qu'il soit plus digne d'être offert à Dieu... Aucune pensée d'orgueil et de rivalité ne m'a conduite ici... je viens seulement vous conjurer d'accorder le bonheur à l'homme généreux qui a tant fait pour vous obtenir, pour vous mériter... Ne dédaignez pas ma prière, je vous le demande à mains jointes et les yeux pleins de larmes, je vous le demande à genoux !

En même temps elle s'agenouilla devant Mathilde, et voulut lui prendre la main; Mathilde recula et répondit avec impatience, quoique sa voix commençât à trembler :

— Laissez-moi, mademoiselle... En vérité, cette scène est ridicule, inconvenante; vous eussiez bien dû me l'épargner... Et nous, partons, mon père; nous reviendrons voir Franquette dans un autre moment.

Mais le baron ne bougea pas. Paola se releva d'un air de dignité.

— Allons! — reprit-elle en soupirant, — je m'étais méprise, et sans doute monsieur de Brieville s'était mépris lui-même... Vous ne l'aimez pas, vous ne l'avez jamais aimé !

Chose singulière ! Mathilde, qui voulait tant persuader aux autres et se persuader à elle-même qu'elle était devenue complètement indifférente pour Robert, se troubla en entendant ce reproche indirect.

— C'est possible, mademoiselle, — répliqua-t-elle avec ironie; — il ne saurait en effet y avoir aucune ressemblance entre les sentiments d'une fille de qualité telle que moi et ceux de certaines personnes hardies... dont les idées sont si différentes.

Paola rougit tout à coup et se redressa.

— Oh! vous avez raison, noble demoiselle, — répliqua-t-elle avec véhémence; — nous autres femmes de rien nous ne savons pas mettre dans nos affections les ménagemens égoïstes des femmes de haut parage; et, puisqu'il s'agit de monsieur de Brieville, savez-vous ce que j'ai fait pour lui, moi qui vous parle? Quand je le voyais découragé, prêt à s'abandonner à lui-même, je le relevais par des paroles consolantes, je lui donnais de bons conseils, je lui montrais un meilleur avenir; c'est moi qui l'ai décidé à sortir de cette oisiveté dangereuse où se consumait sa jeunesse, à embrasser cette profession de verrier qui devait le conduire à la fortune. Quand, poussé au désespoir par votre apparente indifférence, il m'a proposé de m'épouser, quoiqu'il eût seulement pour moi une amitié de frère, j'ai eu la force, non sans de cruels déchiremens, de lui refuser ma main. Plus tard, je suis devenue la confidente de son amour pour vous, moi qui l'aimais; j'avais le courage d'écouter ses plaintes, ses espérances, je lui inspirais les actions et les paroles les plus capables de vous toucher. Mais ce n'était rien encore : pour écarter les obstacles qui s'élevaient entre vous et lui, j'ai décidé mon père à lui révéler des secrets précieux qui auraient dû être l'héritage d'un fils ou d'un gendre... Je n'ignorais pas à quels dangers s'exposait mon malheureux père en cédant à mes instances; je savais que des assassins cachés dans l'ombre pouvaient le frapper comme ils l'avaient déjà tenté une fois. Vainement il m'implorait; moi, fille impitoyable, je ne tenais pas compte de ses terreurs et de ses prières; je ne voulais pas écouter une voix intérieure qui me criait que sa condescendance lui coûterait la vie... J'allais, j'allais toujours, et, au moment du triomphe, mon père a été poignardé dans mes bras... et depuis ce moment, le jour, la nuit, quand je rêve ou quand je veille, j'entends sans cesse l'horrible voix qui me crie : « C'est toi, c'est toi qui as assassiné ton père ! »

— Elle parlait avec une chaleur extrême; Mathilde recula en poussant un léger cri. — Je vous fais horreur, mademoiselle, — reprit Paola; — vous ne pouvez comprendre qu'on aime ainsi... Eh bien! écoutez encore; j'ai voulu mettre le comble à mes sacrifices, à mon dévouement. Aujourd'hui que monsieur de Brieville touche le but où je souhaitais de le voir arriver, j'ai compris que ma présence pouvait lui être importune; j'ai renoncé à le voir; j'ai pris la résolution de m'enfermer dans un cloître de l'ordre le plus sévère. Mais avant de quitter ce pays, j'ai voulu, en m'humiliant devant vous, vous implorer pour l'homme qui m'a coûté tant de remords et tant de pleurs... Vous m'avez repoussée; vous n'avez pas compris ce qu'il y avait d'orgueil brisé dans mon abaissement, de douleur dans mon sacrifice... Adieu donc, mademoiselle! Je prierai pour vous, car, je le crains bien, Dieu, qui vous a donné tant d'autres qualités brillantes, ne vous a pas donné de cœur.

Elle rabattit son voile, salua froidement et voulut sortir.

Mathilde hésita une minute; puis, se tournant vers la religieuse, elle s'écria tout à coup :

— Paola! mademoiselle Paola, ne me jugez pas ainsi... si vous saviez !...

La fille de Vicenti s'arrêta sur le seuil de la porte.

— Que vous importent mes jugements! reprit-elle avec tristesse; — tout est fini entre nous, et je n'ai plus rien à faire ici.

Mathilde, d'un élan subit, courut à elle et la retint par ses vêtements.

— Paola! s'écria-t-elle, — ne vous éloignez pas sans m'avoir accordé mon pardon... J'ai été bien injuste et bien cruelle. Ah! je le reconnais, vous avez été plus grande, plus généreuse que moi. L'immensité de votre sacrifice me donne le vertige... Oui, vous étiez plus digne que moi de celui que nous aimons toutes les deux.

Et des larmes, mais cette fois des larmes de pitié, d'admiration et de repentir mouillèrent les yeux de Mathilde.

Quelque chose qui ressemblait à la joie du triomphe avait passé sur les traits amaigris de Paola, quand elle avait entendu le dernier aveu de mademoiselle d'Helmières. Mais cette expression ne tarda pas à s'effacer, et l'Italienne reprit avec son accent d'humilité douloureuse.

— Voilà enfin un noble sentiment, mademoiselle, et le bonheur de toute votre vie en sera la récompense... Oubliez l'amertume de mes paroles; je vous avais mal jugée... Hélas! j'aurais dû me souvenir, car je le sais par ma propre expérience, qu'à nos plus généreuses résolutions se mêle toujours je ne sais quel levain d'égoïsme et de colère... Eh bien! ma tâche est finie maintenant; il ne me reste plus qu'à disparaître de ce monde où il n'y a plus de place pour moi... Soyez heureuse; adieu, encore une fois.

Mais Mathilde la retenait toujours.

— Paola, — dit-elle en sanglotant, — pour preuve que vous m'avez pardonné, ne me permettrez-vous pas... — Et elle voulut l'embrasser. L'Italienne eut un mouvement d'hésitation; peut-être, en dépit d'elle-même, ressentait-elle quelque répugnance à recevoir les caresses de son heureuse rivale; mais elle domina encore cette impression passagère, et elle ouvrit les bras; Mathilde s'y précipita. Elles demeurèrent un moment dans cette posture, pleurant l'une et l'autre, et ne prononçant que des paroles sans suite. D'Helmières et Franquette elle-même ne pouvaient retenir leurs larmes à la vue de ces deux belles jeunes filles que séparait la différence des conditions, des goûts, des habitudes, et qu'un même sentiment réunissait dans une commune et cordiale étreinte. Enfin Paola se dégagea des bras de Mathilde; incapable de parler, elle adressa aux assistants un signe d'adieu, en se dirigeant de nouveau vers la porte. — Paola! pauvre Paola! — disait Mathilde, qui comprenait enfin la magnanimité de sa rivale.

L'Italienne, sur le point de franchir le seuil de la porte, s'arrêta encore et eut la force de répéter :

— Qu'IL soit heureux!... soyez heureuse!

Puis elle sortit précipitamment, et l'on entendit s'éloigner la petite voiture qui l'avait amenée.

Le soir, le prieur de Roquencourt vint à Helmières en carrosse chercher la réponse du baron. Celui-ci accueillit le vieux moine avec un sourire de bon augure, tandis que Mathilde, qui était présente, rougissait et pâlissait tour à tour.

— Mon révérend père, — demanda monsieur d'Helmières avec sa bonhomie habituelle, — êtes-vous donc venu seul? Vous avez dû vous ennuyer par les chemins?

— J'aurais pu dire mon bréviaire pour passer le temps, — répliqua le prieur en clignant des yeux; — mais, s'il faut l'avouer, j'ai laissé dans le carrosse un compagnon de route un peu trop impatient de connaître le résultat de mon voyage.

— Eh bien! il faut l'engager à monter, car on dit que l'impatience fait mourir. — Un domestique (c'était le vieil André, le garde rébarbatif de Mathilde) fut envoyé pour inviter à monter *la personne* qui se trouvait dans la voiture. Bientôt le cadet de Briqueville entra tout tremblant. Le baron le conduisit vers sa fille. — Voilà ma réponse, — dit-il en riant aux éclats.

Robert paraissait étourdi de son bonheur.

— Mathilde! Mathilde! — murmura-t-il, — vous m'aimez donc encore?

— Robert, — répliqua la jeune fille, — quoi qu'on ait pu dire et pu faire, je ne vous ai pas rendu votre anneau... n'était-ce pas la preuve que, malgré mes colères et mes injustices, je me considérais toujours comme votre fiancée? — Elle ajouta presque aussitôt : — Robert, j'ai vu aujourd'hui une femme bien à plaindre, dont notre bonheur est l'ouvrage... Elle m'a promis de prier pour nous; de notre côté, nous parlerons d'elle souvent, et nous la bénirons jusqu'à notre dernier jour.

————

Paola Vicenti mourut en odeur de sainteté aux carmélites de Bayeux. Quant au chevalier de Briqueville, il avait tenu parole et s'était fait tuer bravement en Hollande, six mois environ après le mariage de son frère.

Robert de Briqueville, devenu chef de famille, fit souche de gentilshommes verriers, et acquit une grande importance parmi les manufacturiers de Normandie. Il contribua plus que personne aux progrès de l'industrie verrière, à laquelle Colbert avait donné une si grande impulsion. Grâce à lui, le château de Briqueville, avec ses vieilles tours et ses noires galeries, s'était transformé en usine florissante. Il eût été à désirer que tous les vieux châteaux féodaux eussent une si belle fin.

. . . .

FIN DU GENTILHOMME VERRIER.

TABLE

DES CHAPITRES CONTENUS DANS CET OUVRAGE.

FIN DE LA TABLE DES CHAPITRES.

Paris. — Imprimerie J. Voisvenel, rue du Croissant, 16.

www.ingramcontent.com/pod-product-compliance
Lightning Source LLC
Chambersburg PA
CBHW060620100426

42744CB00008B/1446